S0-CFN-166

Swedish-English Dictionary

Engelsk-Svensk Ordbok

Berlitz Publishing /
APA Publications GmbH & Co. Verlag KG,
Singapore Branch, Singapore

Berlitz Dictionaries

Dansk	Engelsk, Fransk, Italiensk, Spansk, Tysk
Deutsch	Dänisch, Englisch, Finnisch, Französisch, Italienisch, Niederländisch, Norwegisch, Portugiesisch, Schwedish, Spanisch
English	Danish, Dutch, Finnish, French, German, Italian, Norwegian, Portuguese, Spanish, Swedish, Turkish
Español	Alemán, Danés, Finlandés, Francés, Holandés, Inglés, Noruego, Sueco
Français	Allemand, Anglais, Danois, Espagnol, Finnois, Italien, Néerlandais, Norvégien, Portugais, Suédois
Italiano	Danese, Finlandese, Francese, Inglese, Norvegese, Olandese, Svedese, Tedesco
Nederlands	Duits, Engels, Frans, Italiaans, Portugees, Spaans
Norsk	Engelsk, Fransk, Italiensk, Spansk, Tysk
Português	Alemão, Francês, Holandês, Inglês, Sueco
Suomi	Englanti, Espanja, Italia, Ranska, Ruotsi, Saksa
Svenska	Engelska, Finska, Franska, Italienska, Portugisiska, Spanska, Tyska

Swedish-English Dictionary

Engelsk-Svensk Ordbok

Contacting the Editors
Every effort has been made to provide accurate information in this publication, but changes are inevitable. The publisher cannot be responsible for any resulting loss, inconvenience or injury. We would appreciate it if readers would call our attention to any errors or outdated information by contacting Berlitz Publishing, 95 Progress Street, Union, NJ 07083, USA. Fax: 1-908-206-1103, e-mail: comments@berlitzbooks.com

Satisfaction guaranteed—If you are dissatisfied with this product for any reason, send the complete package, your dated sales receipt showing price and store name, and a brief note describing your dissatisfaction to: Berlitz Publishing, Langenscheidt Publishing Group, Dept. L, 46-35 54th Rd., Maspeth, NY 11378. You'll receive a full refund.

Innehållsförteckning

Contents

Förord

När vi på Berlitz valt ut 12 500 ord och uttryck för varje språk har vi framför allt tänkt på resenärens behov. Ordboken blir säkert ovärderlig för alla tusentals resenärer, turister och affärsfolk som uppskattar en liten, tillförlitlig och praktisk bok. Men inte bara resenärer utan även de som studerar och nybörjare kan ha nytta av det basordförråd som ordboken erbjuder.

Vi hoppas att den här boken – som har utarbetats med hjälp av en databank – liksom våra parlörer och guideböcker genom sitt behändiga format skall tilltala dagens resenär.

Utöver det ni vanligen hittar i ordböcker kan Berlitz erbjuda:

● en ljudskrift som följer det internationella fonetiska alfabetet (IPA)

● en gastronomisk ordlista som gör det lättare för er att tolka matsedeln på restauranger utomlands

● praktiska upplysningar om hur man anger klockslag, räkneord, oregelbundna verb, vanliga förkortningar och några användbara uttryck.

Ingen ordbok i detta format kan anses vara fullständig, men vi hoppas ändå att ni känner er väl rustad att göra en resa utomlands. Vi vill gärna höra av er om ni har någon kommentar, kritik eller ett förslag som ni tror kan hjälpa oss när vi förbereder framtida upplagor.

Preface

In selecting the 12.500 word-concepts in each language for this dic-
tionary, the editors have had the traveller's needs foremost in mind.
This book will prove invaluable to all the millions of travellers, tourists
and business people who appreciate the reassurance a small and
practical dictionary can provide. It offers them—as it does beginners
and students—all the basic vocabulary they are going to encounter and
to have to use, giving the key words and expressions to allow them to
cope in everyday situations.

Like our successful phrase books and travel guides, these dictionar-
ies—created with the help of a computer data bank—are designed to
slip into pocket or purse, and thus have a role as handy companions at
all times.

Besides just about everything you normally find in dictionaries, there
are these Berlitz bonuses:

- imitated pronunciation next to each foreign-word entry, making it
  easy to read and enunciate words whose spelling may look for-
  bidding

- a unique, practical glossary to simplify reading a foreign restaurant
  menu and to take the mystery out of complicated dishes and inde-
  cipherable names on bills of fare

- useful information on how to tell the time and how to count, on
  conjugating irregular verbs, commonly seen abbreviations and
  converting to the metric system, in addition to basic phrases.

While no dictionary of this size can pretend to completeness, we expect
the user of this book will feel well armed to affront foreign travel with
confidence. We should, however, be very pleased to receive comments,
criticism and suggestions that you think may be of help in preparing
future editions.

engelsk-svensk

english-swedish

Inledning

Vid utarbetandet av denna ordbok har vi framför allt strävat efter att göra den så praktisk och användbar som möjligt. Mindre viktiga språkliga upplysningar har utelämnats. Uppslagsorden står i alfabetisk ordning oavsett om uppslagsordet skrivs i ett, två eller flera ord eller med bindestreck. Det enda undantaget från denna regel är några få idiomatiska uttryck som i stället står under huvudordet i uttrycket. När ett uppslagsord följs av flera sammansättningar och uttryck har dessa också satts i alfabetisk ordning.

Varje huvuduppslagsord följs av ljudskrift (se Uttal) och i de flesta fall av ordklass. Då uppslagsordet kan tillhöra mer än en ordklass står de olika betydelserna efter respektive ordklass. Oregelbundna pluralformer av substantiv har angivits och vi har också satt ut pluralformen i en del fall där tvekan kan uppstå. I stället för att upprepa uppslagsordet vid oregelbundna pluralformer eller i sammansättningar och uttryck används en symbol (~) som står för hela uppslagsordet i fråga.

Vid oregelbundna pluralformer av sammansatta ord skrivs endast den del ut som förändras, medan den oförändrade delen ersätts med ett streck (–).

En asterisk (*) före ett verb anger att detta är oregelbundet och att dess böjningsmönster återfinns i listan över oregelbundna verb. Ordboken är baserad på brittisk engelska. Amerikanska ord och uttryck har markerats med *Am.*

Förkortningar

adj	adjektiv	*pl*	pluralis
adv	adverb	*plAm*	pluralis
Am	amerikanska		(amerikanska)
art	artikel	*pp*	perfekt particip
c	realgenus	*pr*	presens
conj	konjunktion	*pref*	prefix (förstavelse)
n	substantiv	*prep*	preposition
nAm	substantiv (amerikanska)	*pron*	pronomen
nt	neutrum	*suf*	suffix (ändelse)
num	räkneord	*v*	verb
p	imperfektum	*vAm*	verb (amerikanska)

Uttal

I denna del av ordboken anges uttalet av huvuduppslagsorden med internationell ljudskrift (IPA). Varje tecken i ljudskriften står för ett bestämt ljud. De tecken som inte närmare förklaras här uttalas ungefär som motsvarande svenska ljud.

Konsonanter

ð	tonande läspljud, dvs. med tungspetsen mot övre framtändernas baksida
g	alltid som i gå
k	alltid som i kall
ŋ	som ng i lång
r	som slappt r i rar (ung. som r uttalas i Stockholmstrakten)
ʃ	tonlöst sje-ljud (ung. som i mellansvenskt uttal av rs i fors)
θ	tonlöst läspljud, dvs. med tungspetsen mot övre framtändernas baksida
w	mycket kort o-ljud (ung. som oä i oändlig)
z	tonande s-ljud
ʒ	som g i gelé, men tonande

Obs! [sj] skall läsas som [s] följt av ett [j]-ljud och *inte* som sj i sjö.

Vokaler

ɑ:	som a i dag
æ	som ä i smärre
ʌ	ung. som a i katt
e	som i bett
ɛ	som ä i källa
ə	som e i gosse (med dragning åt ö)
i	som i sitt
ɔ	som å i fått
u	som o i bott

1) Kolon [:] efter vokalljudstecknet anger lång vokal.

2) Ett fåtal franska låneord innehåller nasala vokaler, vilket anges med en til [˜] över vokalen (t. ex. [ɑ̃]). Nasala vokaler uttalas samtidigt genom munnen och näsan.

Diftonger

En diftong är en förening av två vokaler, varav en är starkare (betonad) och en svagare (obetonad). De uttalas tillsammans "glidande", ung. som **au** i mj**au**. I engelska språket är alltid andra vokalen svagare.

Betoning

Tecknet ['] står framför betonad stavelse och [,] framför stavelse med biaccent.

Amerikanskt uttal

Vår ljudskrift återger brittiskt-engelskt riksspråk. Det amerikanska uttalet skiljer sig från engelska på några punkter (det finns även en mängd lokala variationer, som vi inte tar upp här).

1) I motsats till brittiskt-engelskt uttal uttalas **r** även före en konsonant och i slutet av ett ord.

2) I många ord som t.ex. *ask*, *castle*, *laugh* osv. blir [ɑ:] till [æ:].

3) En amerikan uttalar [ɔ]-ljudet som [ɑ] eller också ofta som [ɔ:].

4) I ord som *duty*, *tune*, *new* osv. bortfaller ofta [j]-ljudet framför [u:].

5) Många ord betonas annorlunda.

A

a [ei,ə] *art* (an) en *art*
abbey ['æbi] *n* kloster *nt*
abbreviation [ə,bri:vi'eiʃən] *n* förkortning *c*
aberration [,æbə'reiʃən] *n* avvikelse *c*
ability [ə'biləti] *n* skicklighet *c*; förmåga *c*
able ['eibəl] *adj* i stånd att; duglig;
*be ~ to *vara i stånd till; *kunna
abnormal [æb'nɔ:məl] *adj* onaturlig, abnorm
aboard [ə'bɔ:d] *adv* ombord
abolish [ə'bɔliʃ] *v* avskaffa
abortion [ə'bɔ:ʃən] *n* abort *c*
about [ə'baut] *prep* om; beträffande, angående; *adv* ungefär, omkring
above [ə'bʌv] *prep* ovanför; *adv* ovan
abroad [ə'brɔ:d] *adv* utomlands
abscess ['æbses] *n* böld *c*
absence ['æbsəns] *n* frånvaro *c*
absent ['æbsənt] *adj* frånvarande
absolutely ['æbsəlu:tli] *adv* absolut
abstain from [əb'stein] *avstå från, *avhålla sig från
abstract ['æbstrækt] *adj* abstrakt
absurd [əb'sə:d] *adj* orimlig, absurd
abundance [ə'bʌndəns] *n* överflöd *nt*
abundant [ə'bʌndənt] *adj* riklig

abuse [ə'bju:s] *n* missbruk *nt*
abyss [ə'bis] *n* avgrund *c*
academy [ə'kædəmi] *n* akademi *c*
accelerate [ək'seləreit] *v* öka farten
accelerator [ək'seləreitə] *n* gaspedal *c*
accent ['æksənt] *n* accent *c*; tonvikt *c*
accept [ək'sept] *v* acceptera, *motta
access ['ækses] *n* tillträde *nt*
accessary [ək'sesəri] *n* medbrottsling *c*
accessible [ək'sesəbəl] *adj* tillgänglig
accessories [ək'sesəriz] *pl* tillbehör *pl*
accident ['æksidənt] *n* olycksfall *nt*, olycka *c*
accidental [,æksi'dentəl] *adj* slumpartad
accommodate [ə'kɔmədeit] *v* härbärgera, logera
accommodation [ə,kɔmə'deiʃən] *n* husrum *nt*, logi *nt*
accompany [ə'kʌmpəni] *v* åtfölja; följa; ackompanjera
accomplish [ə'kʌmpliʃ] *v* fullborda
in accordance with [in ə'kɔ:dəns wið] i enlighet med
according to [ə'kɔ:diŋ tu:] enligt
account [ə'kaunt] *n* konto *nt*; redogörelse *c*; **~ for** redovisa; **on ~ of** på grund av
accountable [ə'kauntəbəl] *adj* ansvarig
accurate ['ækjurət] *adj* noggrann

accuse [ə'kju:z] v beskylla; anklaga

accused [ə'kju:zd] n anklagad person

accustom [ə'kʌstəm] v *vänja; accustomed van

ache [eik] v värka; n värk c

achieve [ə'tʃi:v] v uppnå; prestera

achievement [ə'tʃi:vmənt] n prestation c

acid ['æsid] n syra c

acknowledge [ək'nɔlidʒ] v erkänna; bekräfta

acne ['ækni] n finnar

acorn ['eikɔ:n] n ekollon nt

acquaintance [ə'kweintəns] n bekant c

acquire [ə'kwaiə] v skaffa sig

acquisition [,ækwi'ziʃən] n förvärv nt

acquittal [ə'kwitəl] n frikännande nt

across [ə'krɔs] prep över; adv på andra sidan

act [ækt] n handling c; akt c; nummer nt; v handla, uppträda; uppföra sig; spela

action ['ækʃən] n handling c

active ['æktiv] adj aktiv

activity [æk'tivəti] n aktivitet c

actor ['æktə] n aktör c, skådespelare c

actress ['æktris] n skådespelerska c, aktris c

actual ['æktʃuəl] adj faktisk, verklig

actually ['æktʃuəli] adv faktiskt

acute [ə'kju:t] adj akut

adapt [ə'dæpt] v anpassa

adaptor [ə'dæptə] n adapter c

add [æd] v addera; *lägga till

addition [ə'diʃən] n addition c; tillägg nt

additional [ə'diʃənəl] adj extra; ytterligare

address [ə'dres] n adress c; v adressera; vända sig till

addressee [,ædre'si:] n adressat c

adequate ['ædikwət] adj tillräcklig; passande, adekvat

adjective ['ædʒiktiv] n adjektiv nt

adjourn [ə'dʒə:n] v *uppskjuta

adjust [ə'dʒʌst] v justera; anpassa

administer [əd'ministə] v dela ut

administration [əd,mini'streiʃən] n administration c; förvaltning c

administrative [əd'ministrətiv] adj administrativ; förvaltande; ~ law förvaltningsrätt c

admiral ['ædmərəl] n amiral c

admiration [,ædmə'reiʃən] n beundran c

admire [əd'maiə] v beundra

admission [əd'miʃən] n inträde nt; intagning c

admit [əd'mit] v *ta in, släppa in; erkänna, *medge; rymma

admittance [əd'mitəns] n tillträde nt; no ~ tillträde förbjudet

adopt [ə'dɔpt] v adoptera

adorable [ə'dɔ:rəbəl] adj bedårande

adult ['ædʌlt] n vuxen c; adj vuxen

advance [əd'vɑ:ns] n framsteg nt; förskott nt; v *göra framsteg; förskottera; in ~ i förväg, på förhand

advanced [əd'vɑ:nst] adj avancerad

advantage [əd'vɑ:ntidʒ] n fördel c

advantageous [,ædvən'teidʒəs] adj fördelaktig

adventure [əd'ventʃə] n äventyr nt

adverb ['ædvə:b] n adverb nt

advertisement [əd'və:tismənt] n annons c

advertising ['ædvətaiziŋ] n reklam c

advice [əd'vais] n råd nt

advise [əd'vaiz] v råda

advocate ['ædvəkət] n försvarare c, förespråkare c

aerial ['eəriəl] n antenn c

aeroplane ['eərəplein] n flygplan nt

affair [ə'feə] n angelägenhet c; förhållande *nt*, kärleksaffär *c*

affect [ə'fekt] *v* påverka; beröra

affected [ə'fektid] *adj* tillgjord

affection [ə'fekʃən] *n* tillgivenhet *c*

affectionate [ə'fekʃənit] *adj* kärleksfull, tillgiven

affiliated [ə'filieitid] *adj* ansluten

affirmative [ə'fə:mətiv] *adj* jakande

affliction [ə'flikʃən] *n* lidande *nt*

afford [ə'fɔ:d] *v* *ha råd med

afraid [ə'freid] *adj* rädd, ängslig; *be ~ *vara rädd

Africa ['æfrikə] Afrika

African ['æfrikən] *adj* afrikansk; *n* afrikan *c*

after ['ɑ:ftə] *prep* efter; *conj* sedan

afternoon [ɑ:ftə'nu:n] *n* eftermiddag *c*; **this** ~ i eftermiddag

afterwards ['ɑ:ftəwədz] *adv* sedan; efteråt

again [ə'gen] *adv* igen; åter; ~ **and again** gång på gång

against [ə'genst] *prep* mot

age [eidʒ] *n* ålder *c*; ålderdom *c*; **of** ~ myndig; **under** ~ minderårig

aged ['eidʒid] *adj* åldrig; gammal

agency ['eidʒənsi] *n* agentur *c*; byrå *c*

agenda [ə'dʒendə] *n* dagordning *c*

agent ['eidʒənt] *n* agent *c*, representant *c*

aggressive [ə'gresiv] *adj* aggressiv

ago [ə'gou] *adv* för ... sedan

agrarian [ə'greəriən] *adj* jord-, lantbruks-

agree [ə'gri:] *v* *vara enig; instämma; stämma överens

agreeable [ə'gri:əbəl] *adj* angenäm

agreement [ə'gri:mənt] *n* kontrakt *nt*; avtal *nt*, överenskommelse *c*

agriculture ['ægrikʌltʃə] *n* jordbruk *nt*

ahead [ə'hed] *adv* framför; ~ **of** före; *go ~ *fortsätta; **straight** ~ rakt fram

aid [eid] *n* hjälp *c*; *v* *bistå, hjälpa

AIDS [eidz] *n* aids *c*

ailment ['eilmənt] *n* lidande *nt*; krämpa *c*

aim [eim] *n* syfte *nt*; ~ **at** sikta, sikta på; sträva efter

air [ɛə] *n* luft *c*; *v* lufta

air-conditioning ['ɛəkən,diʃəniŋ] *n* luftkonditionering *c*; **air-conditioned** *adj* luftkonditionerad

aircraft ['ɛəkrɑ:ft] *n* (pl ~) flygplan *nt*; flygmaskin *c*

airfield ['ɛəfi:ld] *n* flygfält *nt*

air-filter ['ɛə,filtə] *n* luftfilter *nt*

airline ['ɛəlain] *n* flygbolag *nt*

airmail ['ɛəmeil] *n* flygpost *c*

airplane ['ɛəplein] *nAm* flygplan *nt*

airport ['ɛəpɔ:t] *n* flygplats *c*

air-sickness ['ɛə,siknəs] *n* flygsjuka *c*

airtight ['ɛətait] *adj* lufttät

airy ['ɛəri] *adj* luftig

aisle [ail] *n* sidoskepp *nt*; gång *c*

alarm [ə'lɑ:m] *n* alarm *nt*; *v* larma

alarm-clock [ə'lɑ:mklɔk] *n* väckarklocka *c*

album ['ælbəm] *n* album *nt*

alcohol ['ælkəhɔl] *n* alkohol *c*

alcoholic [,ælkə'hɔlik] *adj* alkoholhaltig

ale [eil] *n* öl *nt*

algebra ['ældʒibrə] *n* algebra *c*

Algeria [æl'dʒiəriə] Algeriet

Algerian [æl'dʒiəriən] *adj* algerisk; *n* algerier *c*

alien ['eiliən] *n* utlänning *c*; främling *c*; *adj* utländsk

alike [ə'laik] *adj* likadan, lik; *adv* på samma sätt

alimony ['æliməni] *n* underhåll *nt*

alive [ə'laiv] *adj* levande

all [ɔ:l] *adj* all; ~ **in** allt inkluderat; ~ **right!** fint!; **at** ~ överhuvudtaget

allergy ['ælədʒi] *n* allergi *c*

alley ['æli] *n* gränd *c*

alliance [ə'laiəns] n allians c

Allies ['ælaiz] pl (de) allierade

allot [ə'lɔt] v tilldela

allow [ə'lau] v *tillåta, bevilja; ~ to *låta; *be allowed *vara tillåten; *be allowed to *få

allowance [ə'lauəns] n fickpengar pl, underhåll nt

all-round [ˌɔ:l'raund] adj mångsidig

almanac ['ɔ:lmənæk] n almanacka c

almond ['ɑ:mənd] n mandel c

almost ['ɔ:lmoust] adv nästan

alone [ə'loun] adv endast; adj ensam, för sig själv

along [ə'lɔŋ] prep längs

aloud [ə'laud] adv högt

alphabet ['ælfəbet] n alfabet nt

already [ɔ:l'redi] adv redan

also ['ɔ:lsou] adv också; dessutom, även

altar ['ɔ:ltə] n altare nt

alter ['ɔ:ltə] v förändra, ändra

alteration [ˌɔ:ltə'reifən] n ändring c, förändring c

alternate [ɔ:l'tə:nət] adj alternerande

alternative [ɔ:l'tə:nətiv] n alternativ nt

although [ɔ:l'ðou] conj fastän, även om

altitude ['æltitju:d] n höjd c

alto ['æltou] n (pl ~s) alt c

altogether [ˌɔ:ltə'geðə] adv helt och hållet

always ['ɔ:lweiz] adv alltid

am [æm] v (pr be)

amaze [ə'meiz] v förbluffa, förvåna

amazement [ə'meizmənt] n förvåning c

ambassador [æm'bæsədə] n ambassadör c

amber ['æmbə] n bärnsten c

ambiguous [æm'bigjuəs] adj tvetydig

ambitious [æm'bifəs] adj ambitiös; ärelysten

ambulance ['æmbjuləns] n ambulans c

ambush ['æmbuf] n bakhåll nt

America [ə'merikə] Amerika

American [ə'merikən] adj amerikansk; n amerikan c

amethyst ['æmiθist] n ametist c

amid [ə'mid] prep bland; mitt ibland, mitt i

ammonia [ə'mouniə] n ammoniak c

amnesty ['æmnisti] n amnesti c

among [ə'mʌŋ] prep bland; mellan, ibland; ~ other things bland annat

amount [ə'maunt] n mängd c; summa c, belopp nt; ~ to *uppgå till

amuse [ə'mju:z] v roa, *underhålla

amusement [ə'mju:zmənt] n nöje nt, förströelse c

amusing [ə'mju:ziŋ] adj lustig

anaemia [ə'ni:miə] n blodbrist c

anaesthesia [ˌænis'θi:ziə] n bedövning c

anaesthetic [ˌænis'θetik] n bedövningsmedel nt

analyse ['ænəlaiz] v analysera

analysis [ə'næləsis] n (pl -ses) analys c

analyst ['ænəlist] n analytiker c; psykoanalytiker c

anarchy ['ænəki] n anarki c

anatomy [ə'nætəmi] n anatomi c

ancestor ['ænsestə] n förfader c

anchor ['æŋkə] n ankare nt

anchovy ['æntfəvi] n sardel! c, ansjovis c

ancient ['einfənt] adj gammal; forntida

and [ænd, ənd] conj och

angel ['eindʒəl] n ängel c

anger ['æŋgə] n ilska c, vrede c

angle ['æŋgəl] v meta; n vinkel c

angry ['æŋgri] adj vred, arg

animal ['æniməl] n djur nt

ankle ['æŋkəl] n ankel c

annex¹ ['æneks] *n* annex *nt;* bilaga *c*

annex² [ə'neks] *v* annektera

anniversary [,æni'və:səri] *n* årsdag *c*

announce [ə'nauns] *v* *tillkännage, *offentliggöra

announcement [ə'naunsmənt] *n* tillkännagivande *nt,* kungörelse *c*

annoy [ə'nɔi] *v* förarga, irritera; reta

annoyance [ə'nɔiəns] *n* förargelse *c*

annoying [ə'nɔiiŋ] *adj* förarglig, retsam

annual ['ænjuəl] *adj* årlig; *n* årsbok *c*

per annum [pər 'ænəm] per år

anonymous [ə'nɔniməs] *adj* anonym

another [ə'nʌðə] *adj* en till; en annan

answer ['ɑ:nsə] *v* svara; besvara; *n* svar *nt*

answering machine ['ɑ:nsəriŋ mə'ʃi:n] *n* telefonsvarare

ant [ænt] *n* myra *c*

anthology [æn'θɔlədʒi] *n* antologi *c*

antibiotic [,æntibai'ɔtik] *n* antibiotikum *nt*

anticipate [æn'tisipeit] *v* *förutse, *föregripa; *förekomma

antifreeze ['æntifri:z] *n* frostskyddsvätska *c*

antipathy [æn'tipəθi] *n* motvilja *c*

antique [æn'ti:k] *adj* antik; *n* antikvitet *c*

antiquity [æn'tikwəti] *n* Antiken; **antiquities** *pl* antikviteter

antiseptic [,ænti'septik] *n* antiseptiskt medel

anxiety [æŋ'zaiəti] *n* bekymmer *nt*

anxious ['æŋkʃəs] *adj* ivrig; orolig

any ['eni] *adj* någon

anybody ['enibɔdi] *pron* vem som helst

anyhow ['enihau] *adv* hur som helst

anyone ['eniwʌn] *pron* varje

anything ['eniθiŋ] *pron* vad som helst

anyway ['eniwei] *adv* i varje fall

anywhere ['eniweə] *adv* var som helst

apart [ə'pɑ:t] *adv* isär, var för sig; ~ **from** bortsett från

apartment [ə'pɑ:tmənt] *nAm* våning *c,* lägenhet *c;* ~ **house** *Am* hyreshus *nt*

aperitif [ə'perətiv] *n* aperitif *c*

apologize [ə'pɔlədʒaiz] *v* *be om ursäkt

apology [ə'pɔlədʒi] *n* ursäkt *c*

apparatus [,æpə'reitəs] *n* anordning *c,* apparat *c*

apparent [ə'pærənt] *adj* uppenbar; tydlig

apparently [ə'pærəntli] *adv* tydligen

apparition [,æpə'riʃən] *n* uppenbarelse *c*

appeal [ə'pi:l] *n* vädjan *c*

appear [ə'piə] *v* verka, tyckas; *framgå; synas; framträda

appearance [ə'piərəns] *n* utseende *nt;* framträdande *nt*

appendicitis [ə,pendi'saitis] *n* blindtarmsinflammation *c*

appendix [ə'pendiks] *n* (pl -dices, -dixes) blindtarm *c*

appetite ['æpətait] *n* aptit *c,* matlust *c*

appetizer ['æpətaizə] *n* aptitretare *c*

appetizing ['æpətaiziŋ] *adj* aptitlig

applause [ə'plɔ:z] *n* applåd *c*

apple ['æpəl] *n* äpple *nt*

appliance [ə'plaiəns] *n* apparat *c,* anordning *c*

application [,æpli'keiʃən] *n* användning *c;* ansökan *c*

apply [ə'plai] *v* tillämpa, *lägga på; använda; ansöka; gälla

appoint [ə'pɔint] *v* anställa, utnämna

appointment [ə'pɔintmənt] *n* avtalat möte, avtal *nt;* utnämning *c*

appreciate [ə'pri:ʃieit] *v* uppskatta, *värdesätta

appreciation [ə,pri:ʃi'eiʃən] *n* värdestegring *c;* uppskattning *c*

approach [ə'prəutʃ] v närma sig; n
tillvägagångssätt nt; närmande nt

appropriate [ə'prəupriət] adj rätt,
lämplig, ändamålsenlig

approval [ə'pru:vəl] n gillande nt; bi-
fall nt; on ~ till påseende

approve [ə'pru:v] v gilla; ~ of god-
känna

approximate [ə'prɔksimət] adj unge-
färlig

approximately [ə'prɔksimətli] adv un-
gefär, cirka

apricot ['eiprikɔt] n aprikos c

April ['eiprəl] april

apron ['eiprən] n förkläde nt

Arab ['ærəb] adj arabisk; n arab c

arbitrary ['ɑ:bitrəri] adj godtycklig

arcade [ɑ:'keid] n pelargång c, arkad
c

arch [ɑ:tʃ] n valvbåge c; valv nt

archaeologist [ˌɑ:ki'ɔlədʒist] n arkeo-
log c

archaeology [ˌɑ:ki'ɔlədʒi] n arkeologi
c

archbishop [ˌɑ:tʃ'biʃəp] n ärkebiskop c

arched [ɑ:tʃt] adj bågformig

architect ['ɑ:kitekt] n arkitekt c

architecture ['ɑ:kitektʃə] n byggnads-
konst c, arkitektur c

archives ['ɑ:kaivz] pl arkiv nt

are [ɑ:] v (pr be)

area ['ɛəriə] n område nt; yta c; ~
code riktnummer nt

Argentina [ˌɑ:dʒən'ti:nə] Argentina

Argentinian [ˌɑ:dʒən'tiniən] adj ar-
gentinsk; n argentinare c

argue ['ɑ:gju:] v argumentera, disku-
tera, debattera; gräla

argument ['ɑ:gjumənt] n argument
nt; diskussion c; ordväxling c

arid ['ærid] adj torr

*arise [ə'raiz] v *uppstå

arithmetic [ə'riθmətik] n räkning c

arm [ɑ:m] n arm c; vapen nt; arm-

stöd nt; v beväpna

armchair ['ɑ:mtʃɛə] n fåtölj c

armed [ɑ:md] adj beväpnad; ~
forces beväpnade styrkor

armour ['ɑ:mə] n rustning c

army ['ɑ:mi] n armé c

aroma [ə'roumə] n arom c

around [ə'raund] prep omkring; adv
runt

arrange [ə'reindʒ] v ordna; arrangera

arrangement [ə'reindʒmənt] n arran-
gemang nt; avtal nt; åtgärd c

arrest [ə'rest] v arrestera; n arreste-
ring c

arrival [ə'raivəl] n ankomst c

arrive [ə'raiv] v anlända

arrow ['ærou] n pil c

art [ɑ:t] n konst c; skicklighet c; list
c; ~ collection konstsamling c; ~
exhibition konstutställning c; ~
gallery konstgalleri nt; ~ history
konsthistoria c; arts and crafts
konstindustri c; ~ school konst-
akademi c

artery ['ɑ:təri] n pulsåder c

artichoke ['ɑ:titʃouk] n kronärtskocka
c

article ['ɑ:tikəl] n artikel c

artifice ['ɑ:tifis] n knep nt

artificial [ˌɑ:ti'fiʃəl] adj konstgjord

artist ['ɑ:tist] n konstnär c; konstnä-
rinna c

artistic [ɑ:'tistik] adj artistisk, konst-
närlig

as [æz] conj liksom, som; lika; därför
att, eftersom; ~ from från; från
och med; ~ if som om

asbestos [æz'bestɔs] n asbest c

ascend [ə'send] v *stiga; *stiga upp-
åt; *bestiga

ascent [ə'sent] n stigning c; bestig-
ning c

ascertain [ˌæsə'tein] v konstatera;
förvissa sig om, fastställa

ash [æʃ] n aska c
ashamed [əˈʃeimd] adj skamsen; *be ~ skämmas
ashore [əˈʃɔː] adv i land
ashtray [ˈæʃtrei] n askkopp c
Asia [ˈeiʃə] Asien
Asian [ˈeiʃən] adj asiatisk; n asiat c
aside [əˈsaid] adv åt sidan
ask [ɑːsk] v fråga; *be; *inbjuda
asleep [əˈsliːp] adj sovande
asparagus [əˈspærəgəs] n sparris c
aspect [ˈæspekt] n aspekt c
asphalt [ˈæsfælt] n asfalt c
aspire [əˈspaiə] v sträva
aspirin [ˈæspərin] n aspirin nt
ass [æs] n åsna c
assassination [əˌsæsiˈneiʃən] n mord nt
assault [əˈsɔːlt] v *angripa; *våldta
assemble [əˈsembəl] v samla; *sätta ihop, montera
assembly [əˈsembli] n församling c, sammankomst c
assignment [əˈsainmənt] n uppdrag nt
assign to [əˈsain] tilldela; *överlåta
assist [əˈsist] v hjälpa, *bistå; ~ at *vara närvarande vid
assistance [əˈsistəns] n hjälp c; bistånd nt, understöd nt
assistant [əˈsistənt] n assistent c
associate¹ [əˈsouʃiət] n kompanjon c, delägare c; kollega c; medlem c
associate² [əˈsouʃieit] v associera; ~ with *umgås med
association [əˌsousiˈeiʃən] n förening c, sammanslutning c
assort [əˈsɔːt] v sortera
assortment [əˈsɔːtmənt] n urval nt, sortiment c
assume [əˈsjuːm] v *anta, förmoda
assure [əˈʃuə] v försäkra
asthma [ˈæsmə] n astma c
astonish [əˈstɔniʃ] v förvåna
astonishing [əˈstɔniʃiŋ] adj förvånans-
värd
astonishment [əˈstɔniʃmənt] n förvåning c
astronomy [əˈstrɔnəmi] n astronomi c
asylum [əˈsailəm] n asyl c; mentalsjukhus nt, vårdanstalt c
at [æt] prep på, hos, i
ate [et] v (p eat)
atheist [ˈeiθiist] n ateist c
athlete [ˈæθliːt] n atlet c
athletics [æθˈletiks] pl friidrott c
Atlantic [ətˈlæntik] Atlanten
atmosphere [ˈætməsfiə] n atmosfär c; stämning c
atom [ˈætəm] n atom c
atomic [əˈtɔmik] adj atom-; kärn-
atomizer [ˈætəmaizə] n sprayflaska c; spray c
attach [əˈtætʃ] v fästa; bifoga; attached to fäst vid
attack [əˈtæk] v *anfalla; n anfall nt
attain [əˈtein] v uppnå
attainable [əˈteinəbəl] adj uppnåelig; åtkomlig
attempt [əˈtempt] v försöka, pröva; n försök nt
attend [əˈtend] v *vara närvarande vid; ~ on uppassa; ~ to *ta hand om, *se till; beakta, uppmärksamma
attendance [əˈtendəns] n deltagande nt
attendant [əˈtendənt] n vaktmästare c
attention [əˈtenʃən] n uppmärksamhet c
attentive [əˈtentiv] adj uppmärksam
attic [ˈætik] n vindsrum nt
attitude [ˈætitjuːd] n inställning c
attorney [əˈtɔːni] n advokat c
attract [əˈtrækt] v *tilldra sig
attraction [əˈtrækʃən] n attraktion c; lockelse c
attractive [əˈtræktiv] adj tilldragande
auburn [ˈɔːbən] adj kastanjebrun

auction ['ɔ:kʃən] n auktion c
audible ['ɔ:dibəl] adj hörbar
audience ['ɔ:diəns] n publik c
auditor ['ɔ:ditə] n åhörare c
auditorium [,ɔ:di'tɔ:riəm] n hörsal c
August ['ɔ:gəst] augusti
aunt [ɑ:nt] n tant c, moster c, faster c
Australia [ɔ'streiliə] Australien
Australian [ɔ'streiliən] adj australisk; n australier c
Austria ['ɔstriə] Österrike
Austrian ['ɔstriən] adj österrikisk; n österrikare c
authentic [ɔ:'θentik] adj autentisk; äkta
author ['ɔ:θə] n författare c
authoritarian [ɔ:,θɔri'tɛəriən] adj auktoritär
authority [ɔ:'θɔrəti] n auktoritet c; maktbefogenhet c; authorities pl myndigheter pl
authorization [,ɔ:θərai'zeiʃən] n tillåtelse c
automatic [,ɔ:tə'mætik] adj automatisk
automation [,ɔ:tə'meiʃən] n automatisering c
automobile ['ɔ:təməbi:l] n bil c; ~ club automobilklubb c
autonomous [ɔ:'tɔnəməs] adj autonom
autopsy ['ɔ:tɔpsi] n obduktion c
autumn ['ɔ:təm] n höst c
available [ə'veiləbəl] adj disponibel, tillgänglig, i lager
avalanche ['ævəlɑ:nʃ] n lavin c
avenue ['ævənju:] n aveny c
average ['ævəridʒ] adj genomsnittlig; n genomsnitt nt; on the ~ i genomsnitt
averse [ə'və:s] adj obenägen, ovillig
aversion [ə'və:ʃən] n motvilja c
avert [ə'və:t] v vända bort

avoid [ə'vɔid] v *undgå; *undvika
await [ə'weit] v vänta på, vänta sig
awake [ə'weik] adj vaken
*awake [ə'weik] v väcka
award [ə'wɔ:d] n pris nt; v tilldela
aware [ə'wɛə] adj medveten
away [ə'wei] adv bort; *go ~ åka bort
awful ['ɔ:fəl] adj fruktansvärd, ryslig
awkward ['ɔ:kwəd] adj brydsam; tafatt, klumpig
awning ['ɔ:niŋ] n markis c
axe [æks] n yxa c
axle ['æksəl] n hjulaxel c

B

baby ['beibi] n baby c; ~ carriage Am barnvagn c
babysitter ['beibi,sitə] n barnvakt c
bachelor ['bætʃələ] n ungkarl c
back [bæk] n rygg c; adv tillbaka; *go ~ åka tillbaka
backache ['bækeik] n ryggvärk c
backbone ['bækboun] n ryggrad c
background ['bækgraund] n bakgrund c; utbildning c
backwards ['bækwədz] adv bakåt
bacon ['beikən] n bacon nt
bacterium [bæk'ti:riəm] n (pl -ria) bakterie c
bad [bæd] adj dålig, allvarlig; stygg
bag [bæg] n påse c; väska c, handväska c; resväska c
baggage ['bægidʒ] n bagage nt; ~ deposit office Am bagageinlämning c; hand ~ handbagage nt
bail [beil] n borgen c
bailiff ['beilif] n fogde c
bait [beit] n bete nt
bake [beik] v baka
baker ['beikə] n bagare c

bakery ['beikəri] n bageri nt

balance ['bæləns] n jämvikt c; våg c; saldo nt

balcony ['bælkəni] n balkong c

bald [bɔːld] adj flintskallig

ball [bɔːl] n boll c; bal c

ballet ['bælei] n balett c

balloon [bə'luːn] n ballong c

ballpoint-pen ['bɔːlpɔintpen] n kulspetspenna c

ballroom ['bɔːlruːm] n balsal c

bamboo [bæm'buː] n (pl ~s) bambu c

banana [bə'nɑːnə] n banan c

band [bænd] n band nt

bandage ['bændidʒ] n förband nt

bandit ['bændit] n bandit c

bangle ['bæŋgəl] n armband nt

banisters ['bænistəz] pl trappräcke nt

bank [bæŋk] n flodbank c; bank c; v deponera, *sätta in; ~ account bankkonto nt

banknote ['bæŋknout] n sedel c

bank-rate ['bæŋkreit] n diskonto nt

bankrupt ['bæŋkrʌpt] adj konkursmässig, bankrutt

banner ['bænə] n baner nt

banquet ['bæŋkwit] n bankett c

banqueting-hall ['bæŋkwitiŋhɔːl] n bankettsal c

baptism ['bæptizəm] n dop nt

baptize [bæp'taiz] v döpa

bar [bɑː] n bar c; stång c; fönstergaller nt

barber ['bɑːbə] n herrfrisör c

bare [bɛə] adj naken, bar; kal

barely ['bɛəli] adv nätt och jämt

bargain ['bɑːgin] n fynd nt; v *köpslå, pruta

baritone ['bæritoun] n baryton c

bark [bɑːk] n bark c; v skälla

barley ['bɑːli] n korn nt

barmaid ['bɑːmeid] n kvinnlig bartender

barman ['bɑːmən] n (pl -men) bartender c

barn [bɑːn] n lada c

barometer [bə'rɔmitə] n barometer c

baroque [bə'rɔk] adj barock

barracks ['bærəks] pl kasern c

barrel ['bærəl] n tunna c, fat nt

barrier ['bæriə] n barriär c; bom c

barrister ['bæristə] n advokat c

bartender ['bɑːˌtendə] n bartender c

base [beis] n bas c; grundval c; v basera

baseball ['beisbɔːl] n baseboll c

basement ['beismənt] n källarvåning c

basic ['beisik] adj grundläggande

basilica [bə'zilikə] n basilika c

basin ['beisən] n balja c, skål c

basis ['beisis] n (pl bases) basis c, grundprincip c

basket ['bɑːskit] n korg c

bass¹ [beis] n bas c

bass² [bæs] n (pl ~) abborre c

bastard ['bɑːstəd] n bastard c; tölp c

batch [bætʃ] n parti nt; hop c

bath [bɑːθ] n bad nt; ~ salts badsalt nt; ~ towel badhandduk c

bathe [beið] v bada

bathing-cap ['beiðiŋkæp] n badmössa c

bathing-suit ['beiðiŋsuːt] n baddräkt c; badbyxor pl

bathrobe ['bɑːθroub] n badrock c

bathroom ['bɑːθruːm] n badrum nt; toalett c

batter ['bætə] n smet c

battery ['bætəri] n batteri nt

battle ['bætəl] n slag nt; kamp c, strid c; v kämpa

bay [bei] n vik c; v skälla

*be [biː] v *vara

beach [biːtʃ] n strand c; nudist ~ nudistbadstrand c

bead [biːd] n pärla c; beads pl pärl-

halsband *nt;* radband *nt*
beak [bi:k] *n* näbb *c*
beam [bi:m] *n* stråle *c;* bjälke *c*
bean [bi:n] *n* böna *c*
bear [beə] *n* björn *c*
*****bear** [beə] *v* *bära; tåla; *utstå
beard [biəd] *n* skägg *nt*
beast [bi:st] *n* djur *nt;* ~ **of prey**
rovdjur *nt*
*****beat** [bi:t] *v* *slå; besegra
beautiful [ˈbju:tifəl] *adj* vacker
beauty [ˈbju:ti] *n* skönhet *c;* ~ **par-
lour** skönhetssalong *c;* ~ **salon**
skönhetssalong *c;* ~ **treatment**
skönhetsvård *c*
beaver [ˈbi:və] *n* bäver *c*
because [biˈkɔz] *conj* därför att; ef-
tersom; ~ **of** på grund av
*****become** [biˈkʌm] *v* *bli; klä
bed [bed] *n* säng *c;* ~ **and board** hel-
pension *c,* mat och logi; ~ **and
breakfast** rum med frukost
bedding [ˈbediŋ] *n* sängkläder *pl*
bedroom [ˈbedru:m] *n* sovrum *nt*
bee [bi:] *n* bi *nt*
beech [bi:tʃ] *n* bok *c*
beef [bi:f] *n* oxkött *nt*
beehive [ˈbi:haiv] *n* bikupa *c*
been [bi:n] *v* (pp be)
beer [biə] *n* öl *nt*
beet [bi:t] *n* beta *c*
beetle [ˈbi:təl] *n* skalbagge *c*
beetroot [ˈbi:tru:t] *n* rödbeta *c*
before [biˈfɔ:] *prep* före; framför;
conj innan; *adv* förut; innan
beg [beg] *v* tigga; *bönfalla; *be
beggar [ˈbegə] *n* tiggare *c*
*****begin** [biˈgin] *v* begynna, börja
beginner [biˈginə] *n* nybörjare *c*
beginning [biˈginiŋ] *n* begynnelse *c;*
början *c*
on behalf of [biˈhɑ:f] på ... vägnar
behave [biˈheiv] *v* uppföra sig
behaviour [biˈheivjə] *n* uppförande *nt*

behind [biˈhaind] *prep* bakom; *adv*
bakom
beige [beiʒ] *adj* beige
being [ˈbi:iŋ] *n* varelse *c*
Belgian [ˈbeldʒən] *adj* belgisk; *n* bel-
gare *c*
Belgium [ˈbeldʒəm] Belgien
belief [biˈli:f] *n* tro *c*
believe [biˈli:v] *v* tro
bell [bel] *n* klocka *c;* ringklocka *c*
bellboy [ˈbelbɔi] *n* hotellpojke *c*
belly [ˈbeli] *n* buk *c*
belong [biˈlɔŋ] *v* tillhöra
belongings [biˈlɔŋiŋz] *pl* tillhörighe-
ter *pl*
beloved [biˈlʌvd] *adj* älskad
below [biˈlou] *prep* nedanför; under;
adv nedan
belt [belt] *n* bälte *nt;* **garter** ~ *Am*
strumpebandshållare *c*
bench [bentʃ] *n* bänk *c*
bend [bend] *n* kurva *c,* böjning *c;*
krök *c*
*****bend** [bend] *v* böja; ~ **down** böja
sig
beneath [biˈni:θ] *prep* under; *adv* ne-
danför
benefit [ˈbenifit] *n* vinst *c,* nytta *c;*
förmån *c; v* *dra nytta
bent [bent] *adj* (pp bend) böjd
beret [ˈberei] *n* basker *c*
berry [ˈberi] *n* bär *nt*
berth [bəθ] *n* sovbrits *c;* koj *c*
beside [biˈsaid] *prep* bredvid
besides [biˈsaidz] *adv* dessutom; för-
resten; *prep* utom
best [best] *adj* bäst
bet [bet] *n* vad *nt;* insats *c*
*****bet** [bet] *v* *slå vad
betray [biˈtrei] *v* förråda
better [ˈbetə] *adj* bättre
between [biˈtwi:n] *prep* mellan
beverage [ˈbevəridʒ] *n* dryck *c*
beware [biˈweə] *v* akta sig

bewitch [bi'witʃ] v förhäxa

beyond [bi'jɔnd] prep bortom; på andra sidan om; utöver; adv bortom

bible ['baibəl] n bibel c

bicycle ['baisikəl] n cykel c

big [big] adj stor; omfångsrik; tjock; viktig

bile [bail] n galla c

bilingual [bai'liŋgwəl] adj tvåspråkig

bill [bil] n räkning c; nota c; v fakturera

billiards ['biljədz] pl biljard c

*bind [baind] v *binda

binding ['baindiŋ] n band nt; bård c

binoculars [bi'nɔkjələz] pl kikare c

biology [bai'ɔlədʒi] n biologi c

birch [bəːtʃ] n björk c

bird [bəːd] n fågel c

birth [bəːθ] n födelse c

birthday ['bəːθdei] n födelsedag c

biscuit ['biskit] n kex nt

bishop ['biʃəp] n biskop c

bit [bit] n bit c; smula c

bitch [bitʃ] n tik c

bite [bait] n munsbit c; bett nt

*bite [bait] v *bita

bitter ['bitə] adj bitter

black [blæk] adj svart; ~ market svarta börsen

blackberry ['blækbəri] n björnbär nt

blackbird ['blækbəːd] n koltrast c

blackboard ['blækbɔːd] n svarta tavlan

black-currant [ˌblæk'kʌrənt] n svarta vinbär

blackmail ['blækmeil] n utpressning c; v utpressa pengar

blacksmith ['blæksmiθ] n smed c

bladder ['blædə] n urinblåsa c

blade [bleid] n knivblad nt; ~ of grass grässtrå nt

blame [bleim] n klander nt; v förebrå, klandra

blank [blæŋk] adj blank

blanket ['blæŋkit] n filt c

blast [blɑːst] n explosion c

blazer ['bleizə] n blazer c

bleach [bliːtʃ] v bleka

bleak [bliːk] adj karg, kal

*bleed [bliːd] v *blöda

bless [bles] v välsigna

blessing ['blesiŋ] n välsignelse c

blind [blaind] n persienn c, rullgardin c; adj blind; v blända

blister ['blistə] n blåsa c, vattenblåsa c

blizzard ['blizəd] n snöstorm c

block [blɔk] v blockera, spärra; n kloss c; ~ of flats hyreshus nt

blonde [blɔnd] n blondin c

blood [blʌd] n blod nt; ~ pressure blodtryck nt

blood-poisoning ['blʌdˌpɔizəniŋ] n blodförgiftning c

blood-vessel ['blʌdˌvesəl] n blodkärl nt

blot [blɔt] n fläck c; blotting paper läskpapper nt

blouse [blauz] n blus c

blow [blou] n örfil c, slag nt; vindpust c

*blow [blou] v blåsa

blow-out ['blouaut] n punktering c

blue [bluː] adj blå; nedstämd

blunt [blʌnt] adj slö; trubbig

blush [blʌʃ] v rodna

board [bɔːd] n bräda c; tavla c; pension c; styrelse c; ~ and lodging mat och logi, helpension c

boarder ['bɔːdə] n internatselev c, inackordering c

boarding-house ['bɔːdiŋhaus] n pensionat nt

boarding-school ['bɔːdiŋskuːl] n internatskola c

boast [boust] v *skryta

boat [bout] n båt c, skepp nt

body ['bɔdi] n kropp c
bodyguard ['bɔdiga:d] n livvakt c
bog [bɔg] n träsk nt
boil [bɔil] v koka; n spikböld c
bold [bould] adj djärv, fräck
Bolivia [bə'liviə] Bolivia
Bolivian [bə'liviən] adj boliviansk; n bolivian c
bolt [boult] n regel c; bult c
bomb [bɔm] n bomb c; v bombardera
bond [bɔnd] n obligation c
bone [boun] n ben nt; fiskben nt; v urbena
bonnet ['bɔnit] n motorhuv c
book [buk] n bok c; v boka, reservera; bokföra, *skriva in
booking ['bukiŋ] n beställning c, reservation c
bookmaker ['buk,meikə] n vadhållningsagent c
bookseller ['buk,selə] n bokhandlare c
bookstand ['bukstænd] n bokstånd nt
bookstore ['bukstɔ:] n bokhandel c, boklåda c
boot [bu:t] n stövel c; bagageutrymme nt
booth [bu:ð] n bod c; hytt c
border ['bɔ:də] n gräns c; kant c
bore¹ [bɔ:] v tråka ut; borra; n tråkmåns c
bore² [bɔ:] v (p bear)
boring ['bɔ:riŋ] adj tråkig, långtråkig
born [bɔ:n] adj född
borrow ['bɔrou] v låna
bosom ['buzəm] n barm c; bröst nt
boss [bɔs] n chef c
botany ['bɔtəni] n botanik c
both [bouθ] adj båda; both ... and både ... och
bother ['bɔðə] v besvära, störa; *göra sig besvär; n besvär nt
bottle ['bɔtəl] n flaska c; ~ opener flasköppnare c; hot-water ~

varmvattensflaska c
bottleneck ['bɔtəlnek] n flaskhals c
bottom ['bɔtəm] n botten c; bakdel c, stjärt c; adj nedersta
bough [bau] n gren c
bought [bɔ:t] v (p, pp buy)
boulder ['bouldə] n stenblock nt
bound [baund] n gräns c; *be ~ to *måste; ~ for på väg till
boundary ['baundəri] n gränslinje c; landgräns c
bouquet [bu'kei] n bukett c
bourgeois ['buəʒwa:] adj kälkborgerlig
boutique [bu'ti:k] n boutique c
bow¹ [bau] v bocka
bow² [bou] n båge c; ~ tie fluga c
bowels [bauəlz] pl inälvor pl, tarmar pl
bowl [boul] n skål c
bowling ['bouliŋ] n kägelspel nt, bowling c; ~ alley bowlingbana c
box¹ [bɔks] v boxas; boxing match boxningsmatch c
box² [bɔks] n ask c
box-office ['bɔks,ɔfis] n biljettlucka c, biljettkassa c
boy [bɔi] n pojke c; tjänare c; ~ scout scout c
bra [bra:] n behå c
bracelet ['breislit] n armband nt
braces ['breisiz] pl hängslen pl
brain [brein] n hjärna c; förstånd nt
brain-wave ['breinweiv] n snilleblixt c
brake [breik] n broms c; ~ drum bromstrumma c; ~ lights bromsljus nt
branch [bra:ntʃ] n gren c; filial c
brand [brænd] n märke nt; brännmärke c
brand-new [,brænd'nju:] adj splitter ny
brass [bra:s] n mässing c; ~ band mässingsorkester c

brassiere ['bræziə] n bysthållare c

brassware ['braːsweə] n mässingsföremål nt

brave [breiv] adj tapper, modig

Brazil [brə'zil] Brasilien

Brazilian [brə'ziljən] adj brasiliansk; n brasilianare c

breach [briːtʃ] n rämna c; brott nt

bread [bred] n bröd nt; wholemeal ~ fullkornsbröd nt

breadth [bredθ] n bredd c

break [breik] n brytning c; rast c

*break [breik] v *bryta; ~ down *gå sönder; *bryta samman; analysera

breakdown ['breikdaun] n sammanbrott nt, motorstopp nt

breakfast ['brekfəst] n frukost c

bream [briːm] n (pl ~) braxen c

breast [brest] n bröst nt

breaststroke ['breststrouk] n bröstsim nt

breath [breθ] n anda c

breathe [briːð] v andas

breathing ['briːðiŋ] n andning c

breed [briːd] n ras c; art c

*breed [briːd] v uppföda

breeze [briːz] n bris c

brew [bruː] v brygga

brewery ['bruːəri] n bryggeri nt

bribe [braib] v muta

bribery ['braibəri] n mutning c

brick [brik] n tegelsten c

bricklayer ['brikleiə] n murare c

bride [braid] n brud c

bridegroom ['braidgruːm] n brudgum c

bridge [bridʒ] n bro c; bridge c

brief [briːf] adj kort; kortfattad

briefcase ['briːfkeis] n portfölj c

briefs [briːfs] pl trosor pl, kalsonger pl

bright [braːit] adj glänsande; strålande; kvicktänkt, skärpt

brill [bril] n slätvar c

brilliant ['briljənt] adj briljant; begåvad

brim [brim] n brädd c

*bring [briŋ] v *ta med, medföra; *ha med sig; ~ back återföra; ~ up uppfostra; *ta upp

brisk [brisk] adj pigg

British ['britiʃ] adj brittisk

Briton ['britən] n britt c

broad [brɔːd] adj bred; utsträckt, vidsträckt; allmän

broadcast ['brɔːdkaːst] n utsändning c

*broadcast ['brɔːdkaːst] v utsända

brochure ['brouʃuə] n broschyr c

broke¹ [brouk] v (p break)

broke² [brouk] adj pank

broken ['broukən] adj (pp break) sönder; trasig

broker ['broukə] n mäklare c

bronchitis [brɔŋ'kaitis] n luftrörskatarr c

bronze [brɔnz] n brons c; adj brons-

brooch [broutʃ] n brosch c

brook [bruk] n bäck c

broom [bruːm] n kvast c

brothel ['brɔθəl] n bordell c

brother ['brʌðə] n bror c; broder c

brother-in-law ['brʌðərinlɔː] n (pl brothers-) svåger c

brought [brɔːt] v (p, pp bring)

brown [braun] adj brun

bruise [bruːz] n blodutgjutning c, blåmärke nt; v *slå gul och blå

brunette [bruː'net] n brunett c

brush [brʌʃ] n borste c; pensel c; v borsta

brutal ['bruːtəl] adj brutal

bubble ['bʌbəl] n bubbla c

bucket ['bʌkit] n hink c

buckle ['bʌkəl] n spänne nt

bud [bʌd] n knopp c

budget ['bʌdʒit] n budget c

buffet [ˈbufei] n gående bord
bug [bʌg] n vägglus c; skalbagge c;
nAm insekt c
*build [bild] v bygga
building [ˈbildiŋ] n byggnad c
bulb [bʌlb] n blomlök c; light ~
glödlampa c
Bulgaria [bʌlˈgeəriə] Bulgarien
Bulgarian [bʌlˈgeəriən] adj bulgarisk;
n bulgar c
bulk [bʌlk] n volym c; massa c; största delen
bulky [ˈbʌlki] adj omfångsrik, skrymmande
bull [bul] n tjur c
bullet [ˈbulit] n kula c
bullfight [ˈbulfait] n tjurfäktning c
bullring [ˈbulriŋ] n tjurfäktningsarena c
bump [bʌmp] v stöta, sammanstöta;
dunka; n duns c, slag nt, stöt c
bumper [ˈbʌmpə] n kofångare c
bumpy [ˈbʌmpi] adj gropig
bun [bʌn] n bulle c
bunch [bʌntʃ] n bukett c; hop c
bundle [ˈbʌndəl] n bunt c; v bunta
ihop
bunk [bʌŋk] n koj c
buoy [bɔi] n boj c
burden [ˈbəːdən] n börda c
bureau [ˈbjuərou] n (pl ~x, ~s)
skrivbord nt; nAm byrå c
bureaucracy [bjuəˈrɔkrəsi] n byråkrati c
burglar [ˈbəːglə] n inbrottstjuv c
burgle [ˈbəːgəl] v *göra inbrott
burial [ˈberiəl] n begravning c, gravsättning c
burn [bəːn] n brännsår nt
*burn [bəːn] v *brinna; bränna; vidbränna
*burst [bəːst] v *spricka; *brista
bury [ˈberi] v begrava
bus [bʌs] n buss c

bush [buʃ] n buske c
business [ˈbiznəs] n affärer pl, handel c; affär c, affärsverksamhet c;
sysselsättning c; ~ hours kontorstid c, affärstid c; ~ trip affärsresa
c; on ~ i affärer
business-like [ˈbiznislaik] adj affärsmässig
businessman [ˈbiznəsmən] n (pl
-men) affärsman c
bust [bʌst] n byst c
bustle [ˈbʌsəl] n jäkt nt
busy [ˈbizi] adj upptagen; livlig
but [bʌt] conj men; dock; prep utom
butcher [ˈbutʃə] n slaktare c
butter [ˈbʌtə] n smör nt
butterfly [ˈbʌtəflai] n fjäril c; ~
stroke fjärilsim nt
buttock [ˈbʌtək] n skinka c
button [ˈbʌtən] n knapp c; v knäppa
buttonhole [ˈbʌtənhoul] n knapphål
nt
*buy [bai] v köpa; anskaffa
buyer [ˈbaiə] n köpare c
by [bai] prep av; med; vid
by-pass [ˈbaipaːs] n omfartsled c; v
*fara förbi; *undvika

C

cab [kæb] n taxi c
cabaret [ˈkæbərei] n kabaré c; nattklubb c
cabbage [ˈkæbidʒ] n kål c
cab-driver [ˈkæbˌdraivə] n taxichaufför c
cabin [ˈkæbin] n kabin c; hydda c;
hytt c; kajuta c
cabinet [ˈkæbinət] n skåp nt; regering
c
cable [ˈkeibəl] n kabel c; telegram nt;
v telegrafera

cadre ['kɑːdə] n stamanställd c; stamtrupp c

café ['kæfei] n kafé nt

cafeteria [ˌkæfə'tiəriə] n kafeteria c

caffeine ['kæfiːn] n koffein nt

cage [keidʒ] n bur c

cake [keik] n kaka c; bakverk nt, tårta c

calamity [kə'læməti] n katastrof c, olycka c

calcium ['kælsiəm] n kalcium nt

calculate ['kælkjuleit] v räkna ut, beräkna

calculation [ˌkælkju'leiʃən] n beräkning c

calculator ['kælkjuleitə] n miniräknare c

calendar ['kæləndə] n kalender c

calf [kɑːf] n (pl calves) kalv c; vad c; ~ skin kalvskinn nt

call [kɔːl] v ropa; kalla; ringa; n rop nt; besök nt; påringning c; *be called heta; ~ names skymfa; ~ on besöka; ~ up Am ringa upp

callus ['kæləs] n valk c

calm [kɑːm] adj stilla, lugn; ~ down lugna

calorie ['kæləri] n kalori c

Calvinism ['kælvinizəm] n kalvinism c

came [keim] v (p come)

camel ['kæməl] n kamel c

camera ['kæmərə] n kamera c; filmkamera c; ~ shop fotoaffär c

camp [kæmp] n läger nt; v kampa

campaign [kæm'pein] n kampanj c

camp-bed [ˌkæmp'bed] n tältsäng c, fältsäng c

camper ['kæmpə] n kampare c

camping ['kæmpiŋ] n kamping c; ~ site kampingplats c

camshaft ['kæmʃɑːft] n kamaxel c

can [kæn] n konservburk c; ~ opener konservöppnare c

*can [kæn] v *kunna

Canada ['kænədə] Kanada

Canadian [kə'neidiən] adj kanadensisk; n kanadensare c

canal [kə'næl] n kanal c

canary [kə'neəri] n kanariefågel c

cancel ['kænsəl] v annullera; avbeställa

cancellation [ˌkænsə'leiʃən] n annullering c

cancer ['kænsə] n cancer c

candelabrum [ˌkændə'lɑːbrəm] n (pl -bra) kandelaber c

candidate ['kændidət] n kandidat c

candle ['kændəl] n stearinljus nt

candy ['kændi] nAm karamell c; snask nt, godis nt; ~ store Am gottaffär c

cane [kein] n rör nt; käpp c

canister ['kænistə] n bleckburk c

canoe [kə'nuː] n kanot c

canteen [kæn'tiːn] n kantin c

canvas ['kænvəs] n smärting c

cap [kæp] n skärmmössa c, mössa c

capable ['keipəbəl] adj kapabel, duglig

capacity [kə'pæsəti] n kapacitet c; förmåga c

cape [keip] n cape c; udde c

capital ['kæpitəl] n huvudstad c; kapital nt; adj huvudsaklig, huvud-; ~ letter stor bokstav

capitalism ['kæpitəlizəm] n kapitalism c

capitulation [kəˌpitju'leiʃən] n kapitulation c

capsule ['kæpsjuːl] n kapsyl c

captain ['kæptin] n kapten c

capture ['kæptʃə] v *tillfångata; *inta; n tillfångatagande nt; erövring c

car [kɑː] n bil c; ~ hire biluthyrning c; ~ park parkeringsplats c; ~ rental Am biluthyrning c

carafe [kə'ræf] n karaff c

caramel ['kærəməl] n karamell c

carat ['kærət] n karat c

caravan ['kærəvæn] n husvagn c

carburettor [ˌkɑ:bju'retə] n förgasare c

card [kɑ:d] n kort nt; brevkort nt

cardboard ['kɑ:dbɔ:d] n papp c; adj papp-

cardigan ['kɑ:digən] n kofta c

cardinal ['kɑ:dinəl] n kardinal c; adj huvudsaklig, huvud-

care [kɛə] n vård c; bekymmer nt; ~ about bry sig om; ~ for *vilja ha; tycka om; *take ~ of sköta om, *ta hand om

career [kə'riə] n karriär c

carefree ['kɛəfri:] adj sorglös

careful ['kɛəfəl] adj försiktig; omsorgsfull

careless ['kɛələs] adj vårdslös, slarvig

caretaker ['kɛəˌteikə] n vaktmästare c

cargo ['kɑ:gou] n (pl ~es) last c, laddning c

carnival ['kɑ:nivəl] n karneval c

carp [kɑ:p] n (pl ~) karp c

carpenter ['kɑ:pintə] n snickare c

carpet ['kɑ:pit] n matta c

carriage ['kæridʒ] n järnvägsvagn c; vagn c, ekipage nt

carriageway ['kæridʒwei] n körbana c

carrot ['kærət] n morot c

carry ['kæri] v *bära; föra; ~ on *fortsätta; ~ out genomföra

carry-cot ['kærikɔt] n babykorg c

cart [kɑ:t] n kärra c

cartilage ['kɑ:tilidʒ] n brosk nt

carton ['kɑ:tən] n kartong c; cigarrettlimpa c

cartoon [kɑ:'tu:n] n tecknad film

cartridge ['kɑ:tridʒ] n patron c

carve [kɑ:v] v *skära; *utskära, snida

carving ['kɑ:viŋ] n snideri nt

case [keis] n fall nt; resväska c; etui nt; attaché ~ dokumentportfölj c; in ~ ifall; in ~ of i händelse av

cash [kæʃ] n kontanter pl; v lösa in, inkassera; ~ dispenser bankomat c

cashier [kæ'ʃiə] n kassör c; kassörska c

cashmere ['kæʃmiə] n kaschmir c

casino [kə'si:nou] n (pl ~s) kasino nt

cask [kɑ:sk] n tunna c

cast [kɑ:st] n kast nt

*cast [kɑ:st] v kasta; cast iron gjutjärn nt

castle ['kɑ:səl] n slott nt, borg c

casual ['kæʒuəl] adj informell; flyktig, oförmodad, tillfällig

casualty ['kæʒuəlti] n offer nt; olycksfall nt

cat [kæt] n katt c

catacomb ['kætəkoum] n katakomb c

catalogue ['kætəlɔg] n katalog c

catarrh [kə'tɑ:] n katarr c

catastrophe [kə'tæstrəfi] n katastrof c

*catch [kætʃ] v fånga; *gripa; överrumpla; *hinna

category ['kætigəri] n kategori c

cathedral [kə'θi:drəl] n domkyrka c, katedral c

catholic ['kæθəlik] adj katolsk

cattle ['kætəl] pl boskap c

caught [kɔ:t] v (p, pp catch)

cauliflower ['kɔliflauə] n blomkål c

cause [kɔ:z] v orsaka; vålla; n orsak c; grund c, anledning c; sak c; ~ to *förmå att

caution ['kɔ:ʃən] n försiktighet c; v varna

cautious ['kɔ:ʃəs] adj försiktig

cave [keiv] n grotta c

cavern ['kævən] n håla c

caviar ['kæviɑ:] n kaviar c

cavity ['kævəti] n hålighet c

cease [si:s] v upphöra

ceiling ['si:liŋ] n innertak nt

celebrate ['selibreit] v fira

celebration [,seli'breiʃən] n firande nt

celebrity [si'lebrəti] n berömdhet c

celery ['seləri] n selleri c

celibacy ['selibəsi] n celibat nt

cell [sel] n cell c

cellar ['selə] n källare c

cellophane ['seləfein] n cellofan nt

cement [si'ment] n cement nt

cemetery ['semitri] n kyrkogård c, begravningsplats c

censorship ['sensəʃip] n censur c

centimetre ['senti,mi:tə] n centimeter c

central ['sentrəl] adj central; ~ heating centralvärme c; ~ station centralstation c

centralize ['sentrəlaiz] v centralisera

centre ['sentə] n centrum nt; medelpunkt c

century ['sentʃəri] n århundrade nt

ceramics [si'ræmiks] pl keramik c, lergods c

ceremony ['serəməni] n ceremoni c

certain ['sə:tən] adj säker; viss

certificate [sə'tifikət] n certifikat nt; intyg nt, handling c, diplom nt, attest c

chain [tʃein] n kedja c

chair [tʃeə] n stol c

chairman ['tʃeəmən] n (pl -men) ordförande c

chalet ['ʃælei] n alpstuga c

chalk [tʃɔ:k] n krita c

challenge ['tʃæləndʒ] v utmana; n utmaning c

chamber ['tʃeimbə] n kammare c

chambermaid ['tʃeimbəmeid] n städerska c

champagne [ʃæm'pein] n champagne c

champion ['tʃæmpjən] n mästare c; förkämpe c

chance [tʃɑ:ns] n slump c; chans c,

tillfällighet c; risk c; by ~ av en slump

change [tʃeindʒ] v förändra, ändra; växla; klä om sig; byta; n förändring c; småpengar pl

channel ['tʃænəl] n kanal c; English Channel Engelska kanalen

chaos ['keiɔs] n kaos nt

chaotic [kei'ɔtik] adj kaotisk

chap [tʃæp] n karl c

chapel ['tʃæpəl] n kapell nt

chaplain ['tʃæplin] n kaplan c

character ['kærəktə] n karaktär c

characteristic [,kærəktə'ristik] adj betecknande, karakteristisk; n kännetecken nt; karaktärsdrag nt

characterize ['kærəktəraiz] v karakterisera

charcoal ['tʃɑ:koul] n träkol nt

charge [tʃɑ:dʒ] v *ta betalt; *ålägga; anklaga; lasta; n avgift c; laddning c, börda c, belastning c; anklagelse c; ~ plate Am kreditkort nt; free of ~ kostnadsfri; in ~ of ansvarig för; *take ~ of *ta hand om

charity ['tʃærəti] n välgörenhet c

charm [tʃɑ:m] n tjusning c, charm c; amulett c

charming ['tʃɑ:miŋ] adj charmerande

chart [tʃɑ:t] n tabell c; diagram nt; sjökort nt; conversion ~ omräkningstabell c

chase [tʃeis] v förfölja; *fördriva, jaga bort; n jakt c

chasm ['kæzəm] n klyfta c

chassis ['ʃæsi] n (pl ~) chassi nt

chaste [tʃeist] adj kysk

chat [tʃæt] v prata, småprata; n pratstund c, prat nt, småprat nt

chatterbox ['tʃætəbɔks] n pratmakare c

chauffeur ['ʃoufə] n chaufför c

cheap [tʃi:p] adj billig; förmånlig

cheat [tʃi:t] v lura, fuska; *bedra

check [tʃek] v kolla, kontrollera; n rutigt mönster; nota c; nAm check c; **check!** schack!; ~ **in** checka in, *skriva in sig; ~ **out** lämna

check-book ['tʃekbuk] nAm checkhäfte nt

checkerboard ['tʃekbɔːd] nAm schackbräde nt

checkers ['tʃekəz] plAm damspel nt

checkroom ['tʃekruːm] nAm garderob c

check-up ['tʃekʌp] n undersökning c

cheek [tʃiːk] n kind c

cheek-bone ['tʃiːkboun] n kindben nt

cheer [tʃiə] v heja, hälsa med jubel; ~ **up** muntra upp

cheerful ['tʃiəfəl] adj munter, glad

cheese [tʃiːz] n ost c

chef [ʃef] n kökschef c

chemical ['kemikəl] adj kemisk

chemist ['kemist] n apotekare c; **chemist's** apotek nt; kemikalieaffär c

chemistry ['kemistri] n kemi c

cheque [tʃek] n check c

cheque-book ['tʃekbuk] n checkhäfte nt

chequered ['tʃekəd] adj rutig

cherry ['tʃeri] n körsbär nt

chess [tʃes] n schack nt

chest [tʃest] n bröst nt; bröstkorg c; kista c; ~ **of drawers** byrå c

chestnut ['tʃesnʌt] n kastanj c

chew [tʃuː] v tugga

chewing-gum ['tʃuːiŋgʌm] n tuggummi nt

chicken ['tʃikin] n kyckling c

chickenpox ['tʃikinpɔks] n vattkoppor pl

chief [tʃiːf] n chef c; adj huvud-, över-

chieftain ['tʃiːftən] n hövding c

chilblain ['tʃilblein] n frostknöl c

child [tʃaild] n (pl children) barn nt

childbirth ['tʃaildbəːθ] n förlossning c

childhood ['tʃaildhud] n barndom c

Chile ['tʃili] Chile

Chilean ['tʃiliən] adj chilensk; n chilenare c

chill [tʃil] n rysning nt

chilly ['tʃili] adj kylig

chimes [tʃaimz] pl klockspel nt

chimney ['tʃimni] n skorsten c

chin [tʃin] n haka c

China ['tʃainə] Kina

china ['tʃainə] n porslin nt

Chinese [tʃai'niːz] adj kinesisk; n kines c

chink [tʃiŋk] n spricka c

chip [tʃip] n flisa c; spelmark c; v kantstöta, tälja; **chips** pommes frites

chiropodist [ki'rɔpədist] n fotspecialist c

chisel ['tʃizəl] n mejsel c

chives [tʃaivz] pl gräslök c

chlorine ['klɔːriːn] n klor c

chock-full [tʃɔk'ful] adj fullpackad, proppfull

chocolate ['tʃɔklət] n choklad c; chokladpralin c

choice [tʃɔis] n val nt; urval nt

choir [kwaiə] n kör c

choke [tʃouk] v kvävas; *strypa, kväva; n choke c

***choose** [tʃuːz] v *välja

chop [tʃɔp] n kotlett c; v hacka

Christ [kraist] Kristus

christen ['krisən] v döpa

christening ['krisəniŋ] n dop nt

Christian ['kristʃən] adj kristen; ~ **name** förnamn nt

Christmas ['krisməs] jul c

chromium ['kroumiəm] n krom c

chronic ['krɔnik] adj kronisk

chronological [ˌkrɔnə'lɔdʒikəl] adj kronologisk

chuckle ['tʃʌkəl] v småskratta

chunk [tʃʌŋk] n stycke nt

church [tʃəːtʃ] n kyrka c

churchyard [ˈtʃəːtʃɑːd] n kyrkogård c

cigar [siˈgɑː] n cigarr c; ~ shop cigarraffär c

cigarette [ˌsigəˈret] n cigarrett c

cigarette-case [ˌsigəˈretkeis] n cigarrettetui nt

cigarette-holder [ˌsigəˈretˌhouldə] n cigarrettmunstycke nt

cigarette-lighter [ˌsigəˈretˌlaitə] n cigarrettändare c

cinema [ˈsinəmə] n biograf c

cinnamon [ˈsinəmən] n kanel c

circle [ˈsəːkəl] n cirkel c; krets c; balkong c; v *omge, *omsluta

circulation [ˌsəːkjuˈleiʃən] n cirkulation c; blodcirkulation c; omlopp nt

circumstance [ˈsəːkəmstæns] n omständighet c

circus [ˈsəːkəs] n cirkus c

citizen [ˈsitizən] n stadsbo c

citizenship [ˈsitizənʃip] n medborgarskap nt

city [ˈsiti] n stad c

civic [ˈsivik] adj medborgar-

civil [ˈsivəl] adj medborgerlig; hövlig; ~ law civilrätt c; ~ servant statstjänsteman c

civilian [siˈviljən] adj civil; n civilist c

civilization [ˌsivəlaiˈzeiʃən] n civilisation c

civilized [ˈsivəlaizd] adj civiliserad

claim [kleim] v kräva, fordra; *påstå; n anspråk nt, fordran c

clamp [klæmp] n klämma c; krampa c

clap [klæp] v applådera

clarify [ˈklærifai] v *klargöra

class [klɑːs] n klass c

classical [ˈklæsikəl] adj klassisk

classify [ˈklæsifai] v indela

class-mate [ˈklɑːsmeit] n klasskamrat c

classroom [ˈklɑːsruːm] n klassrum nt

clause [klɔːz] n klausul c

claw [klɔː] n klo c

clay [klei] n lera c

clean [kliːn] adj ren; v städa, *rengöra

cleaning [ˈkliːniŋ] n rengöring c; ~ fluid rengöringsmedel nt

clear [kliə] adj klar; tydlig; v röja

clearing [ˈkliəriŋ] n uthuggning c

cleft [kleft] n skreva c

clergyman [ˈkləːdʒimən] n (pl -men) präst c

clerk [klɑːk] n kontorist c; bokhållare c; sekreterare c

clever [ˈklevə] adj intelligent; skicklig, klok

client [ˈklaiənt] n kund c; klient c

cliff [klif] n klippa c

climate [ˈklaimit] n klimat nt

climb [klaim] v klättra; n klättring c

clinic [ˈklinik] n klinik c

cloak [klouk] n cape c

cloakroom [ˈkloukruːm] n kapprum nt

clock [klɔk] n ur nt; at ... o'clock klockan ...

cloister [ˈklɔistə] n kloster nt

close¹ [klouz] v stänga, *sluta; closed adj stängd, sluten

close² [klous] adj nära

closet [ˈklɔzit] n skåp nt; garderob c

cloth [klɔθ] n tyg nt; trasa c

clothes [klouðz] pl kläder pl

clothes-brush [ˈklouðzbrʌʃ] n klädborste c

clothing [ˈklouðiŋ] n beklädnad c

cloud [klaud] n moln nt

cloud-burst [ˈklaudbəːst] n skyfall nt

cloudy [ˈklaudi] adj mulen, molnig

clover [ˈklouvə] n klöver c

clown [klaun] n clown c

club [klʌb] n klubb c, förening c; påk c, klubba c

clumsy [ˈklʌmzi] adj klumpig

clutch [klʌtʃ] n koppling c; grepp nt

coach [koutʃ] n buss c; vagn c; kaross c; tränare c

coachwork ['koutʃwə:k] n karosseri nt

coagulate [kou'ægjuleit] v koagulera

coal [koul] n kol nt

coarse [kɔ:s] adj grov

coast [koust] n kust c

coat [kout] n överrock c, kappa c

coat-hanger ['kout,hæŋə] n galge c

cobweb ['kɔbweb] n spindelnät nt

cocaine [kou'kein] n kokain nt

cock [kɔk] n tupp c

cocktail ['kɔkteil] n cocktail c

coconut ['koukənʌt] n kokosnöt c

cod [kɔd] n (pl ~) torsk c

code [koud] n kod c

coffee ['kɔfi] n kaffe nt

cognac ['kɔnjæk] n konjak c

coherence [kou'hiərəns] n sammanhang nt

coin [kɔin] n mynt nt; slant c

coincide [,kouin'said] v *sammanfalla

cold [kould] adj kall; n kyla c; förkylning c; *catch a ~ *bli förkyld

collapse [kə'læps] v kollapsa, *bryta samman

collar ['kɔlə] n halsband nt; krage c; ~ stud kragknapp c

collarbone ['kɔləboun] n nyckelben nt

colleague ['kɔli:g] n kollega c

collect [kə'lekt] v samla; hämta; samla in

collection [kə'lekʃən] n samling c; brevlådstömning c; kollekt c, insamling c

collective [kə'lektiv] adj kollektiv

collector [kə'lektə] n samlare c; insamlare c

college ['kɔlidʒ] n högre läroanstalt; högskola c

collide [kə'laid] v kollidera

collision [kə'liʒən] n sammanstötning c, kollision c; ombordläggning c

Colombia [kə'lɔmbiə] Colombia

Colombian [kə'lɔmbiən] adj colombiansk; n colombian c

colonel ['kə:nəl] n överste c

colony ['kɔləni] n koloni c

colour ['kʌlə] n färg c; v färga; ~ film färgfilm c

colourant ['kʌlərənt] n färgämne nt

colour-blind ['kʌləblaind] adj färgblind

coloured ['kʌləd] adj färgad

colourful ['kʌləfəl] adj färgrik, färgstark

column ['kɔləm] n pelare c; kolumn c; rubrik c

coma ['koumə] n koma c

comb [koum] v kamma; n kam c

combat ['kɔmbæt] n kamp c, strid c; v bekämpa, kämpa

combination [,kɔmbi'neiʃən] n kombination c

combine [kəm'bain] v kombinera

*come [kʌm] v *komma; ~ across råka träffa, stöta på; *få tag i

comedian [kə'mi:diən] n skådespelare c; komiker c

comedy ['kɔmədi] n lustspel nt, komedi c; musical ~ musikalisk komedi

comfort ['kʌmfət] n komfort c, bekvämlighet c; tröst c; v trösta

comfortable ['kʌmfətəbəl] adj bekväm, komfortabel

comic ['kɔmik] adj komisk

comics ['kɔmiks] pl tecknad serie

coming ['kʌmiŋ] n ankomst c

comma ['kɔmə] n kommatecken nt

command [kə'mɑ:nd] v befalla; n befallning c

commander [kə'mɑ:ndə] n befälhavare c

commemoration [kə,memə'reiʃən] n minnesfest c

commence [kə'mens] v börja

comment ['kɔment] n kommentar c; v kommentera

commerce ['kɔmə:s] n handel c

commercial [kə'mə:ʃəl] adj kommersiell, handels-; n reklamsändning c; ~ **law** handelsrätt c

commission [kə'miʃən] n kommission c

commit [kə'mit] v anförtro, överlämna; *begå, föröva

committee [kə'miti] n kommitté c, utskott nt

common ['kɔmən] adj gemensam; allmän, vanlig; simpel

commune ['kɔmju:n] n kommun c

communicate [kə'mju:nikeit] v meddela

communication [kə,mju:ni'keiʃən] n kommunikation c; meddelande nt

communism ['kɔmjunizəm] n kommunism c

communist ['kɔmjunist] n kommunist c

community [kə'mju:nəti] n gemenskap c, samhälle nt

commuter [kə'mju:tə] n pendlare c

compact ['kɔmpækt] adj kompakt

compact disc ['kɔmpækt disk] n CD-skiva c; ~ **player** CD-spelare c

companion [kəm'pænjən] n följeslagare c

company ['kʌmpəni] n sällskap nt; bolag nt; företag nt, firma c

comparative [kəm'pærətiv] adj relativ

compare [kəm'pɛə] v jämföra

comparison [kəm'pærisən] n jämförelse c

compartment [kəm'pɑ:tmənt] n kupé c; fack nt

compass ['kʌmpəs] n kompass c

compel [kəm'pel] v tvinga

compensate ['kɔmpənseit] v kompensera

compensation [,kɔmpən'seiʃən] n kompensation c; skadeersättning c

compete [kəm'pi:t] v tävla

competition [,kɔmpə'tiʃən] n tävlan c; tävling c

competitor [kəm'petitər] n medtävlare c

compile [kəm'pail] v sammanställa, samla ihop

complain [kəm'plein] v klaga

complaint [kəm'pleint] n reklamation c, klagomål nt; **complaints book** reklamationsbok c

complete [kəm'pli:t] adj fullkomlig, komplett; v avsluta

completely [kəm'pli:tli] adv fullkomligt, totalt, fullständigt

complex ['kɔmpleks] n komplex nt; adj invecklad

complexion [kəm'plekʃən] n hy c

complicated ['kɔmplikeitid] adj komplicerad, invecklad

compliment ['kɔmplimənt] n komplimang c; v komplimentera, gratulera

compose [kəm'pouz] v sammanställa

composer [kəm'pouzə] n kompositör c

composition [,kɔmpə'ziʃən] n komposition c; sammansättning c

comprehensive [,kɔmpri'hensiv] adj omfattande, innehållsrik

comprise [kəm'praiz] v *inbegripa, omfatta

compromise ['kɔmprəmaiz] n kompromiss c

compulsory [kəm'pʌlsəri] adj obligatorisk

computer [kəm'pjutə] n dator c

conceal [kən'si:l] v *dölja

conceited [kən'si:tid] adj egenkär

conceive [kən'si:v] v avla; tänka ut; fatta

concentrate ['kɔnsəntreit] v koncentrera

concentration [ˌkɔnsən'treiʃən] n koncentration c

conception [kən'sepʃən] n uppfattning c; befruktning c

concern [kən'sə:n] v beträffa, *angå; n oro c; angelägenhet c; koncern c

concerned [kən'sə:nd] adj bekymrad; inblandad

concerning [kən'sə:niŋ] prep angående, beträffande

concert ['kɔnsət] n konsert c; ~ hall konsertsal c

concession [kən'seʃən] n koncession c; beviljande nt

concise [kən'sais] adj kortfattad, koncis

conclusion [kən'klu:ʒən] n slut nt, slutsats c

concrete ['kɔŋkri:t] adj konkret; n betong c

concurrence [kən'kʌrəns] n sammanträffande nt

concussion [kən'kʌʃən] n hjärnskakning c

condition [kən'diʃən] n villkor nt; tillstånd nt, kondition c

conditional [kən'diʃənəl] adj villkorlig

conditioner [kən'diʃənə] n sköljmedel

condom ['kɔndəm] n kondom c

conduct¹ ['kɔndʌkt] n uppförande nt

conduct² [kən'dʌkt] v ledsaga; dirigera

conductor [kən'dʌktə] n förare c; dirigent c

confectioner [kən'fekʃənə] n konditor c

conference ['kɔnfərəns] n konferens c

confess [kən'fes] v erkänna; bikta sig; bekänna

confession [kən'feʃən] n bekännelse c; bikt c

confidence ['kɔnfidəns] n förtroende nt

confident ['kɔnfidənt] adj tillitsfull

confidential [ˌkɔnfi'denʃəl] adj konfidentiell

confirm [kən'fə:m] v bekräfta

confirmation [ˌkɔnfə'meiʃən] n bekräftelse c

confiscate ['kɔnfiskeit] v konfiskera

conflict ['kɔnflikt] n konflikt c

confuse [kən'fju:z] v förvirra

confusion [kən'fju:ʒən] n förvirring c

congratulate [kən'grætʃuleit] v lyckönska, gratulera

congratulation [kənˌgrætʃu'leiʃən] n lyckönskning c, gratulation c

congregation [ˌkɔŋgri'geiʃən] n församling c; kongregation c

congress ['kɔŋgres] n kongress c

connect [kə'nekt] v *förbinda, koppla; koppla till, *anknyta; *ansluta

connection [kə'nekʃən] n förbindelse c; sammanhang nt, anknytning c

connoisseur [ˌkɔnə'sə:] n kännare c

connotation [ˌkɔnə'teiʃən] n bibetydelse c

conquer ['kɔŋkə] v erövra; besegra

conqueror ['kɔŋkərə] n erövrare c

conquest ['kɔŋkwest] n erövring c

conscience ['kɔnʃəns] n samvete nt

conscious ['kɔnʃəs] adj medveten

consciousness ['kɔnʃəsnəs] n medvetande nt

conscript ['kɔnskript] n värnpliktig c

consent [kən'sent] v samtycka; n samtycke nt, bifall nt

consequence ['kɔnsikwəns] n verkan c, följd c

consequently ['kɔnsikwəntli] adv följaktligen

conservative [kən'sə:vətiv] adj samhällsbevarande, konservativ

consider [kən'sidə] v betrakta; överväga; *anse

considerable [kən'sidərəbəl] adj betydlig; avsevärd, betydande considerate [kən'sidərət] adj hänsynsfull

consideration [kən,sidə'reiʃən] n övervägande nt; hänsyn c, hänsynsfullhet c

considering [kən'sidəriŋ] prep med hänsyn till

consignment [kən'sainmənt] n försändelse c

consist of [kən'sist] *bestå av

conspire [kən'spaiə] v *sammansvärja sig

constant ['kɔnstənt] adj ständig

constipated ['kɔnstipeitid] adj förstoppad

constipation [,kɔnsti'peiʃən] n förstoppning c

constituency [kən'stitʃuənsi] n valkrets c

constitution [,kɔnsti'tju:ʃən] n grundlag c; sammansättning c

construct [kən'strʌkt] v konstruera; bygga, uppföra

construction [kən'strʌkʃən] n konstruktion c; uppförande nt; bygge nt, byggnad c

consul ['kɔnsəl] n konsul c

consulate ['kɔnsjulət] n konsulat nt

consult [kən'sʌlt] v rådfråga

consultation [,kɔnsəl'teiʃən] n konsultation c; ~ hours mottagningstid c

consumer [kən'sju:mə] n konsument c

contact ['kɔntækt] n kontakt c, beröring c; v kontakta; ~ lenses kontaktlinser pl

contagious [kən'teidʒəs] adj smittosam, smittande

contain [kən'tein] v *innehålla; rymma

container [kən'teinə] n behållare c; container c

contemporary [kən'tempərəri] adj samtida; nutida; n samtida person

contempt [kən'tempt] n förakt nt,

ringaktning c

content [kən'tent] adj nöjd

contents ['kɔntents] pl innehåll nt

contest ['kɔntest] n strid c; tävling c

continent ['kɔntinənt] n kontinent c, världsdel c

continental [,kɔnti'nentəl] adj kontinental

continual [kən'tinjuəl] adj ständig; continually adv oupphörligen

continue [kən'tinju:] v *fortsätta, *fortgå

continuous [kən'tinjuəs] adj oavbruten, kontinuerlig

contour ['kɔntuə] n kontur c

contraceptive [,kɔntrə'septiv] n preventivmedel nt

contract¹ ['kɔntrækt] n kontrakt nt

contract² [kən'trækt] v *ådraga sig

contractor [kən'træktə] n entreprenör c

contradict [,kɔntrə'dikt] v *motsäga

contradictory [,kɔntrə'diktəri] adj motsägande

contrary ['kɔntrəri] n motsats c; adj motsatt; on the ~ däremot

contrast ['kɔntrɑ:st] n kontrast c

contribution [,kɔntri'bju:ʃən] n bidrag nt

control [kən'troul] n kontroll c; v kontrollera

controversial [,kɔntrə'və:ʃəl] adj omtvistad, omstridd

convenience [kən'vi:njəns] n bekvämlighet c

convenient [kən'vi:njənt] adj bekväm; lämplig, passande

convent ['kɔnvənt] n kloster nt

conversation [,kɔnvə'seiʃən] n konversation c, samtal nt

convert [kən'və:t] v omvända; omräkna

convict¹ [kən'vikt] v förklara skyldig

convict² ['kɔnvikt] n brottsling c

conviction [kən'vikʃən] n övertygelse c; fällande dom

convince [kən'vins] v övertyga

convulsion [kən'vʌlʃən] n kramp c

cook [kuk] n kock c; v laga mat; tillaga

cookbook ['kukbuk] nAm kokbok c

cooker ['kukə] n spis c; gas ~ gasspis c

cookery-book ['kukəribuk] n kokbok c

cookie ['kuki] nAm kex nt

cool [ku:l] adj kylig; cooling system kylsystem nt

co-operation [kou,ɔpə'reiʃən] n samarbete nt; samverkan c

co-operative [kou'ɔpərətiv] adj kooperativ; samarbetsvillig; n kooperation c

co-ordinate [kou'ɔ:dineit] v samordna

co-ordination [kou,ɔ:di'neiʃən] n samordning c

copper ['kɔpə] n koppar c

copy ['kɔpi] n kopia c; avskrift c; exemplar nt; v kopiera; härma; carbon ~ karbonkopia c

coral ['kɔrəl] n korall c

cord [kɔ:d] n rep nt; lina c

cordial ['kɔ:diəl] adj hjärtlig

corduroy ['kɔ:dərɔi] n manchester c

core [kɔ:] n kärna c; kärnhus nt

cork [kɔ:k] n kork c

corkscrew ['kɔ:kskru:] n korkskruv c

corn [kɔ:n] n korn nt; spannmål c, säd c; liktorn c; ~ on the cob majskolv c

corner ['kɔ:nə] n hörn nt

cornfield ['kɔ:nfi:ld] n sädesfält nt

corpse [kɔ:ps] n lik nt

corpulent ['kɔ:pjulənt] adj korpulent; tjock

correct [kə'rekt] adj riktig, korrekt, rätt; v rätta, rätta till

correction [kə'rekʃən] n rättelse c

correctness [kə'rektnəs] n riktighet c

correspond [,kɔri'spɔnd] v korrespondera; överensstämma, motsvara

correspondence [,kɔri'spɔndəns] n överensstämmelse c, brevväxling c

correspondent [,kɔri'spɔndənt] n korrespondent c

corridor ['kɔridɔ:] n korridor c

corrupt [kə'rʌpt] adj korrumperad; v korrumpera

corruption [kə'rʌpʃən] n korruption c

corset ['kɔ:sit] n korsett c

cosmetics [kɔz'metiks] pl skönhetsmedel pl, kosmetika pl

cost [kɔst] n kostnad c; pris nt

*cost [kɔst] v kosta

cosy ['kouzi] adj mysig, hemtrevlig

cot [kɔt] nAm turistsäng c

cottage ['kɔtidʒ] n stuga c

cotton ['kɔtən] n bomull c

cotton-wool ['kɔtənwul] n bomull c

couch [kautʃ] n soffa c

cough [kɔf] n hosta c; v hosta

could [kud] v (p can)

council ['kaunsəl] n rådsförsamling c

councillor ['kaunsələ] n rådsmedlem c

counsel ['kaunsəl] n överläggning c, råd nt

counsellor ['kaunsələ] n rådgivare c

count [kaunt] v räkna; räkna ihop; medräkna; *anse; n greve c

counter ['kauntə] n disk c

counterfeit ['kauntəfi:t] v förfalska

counterfoil ['kauntəfɔil] n talong c

counterpane ['kauntəpein] n sängöverkast nt

countess ['kauntis] n grevinna c

country ['kʌntri] n land nt; landsbygd c; ~ house lantställe nt

countryman ['kʌntrimən] n (pl -men) landsman c

countryside ['kʌntrisaid] n landsbygd c

county ['kaunti] n grevskap nt

couple ['kʌpəl] *n* par *nt*

coupon ['ku:pɔn] *n* kupong *c*, biljett *c*

courage ['kʌridʒ] *n* tapperhet *c*, mod *nt*

courageous [kə'reidʒəs] *adj* modig, tapper

course [kɔ:s] *n* kurs *c*; rätt *c*; lopp *nt*; **intensive** ~ snabbkurs *c*; **of** ~ givetvis, naturligtvis

court [kɔ:t] *n* domstol *c*; hov *nt*

courteous ['kə:tiəs] *adj* artig

cousin ['kʌzən] *n* kusin *c*

cover ['kʌvə] *v* täcka; *n* skydd *nt*; lock *nt*; pärm *c*; ~ **charge** kuvertavgift *c*

cow [kau] *n* ko *c*

coward ['kauəd] *n* ynkrygg *c*

cowardly ['kauədli] *adj* feg

crab [kræb] *n* krabba *c*

crack [kræk] *n* smäll *c*; spricka *c*; *v* smälla; *spricka, spräcka

cracker ['krækə] *nAm* kex *nt*

cradle ['kreidəl] *n* vagga *c*

cramp [kræmp] *n* kramp *c*

crane [krein] *n* lyftkran *c*

crankcase ['kræŋkkeis] *n* vevhus *nt*

crankshaft ['kræŋkʃɑ:ft] *n* vevaxel *c*

crash [kræʃ] *n* kollision *c*; *v* kollidera; störta; ~ **barrier** vägräcke *nt*

crate [kreit] *n* spjällåda *c*

crater ['kreitə] *n* krater *c*

crawl [krɔ:l] *v* *krypa; *n* crawlsim *nt*

craze [kreiz] *n* mani *c*

crazy ['kreizi] *adj* galen; vansinnig, tokig

creak [kri:k] *v* gnissla

cream [kri:m] *n* kräm *c*; grädde *c*; *adj* gräddfärgad

creamy ['kri:mi] *adj* grädd-

crease [kri:s] *v* skrynkla; *n* veck *nt*; skrynkla *c*

create [kri'eit] *v* skapa

creature ['kri:tʃə] *n* varelse *c*

credible ['kredibəl] *adj* trovärdig

credit ['kredit] *n* kredit *c*; *v* kreditera; ~ **card** kreditkort *nt*

creditor ['kreditə] *n* fordringsägare *c*

credulous ['kredjuləs] *adj* godtrogen

creek [kri:k] *n* vik *c*

***creep** [kri:p] *v* *krypa

creepy ['kri:pi] *adj* kuslig

cremate [kri'meit] *v* kremera

cremation [kri'meiʃən] *n* kremering *c*

crew [kru:] *n* besättning *c*

cricket ['krikit] *n* kricket *nt*; syrsa *c*

crime [kraim] *n* brott *nt*

criminal ['kriminəl] *n* förbrytare *c*, brottsling *c*; *adj* kriminell, brottslig; ~ **law** strafflag *c*

criminality [ˌkrimi'næləti] *n* brottslighet *c*

crimson ['krimzən] *adj* karmosinröd

crippled ['kripəld] *adj* invalidiserad

crisis ['kraisis] *n* (pl crises) kris *c*

crisp [krisp] *adj* knaprig, frasig

critic ['kritik] *n* kritiker *c*

critical ['kritikəl] *adj* kritisk, farlig

criticism ['kritisizəm] *n* kritik *c*

criticize ['kritisaiz] *v* kritisera

crochet ['krouʃei] *v* virka

crockery ['krɔkəri] *n* lergods *nt*, porslin *nt*

crocodile ['krɔkədail] *n* krokodil *c*

crooked ['krukid] *adj* krokig, vriden; oärlig

crop [krɔp] *n* skörd *c*

cross [krɔs] *v* *gå över; *adj* vresig, arg; *n* kors *nt*

cross-eyed ['krɔsaid] *adj* skelögd

crossing ['krɔsiŋ] *n* överfart *c*; korsning *c*; övergångsställe *nt*

crossroads ['krɔsroudz] *n* gatukorsning *c*

crosswalk ['krɔswɔ:k] *nAm* övergångsställe *nt*

crow [krou] *n* kråka *c*

crowbar ['kroubɑ:] *n* bräckjärn *nt*

crowd [kraud] *n* folkmassa *c*, hop *c*

crowded [ˈkraudid] adj fullpackad; överfull

crown [kraun] n krona c; v kröna

crucifix [ˈkruːsifiks] n krucifix nt

crucifixion [ˌkruːsiˈfikʃən] n korsfästelse c

crucify [ˈkruːsifai] v korsfästa

cruel [kruəl] adj grym

cruise [kruːz] n kryssning c

crumb [krʌm] n smula c

crusade [kruːˈseid] n korståg nt

crust [krʌst] n skorpa c

crutch [krʌtʃ] n krycka c

cry [krai] v *gråta; *skrika; ropa; n skrik nt; rop nt

crystal [ˈkristəl] n kristall c; adj kristall-

Cuba [ˈkjuːbə] Kuba

Cuban [ˈkjuːbən] adj kubansk; n kuban c

cube [kjuːb] n kub c; tärning c

cuckoo [ˈkukuː] n gök c

cucumber [ˈkjuːkəmbə] n gurka c

cuddle [ˈkʌdəl] v krama, kela med

cudgel [ˈkʌdʒəl] n påk c

cuff [kʌf] n manschett c

cuff-links [ˈkʌfliŋks] pl manschettknappar pl

cul-de-sac [ˈkʌldəsæk] n återvändsgränd c

cultivate [ˈkʌltiveit] v odla

culture [ˈkʌltʃə] n kultur c

cultured [ˈkʌltʃəd] adj kultiverad

cunning [ˈkʌniŋ] adj listig

cup [kʌp] n kopp c; pokal c

cupboard [ˈkʌbəd] n skåp nt

curb [kəːb] n trottoarkant c; v tygla, kuva

cure [kjuə] v bota; n kur c; tillfrisknande nt

curio [ˈkjuəriou] n (pl ~s) raritet c

curiosity [ˌkjuəriˈɔsəti] n nyfikenhet c

curious [ˈkjuəriəs] adj vetgirig, nyfiken; märkvärdig

curl [kəːl] v locka; krusa; n lock c

curler [ˈkəːlə] n papiljott c

curling-tongs [ˈkəːliŋtɔŋz] pl locktång c

curly [ˈkəːli] adj lockig

currant [ˈkʌrənt] n korint c; vinbär nt

currency [ˈkʌrənsi] n valuta c; foreign ~ utländsk valuta

current [ˈkʌrənt] n ström c; adj nuvarande, gällande; alternating ~ växelström c; direct ~ likström c

curry [ˈkʌri] n curry c

curse [kəːs] v *svära; förbanna; n svordom c

curtain [ˈkəːtən] n gardin c; ridå c

curve [kəːv] n kurva c; krökning c

curved [kəːvd] adj böjd

cushion [ˈkuʃən] n kudde c

custodian [kʌˈstoudiən] n vaktmästare c

custody [ˈkʌstədi] n häkte nt; förvaring c; förmynderskap nt

custom [ˈkʌstəm] n vana c; bruk nt

customary [ˈkʌstəməri] adj vanlig, sedvanlig, bruklig

customer [ˈkʌstəmə] n kund c; klient c

Customs [ˈkʌstəmz] pl tull c; ~ duty tull c; ~ officer tulltjänsteman c

cut [kʌt] n snitt nt; skärsår nt

*cut [kʌt] v *skära; klippa; *skära ned; ~ off *skära av; klippa av; stänga av

cutlery [ˈkʌtləri] n bestick nt

cutlet [ˈkʌtlət] n kotlett c

cycle [ˈsaikəl] n cykel c; kretslopp c

cyclist [ˈsaiklist] n cyklist c

cylinder [ˈsilində] n cylinder c; ~ head topplock nt

cystitis [siˈstaitis] n blåskatarr c

Czech Republic [ˌtʃek riˈpʌblik] Tjeckiska republiken

D

dad [dæd] *n* pappa *c*
daddy ['dædi] *n* pappa *c*
daffodil ['dæfədil] *n* påsklilja *c*
daily ['deili] *adj* daglig; *n* dagstidning *c*
dairy ['dɛəri] *n* mejeri *nt*
dam [dæm] *n* damm *c;* jordvall *c*
damage ['dæmidʒ] *n* skada *c; v* förstöra
damp [dæmp] *adj* fuktig; *n* fukt *c; v* fukta
dance [dɑ:ns] *v* dansa; *n* dans *c*
dandelion ['dændilaiən] *n* maskros *c*
dandruff ['dændrəf] *n* mjäll *nt*
Dane [dein] *n* dansk *c*
danger ['deindʒə] *n* fara *c*
dangerous ['deindʒərəs] *adj* farlig
Danish ['deiniʃ] *adj* dansk
dare [dɛə] *v* våga; utmana
daring ['dɛəriŋ] *adj* djärv, oförskräckt
dark [dɑ:k] *adj* mörk; *n* mörker *nt*
darling ['dɑ:liŋ] *n* älskling *c*
darn [dɑ:n] *v* stoppa
dash [dæʃ] *v* rusa; *n* tankstreck *nt*
dashboard ['dæʃbɔ:d] *n* instrumentbräda *c*
data ['deitə] *pl* data *pl*
date[1] [deit] *n* datum *nt;* träff *c; v* datera; **out of** ~ omodern
date[2] [deit] *n* dadel *c*
daughter ['dɔ:tə] *n* dotter *c*
dawn [dɔ:n] *n* gryning *c;* dagning *c*
day [dei] *n* dag *c;* **by** ~ om dagen; ~ **trip** dagsutflykt *c;* **per** ~ per dag; **the** ~ **before yesterday** i förrgår
daybreak ['deibreik] *n* dagbräckning *c*
daylight ['deilait] *n* dagsljus *nt*
dead [ded] *adj* död
deaf [def] *adj* döv

deal [di:l] *n* affärsuppgörelse *c,* affärstransaktion *c*
***deal** [di:l] *v* dela ut; ~ **with** befatta sig med; *deal med; *göra affärer med
dealer ['di:lə] *n* agent *c,* -handlare
dear [diə] *adj* kär; dyr; dyrbar
death [deθ] *n* död *c;* ~ **penalty** dödsstraff *nt*
debate [di'beit] *n* debatt *c*
debit ['debit] *n* debet *c*
debt [det] *n* skuld *c*
decaffeinated [di:'kæfineitid] *adj* koffeinfri
deceit [di'si:t] *n* bedrägeri *nt*
deceive [di'si:v] *v* *bedra
December [di'sembə] december
decency ['di:sənsi] *n* anständighet *c*
decent ['di:sənt] *adj* anständig
decide [di'said] *v* *besluta, bestämma, *avgöra
decision [di'siʒən] *n* avgörande *nt,* beslut *nt*
deck [dek] *n* däck *nt;* ~ **cabin** däckshytt *c;* ~ **chair** vilstol *c*
declaration [ˌdeklə'reiʃən] *n* förklaring *c;* deklaration *c*
declare [di'klɛə] *v* förklara; *uppge; förtulla
decoration [ˌdekə'reiʃən] *n* dekoration *c*
decrease [di:'kri:s] *v* *skära ned, minska; *avta; *n* minskning *c*
dedicate ['dedikeit] *v* ägna
deduce [di'dju:s] *v* härleda
deduct [di'dʌkt] *v* *dra av
deed [di:d] *n* handling *c,* gärning *c*
deep [di:p] *adj* djup
deep-freeze [ˌdi:p'fri:z] *n* frys *c*
deer [diə] *n* (pl ~) hjort *c*
defeat [di'fi:t] *v* besegra; *n* nederlag *nt*
defective [di'fektiv] *adj* bristfällig
defence [di'fens] *n* försvar *nt*
defend [di'fend] *v* försvara

deficiency [di'fiʃənsi] n brist c
deficit ['defisit] n underskott nt
define [di'fain] v definiera, bestämma
definite ['definit] adj bestämd
definition [,defi'niʃən] n definition c
deformed [di'fɔ:md] adj vanskapt, vanställd
degree [di'gri:] n grad c
delay [di'lei] v försena, *uppskjuta; n försening c; uppskov nt
delegate ['deligət] n delegat c
delegation [,deli'geiʃən] n deputation c, delegation c
deliberate[1] [di'libəreit] v *överlägga, överväga
deliberate[2] [di'libərət] adj överlagd
deliberation [di,libə'reiʃən] n överläggning c
delicacy ['delikəsi] n delikatess c
delicate ['delikət] adj fin; ömtålig; känslig
delicatessen [,delikə'tesən] n delikatessaffär c
delicious [di'liʃəs] adj utsökt, läcker
delight [di'lait] n förtjusning c, njutning c; v *glädja; delighted förtjust
delightful [di'laitfəl] adj härlig, förtjusande
deliver [di'livə] v leverera, avlämna; frälsa
delivery [di'livəri] n leverans c; förlossning c; frälsning c; ~ van varubil c
demand [di'mɑ:nd] v fordra, kräva; n begäran c; efterfrågan c
democracy [di'mɔkrəsi] n demokrati c
democratic [,demə'krætik] adj demokratisk
demolish [di'mɔliʃ] v *riva
demolition [,demə'liʃən] n rivning c
demonstrate ['demənstreit] v bevisa; demonstrera

demonstration [,demən'streiʃən] n demonstration c
den [den] n lya c
Denmark ['denmɑ:k] Danmark
denomination [di,nɔmi'neiʃən] n benämning c
dense [dens] adj tät
dent [dent] n buckla c
dentist ['dentist] n tandläkare c
denture ['dentʃə] n tandprotes c
deny [di'nai] v förneka; neka, *bestrida, vägra
deodorant [di:'oudərənt] n deodorant c
depart [di'pɑ:t] v avresa, avlägsna sig; *avlida
department [di'pɑ:tmənt] n avdelning c, departement nt; ~ store varuhus nt
departure [di'pɑ:tʃə] n avgång c, avresa c
dependant [di'pendənt] adj beroende
depend on [di'pend] bero på; *vara beroende av
deposit [di'pɔzit] n inbetalning c; handpenning c, pant c; avlagring c, sediment nt; v deponera
depository [di'pɔzitəri] n förvaringsrum nt
depot ['depou] n depå c; nAm station c
depressed [di'prest] adj deprimerad
depressing [di'presiŋ] adj nedslående
depression [di'preʃən] n depression c; lågtryck nt
deprive of [di'praiv] beröva
depth [depθ] n djup nt
deputy ['depjuti] n deputerad c; ställföreträdare c
descend [di'send] v *stiga ned
descendant [di'sendənt] n ättling c
descent [di'sent] n nedstigning c
describe [di'skraib] v *beskriva
description [di'skripʃən] n beskrivning

c; signalement nt
desert¹ ['dezət] n öken c; adj öde
desert² [di'zə:t] v desertera; *överge
deserve [di'zə:v] v förtjäna
design [di'zain] v *planlägga; n utkast nt; mönster nt
designate ['dezigneit] v bestämma
desirable [di'zaiərəbəl] adj önskvärd, åtråvärd
desire [di'zaiə] n önskan c; lust c, begär nt; v önska, längta
desk [desk] n skrivbord nt; talarstol c; skolbänk c
despair [di'spɛə] n förtvivlan c; v förtvivla
despatch [di'spætʃ] v avsända
desperate ['despərət] adj desperat
despise [di'spaiz] v förakta
despite [di'spait] prep trots
dessert [di'zə:t] n dessert c
destination [,desti'neiʃən] n bestämmelseort c
destine ['destin] v *avse, bestämma
destiny ['destini] n öde nt
destroy [di'strɔi] v förstöra
destruction [di'strʌkʃən] n förstörelse c; undergång c
detach [di'tætʃ] v avskilja
detail ['di:teil] n detalj c
detailed ['di:teild] adj detaljerad, utförlig
detect [di'tekt] v upptäcka
detective [di'tektiv] n detektiv c; ~ story detektivroman c
detergent [di'tə:dʒənt] n rengöringsmedel nt
determine [di'tə:min] v bestämma, fastställa
determined [di'tə:mind] adj beslutsam
detour ['di:tuə] n omväg c
devaluation [,di:vælju'eiʃən] n devalvering c
devalue [,di:'vælju:] v devalvera

develop [di'veləp] v utveckla; framkalla
development [di'veləpmənt] n utveckling c; framkallning c
deviate ['di:vieit] v *avvika
devil ['devəl] n djävul c
devise [di'vaiz] v uttänka
devote [di'vout] v ägna, offra
dew [dju:] n dagg c
diabetes [,daiə'bi:ti:z] n sockersjuka c, diabetes c
diabetic [,daiə'betik] n diabetiker c, sockersjuk c
diagnose [,daiəg'nouz] v ställa en diagnos
diagnosis [,daiəg'nousis] n (pl -ses) diagnos c
diagonal [dai'ægənəl] n diagonal c; adj diagonal
diagram ['daiəgræm] n diagram nt; grafisk framställning
dialect ['daiəlekt] n dialekt c
diamond ['daiəmənd] n diamant c
diaper ['daiəpə] nAm blöja c
diaphragm ['daiəfræm] n diafragma c; bländare c
diarrhoea [daiə'riə] n diarré c
diary ['daiəri] n fickalmanacka c; dagbok c
dictaphone ['diktəfoun] n diktafon c
dictate [dik'teit] v diktera
dictation [dik'teiʃən] n diktamen c; rättskrivning c
dictator [dik'teitə] n diktator c
dictionary ['dikʃənəri] n ordbok c
did [did] v (p do)
die [dai] v *dö
diesel ['di:zəl] n diesel c
diet ['daiət] n diet c
differ ['difə] v *vara olik
difference ['difərəns] n skillnad c
different ['difərənt] adj olik; annan
difficult ['difikəlt] adj svår; kinkig
difficulty ['difikəlti] n svårighet c

*dig [dig] *v* gräva

digest [di'dʒest] *v* smälta maten

digestible [di'dʒestəbəl] *adj* lättsmält

digestion [di'dʒestʃən] *n* matsmältning *c*

digit ['didʒit] *n* siffra *c*

digital ['didʒitəl] *adj* digital

dignified ['dignifaid] *adj* värdig

dike [daik] *n* fördämning *c*

dilapidated [di'læpideitid] *adj* förfallen

diligence ['dilidʒəns] *n* nit *nt*, flit *c*

diligent ['dilidʒənt] *adj* ihärdig, flitig, arbetsam

dilute [dai'lju:t] *v* förtunna, utspäda

dim [dim] *adj* matt, dunkel; vag, oklar

dine [dain] *v* *äta middag

dinghy ['diŋgi] *n* jolle *c*

dining-car ['daininka:] *n* restaurangvagn *c*

dining-room ['daininru:m] *n* matsal *c*

dinner ['dinə] *n* middag *c*, lunch *c*

dinner-jacket ['dinə,dʒækit] *n* smoking *c*

dinner-service ['dinə,sə:vis] *n* matservis *c*

diphtheria [dif'θiəriə] *n* difteri *c*

diploma [di'ploumə] *n* diplom *nt*

diplomat ['dipləmæt] *n* diplomat *c*

direct [di'rekt] *adj* direkt; *v* rikta; vägleda; leda; regissera

direction [di'rekʃən] *n* riktning *c*; instruktion *c*; regi *c*; styrelse *c*, direktion *c*; **directions for use** bruksanvisning *c*

directive [di'rektiv] *n* direktiv *nt*

director [di'rektə] *n* direktör *c*; regissör *c*

dirt [də:t] *n* smuts *c*

dirty ['də:ti] *adj* smutsig

disabled [di'seibəld] *adj* invalidiserad, handikappad

disadvantage [,disəd'va:ntidʒ] *n* nack-

del *c*

disagree [,disə'gri:] *v* *vara oenig, *vara oense

disagreeable [,disə'gri:əbəl] *adj* obehaglig

disappear [,disə'piə] *v* *försvinna

disappoint [,disə'point] *v* *göra besviken; ***be disappointing** *vara en besvikelse

disappointment [,disə'pointmənt] *n* besvikelse *c*

disapprove [,disə'pru:v] *v* ogilla

disaster [di'za:stə] *n* katastrof *c*, olycka *c*

disastrous [di'za:strəs] *adj* katastrofal

disc [disk] *n* kota *c*, skiva *c*; grammofonskiva *c*; **slipped** ~ diskbråck *nt*

discard [di'ska:d] *v* kassera

discharge [dis'tʃa:dʒ] *v* lossa; urladda; ~ **of** *frita från

discipline ['disiplin] *n* disciplin *c*

discolour [dis'kʌlə] *v* urbleka, avfärga; **discoloured** missfärgad

disconnect [,diskə'nekt] *v* åtskilja; stänga av; *ta loss

discontented [,diskən'tentid] *adj* missbelåten

discontinue [,diskən'tinju:] *v* sluta, *avbryta

discount ['diskaunt] *n* rabatt *c*, avdrag *nt*

discover [di'skʌvə] *v* upptäcka

discovery [di'skʌvəri] *n* upptäckt *c*

discuss [di'skʌs] *v* diskutera; debattera

discussion [di'skʌʃən] *n* diskussion *c*; överläggning *c*, debatt *c*, samtal *nt*

disease [di'zi:z] *n* sjukdom *c*

disembark [,disim'ba:k] *v* *landstiga, *gå i land

disgrace [dis'greis] *n* skam *c*

disguise [dis'gaiz] *v* förklä sig; *n* förklädnad *c*

disgusting [dis'gʌstiŋ] *adj* äcklig, vidrig

dish [diʃ] *n* tallrik *c*; serveringsfat *nt*, fat *nt*; maträtt *nt*

dishonest [di'sɔnist] *adj* oärlig

disinfect [ˌdisin'fekt] *v* desinfektera

disinfectant [ˌdisin'fektənt] *n* desinfektionsmedel *nt*

dislike [di'slaik] *v* inte tycka om, tycka illa om; *n* antipati *c*, motvilja *c*

dislocated [disləkeitid] *adj* ur led

dismiss [dis'mis] *v* skicka bort; avskeda

disorder [di'sɔ:də] *n* oreda *c*

dispatch [di'spætʃ] *v* avsända

display [di'splei] *v* utställa; visa; *n* utställning *c*

displease [di'spli:z] *v* misshaga, förarga

disposable [di'spouzəbəl] *adj* engångs-

disposal [di'spouzəl] *n* förfogande *nt*

dispose of [di'spouz] *göra sig av med

dispute [di'spju:t] *n* dispyt *c*; gräl *nt*, tvist *c*; *v* tvista, *bestrida

dissatisfied [di'sætisfaid] *adj* missnöjd

dissolve [di'zɔlv] *v* upplösa

dissuade from [di'sweid] avråda

distance ['distəns] *n* avstånd *nt*; ~ **in kilometres** kilometeravstånd *nt*

distant ['distənt] *adj* avlägsen

distinct [di'stiŋkt] *adj* tydlig; olik

distinction [di'stiŋkʃən] *n* skillnad *c*

distinguish [di'stiŋgwiʃ] *v* urskilja, *göra skillnad

distinguished [di'stiŋgwiʃt] *adj* framstående

distress [di'stres] *n* nöd *c*; ~ **signal** nödsignal *c*

distribute [di'stribju:t] *v* utdela

distributor [di'stribjutə] *n* distributör *c*; strömfördelare *c*

district ['distrikt] *n* distrikt *nt*; områ-

de *nt*; stadsdel *c*

disturb [di'stə:b] *v* störa

disturbance [di'stə:bəns] *n* störning *c*; oro *c*

ditch [ditʃ] *n* dike *nt*

dive [daiv] *v* *dyka

diversion [dai'və:ʃən] *n* trafikomläggning *c*; förströelse *c*

divide [di'vaid] *v* dela; indela; åtskilja

divine [di'vain] *adj* gudomlig

division [di'viʒən] *n* delning *c*; avdelning *c*

divorce [di'vɔ:s] *n* skilsmässa *c*; *v* skiljas, skilja sig

dizziness ['dizinəs] *n* yrsel *c*

dizzy ['dizi] *adj* yr

***do** [du:] *v* *göra; *vara nog

dock [dɔk] *n* docka *c*; kaj *c*; *v* docka

docker ['dɔkə] *n* hamnarbetare *c*

doctor ['dɔktə] *n* doktor *c*, läkare *c*

document ['dɔkjumənt] *n* handling *c*, intyg *nt*

dog [dɔg] *n* hund *c*

dogged ['dɔgid] *adj* envis

doll [dɔl] *n* docka *c*

dome [doum] *n* kupol *c*

domestic [də'mestik] *adj* hem-; inhemsk; *n* tjänare *c*

domicile ['dɔmisail] *n* hemort *c*

domination [ˌdɔmi'neiʃən] *n* herravälde *nt*

dominion [də'minjən] *n* makt *c*

donate [dou'neit] *v* donera

donation [dou'neiʃən] *n* donation *c*

done [dʌn] *v* (pp do)

donkey ['dɔŋki] *n* åsna *c*

donor ['dounə] *n* donator *c*

door [dɔ:] *n* dörr *c*; **revolving ~** svängdörr *c*; **sliding ~** skjutdörr *c*

doorbell ['dɔ:bel] *n* dörrklocka *c*

door-keeper ['dɔ:ˌki:pə] *n* dörrvaktmästare *c*

doorman ['dɔ:mən] *n* (pl -men) dörrvaktmästare *c*

dormitory ['dɔ:mitri] n sovsal c

dose [dous] n dos c

dot [dɔt] n punkt c

double ['dʌbəl] adj dubbel

doubt [daut] v tvivla, betvivla; n tvivel nt; without ~ utan tvivel

doubtful ['dautfəl] adj tvivelaktig; oviss

dough [dou] n deg c

down¹ [daun] adv ned; omkull, ner, nedåt; adj nedstämd; prep nedåt, nedför; ~ payment handpenning c

down² [daun] n dun nt

downpour ['daunpɔ:] n störtregn nt

downstairs [ˌdaun'stɛəz] adv där nere, ner

downstream [ˌdaun'stri:m] adv medströms

down-to-earth [ˌdauntu'ə:θ] adj omdömesgill

downwards ['daunwədz] adv nedåt

dozen ['dʌzən] n (pl ~, ~s) dussin nt

draft [drɑ:ft] n växel c

drag [dræg] v släpa

dragon ['drægən] n drake c

drain [drein] v dränera, *torrlägga; n avlopp nt

drama ['drɑ:mə] n drama nt; skådespel nt

dramatic [drə'mætik] adj dramatisk

dramatist ['dræmətist] n dramatiker c

drank [dræŋk] v (p drink)

draper ['dreipə] n manufakturhandlare c

draught [drɑ:ft] n drag nt; draughts damspel nt

draught-board ['drɑ:ftbɔ:d] n damspelsbräde nt

draw [drɔ:] n dragplåster nt, oavgjord match; dragning c

*draw [drɔ:] v rita; *dra; *ta ut; ~ up avfatta, redigera

drawbridge ['drɔ:bridʒ] n vindbrygga

c

drawer ['drɔ:ə] n låda c, byrålåda c; drawers kalsonger pl

drawing ['drɔ:iŋ] n teckning c

drawing-pin ['drɔ:iŋpin] n häftstift nt

drawing-room ['drɔ:iŋru:m] n salong c

dread [dred] v frukta; n fruktan c

dreadful ['dredfəl] adj förskräcklig, förfärlig

dream [dri:m] n dröm c

*dream [dri:m] v drömma

dress [dres] v klä på, klä sig; *förbinda; n klänning c

dressing-gown ['dresiŋgaun] n morgonrock c

dressing-room ['dresiŋru:m] n påklädningsrum nt

dressing-table ['dresiŋˌteibəl] n toalettbord nt

dressmaker ['dresˌmeikə] n sömmerska c

drill [dril] v borra; träna; n borr c

drink [driŋk] n drink c, dryck c

*drink [driŋk] v *dricka

drinking-water ['driŋkiŋˌwɔ:tə] n dricksvatten nt

drip-dry [ˌdrip'drai] adj strykfri

drive [draiv] n väg c; biltur c

*drive [draiv] v köra

driver ['draivə] n förare c

drizzle ['drizəl] n duggregn nt

drop [drɔp] v tappa; n droppe c

drought [draut] n torka c

drown [draun] v dränka; *be drowned drunkna

drug [drʌg] n drog c; medicin c

drugstore ['drʌgstɔ:] nAm apotek nt, kemikalieaffär c; varuhus nt

drum [drʌm] n trumma c

drunk [drʌŋk] adj (pp drink) berusad, full

dry [drai] adj torr; v torka

dry-clean [ˌdrai'kli:n] v kemtvätta

dry-cleaner's [ˌdraiˈkliːnəz] n kem-
tvätt c
dryer ['draiə] n torktumlare c
duchess [dʌtʃis] n hertiginna c
duck [dʌk] n anka c
due [djuː] adj väntad; *bör betalas;
betalbar
dues [djuːz] pl avgifter
dug [dʌg] v (p, pp dig)
duke [djuːk] n hertig c
dull [dʌl] adj tråkig, långtråkig;
matt, dov; slö
dumb [dʌm] adj stum; dum
dune [djuːn] n dyn c
dung [dʌŋ] n dynga c
dunghill ['dʌŋhil] n gödselstack c
duration [djuˈreiʃən] n varaktighet c
during ['djuəriŋ] prep under
dusk [dʌsk] n skymning c
dust [dʌst] n damm nt
dustbin ['dʌstbin] n soptunna c
dusty ['dʌsti] adj dammig
Dutch [dʌtʃ] adj holländsk, neder-
ländsk
Dutchman ['dʌtʃmən] n (pl -men)
holländare c, nederländare c
dutiable ['djuːtiəbəl] adj tullpliktig
duty ['djuːti] n plikt c; tullavgift c;
Customs ~ tullavgift c
duty-free [ˌdjuːtiˈfriː] adj tullfri
dwarf [dwɔːf] n dvärg c
dye [dai] v färga; n färg c
dynamo ['dainəmou] n (pl ~s) dyna-
mo c
dysentery ['disəntri] n dysenteri c

E

each [iːtʃ] adj varje, var; ~ other
varandra
eager ['iːgə] adj ivrig, otålig
eagle ['iːgəl] n örn c

ear [iə] n öra nt
earache ['iəreik] n örsprång nt
ear-drum ['iədrʌm] n trumhinna c
earl [əːl] n greve c
early ['əːli] adj tidig
earn [əːn] v tjäna, förtjäna
earnest ['əːnist] n allvar nt
earnings ['əːniŋz] pl inkomster, in-
täkter pl
earring ['iəriŋ] n örhänge nt
earth [əːθ] n jord c; mark c
earthenware ['əːθənwɛə] n lergods nt
earthquake ['əːθkweik] n jordbävning
c
ease [iːz] n lätthet c; välbefinnande
nt
east [iːst] n öster c, öst
Easter ['iːstə] påsk c
easterly ['iːstəli] adj östlig
eastern ['iːstən] adj östlig, östra
easy ['iːzi] adj lätt; bekväm; ~ chair
fåtölj c
easy-going ['iːziˌgouiŋ] adj avspänd,
sorglös
*eat [iːt] v *äta
eavesdrop ['iːvzdrɔp] v tjuvlyssna
ebony ['ebəni] n ebenholts c
eccentric [ikˈsentrik] adj excentrisk
echo ['ekou] n (pl ~es) genljud nt,
eko nt
eclipse [iˈklips] n förmörkelse c
economic [ˌiːkəˈnɔmik] adj ekonomisk
economical [ˌiːkəˈnɔmikəl] adj spar-
sam, ekonomisk
economist [iˈkɔnəmist] n ekonom c
economize [iˈkɔnəmaiz] v spara
economy [iˈkɔnəmi] n ekonomi c
ecstasy ['ekstəzi] n extas c
Ecuador ['ekwədɔː] Ecuador
Ecuadorian [ˌekwəˈdɔːriən] n ecuado-
rian c
eczema ['eksimə] n eksem nt
edge [edʒ] n kant c
edible ['edibəl] adj ätbar

edition [i'difən] *n* upplaga *c;* **morning** ~ morgonupplaga *c*

editor ['editə] *n* redaktör *c*

educate ['edʒukeit] *v* uppfostra, utbilda

education [ˌedʒu'keifən] *n* uppfostran *c;* utbildning *c*

eel [i:l] *n* ål *c*

effect [i'fekt] *n* verkan *c; v* *åstadkomma; **in** ~ faktiskt

effective [i'fektiv] *adj* verksam, effektiv

efficient [i'fifənt] *adj* effektiv, duglig, verksam

effort ['efət] *n* ansträngning *c*

egg [eg] *n* ägg *nt*

egg-cup ['egkʌp] *n* äggkopp *c*

eggplant ['egplɑ:nt] *n* äggplanta *c*

egg-yolk ['egjouk] *n* äggula *c*

egoistic [ˌegou'istik] *adj* egoistisk

Egypt ['i:dʒipt] Egypten

Egyptian [i'dʒipfən] *adj* egyptisk; *n* egypter *c*

eiderdown ['aidədaun] *n* duntäcke *nt*

eight [eit] *num* åtta

eighteen [ˌei'ti:n] *num* arton

eighteenth [ˌei'ti:nθ] *num* artonde

eighth [eitθ] *num* åttonde

eighty ['eiti] *num* åttio

either ['aiðə] *pron* endera; **either ...** **or** antingen ... eller

elaborate [i'læbəreit] *v* utarbeta

elastic [i'læstik] *adj* elastisk; tänjbar; ~ **band** resårband *nt*

elasticity [ˌelæ'stisəti] *n* elasticitet *c*

elbow ['elbou] *n* armbåge *c*

elder ['eldə] *adj* äldre

elderly ['eldəli] *adj* äldre

eldest ['eldist] *adj* äldst

elect [i'lekt] *v* *välja

election [i'lekfən] *n* val *nt*

electric [i'lektrik] *adj* elektrisk; ~ **cord** sladd *c;* ~ **razor** rakapparat *c*

electrician [ˌilek'trifən] *n* elektriker *c*

electricity [ˌilek'trisəti] *n* elektricitet *c*

electronic [ilek'trɔnik] *adj* elektronisk

elegance ['eligəns] *n* elegans *c*

elegant ['eligənt] *adj* elegant

element ['elimənt] *n* element *nt,* beståndsdel *c*

elephant ['elifənt] *n* elefant *c*

elevator ['eliveitə] *nAm* hiss *c*

eleven [i'levən] *num* elva

eleventh [i'levənθ] *num* elfte

elf [elf] *n* (pl elves) älva *c,* alf *c*

eliminate [i'limineit] *v* eliminera

elm [elm] *n* alm *c*

else [els] *adv* annars

elsewhere [ˌel'sweə] *adv* någon annanstans

elucidate [i'lu:sideit] *v* belysa, förklara

emancipation [iˌmænsi'peifən] *n* frigörelse *c*

embankment [im'bæŋkmənt] *n* vägbank *c*

embargo [em'bɑ:gou] *n* (pl ~es) embargo *nt*

embark [im'bɑ:k] *v* *gå ombord

embarkation [ˌembɑ:'keifən] *n* embarkering *c*

embarrass [im'bærəs] *v* genera, *göra förlägen; hindra; **embarrassed** förlägen; **embarrassing** pinsam

embassy ['embəsi] *n* ambassad *c*

emblem ['embləm] *n* emblem *nt*

embrace [im'breis] *v* krama, omfamna; *n* omfamning *c*

embroider [im'brɔidə] *v* brodera

embroidery [im'brɔidəri] *n* broderi *nt*

emerald ['emərəld] *n* smaragd *c*

emergency [i'mə:dʒənsi] *n* nödsituation *c;* nödläge *nt;* ~ **exit** nödutgång *c*

emigrant ['emigrənt] *n* utvandrare *c*

emigrate ['emigreit] *v* utvandra

emigration [ˌemi'greifən] *n* utvandring *c*

emotion [i'mouʃən] n sinnesrörelse c, känsla c

emperor ['empərə] n kejsare c

emphasize ['emfəsaiz] v betona

empire ['empaiə] n imperium nt, kejsardöme nt

employ [im'plɔi] v *sysselsätta, anställa; använda

employee [,emplɔi'i:] n anställd c, löntagare c

employer [im'plɔiə] n arbetsgivare c

employment [im'plɔimənt] n anställning c, arbete nt; ~ exchange arbetsförmedling c

empress ['empris] n kejsarinna c

empty ['empti] adj tom; v tömma

enable [i'neibəl] v *möjliggöra

enamel [i'næməl] n emalj c

enamelled [i'næməld] adj emaljerad

enchanting [in'tʃɑ:ntiŋ] adj förtrollande, bedårande

encircle [in'sə:kəl] v inringa, omringa; *innesluta

enclose [iŋ'klouz] v bifoga

enclosure [iŋ'klouʒə] n bilaga c

encounter [iŋ'kauntə] v möta, träffa; n sammanträffande nt

encourage [iŋ'kʌridʒ] v uppmuntra

encyclopaedia [en,saiklə'pi:diə] n uppslagsbok c

end [end] n ände c, slut nt; v sluta

ending ['endiŋ] n slut nt

endless ['endləs] adj oändlig

endorse [in'dɔ:s] v endossera

endure [in'djuə] v *stå ut med

enemy ['enəmi] n fiende c

energetic [,enə'dʒetik] adj energisk

energy ['enədʒi] n energi c; kraft c

engage [iŋ'geidʒ] v anställa; förplikta sig; engaged förlovad; upptagen

engagement [iŋ'geidʒmənt] n förlovning c; förpliktelse c; avtalat möte; ~ ring förlovningsring c

engine ['endʒin] n maskin c, motor c;

lokomotiv nt

engineer [,endʒi'niə] n ingenjör c

England ['iŋglənd] England

English ['iŋgliʃ] adj engelsk

Englishman ['iŋgliʃmən] n (pl -men) engelsman c

engrave [iŋ'greiv] v gravera

engraver [iŋ'greivə] n gravör c

engraving [iŋ'greiviŋ] n gravyr c

enigma [i'nigmə] n gåta c

enjoy [in'dʒɔi] v *njuta, *njuta av

enjoyable [in'dʒɔiəbəl] adj rolig, trevlig

enjoyment [in'dʒɔimənt] n nöje nt

enlarge [in'lɑ:dʒ] v förstora; utvidga

enlargement [in'lɑ:dʒmənt] n förstoring c

enormous [i'nɔ:məs] adj väldig, enorm

enough [i'nʌf] adv nog; adj tillräcklig

enquire [iŋ'kwaiə] v underrätta sig, förhöra sig; undersöka

enquiry [iŋ'kwaiəri] n undersökning c; förfrågan c

enter ['entə] v *gå in, inträda; *skriva in

enterprise ['entəpraiz] n företag nt

entertain [,entə'tein] v *underhålla, roa; *mottaga som gäst

entertainer [,entə'teinə] n underhållare c

entertaining [,entə'teiniŋ] adj underhållande, roande

entertainment [,entə'teinmənt] n underhållning c

enthusiasm [in'θju:ziæzəm] n entusiasm c

enthusiastic [in,θju:zi'æstik] adj entusiastisk

entire [in'taiə] adj hel

entirely [in'taiəli] adv helt

entrance ['entrəns] n ingång c; tillträde nt; inträde nt

entrance-fee ['entrənsfi:] n inträdesavgift c

entry ['entri] n ingång c; tillträde nt; anteckning c; **no** ~ tillträde förbjudet

envelope ['envəloup] n kuvert nt

envious ['enviəs] adj avundsjuk, avundsam

environment [in'vaiərənmənt] n miljö c; omgivning c

envoy ['envɔi] n envoyé c

envy ['envi] n avundsjuka c; v avundas

epic ['epik] n epos nt; adj episk

epidemic [,epi'demik] n epidemi c

epilepsy ['epilepsi] n epilepsi c

epilogue ['epilog] n epilog c

episode ['episoud] n episod c

equal ['i:kwəl] adj lika; v *vara likvärdig

equality [i'kwɔləti] n jämlikhet c

equalize ['i:kwəlaiz] v utjämna

equally ['i:kwəli] adv lika

equator [i'kweitə] n ekvatorn

equip [i'kwip] v utrusta, ekipera

equipment [i'kwipmənt] n utrustning c

equivalent [i'kwivələnt] adj motsvarande, likvärdig

eraser [i'reizə] n radergummi nt

erect [i'rekt] v uppbygga, upprätta; adj upprättstående, upprätt

err [ə:] v *ta fel, *missta; irra

errand ['erənd] n ärende nt

error ['erə] n misstag nt, fel nt

escalator ['eskəleitə] n rulltrappa c

escape [i'skeip] v *undslippa; *undgå, fly; n flykt c

escort[1] ['eskɔ:t] n eskort c

escort[2] [i'skɔ:t] v eskortera

especially [i'speʃəli] adv särskilt, i synnerhet

esplanade [,esplə'neid] n esplanad c

essay ['esei] n essä c; uppsats c

essence ['esəns] n essens c; väsen nt,

kärna c

essential [i'senʃəl] adj oumbärlig; väsentlig

essentially [i'senʃəli] adv väsentligen

establish [i'stæbliʃ] v etablera; fastställa

estate [i'steit] n lantegendom c

esteem [i'sti:m] n aktning c, respekt c; v uppskatta

estimate[1] ['estimeit] v värdera

estimate[2] ['estimət] n beräkning c

estuary ['estʃuəri] n flodmynning c

etcetera [et'setərə] och så vidare

etching ['etʃiŋ] n etsning c

eternal [i'tə:nəl] adj evig

eternity [i'tə:nəti] n evighet c

Ethiopia [iθi'oupiə] Etiopien

Ethiopian [iθi'oupiən] adj etiopisk; n etiopier c

Europe ['juərəp] Europa

European [,juərə'pi:ən] adj europeisk; n europé c; ~ **Union** Europeiska Unionen

evacuate [i'vækjueit] v evakuera

evaluate [i'væljueit] v värdera

evaporate [i'væpəreit] v avdunsta

even ['i:vən] adj jämn, plan, lika; adv till och med

evening ['i:vniŋ] n kväll c; ~ **dress** aftonklädsel c

event [i'vent] n händelse c

eventual [i'ventʃuəl] adj slutlig

ever ['evə] adv någonsin; alltid

every ['evri] adj varje

everybody ['evri,bɔdi] pron var och en

everyday ['evridei] adj daglig

everyone ['evriwʌn] pron envar, var och en

everything ['evriθiŋ] pron allting

everywhere ['evriweə] adv överallt

evidence ['evidəns] n bevis nt

evident ['evidənt] adj tydlig

evil ['i:vəl] n ondska c; adj ond, elak

evolution [,i:və'lu:ʃən] n utveckling c

exact [ig'zækt] *adj* exakt

exactly [ig'zæktli] *adv* exakt

exaggerate [ig'zædʒəreit] *v* *överdriva

examination [ig,zæmi'neiʃən] *n* examen *c*; undersökning *c*; förhör *nt*

examine [ig'zæmin] *v* undersöka

example [ig'zɑːmpəl] *n* exempel *nt*; for ~ till exempel

excavation [,ekskə'veiʃən] *n* utgrävning *c*

exceed [ik'siːd] *v* *överskrida; överträffa

excel [ik'sel] *v* utmärka sig

excellent ['eksələnt] *adj* förträfflig

except [ik'sept] *prep* med undantag av, utom

exception [ik'sepʃən] *n* undantag *nt*

exceptional [ik'sepʃənəl] *adj* enastående, ovanlig

excerpt ['eksəːpt] *n* utdrag *nt*

excess [ik'ses] *n* överdrift *c*

excessive [ik'sesiv] *adj* överdriven

exchange [iks'tʃeindʒ] *v* växla, utbyta, byta ut; *n* byte *nt*; börs *c*; ~ office växelkontor *nt*; ~ rate växelkurs *c*

excite [ik'sait] *v* upphetsa

excitement [ik'saitmənt] *n* uppståndelse *c*, spänning *c*

exciting [ik'saitiŋ] *adj* spännande

exclaim [ik'skleim] *v* utropa

exclamation [,eksklə'meiʃən] *n* utrop *nt*

exclude [ik'skluːd] *v* *utesluta

exclusive [ik'skluːsiv] *adj* exklusiv

exclusively [ik'skluːsivli] *adv* enbart, uteslutande

excursion [ik'skəːʃən] *n* utflykt *c*

excuse[1] [ik'skjuːs] *n* ursäkt *c*

excuse[2] [ik'skjuːz] *v* ursäkta

execute ['eksikjuːt] *v* utföra

execution [,eksi'kjuːʃən] *n* avrättning *c*; utförande *nt*

executioner [,eksi'kjuːʃənə] *n* bödel *c*

executive [ig'zekjutiv] *adj* verkställande; *n* verkställande myndighet; direktör *c*

exempt [ig'zempt] *v* *frita, frikalla, befria; *adj* befriad

exemption [ig'zempʃən] *n* befrielse *c*

exercise ['eksəsaiz] *n* övning *c*; skriftligt prov; *v* öva; utöva

exhale [eks'heil] *v* utandas

exhaust [ig'zɔːst] *n* avgas *c*; *v* utmatta; ~ gases avgaser *pl*

exhibit [ig'zibit] *v* ställa ut; förevisa, uppvisa

exhibition [,eksi'biʃən] *n* utställning *c*

exile ['eksail] *n* landsflykt *c*; landsflykting *c*

exist [ig'zist] *v* existera

existence [ig'zistəns] *n* existens *c*

exit ['eksit] *n* utgång *c*; utfart *c*

exotic [ig'zɔtik] *adj* exotisk

expand [ik'spænd] *v* utvidga; utbreda

expect [ik'spekt] *v* vänta sig

expectation [,ekspek'teiʃən] *n* förväntan *c*

expedition [,ekspə'diʃən] *n* expedition *c*; snabbhet *c*

expel [ik'spel] *v* utvisa

expenditure [ik'spenditʃə] *n* utgifter, åtgång *c*

expense [ik'spens] *n* utgift *c*; expenses *pl* omkostnader *pl*

expensive [ik'spensiv] *adj* dyrbar, dyr; kostsam

experience [ik'spiəriəns] *n* erfarenhet *c*; *v* *erfara, uppleva; experienced erfaren

experiment [ik'sperimənt] *n* experiment *nt*, försök *nt*; *v* experimentera

expert ['ekspəːt] *n* fackman *c*, expert *c*; *adj* sakkunnig

expire [ik'spaiə] *v* utlöpa, *förfalla; utandas; expired ogiltig

expiry [ik'spaiəri] n förfallodag c, utgång c

explain [ik'splein] v förklara

explanation [ˌeksplə'neiʃən] n förklaring c

explicit [ik'splisit] adj tydlig, uttrycklig

explode [ik'sploud] v explodera

exploit [ik'sploit] v *utsuga, utnyttja

explore [ik'splɔ:] v utforska

explosion [ik'splouʒən] n explosion c

explosive [ik'splousiv] adj explosiv; n sprängämne nt

export[1] [ik'spɔ:t] v exportera

export[2] ['ekspɔ:t] n export c

exportation [ˌekspɔ:'teiʃən] n utförsel c

exports ['ekspɔ:ts] pl export c

exposition [ˌekspə'ziʃən] n utställning c

exposure [ik'spouʒə] n utsättande nt; exponering c; ~ **meter** exponeringsmätare c

express [ik'spres] v uttrycka; *ge uttryck åt; adj snabbgående; uttrycklig; ~ **train** expresståg nt

expression [ik'spreʃən] n uttryck nt; yttrande nt

exquisite [ik'skwizit] adj utsökt

extend [ik'stend] v förlänga; utvidga; bevilja

extension [ik'stenʃən] n förlängning c; utvidgande nt; anknytningslinje c; ~ **cord** förlängningssladd c

extensive [ik'stensiv] adj omfångsrik; vidsträckt, omfattande

extent [ik'stent] n utsträckning c, omfång nt

exterior [ek'stiəriə] adj yttre; n yttre nt

external [ek'stə:nəl] adj utvändig

extinguish [ik'stiŋgwiʃ] v släcka

extort [ik'stɔ:t] v utpressa

extortion [ik'stɔ:ʃən] n utpressning c

extra ['ekstrə] adj extra

extract[1] [ik'strækt] v *utdra

extract[2] ['ekstrækt] n utdrag nt

extradite ['ekstrədait] v utlämna

extraordinary [ik'strɔ:dənri] adj utomordentlig

extravagant [ik'strævəgənt] adj överdriven, extravagant, slösaktig

extreme [ik'stri:m] adj extrem; ytterlig, yttersta; n ytterlighet c

exuberant [ig'zju:bərənt] adj översvallande

eye [ai] n öga nt

eyebrow ['aibrau] n ögonbryn nt

eyelash ['ailæʃ] n ögonfrans c

eyelid ['ailid] n ögonlock nt

eye-pencil ['aiˌpensəl] n ögonbrynspenna c

eye-shadow ['aiˌʃædou] n ögonskugga c

eye-witness ['aiˌwitnəs] n ögonvittne nt

F

fable ['feibəl] n fabel c

fabric ['fæbrik] n tyg nt; struktur c

façade [fə'sɑ:d] n fasad c

face [feis] n ansikte nt; v konfrontera, *vara vänd mot; ~ **massage** ansiktsmassage c; **facing** mittemot

face-cream ['feiskri:m] n ansiktskräm c

face-pack ['feispæk] n ansiktsmask c

face-powder ['feisˌpaudə] n ansiktspuder nt

facility [fə'siləti] n lätthet c

fact [fækt] n faktum nt; **in** ~ i själva verket

factor ['fæktə] n faktor c

factory ['fæktəri] n fabrik c

factual ['fæktʃuəl] adj faktisk

faculty ['fækəlti] n förmåga c; fallen-
het c, talang c; fakultet c
fad [fæd] n infall nt; mani c
fade [feid] v blekna
faience [fai'ɑ:s] n fajans c
fail [feil] v misslyckas; fattas; för-
summa; kuggas; **without** ~ helt
säkert
failure ['feiljə] n misslyckande nt
faint [feint] v svimma; adj vag, svag
fair [feə] n marknad c; varumässa c;
adj just, rättvis; ljushårig, blond;
fager
fairly ['feəli] adv tämligen, ganska
fairy ['feəri] n fe c
fairytale ['feəriteil] n saga c
faith [feiθ] n tro c; tillit c
faithful ['feiθful] adj trogen
fake [feik] n förfalskning c
fall [fɔ:l] n fall nt; nAm höst c
***fall** [fɔ:l] v *falla
false [fɔ:ls] adj falsk; fel, oäkta; ~
teeth löständer pl
falter ['fɔ:ltə] v vackla; stamma
fame [feim] n ryktbarhet c, beröm-
melse c; rykte nt
familiar [fə'miljə] adj välkänd; famil-
jär
family ['fæməli] n familj c; släkt c; ~
name efternamn nt
famous ['feiməs] adj berömd
fan [fæn] n fläkt c; solfjäder c; be-
undrare c; ~ **belt** fläktrem c
fanatical [fə'nætikəl] adj fanatisk
fancy ['fænsi] v *ha lust att, tycka
om; tänka sig, föreställa sig; n
nyck c; fantasi c
fantastic [fæn'tæstik] adj fantastisk
fantasy ['fæntəzi] n fantasi c
far [fɑ:] adj långt; adv mycket; **by** ~
på långt när; **so** ~ hittills
far-away ['fɑ:rəwei] adj långt bort
farce [fɑ:s] n fars c
fare [feə] n biljettpris nt; mat c, kost

c
farm [fɑ:m] n lantbruk nt
farmer ['fɑ:mə] n lantbrukare c;
farmer's wife lantbrukarhustru c
farmhouse ['fɑ:mhaus] n lantgård c
far-off ['fɑ:rɔf] adj avlägsen
fascinate ['fæsineit] v fascinera
fascism ['fæʃizəm] n fascism c
fascist ['fæʃist] adj fascistisk; n fa-
scist c
fashion ['fæʃən] n mode nt; sätt nt
fashionable ['fæʃənəbəl] adj modern
fast [fɑ:st] adj snabb, hastig
fasten ['fɑ:sən] v fästa, spänna fast;
stänga
fastener ['fɑ:sənə] n spänne nt
fat [fæt] adj tjock, fet; n fett nt
fatal ['feitəl] adj ödesdiger, fatal,
dödlig
fate [feit] n öde nt
father ['fɑ:ðə] n far c; pater c
father-in-law ['fɑ:ðərinlɔ:] n (pl fa-
thers-) svärfar c
fatherland ['fɑ:ðələnd] n fosterland nt
fatness ['fætnəs] n fetma c
fatty ['fæti] adj fet
faucet ['fɔ:sit] nAm vattenkran c
fault [fɔ:lt] n fel nt; defekt c
faultless ['fɔ:ltləs] adj felfri; oklan-
derlig
faulty ['fɔ:lti] adj bristfällig
favour ['feivə] n välvilja c, tjänst c; v
favorisera, gynna
favourable ['feivərəbəl] adj gynnsam
favourite ['feivərit] n favorit c, gunst-
ling c; adj älsklings-
fawn [fɔ:n] adj gulbrun; n rådjurs-
kalv c, hjortkalv c
fax [fæks] n (tele)fax nt; **send a** ~
skicka ett fax, faxa
fear [fiə] n rädsla c, oro c; v frukta
feasible ['fi:zəbəl] adj utförbar
feast [fi:st] n fest c
feat [fi:t] n bragd c, prestation c

feather ['feðə] n fjäder c

feature ['fi:tʃə] n kännemärke nt; ansiktsdrag nt

February ['februəri] februari

federal ['fedərəl] adj förbunds-

federation [ˌfedə'reiʃən] n federation c; förbundsstat c

fee [fi:] n arvode nt

feeble ['fi:bəl] adj svag

***feed** [fi:d] v mata; **fed up with** utled på

***feel** [fi:l] v känna; känna på; ~ **like** *ha lust att

feeling ['fi:liŋ] n känsla c; känsel c

fell [fel] v (p fall)

fellow ['felou] n karl c

felt¹ [felt] n filt c

felt² [felt] v (p, pp feel)

female ['fi:meil] adj hon- pref

feminine ['feminin] adj feminin

fence [fens] n stängsel nt; staket nt; v fäkta

fender ['fendə] n stötfångare c

ferment [fə:'ment] v jäsa

ferry-boat ['feribout] n färja c

fertile ['fə:tail] adj fruktbar

festival ['festivəl] n festival c

festive ['festiv] adj festlig

fetch [fetʃ] v hämta

feudal ['fju:dəl] adj feodal

fever ['fi:və] n feber c

feverish ['fi:vəriʃ] adj febrig

few [fju:] adj få

fiancé [fi'ã:sei] n fästman c

fiancée [fi'ã:sei] n fästmö c

fibre ['faibə] n fiber c

fiction ['fikʃən] n skönlitteratur c, fiktion c

field [fi:ld] n fält nt, åker c; ~ **glasses** fältkikare c

fierce [fiəs] adj vild, häftig

fifteen [ˌfif'ti:n] num femton

fifteenth [ˌfif'ti:nθ] num femtonde

fifth [fifθ] num femte

fifty ['fifti] num femtio

fig [fig] n fikon nt

fight [fait] n slagsmål nt; kamp c, strid c

***fight** [fait] v *strida, *slåss, kämpa

figure ['figə] n figur c; siffra c

file [fail] n fil c; brevpärm c, dossié c; rad c

Filipino [ˌfili'pi:nou] n filippinare c

fill [fil] v fylla; ~ **in** fylla i; **filling station** bensinstation c; ~ **out** Am fylla i; ~ **up** tanka

filling ['filiŋ] n plomb c; fyllning c

film [film] n film c; v filma

filter ['filtə] n filter nt

filthy ['filθi] adj lortig, smutsig

final ['fainəl] adj slutlig

finance [fai'næns] v finansiera

finances [fai'nænsiz] pl finanser pl

financial [fai'nænʃəl] adj finansiell

finch [fintʃ] n bofink c

***find** [faind] v hitta, *finna

fine [fain] n böter pl; adj fin; skön; härlig, utmärkt; ~ **arts** de sköna konsterna

finger ['fiŋgə] n finger nt; **little** ~ lillfinger nt

fingerprint ['fiŋgəprint] n fingeravtryck nt

finish ['finiʃ] v avsluta, sluta; fullborda; n slut nt; mållinje c; **finished** färdig

Finland ['finlənd] Finland

Finn [fin] n finländare c

Finnish ['finiʃ] adj finsk

fire [faiə] n eld c; eldsvåda c; v *skjuta; avskeda

fire-alarm ['faiərəˌla:m] n brandalarm c

fire-brigade ['faiəbriˌgeid] n brandkår c

fire-escape ['faiəriˌskeip] n brandstege c

fire-extinguisher ['faiərikˌstiŋgwiʃə] n

brandsläckare c

fireplace [ˈfaiəpleis] n öppen spis

fireproof [ˈfaiəpruːf] adj brandsäker; eldfast

firm [fəːm] adj fast; solid; n firma c

first [fəːst] num första; **at ~** först; **i början;** **~ name** förnamn nt

first-aid [ˌfəːstˈeid] n första hjälpen; **~ kit** förbandslåda c; **~ post** hjälpstation c

first-class [ˌfəːstˈklɑːs] adj förstklassig

first-rate [ˌfəːstˈreit] adj förstklassig

fir-tree [ˈfəːtriː] n gran c, barrträd nt

fish¹ [fiʃ] n (pl ~, ~es) fisk c; **~ shop** fiskaffär c

fish² [fiʃ] v fiska; meta; **fishing gear** fiskredskap nt; **fishing hook** metkrok c; **fishing industry** fiskerinäring c; **fishing licence** fiskekort nt; **fishing line** metrev c; **fishing net** fisknät nt; **fishing rod** metspö nt; **fishing tackle** fiskedon nt

fishbone [ˈfiʃboun] n fiskben nt

fisherman [ˈfiʃəmən] n (pl -men) fiskare c

fist [fist] n knytnäve c

fit [fit] adj lämplig; n anfall nt; v passa; **fitting room** provrum nt

five [faiv] num fem

fix [fiks] v laga

fixed [fikst] adj fästad, orörlig

fizz [fiz] n brus nt

fjord [fjɔːd] n fjord c

flag [flæg] n flagga c

flame [fleim] n låga c

flamingo [fləˈmiŋgou] n (pl ~s, ~es) flamingo c

flannel [ˈflænəl] n flanell c

flash [flæʃ] n blixt c, glimt c

flash-bulb [ˈflæʃbʌlb] n blixtlampa c

flash-light [ˈflæʃlait] n ficklampa c

flask [flɑːsk] n plunta c; **thermos ~** termos c

flat [flæt] adj flat, platt; n lägenhet c; **~ tyre** punktering c

flavour [ˈfleivə] n smak c; v smaksätta, krydda

fleet [fliːt] n flotta c

flesh [fleʃ] n kött nt

flew [fluː] v (p fly)

flex [fleks] n sladd c

flexible [ˈfleksibəl] adj böjlig; smidig

flight [flait] n flygresa c; **charter ~** charterflyg nt

flint [flint] n flintsten c

float [flout] v *flyta; n flöte nt, flottör c

flock [flɔk] n hjord c

flood [flʌd] n översvämning c; flod c

floor [flɔː] n golv nt; våning c

florist [ˈflɔrist] n blomsterhandlare c

flour [flauə] n mjöl nt, vetemjöl nt

flow [flou] v *flyta, strömma

flower [flauə] n blomma c

flowerbed [ˈflauəbed] n rabatt c

flower-shop [ˈflauəʃɔp] n blomsterhandel c

flown [floun] v (pp fly)

flu [fluː] n influensa c

fluent [ˈfluːənt] adj flytande

fluid [ˈfluːid] adj flytande; n vätska c

flute [fluːt] n flöjt c

fly [flai] n fluga c; gylf c

*fly [flai] v *flyga

foam [foum] n skum nt; v skumma

foam-rubber [ˈfoumˌrʌbə] n skumgummi nt

focus [ˈfoukəs] n brännpunkt c

fog [fɔg] n dimma c

foggy [ˈfɔgi] adj dimmig

foglamp [ˈfɔglæmp] n dimlykta c

fold [fould] v *vika; n veck nt

folk [fouk] n folk nt; **~ song** folkvisa c

folk-dance [ˈfoukdɑːns] n folkdans c

folklore [ˈfouklɔː] n folklore c

follow [ˈfɔlou] v följa efter; **following**

adj nästa, följande

*be fond of [bi: fɔnd ɔv] tycka om

food [fu:d] *n* mat *c;* föda *c;* ~ **poisoning** matförgiftning *c*

foodstuffs [ˈfu:dstʌfs] *pl* matvaror *pl*

fool [fu:l] *n* dumbom *c,* dåre *c; v* skoja, lura

foolish [ˈfu:liʃ] *adj* löjlig, dåraktig; dum

foot [fut] *n* (pl feet) fot *c;* ~ **powder** fotpuder *nt;* **on** ~ till fots

football [ˈfutbɔ:l] *n* fotboll *c;* ~ **match** fotbollsmatch *c*

foot-brake [ˈfutbreik] *n* fotbroms *c*

footpath [ˈfutpɑ:θ] *n* gångstig *c*

footwear [ˈfutwɛə] *n* skodon *nt*

for [fɔ:, fə] *prep* till; i; av, på grund av, för; *conj* för

*forbid [fəˈbid] *v* *förbjuda

force [fɔ:s] *v* tvinga; forcera; *n* makt *c,* kraft *c;* våld *nt;* **by** ~ med tvång; **driving** ~ drivkraft *c*

ford [fɔ:d] *n* vadställe *nt*

forecast [ˈfɔ:kɑ:st] *n* förutsägelse *c; v* *förutsäga

foreground [ˈfɔ:graund] *n* förgrund *c*

forehead [ˈfɔred] *n* panna *c*

foreign [ˈfɔrin] *adj* utländsk; främmande

foreigner [ˈfɔrinə] *n* utlänning *c*

foreman [ˈfɔ:mən] *n* (pl -men) förman *c*

foremost [ˈfɔ:moust] *adj* förnämst

foresail [ˈfɔ:seil] *n* fock *c*

forest [ˈfɔrist] *n* skog *c*

forester [ˈfɔristə] *n* skogvaktare *c*

forge [fɔ:dʒ] *v* förfalska

*forget [fəˈget] *v* glömma

forgetful [fəˈgetful] *adj* glömsk

*forgive [fəˈgiv] *v* *förlåta

fork [fɔ:k] *n* gaffel *c;* vägskäl *nt; v* förgrenas, dela sig

form [fɔ:m] *n* form *c;* formulär *nt;* klass *c; v* forma

formal [ˈfɔ:məl] *adj* formell

formality [fɔ:ˈmæləti] *n* formalitet *c*

former [ˈfɔ:mə] *adj* förutvarande; före detta; **formerly** förr, förut

formula [ˈfɔ:mjulə] *n* (pl ~e, ~s) formel *c*

fort [fɔ:t] *n* fort *nt*

fortnight [ˈfɔ:tnait] *n* fjorton dagar

fortress [ˈfɔ:tris] *n* fästning *c*

fortunate [ˈfɔ:tʃənət] *adj* lycklig

fortune [ˈfɔ:ʃu:n] *n* förmögenhet *c;* öde *nt,* lycka *c*

forty [ˈfɔ:ti] *num* fyrtio

forward [ˈfɔ:wəd] *adv* fram, framåt; *v* eftersända

foster-parents [ˈfɔstəˌpɛərənts] *pl* fosterföräldrar *pl*

fought [fɔ:t] *v* (p, pp fight)

foul [faul] *adj* osnygg; gemen

found¹ [faund] *v* (p, pp find)

found² [faund] *v* grunda, stifta

foundation [faunˈdeiʃən] *n* stiftelse *c;* ~ **cream** underlagskräm *c*

fountain [ˈfauntin] *n* fontän *c;* källa *c*

fountain-pen [ˈfauntinpen] *n* reservoarpenna *c*

four [fɔ:] *num* fyra

fourteen [ˌfɔ:ˈti:n] *num* fjorton

fourteenth [ˌfɔ:ˈti:nθ] *num* fjortonde

fourth [fɔ:θ] *num* fjärde

fowl [faul] *n* (pl ~s, ~) fjäderfä *nt*

fox [fɔks] *n* räv *c*

foyer [ˈfɔiei] *n* foajé *c*

fraction [ˈfrækʃən] *n* bråkdel *c*

fracture [ˈfræktʃə] *v* *bryta; *n* brott *nt*

fragile [ˈfrædʒail] *adj* skör; bräcklig

fragment [ˈfrægmənt] *n* brottstycke *nt*

frame [freim] *n* ram *c;* montering *c*

France [frɑ:ns] Frankrike

franchise [ˈfræntʃaiz] *n* koncession *c,* rösträtt *c*

fraternity [frəˈtɔ:nəti] *n* broderlighet *c*

fraud [frɔːd] n bedrägeri nt
fray [frei] v fransa sig
free [friː] adj fri; gratis; ~ of charge
kostnadsfri; ~ ticket fribiljett c
freedom ['friːdəm] n frihet c
*freeze [friːz] v *frysa
freezing ['friːziŋ] adj iskall
freezing-point ['friːziŋpɔint] n frys-
punkt c
freight [freit] n frakt c, last c
freight-train ['freittrein] nAm gods-
tåg nt
French [frentʃ] adj fransk
Frenchman ['frentʃmən] n (pl -men)
fransman m
frequency ['friːkwənsi] n frekvens c;
förekomst c
frequent ['friːkwənt] adj ofta före-
kommande, vanlig; frequently ofta
fresh [freʃ] adj färsk; ny; uppfriskan-
de; ~ water sötvatten nt
friction ['frikʃən] n friktion c
Friday ['fraidi] fredag c
fridge [fridʒ] n kylskåp nt
friend [frend] n vän c; väninna c
friendly ['frendli] adj vänlig, vän-
skaplig
friendship ['frendʃip] n vänskap c
fright [frait] n fruktan c, skräck c
frighten ['fraitən] v skrämma
frightened ['fraitənd] adj skrämd;
*be ~ *bli förskräckt
frightful ['fraitfəl] adj förskräcklig,
förfärlig
fringe [frindʒ] n frans c
frock [frɔk] n klänning c
frog [frɔg] n groda c
from [frɔm] prep från; av; från och
med
front [frʌnt] n framsida c; in ~ of
framför
frontier ['frʌntiə] n gräns c
frost [frɔst] n frost c
froth [frɔθ] n skum nt

frozen ['frouzən] adj frusen; ~ food
djupfryst mat
fruit [fruːt] n frukt c
fry [frai] v steka
frying-pan ['fraiiŋpæn] n stekpanna c
fuel ['fjuːəl] n bränsle nt; bensin c; ~
pump Am bensinpump c
full [ful] adj full; ~ board helpen-
sion c; ~ stop punkt c; ~ up full-
satt
fun [fʌn] n nöje nt; skoj nt
function ['fʌŋkʃən] n funktion c
fund [fʌnd] n fond c
fundamental [ˌfʌndəˈmentəl] adj
grundläggande
funeral ['fjuːnərəl] n begravning c
funnel ['fʌnəl] n tratt c
funny ['fʌni] adj rolig, lustig; konstig
fur [fəː] n päls c; ~ coat päls c; furs
pälsverk nt
furious ['fjuəriəs] adj ursinnig, rasan-
de
furnace ['fəːnis] n ugn c
furnish ['fəːniʃ] v leverera, *förse;
möblera; ~ with *förse med
furniture ['fəːnitʃə] n möbler pl
furrier ['fʌriə] n körsnär c
further ['fəːðə] adj avlägsnare; ytter-
ligare
furthermore ['fəːðəmɔː] adv dessutom
furthest ['fəːðist] adj längst bort
fuse [fjuːz] n propp c; stubintråd c
fuss [fʌs] n bråk nt, väsen nt
future ['fjuːtʃə] n framtid c; adj fram-
tida

G

gable ['geibəl] n gavel c
gadget ['gædʒit] n grej c
gaiety ['geiəti] n munterhet c, glädje
c

gain [gein] v *vinna; n förvärv nt, förtjänst c

gait [geit] n gångart c, hållning c

gale [geil] n storm c

gall [gɔ:l] n galla c; ~ bladder gallblåsa c

gallery ['gæləri] n galleri nt; konstgalleri nt

gallop ['gæləp] n galopp c

gallows ['gælouz] pl galge c

gallstone ['gɔ:lstoun] n gallsten c

game [geim] n spel nt; villebråd nt; ~ reserve djurreservat nt

gang [gæŋ] n gäng nt; skift nt

gangway ['gæŋwei] n landgång c

gaol [dʒeil] n fängelse nt

gap [gæp] n öppning c

garage ['gærɑ:ʒ] n garage nt; v ställa in i garaget

garbage ['gɑ:bidʒ] n avfall nt, sopor pl

garden ['gɑ:dən] n trädgård c; public ~ offentlig park; zoological gardens djurpark c

gardener ['gɑ:dənə] n trädgårdsmästare c

gargle ['gɑ:gəl] v gurgla

garlic ['gɑ:lik] n vitlök c

gas [gæs] n gas c; nAm bensin c; ~ cooker gaskök nt; ~ pump Am bensinpump c; ~ station bensinstation c; ~ stove gasspis c

gasoline ['gæsəli:n] nAm bensin c

gastric ['gæstrik] adj mag-; ~ ulcer magsår nt

gasworks ['gæswə:ks] n gasverk nt

gate [geit] n port c; grind c

gather ['gæðə] v samla; samlas; skörda

gauge [geidʒ] n mätare c

gauze [gɔ:z] n gasväv c

gave [geiv] v (p give)

gay [gei] adj munter; brokig

gaze [geiz] v stirra

gazetteer [ˌgæzə'tiə] n geografiskt lexikon

gear [giə] n växel c; utrustning c; change ~ växla; ~ lever växelspak c

gear-box ['giəbɔks] n växellåda c

gem [dʒem] n juvel c, ädelsten c; klenod c

gender ['dʒendə] n genus nt

general ['dʒenərəl] adj allmän; n general c; ~ practitioner allmänpraktiserande läkare; in ~ i allmänhet

generate ['dʒenəreit] v alstra

generation [ˌdʒenə'reiʃən] n generation c

generator ['dʒenəreitə] n generator c

generosity [ˌdʒenə'rɔsəti] n givmildhet c

generous ['dʒenərəs] adj generös, givmild

genital ['dʒenitəl] adj köns-

genius ['dʒi:niəs] n geni nt

gentle ['dʒentəl] adj mild; blid; varsam

gentleman ['dʒentəlmən] n (pl -men) herre c

genuine ['dʒenjuin] adj äkta

geography [dʒi'ɔgrəfi] n geografi c

geology [dʒi'ɔlədʒi] n geologi c

geometry [dʒi'ɔmətri] n geometri c

germ [dʒə:m] n bacill c; grodd c

German ['dʒə:mən] adj tysk; n tysk c

Germany ['dʒə:məni] Tyskland

gesticulate [dʒi'stikjuleit] v gestikulera

*get [get] v *få; hämta; *bli; ~ back *gå tillbaka, *komma tillbaka; ~ off *stiga av; ~ on *stiga på; *göra framsteg; ~ up resa sig, *stiga upp

ghost [goust] n spöke nt; ande c

giant ['dʒaiənt] n jätte c

giddiness ['gidinəs] n yrsel c

giddy ['gidi] *adj* yr
gift [gift] *n* gåva *c*; talang *c*
gifted ['giftid] *adj* begåvad
gigantic [dʒai'gæntik] *adj* väldig
giggle ['gigəl] *v* fnittra
gill [gil] *n* gäl *c*
gilt [gilt] *adj* förgylld
ginger ['dʒindʒə] *n* ingefära *c*
gipsy ['dʒipsi] *n* zigenare *c*
girdle ['gə:dəl] *n* gördel *c*
girl [gə:l] *n* flicka *c*; ~ **guide** flick-scout *c*
***give** [giv] *v* *ge; överräcka; ~ **away** förråda; ~ **in** *ge efter; ~ **up** *ge upp
glacier ['glæsiə] *n* glaciär *c*
glad [glæd] *adj* glad; **gladly** gärna, med glädje
gladness ['glædnəs] *n* glädje *c*
glamorous ['glæmərəs] *adj* charme-rande, förtrollande
glance [glɑ:ns] *n* blick *c*; *v* kasta en blick
gland [glænd] *n* körtel *c*
glare [gleə] *n* skarpt sken; sken *nt*
glaring ['gleəriŋ] *adj* bländande; på-fallande; gräll
glass [glɑ:s] *n* glas *nt*; glas-; **glasses** glasögon *pl*; **magnifying** ~ försto-ringsglas *nt*
glaze [gleiz] *v* glasa; glasera
glen [glen] *n* dalgång *c*
glide [glaid] *v* *glida
glider ['glaidə] *n* segelflygplan *nt*
glimpse [glimps] *n* skymt *c*; glimt *c*; *v* skymta
global ['gloubəl] *adj* världsomfattan-de
globe [gloub] *n* jordklot *nt*, glob *c*
gloom [glu:m] *n* dunkelhet *c*
gloomy ['glu:mi] *adj* dyster
glorious ['glɔ:riəs] *adj* praktfull
glory ['glɔ:ri] *n* berömmelse *c*, ära *c*, lovord *nt*

gloss [glɔs] *n* glans *c*
glossy ['glɔsi] *adj* blank
glove [glʌv] *n* handske *c*
glow [glou] *v* glöda; *n* glöd *c*
glue [glu:] *n* lim *nt*
***go** [gou] *v* *gå; *bli; ~ **ahead** *fortsätta; ~ **away** *fara; ~ **back** *gå tillbaka; ~ **home** *gå hem; ~ **in** *gå in; ~ **on** *fortsätta; ~ **out** *gå ut; ~ **through** *genomgå
goal [goul] *n* mål *nt*
goalkeeper ['goul,ki:pə] *n* målvakt *c*
goat [gout] *n* get *c*
god [gɔd] *n* gud *c*
goddess ['gɔdis] *n* gudinna *c*
godfather ['gɔd,fɑ:ðə] *n* gudfar *c*
goggles ['gɔgəlz] *pl* skyddsglasögon *pl*
gold [gould] *n* guld *nt*; ~ **leaf** blad-guld *nt*
golden ['gouldən] *adj* gyllene
goldmine ['gouldmain] *n* guldgruva *c*
goldsmith ['gouldsmiθ] *n* guldsmed *c*
golf [gɔlf] *n* golf *c*
golf-club ['gɔlfklʌb] *n* golfklubb *c*
golf-course ['gɔlfkɔ:s] *n* golfbana *c*
golf-links ['gɔlfliŋks] *n* golfbana *c*
gondola ['gɔndələ] *n* gondol *c*
gone [gɔn] *adv* (pp go) borta
good [gud] *adj* bra, god; snäll
good-bye! [,gud'bai] adjö!
good-humoured [,gud'hju:məd] *adj* gladlynt
good-looking [,gud'lukiŋ] *adj* snygg
good-natured [,gud'neitʃəd] *adj* god-modig
goods [gudz] *pl* varor *pl*; ~ **train** godståg *nt*
good-tempered [,gud'tempəd] *adj* godlynt
goodwill [,gud'wil] *n* välvilja *c*
goose [gu:s] *n* (pl geese) gås *c*
gooseberry ['guzbəri] *n* krusbär *nt*
goose-flesh ['gu:sfleʃ] *n* gåshud *c*

gorge [gɔːdʒ] *n* bergsklyfta *c*

gorgeous ['gɔːdʒəs] *adj* praktfull

gospel ['gɔspəl] *n* evangelium *nt*

gossip ['gɔsip] *n* skvaller *nt;* v skvallra

got [gɔt] v (p, pp get)

gourmet ['guəmei] *n* gastronom *c*

gout [gaut] *n* gikt *c*

govern ['gʌvən] v regera

governess ['gʌvənis] *n* guvernant *c*

government ['gʌvənmənt] *n* regering *c*, styrelse *c*

governor ['gʌvənə] *n* guvernör *c*

gown [gaun] *n* klänning *c*

grace [greis] *n* grace *c;* nåd *c*

graceful ['greisfəl] *adj* graciös; intagande; behaglig

grade [greid] *n* grad *c;* v klassificera

gradient ['greidiənt] *n* stigning *c*

gradual ['grædʒuəl] *adj* gradvis

graduate ['grædʒueit] v *ta examen

grain [grein] *n* korn *nt*, sädeskorn *nt*

gram [græm] *n* gram *nt*

grammar ['græmə] *n* grammatik *c*

grammatical [grə'mætikəl] *adj* grammatisk

gramophone ['græməfoun] *n* grammofon *c*

grand [grænd] *adj* storslagen

granddaughter ['græn,dɔːtə] *n* sondotter *c*, dotterdotter *c*

grandfather ['græn,fɑːðə] *n* farfar *c*, morfar *c*

grandmother ['græn,mʌðə] *n* farmor *c;* mormor *c*

grandparents ['græn,peərənts] *pl* morföräldrar *pl*, farföräldrar *pl*

grandson ['grænsʌn] *n* sonson *c*, dotterson *c*

granite ['grænit] *n* granit *c*

grant [grɑːnt] v bevilja, *medge; n bidrag *nt*, stipendium *nt*

grapefruit ['greipfruːt] *n* grapefrukt *c*

grapes [greips] *pl* vindruvor *pl*

graph [græf] *n* diagram *nt*

graphic ['græfik] *adj* grafisk

grasp [grɑːsp] v *gripa; n grepp *nt*

grass [grɑːs] *n* gräs *nt*

grasshopper ['grɑːs,hɔpə] *n* gräshoppa *c*

grate [greit] *n* spisgaller *c;* v *riva

grateful ['greitfəl] *adj* tacksam

grater ['greitə] *n* rivjärn *nt*

gratis ['grætis] *adj* gratis

gratitude ['grætitjuːd] *n* tacksamhet *c*

gratuity [grə'tjuːəti] *n* gratifikation *c*

grave [greiv] *n* grav *c;* *adj* allvarlig

gravel ['grævəl] *n* grus *nt*

gravestone ['greivstoun] *n* gravsten *c*

graveyard ['greivjɑːd] *n* begravningsplats *c*

gravity ['grævəti] *n* tyngdkraft *c;* allvar *nt*

gravy ['greivi] *n* sky *c*

graze [greiz] v beta; *n* skrubbsår *nt*

grease [griːs] *n* fett *nt;* v *smörja

greasy ['griːsi] *adj* flottig, oljig

great [greit] *adj* stor; **Great Britain** Storbritannien

Greece [griːs] Grekland

greed [griːd] *n* habegär *nt*

greedy ['griːdi] *adj* hagalen; glupsk

Greek [griːk] *adj* grekisk; *n* grek *c*

green [griːn] *adj* grön; ~ **card** grönt kort

greengrocer ['griːn,grousə] *n* grönsakshandlare *c*

greenhouse ['griːnhaus] *n* drivhus *nt*, växthus *nt*

greens [griːnz] *pl* grönsaker *pl*

greet [griːt] v hälsa

greeting ['griːtiŋ] *n* hälsning *c*

grey [grei] *adj* grå

greyhound ['greihaund] *n* vinthund *c*

grief [griːf] *n* sorg *c*, bedrövelse *c*

grieve [griːv] v sörja

grill [gril] *n* grill *c;* v grilla

grill-room ['grilruːm] *n* grillrestaurang *c*

grin [grin] *v* flina; *n* flin *nt*

***grind** [graind] *v* mala; finmala

grip [grip] *v* *gripa; *n* grepp *nt;*
nAm kappsäck *c*

grit [grit] *n* grus *nt*

groan [groun] *v* stöna

grocer ['grousə] *n* specerihandlare *c;*
grocer's speceriaffär *c*

groceries ['grousəriz] *pl* specerier *pl*

groin [groin] *n* ljumske *c*

groove [gru:v] *n* skåra *c*, fåra *c*

gross[1] [grous] *n* (pl ~) gross *nt*

gross[2] [grous] *adj* grov; brutto-

grotto ['grɔtou] *n* (pl ~es, ~s) grot-
ta *c*

ground[1] [graund] *n* grund *c*, mark *c;*
~ **floor** bottenvåning *c;* **grounds**
mark *c*

ground[2] [graund] *v* (p, pp grind)

group [gru:p] *n* grupp *c*

grouse [graus] *n* (pl ~) vildhönsfå-
gel *c*, ripa *c*

grove [grouv] *n* skogsdunge *c*

***grow** [grou] *v* växa; odla; *bli

growl [graul] *v* morra

grown-up ['grounʌp] *adj* vuxen; *n*
vuxen *c*

growth [grouθ] *n* växt *c;* svulst *c*

grudge [grʌdʒ] *v* missunna

grumble ['grʌmbəl] *v* knorra

guarantee [ˌɡærənˈtiː] *n* garanti *c;* sä-
kerhet *c;* *v* garantera

guarantor [ˌɡærənˈtɔː] *n* borgensman
c

guard [ɡɑːd] *n* vakt *c;* *v* bevaka

guardian ['ɡɑːdiən] *n* förmyndare *c*

guess [ges] *v* gissa; förmoda; *n* för-
modan *c*

guest [gest] *n* gäst *c*

guest-house ['gesthaus] *n* pensionat
nt

guest-room ['gestruːm] *n* gästrum *nt*

guide [gaid] *n* reseledare *c;* guide *c;* *v*

vägleda; guida

guidebook ['gaidbuk] *n* resehandbok
c

guide-dog ['gaiddɔg] *n* ledarhund *c*

guilt [gilt] *n* skuld *c*

guilty ['gilti] *adj* skyldig

guinea-pig ['ginipig] *n* marsvin *nt*

guitar [giˈtɑː] *n* gitarr *c*

gulf [gʌlf] *n* bukt *c*

gull [gʌl] *n* mås *c*

gum [gʌm] *n* tandkött *nt;* gummi *nt;*
klister *nt*

gun [gʌn] *n* gevär *nt;* kanon *c*

gunpowder ['gʌnˌpaudə] *n* krut *nt*

gust [gʌst] *n* kastby *c*

gusty ['gʌsti] *adj* stormig

gut [gʌt] *n* tarm *c;* **guts** mod *nt*

gutter ['gʌtə] *n* rännsten *c*

guy [gai] *n* karl *c*

gymnasium [dʒimˈneiziəm] *n* (pl ~s,
-sia) gymnastiksal *c*

gymnast ['dʒimnæst] *n* gymnast *c*

gymnastics [dʒimˈnæstiks] *pl* gymna-
stik *c*

gynaecologist [ˌɡainəˈkɔlədʒist] *n* gy-
nekolog *c*

H

haberdashery ['hæbədæʃəri] *n* sybe-
hörsaffär *c*

habit ['hæbit] *n* vana *c*

habitable ['hæbitəbəl] *adj* beboelig

habitual [həˈbitʃuəl] *adj* invand

had [hæd] *v* (p, pp have)

haddock ['hædək] *n* (pl ~) kolja *c*

haemorrhage ['heməridʒ] *n* blödning
c

haemorrhoids ['hemərɔidz] *pl* hemor-
rojder *pl*

hail [heil] *n* hagel *nt*

hair [heə] *n* hår *nt;* ~ **cream** hår-

kräm c; ~ **gel** hårgelé nt; ~
piece löshår nt; ~ **rollers** hårrullar pl
hairbrush [ˈheəbrʌʃ] n hårborste c
haircut [ˈheəkʌt] n hårklippning c
hair-do [ˈheədu:] n frisyr c
hairdresser [ˈheədresə] n damfrisör c
hair-dryer [ˈheədraiə] n hårtork c
hair-grip [ˈheəgrip] n hårspänne nt
hair-net [ˈheənet] n hårnät nt
hair-oil [ˈheərɔil] n hårolja c
hairpin [ˈheəpin] n hårnål c
hair-spray [ˈheəsprei] n hårspray nt
hairy [ˈheəri] adj hårig
half¹ [hɑ:f] adj halv; adv till hälften
half² [hɑ:f] n (pl halves) hälft c
half-time [ˌhɑ:ˈtaim] n halvlek c
halfway [ˌhɑ:ˈwei] adv halvvägs
halibut [ˈhælibət] n (pl ~) helgeflundra c
hall [hɔ:l] n hall c; sal c
halt [hɔ:lt] v stanna
halve [hɑ:v] v halvera
ham [hæm] n skinka c
hamlet [ˈhæmlət] n liten by
hammer [ˈhæmə] n hammare c
hammock [ˈhæmək] n hängmatta c
hamper [ˈhæmpə] n matkorg c
hand [hænd] n hand c; v överlämna; ~ **cream** handkräm c
handbag [ˈhændbæg] n handväska c
handbook [ˈhændbuk] n handbok c
hand-brake [ˈhændbreik] n handbroms c
handcuffs [ˈhændkʌfs] pl handbojor pl
handful [ˈhændful] n handfull c
handicraft [ˈhændikrɑ:ft] n hantverk nt; konsthantverk nt
handkerchief [ˈhæŋkətʃif] n näsduk c
handle [ˈhændəl] n skaft nt, handtag nt; v hantera; behandla
hand-made [ˌhændˈmeid] adj handgjord
handshake [ˈhændʃeik] n handslag nt

handsome [ˈhænsəm] adj snygg
handwork [ˈhændwɔ:k] n hantverk nt
handwriting [ˈhændˌraitiŋ] n handstil c
*hang [hæŋ] v hänga
hanger [ˈhæŋə] n klädhängare c
hangover [ˈhæŋˌouvə] n baksmälla c
happen [ˈhæpən] v hända, ske
happening [ˈhæpəniŋ] n händelse c
happiness [ˈhæpinəs] n lycka c
happy [ˈhæpi] adj belåten, lycklig
harbour [ˈhɑ:bə] n hamn c
hard [hɑ:d] adj hård; svår; **hardly** knappt
hardware [ˈhɑ:dweə] n järnvaror pl; ~ **store** järnhandel c
hare [heə] n hare c
harm [hɑ:m] n skada c; ont nt; v skada, *göra illa
harmful [ˈhɑ:mfəl] adj skadlig
harmless [ˈhɑ:mləs] adj oförarglig
harmony [ˈhɑ:məni] n harmoni c
harp [hɑ:p] n harpa c
harpsichord [ˈhɑ:psikɔ:d] n cembalo c
harsh [hɑ:ʃ] adj sträv; sträng; grym
harvest [ˈhɑ:vist] n skörd c
has [hæz] v (pr have)
haste [heist] n brådska c, hast c
hasten [ˈheisən] v skynda sig
hasty [ˈheisti] adj hastig
hat [hæt] n hatt c; ~ **rack** hatthylla c
hatch [hætʃ] n lucka c
hate [heit] v hata; n hat nt
hatred [ˈheitrid] n hat nt
haughty [ˈhɔ:ti] adj högdragen
haul [hɔ:l] v släpa
*have [hæv] v *ha; *få; ~ **to** *måste
haversack [ˈhævəsæk] n ränsel c
hawk [hɔ:k] n hök c; falk c
hay [hei] n hö nt; ~ **fever** hösnuva c
hazard [ˈhæzəd] n risk c
haze [heiz] n dis nt
hazelnut [ˈheizəlnʌt] n hasselnöt c

hazy ['heizi] adj disig
he [hi:] pron han
head [hed] n huvud nt; v leda; ~ of
state statsöverhuvud nt; ~
teacher överlärare c
headache ['hedeik] n huvudvärk c
heading ['hediŋ] n överskrift c
headlamp ['hedlæmp] n strålkastare c
headland ['hedlənd] n udde c
headlight ['hedlait] n strålkastare c
headline ['hedlain] n rubrik c
headmaster [,hed'ma:stə] n rektor c
headquarters [,hed'kwɔ:təz] pl hög-
kvarter nt
head-strong ['hedstrɔŋ] adj envis
head-waiter [,hed'weitə] n hovmästa-
re c
heal [hi:l] v läka
health [helθ] n hälsa c; ~ centre
hälsovårdscentral c; ~ certificate
friskintyg nt
healthy ['helθi] adj frisk
heap [hi:p] n hög c
*hear [hiə] v höra
hearing ['hiəriŋ] n hörsel c
heart [ha:t] n hjärta nt; innersta nt;
by ~ utantill; ~ attack hjärtat-
tack c
heartburn ['ha:tbə:n] n halsbränna c
hearth [ha:θ] n eldstad c
heartless ['ha:tləs] adj hjärtlös
hearty ['ha:ti] adj hjärtlig
heat [hi:t] n hetta c, värme c; v upp-
värma; heating pad värmedyna c
heater ['hi:tə] n kamin c; immersion
~ doppvärmare c
heath [hi:θ] n hed c
heathen ['hi:ðən] n hedning c; adj
hednisk
heather ['heðə] n ljung c
heating ['hi:tiŋ] n uppvärmning c
heaven ['hevən] n himmel c
heavy ['hevi] adj tung
Hebrew ['hi:bru:] n hebreiska c

hedge [hedʒ] n häck c
hedgehog ['hedʒhɔg] n igelkott c
heel [hi:l] n häl c; klack c
height [hait] n höjd c; höjdpunkt c
hell [hel] n helvete nt
hello! [he'lou] hej!; goddag!
helm [helm] n rorkult c
helmet ['helmit] n hjälm c
helmsman ['helmzmən] n rorsman c
help [help] v hjälpa; n hjälp c
helper ['helpə] n hjälp c
helpful ['helpfəl] adj hjälpsam
helping ['helpiŋ] n portion c
hem [hem] n fåll c
hemp [hemp] n hampa c
hen [hen] n höna c
henceforth [,hens'fɔ:θ] adv hädanef-
ter
her [hə:] pron henne; adj hennes
herb [hə:b] n ört c
herd [hə:d] n hjord c
here [hiə] adv här; ~ you are var så
god
hereditary [hi'reditəri] adj ärftlig
hernia ['hə:niə] n brock nt
hero ['hiərou] n (pl ~es) hjälte c
heron ['herən] n häger c
herring ['heriŋ] n (pl ~, ~s) sill c
herself [hə:'self] pron sig; själv
hesitate ['heziteit] v tveka
heterosexual [,hetərə'sekʃuəl] adj he-
terosexuell
hiccup ['hikʌp] n hicka c
hide [haid] n djurhud c, skinn nt
*hide [haid] v gömma; *dölja
hideous ['hidiəs] adj avskyvärd
hierarchy ['haiəra:ki] n hierarki c
high [hai] adj hög
highway ['haiwei] n landsväg c; nAm
motorväg c
hijack ['haidʒæk] v kapa
hijacker ['haidʒækə] n kapare c
hike [haik] v vandra
hill [hil] n kulle c; backe c

hillside ['hilsaid] *n* sluttning *c*
hilltop ['hiltɔp] *n* backkrön *nt*
hilly ['hili] *adj* backig, kuperad
him [him] *pron* honom
himself [him'self] *pron* sig; själv
hinder ['hində] *v* hindra
hinge [hindʒ] *n* gångjärn *nt*
hip [hip] *n* höft *c*
hire [haiə] *v* hyra; **for** ~ till uthyrning
hire-purchase [ˌhaiə'pə:tʃəs] *n* avbetalningsköp *nt*
his [hiz] *adj* hans
historian [hi'stɔ:riən] *n* historiker *c*
historic [hi'stɔrik] *adj* historisk
historical [hi'stɔrikəl] *adj* historisk
history ['histəri] *n* historia *c*
hit [hit] *n* schlager *c*
*hit [hit] *v* *slå; träffa
hitchhike ['hitʃhaik] *v* lifta
hitchhiker ['hitʃˌhaikə] *n* liftare *c*
hoarse [hɔ:s] *adj* skrovlig, hes
hobby ['hɔbi] *n* hobby *c*
hobby-horse ['hɔbihɔ:s] *n* käpphäst *c*
hockey ['hɔki] *n* hockey *c*
hoist [hɔist] *v* hissa
hold [hould] *n* lastrum *nt*
*hold [hould] *v* *hålla fast, *hålla; *bibehålla; ~ **on** *hålla sig fast; ~ **up** stötta, *hålla uppe
hold-up ['houldʌp] *n* väpnat rån
hole [houl] *n* hål *nt*
holiday ['hɔlədi] *n* semester *c*; helgdag *c*; ~ **camp** ferieläger *nt*; ~ **resort** semesterort *c*; on ~ på semester
Holland ['hɔlənd] Holland
hollow ['hɔlou] *adj* ihålig
holy ['houli] *adj* helig
homage ['hɔmidʒ] *n* hyllning *c*
home [houm] *n* hem *nt*; hus *nt*, vårdhem *nt*; *adv* hemma, hem; at ~ hemma
home-made [ˌhoum'meid] *adj* hem-

gjord
homesickness ['houmˌsiknəs] *n* hemlängtan *c*
homosexual [ˌhoumə'sekʃuəl] *adj* homosexuell
honest ['ɔnist] *adj* ärlig; uppriktig
honesty ['ɔnisti] *n* ärlighet *c*
honey ['hʌni] *n* honung *c*
honeymoon ['hʌnimu:n] *n* smekmånad *c*, bröllopsresa *c*
honk [hʌŋk] *vAm* tuta
honour ['ɔnə] *n* heder *c*; *v* hedra, ära
honourable ['ɔnərəbəl] *adj* ärofull; rättskaffens
hood [hud] *n* kapuschong *c*; *nAm* motorhuv *c*
hoof [hu:f] *n* hov *c*
hook [huk] *n* krok *c*
hoot [hu:t] *v* tuta
hooter ['hu:tə] *n* signalhorn *nt*
hoover ['hu:və] *v* *dammsuga
hop¹ [hɔp] *v* hoppa; *n* hopp *nt*
hop² [hɔp] *n* humle *nt*
hope [houp] *n* hopp *nt*; *v* hoppas
hopeful ['houpfəl] *adj* hoppfull
hopeless ['houpləs] *adj* hopplös
horizon [hə'raizən] *n* horisont *c*
horizontal [ˌhɔri'zɔntəl] *adj* horisontal
horn [hɔ:n] *n* horn *nt*; blåsinstrument *nt*; signalhorn *nt*
horrible ['hɔribəl] *adj* förskräcklig; ryslig, avskyvärd, gräslig
horror ['hɔrə] *n* skräck *c*, fasa *c*
hors-d'œuvre [ɔ:'də:vr] *n* förrätt *c*
horse [hɔ:s] *n* häst *c*
horseman ['hɔ:smən] *n* (pl -men) ryttare *c*
horsepower ['hɔ:sˌpauə] *n* hästkraft *c*
horserace ['hɔ:sreis] *n* hästkapplöpning *c*
horseradish ['hɔ:sˌrædiʃ] *n* pepparrot *c*
horseshoe ['hɔ:sʃu:] *n* hästsko *c*
horticulture ['hɔ:tikʌltʃə] *n* trädgårds-

odling c

hosiery ['houʒəri] n trikåvaror pl

hospitable ['hɔspitəbəl] adj gästfri

hospital ['hɔspitəl] n sjukhus nt, lasarett nt

hospitality [,hɔspi'tæləti] n gästfrihet c

host [houst] n värd c

hostage ['hɔstidʒ] n gisslan c

hostel ['hɔstəl] n härbärge nt

hostess ['houstis] n värdinna c

hostile ['hɔstail] adj fientlig

hot [hɔt] adj varm, het

hotel [hou'tel] n hotell nt

hot-tempered [,hɔt'tempəd] adj hetlevrad

hour [auə] n timme c

hourly ['auəli] adj varje timme

house [haus] n hus nt; bostad c; ~ agent fastighetsmäklare c; ~ block Am husblock nt; public ~ restaurang c

houseboat ['hausbout] n husbåt c

household ['haushould] n hushåll nt

housekeeper ['haus,ki:pə] n hushållerska c

housekeeping ['haus,ki:piŋ] n hushållning c, hushållssysslor pl

housemaid ['hausmeid] n hembiträde nt

housewife ['hauswaif] n hemmafru c

housework ['hauswə:k] n hushållsarbete nt

how [hau] adv hur; så; ~ many hur många; ~ much hur mycket

however [hau'evə] conj likväl, emellertid

hug [hʌg] v omfamna; n kram c

huge [hju:dʒ] adj kolossal, jättestor, väldig

hum [hʌm] v nynna

human ['hju:mən] adj mänsklig; ~ being människa c

humanity [hju'mænəti] n mänsklighet

c

humble ['hʌmbəl] adj ödmjuk

humid ['hju:mid] adj fuktig

humidity [hju'midəti] n fuktighet c

humorous ['hju:mərəs] adj skämtsam, humoristisk, lustig

humour ['hju:mə] n humor c

hundred ['hʌndrəd] n hundra

Hungarian [hʌŋ'gɛəriən] adj ungersk; n ungrare c

Hungary ['hʌŋgəri] Ungern

hunger ['hʌŋgə] n hunger c

hungry ['hʌŋgri] adj hungrig

hunt [hʌnt] v jaga; n jakt c

hunter ['hʌntə] n jägare c

hurricane ['hʌrikən] n orkan c; ~ lamp stormlykta c

hurry ['hʌri] v skynda sig; n brådska c; in a ~ fort

*hurt [hə:t] v värka, skada; såra

hurtful ['hə:tfəl] adj skadlig

husband ['hʌzbənd] n äkta man, make c

hut [hʌt] n hydda c

hydrogen ['haidrədʒən] n väte nt

hygiene ['haidʒi:n] n hygien c

hygienic [hai'dʒi:nik] adj hygienisk

hymn [him] n hymn c, psalm c

hyphen ['haifən] n bindestreck nt

hypocrisy [hi'pɔkrəsi] n hyckleri nt

hypocrite ['hipəkrit] n hycklare c

hypocritical [,hipə'kritikəl] adj hycklande, skenhelig

hysterical [hi'sterikəl] adj hysterisk

I

I [ai] pron jag

ice [ais] n is c

ice-bag ['aisbæg] n isblåsa c

ice-cream ['aiskri:m] n glass c

Iceland ['aislənd] Island

Icelander [ˈaisləndə] *n* isländning *c*

Icelandic [aisˈlændik] *adj* isländsk

icon [ˈaikɔn] *n* ikon *c*

idea [aiˈdiə] *n* idé *c*; tanke *c*, infall *nt*; begrepp *nt*, föreställning *c*

ideal [aiˈdiəl] *adj* idealisk; *n* ideal *nt*

identical [aiˈdentikəl] *adj* identisk

identification [aiˌdentifiˈkeiʃən] *n* identifiering *c*; legitimation *c*

identify [aiˈdentifai] *v* identifiera

identity [aiˈdentəti] *n* identitet *c*; ~ **card** identitetskort *nt*

idiom [ˈidiəm] *n* idiom *nt*

idiomatic [ˌidiəˈmætik] *adj* idiomatisk

idiot [ˈidiət] *n* idiot *c*

idiotic [ˌidiˈɔtik] *adj* idiotisk

idle [ˈaidəl] *adj* overksam; lat; gagnlös, tom

idol [ˈaidəl] *n* avgud *c*; idol *c*

if [if] *conj* om; ifall

ignition [igˈniʃən] *n* tändning *c*; ~ **coil** tändspole *c*

ignorant [ˈignərənt] *adj* okunnig

ignore [igˈnɔː] *v* ignorera

ill [il] *adj* sjuk; dålig; elak

illegal [iˈliːgəl] *adj* olaglig, illegal

illegible [iˈledʒəbəl] *adj* oläslig

illiterate [iˈlitərət] *n* analfabet *c*

illness [ˈilnəs] *n* sjukdom *c*

illuminate [iˈluːmineit] *v* lysa upp

illumination [iˌluːmiˈneiʃən] *n* belysning *c*

illusion [iˈluːʒən] *n* illusion *c*; villfarelse *c*

illustrate [ˈiləstreit] *v* illustrera

illustration [ˌiləˈstreiʃən] *n* illustration *c*

image [ˈimidʒ] *n* bild *c*

imaginary [iˈmædʒinəri] *adj* inbillad

imagination [iˌmædʒiˈneiʃən] *n* fantasi *c*, inbillning *c*

imagine [iˈmædʒin] *v* föreställa sig; inbilla sig; tänka sig

imitate [ˈimiteit] *v* imitera, efterlikna

imitation [ˌimiˈteiʃən] *n* imitation *c*

immediate [iˈmiːdjət] *adj* omedelbar

immediately [iˈmiːdjətli] *adv* genast, omedelbart

immense [iˈmens] *adj* enorm, oerhörd, oändlig

immigrant [ˈimigrənt] *n* invandrare *c*

immigrate [ˈimigreit] *v* immigrera

immigration [ˌimiˈgreiʃən] *n* invandring *c*

immodest [iˈmɔdist] *adj* oblyg

immunity [iˈmjuːnəti] *n* immunitet *c*

immunize [ˈimjunaiz] *v* immunisera

impartial [imˈpɑːʃəl] *adj* opartisk

impassable [imˈpɑːsəbəl] *adj* oframkomlig

impatient [imˈpeiʃənt] *adj* otålig

impede [imˈpiːd] *v* hindra

impediment [imˈpedimənt] *n* hinder *nt*

imperfect [imˈpəːfikt] *adj* ofullkomlig

imperial [imˈpiəriəl] *adj* kejserlig; imperial-

impersonal [imˈpəːsənəl] *adj* opersonlig

impertinence [imˈpəːtinəns] *n* näsvishet *c*

impertinent [imˈpəːtinənt] *adj* oförskämd, fräck, näsvis

implement[1] [ˈimplimənt] *n* redskap *nt*, verktyg *nt*

implement[2] [ˈimpliment] *v* utföra, *fullgöra

imply [imˈplai] *v* antyda; *innebära

impolite [ˌimpəˈlait] *adj* ohövlig

import[1] [imˈpɔːt] *v* införa, importera

import[2] [ˈimpɔːt] *n* import *c*, införsel *c*, importvara *c*; ~ **duty** importtull *c*

importance [imˈpɔːtəns] *n* betydelse *c*

important [imˈpɔːtənt] *adj* viktig, betydelsefull

importer [imˈpɔːtə] *n* importör *c*

imposing [imˈpouziŋ] *adj* imponerande

impossible [im'pɔsəbəl] *adj* omöjlig

impotence ['impətəns] *n* impotens *c*

impotent ['impətənt] *adj* impotent

impound [im'paund] *v* *beslagta

impress [im'pres] *v* *göra intryck på, imponera

impression [im'preʃən] *n* intryck *nt*

impressive [im'presiv] *adj* imponerande

imprison [im'prizən] *v* fängsla

imprisonment [im'prizənmənt] *n* fångenskap *c*

improbable [im'prɔbəbəl] *adj* otrolig

improper [im'prɔpə] *adj* opassande, felaktig

improve [im'pru:v] *v* förbättra

improvement [im'pru:vmənt] *n* förbättring *c*

improvise ['imprəvaiz] *v* improvisera

impudent ['impjudənt] *adj* oförskämd

impulse ['impʌls] *n* impuls *c*; stimulans *c*

impulsive [im'pʌlsiv] *adj* impulsiv

in [in] *prep* i; om, på; *adv* in

inaccessible [ˌinæk'sesəbəl] *adj* otillgänglig

inaccurate [i'nækjurət] *adj* oriktig

inadequate [i'nædikwət] *adj* otillräcklig

incapable [iŋ'keipəbəl] *adj* oduglig

incense ['insens] *n* rökelse *c*

incident ['insidənt] *n* händelse *c*

incidental [ˌinsi'dentəl] *adj* tillfällig

incite [in'sait] *v* sporra

inclination [ˌiŋkli'neiʃən] *n* benägenhet *c*

incline [iŋ'klain] *n* sluttning *c*

inclined [iŋ'klaind] *adj* benägen; lutande; *be ~ to *vara benägen att

include [iŋ'klu:d] *v* innefatta, omfatta; **included** inberäknad

inclusive [iŋ'klu:siv] *adj* inklusive

income ['iŋkəm] *n* inkomst *c*

income-tax ['iŋkəmtæks] *n* inkomst-

skatt *c*

incompetent [iŋ'kɔmpətənt] *adj* inkompetent

incomplete [ˌiŋkəm'pli:t] *adj* ofullständig

inconceivable [ˌiŋkən'si:vəbəl] *adj* ofattbar

inconspicuous [ˌiŋkən'spikjuəs] *adj* oansenlig, försynt

inconvenience [ˌiŋkən'vi:njəns] *n* olägenhet *c*, besvär *c*

inconvenient [ˌiŋkən'vi:njənt] *adj* olämplig; besvärlig

incorrect [ˌiŋkə'rekt] *adj* felaktig, oriktig

increase[1] [iŋ'kri:s] *v* öka; *tillta

increase[2] ['iŋkri:s] *n* ökning *c*

incredible [iŋ'kredəbəl] *adj* otrolig

incurable [iŋ'kjuərəbəl] *adj* obotlig

indecent [in'di:sənt] *adj* opassande

indeed [in'di:d] *adv* verkligen

indefinite [in'definit] *adj* obestämd

indemnity [in'demnəti] *n* skadeersättning *c*, gottgörelse *c*

independence [ˌindi'pendəns] *n* självständighet *c*

independent [ˌindi'pendənt] *adj* självständig; oberoende

index ['indeks] *n* register *nt*, förteckning *c*; ~ **finger** pekfinger *nt*

India ['indiə] Indien

Indian ['indiən] *adj* indisk; indiansk; *n* indier *c*; indian *c*

indicate ['indikeit] *v* påpeka, antyda, visa

indication [ˌindi'keiʃən] *n* tecken *nt*, antydan *c*

indicator ['indikeitə] *n* indikator *c*, blinker *c*

indifferent [in'difərənt] *adj* likgiltig

indigestion [ˌindi'dʒestʃən] *n* matsmältningsbesvär *nt*

indignation [ˌindig'neiʃən] *n* harm *c*, upprördhet *c* indirect [ˌindiˈrekt] adj indirekt

individual [ˌindiˈvidʒuəl] adj enskild, individuell; n individ c, enskild person

Indonesia [ˌindəˈniːziə] Indonesien

Indonesian [ˌindəˈniːziən] adj indonesisk; n indones c

indoor [ˈindɔː] adj inomhus-

indoors [ˌinˈdɔːz] adv inomhus

indulge [inˈdʌldʒ] v *ge efter

industrial [inˈdʌstriəl] adj industriell; ~ area industriområde nt

industrious [inˈdʌstriəs] adj flitig

industry [ˈindəstri] n industri c

inedible [iˈnedibəl] adj oätbar

inefficient [ˌiniˈfiʃənt] adj ineffektiv; oduglig

inevitable [iˈnevitəbəl] adj oundviklig

inexpensive [ˌinikˈspensiv] adj billig

inexperienced [ˌinikˈspiəriənst] adj oerfaren

infant [ˈinfənt] n spädbarn nt

infantry [ˈinfəntri] n infanteri nt

infect [inˈfekt] v infektera, smitta

infection [inˈfekʃən] n infektion c

infectious [inˈfekʃəs] adj smittosam

infer [inˈfəː] v *innebära, *dra en slutsats

inferior [inˈfiəriə] adj underlägsen, sämre; mindervärdig; nedre

infinite [ˈinfinət] adj oändlig

infinitive [inˈfinitiv] n infinitiv c

infirmary [inˈfəːməri] n sjukvårdsrum nt

inflammable [inˈflæməbəl] adj eldfarlig

inflammation [ˌinfləˈmeiʃən] n inflammation c

inflatable [inˈfleitəbəl] adj uppblåsbar

inflate [inˈfleit] v blåsa upp

inflation [inˈfleiʃən] n inflation c

influence [ˈinfluəns] n påverkan c; v påverka

influential [ˌinfluˈenʃəl] adj inflytelse-

rik

influenza [ˌinfluˈenzə] n influensa c

inform [inˈfɔːm] v informera; meddela, underrätta

informal [inˈfɔːməl] adj informell

information [ˌinfəˈmeiʃən] n uppgift c; upplysning c, meddelande nt; ~ bureau upplysningsbyrå c

infra-red [ˌinfraˈred] adj infraröd

infrequent [inˈfriːkwənt] adj sällsynt

ingredient [inˈgriːdiənt] n ingrediens c

inhabit [inˈhæbit] v bebo

inhabitable [inˈhæbitəbəl] adj beboelig

inhabitant [inˈhæbitənt] n invånare c

inhale [inˈheil] v inandas

inherit [inˈherit] v ärva

inheritance [inˈheritəns] n arv nt

initial [iˈniʃəl] adj ursprunglig, första; n initial c; v parafera

initiative [iˈniʃətiv] n initiativ nt

inject [inˈdʒekt] v inspruta

injection [inˈdʒekʃən] n injektion c

injure [ˈindʒə] v skada, såra

injury [ˈindʒəri] n skada c, oförrätt c

injustice [inˈdʒʌstis] n orättvisa c

ink [iŋk] n bläck nt

inlet [ˈinlet] n sund nt, inlopp nt

inn [in] n värdshus nt

inner [ˈinə] adj inre; ~ tube innerslang c

inn-keeper [ˈinˌkiːpə] n värdshusvärd c

innocence [ˈinəsəns] n oskuld c

innocent [ˈinəsənt] adj oskyldig

inoculate [iˈnɔkjuleit] v ympa

inoculation [iˌnɔkjuˈleiʃən] n ympning c

inquire [iŋˈkwaiə] v *ta reda på, förhöra sig, förfråga sig

inquiry [iŋˈkwaiəri] n förfrågan c; undersökning c; ~ office upplysningsbyrå c

inquisitive [iŋˈkwizətiv] adj frågvis

insane [inˈsein] adj sinnessjuk

inscription [in'skripʃən] *n* inskription *c*

insect ['insekt] *n* insekt *c;* ~ **repellent** insektsmedel *nt*

insecticide [in'sektisaid] *n* insektsgift *nt*

insensitive [in'sensətiv] *adj* känslolös

insert [in'sə:t] *v* infoga, stoppa in

inside [,in'said] *n* insida *c; adj* inre; *adv* inne; inuti; *prep* innanför, in i; ~ **out** ut och in

insight ['insait] *n* insikt *c*

insignificant [,insig'nifikənt] *adj* obetydlig; oansenlig, intetsägande; oviktig

insist [in'sist] *v* insistera; *vidhålla

insolence ['insələns] *n* oförskämdhet *c*

insolent ['insələnt] *adj* oförskämd, fräck

insomnia [in'sɔmniə] *n* sömnlöshet *c*

inspect [in'spekt] *v* inspektera, undersöka, granska

inspection [in'spekʃən] *n* inspektion *c;* kontroll *c*

inspector [in'spektə] *n* inspektor *c,* inspektör *c*

inspire [in'spaiə] *v* inspirera

install [in'stɔ:l] *v* installera

installation [,instə'leiʃən] *n* installation *c*

instalment [in'stɔ:lmənt] *n* avbetalning *c*

instance ['instəns] *n* exempel *nt;* fall *nt;* **for** ~ till exempel

instant ['instənt] *n* ögonblick *nt*

instantly ['instəntli] *adv* ögonblickligen, omedelbart

instead of [in'sted ɔv] i stället för

instinct ['instiŋkt] *n* instinkt *c*

institute ['institju:t] *n* institut *nt;* anstalt *c; v* stifta, inrätta

institution [,insti'tju:ʃən] *n* institution *c,* grundande *nt*

instruct [in'strʌkt] *v* instruera

instruction [in'strʌkʃən] *n* undervisning *c*

instructive [in'strʌktiv] *adj* lärorik

instructor [in'strʌktə] *n* lärare *c,* instruktör *c*

instrument ['instrumənt] *n* instrument *nt;* **musical** ~ musikinstrument *nt*

insufficient [,insə'fiʃənt] *adj* otillräcklig

insulate ['insjuleit] *v* isolera

insulation [,insju'leiʃən] *n* isolering *c*

insulator ['insjuleitə] *n* isolator *c*

insult¹ [in'sʌlt] *v* förolämpa

insult² ['insʌlt] *n* förolämpning *c*

insurance [in'ʃuərəns] *n* försäkring *c;* ~ **policy** försäkringsbrev *nt*

insure [in'ʃuə] *v* försäkra

intact [in'tækt] *adj* intakt

intellect ['intəlekt] *n* förstånd *nt,* intellekt *nt*

intellectual [,intə'lektʃuəl] *adj* intellektuell

intelligence [in'telidʒəns] *n* intelligens *c*

intelligent [in'telidʒənt] *adj* intelligent

intend [in'tend] *v* ämna

intense [in'tens] *adj* intensiv; häftig

intention [in'tenʃən] *n* avsikt *c*

intentional [in'tenʃənəl] *adj* avsiktlig

intercourse ['intəkɔ:s] *n* umgänge *c*

interest ['intrəst] *n* intresse *nt;* ränta *c; v* intressera

interesting ['intrəstiŋ] *adj* intressant

interfere [,intə'fiə] *v* *ingripa; ~ **with** blanda sig i

interference [,intə'fiərəns] *n* inblandning *c*

interim ['intərim] *n* mellantid *c*

interior [in'tiəriə] *n* insida *c;* interiör *c;* inrikesärenden

interlude ['intəlu:d] *n* mellanspel *nt*

intermediary [,intə'mi:djəri] *n* för-

medlare *c*
intermission [ˌintəˈmiʃən] *n* paus *c*
internal [inˈtəːnəl] *adj* inre; invärtes; inhemsk, invändig
international [ˌintəˈnæʃənəl] *adj* internationell
interpret [inˈtəːprit] *v* tolka
interpreter [inˈtəːpritə] *n* tolk *c*
interrogate [inˈterəgeit] *v* förhöra
interrogation [inˌterəˈgeiʃən] *n* förhör *nt*
interrogative [ˌintəˈrɔgətiv] *adj* interrogativ
interrupt [ˌintəˈrʌpt] *v* *avbryta
interruption [ˌintəˈrʌpʃən] *n* avbrott *nt*
intersection [ˌintəˈsekʃən] *n* skärning *c*, vägkorsning *c*
interval [ˈintəvəl] *n* paus *c*; intervall *c*
intervene [ˌintəˈviːn] *v* *ingripa
interview [ˈintəvjuː] *n* intervju *c*
intestine [inˈtestin] *n* tarm *c*
intimate [ˈintimət] *adj* förtrolig
into [ˈintu] *prep* in i
intolerable [inˈtɔlərəbəl] *adj* outhärdlig
intoxicated [inˈtɔksikeitid] *adj* berusad
intrigue [inˈtriːg] *n* intrig *c*
introduce [ˌintrəˈdjuːs] *v* presentera, introducera; införa
introduction [ˌintrəˈdʌkʃən] *n* presentation *c*; inledning *c*
invade [inˈveid] *v* invadera
invalid[1] [ˈinvəliːd] *n* invalid *c*; *adj* invalidiserad
invalid[2] [inˈvælid] *adj* ogiltig
invasion [inˈveiʒən] *n* invasion *c*
invent [inˈvent] *v* *uppfinna; uppdikta
invention [inˈvenʃən] *n* uppfinning *c*
inventive [inˈventiv] *adj* uppfinningsrik
inventor [inˈventə] *n* uppfinnare *c*
inventory [ˈinvəntri] *n* inventering *c*

invert [inˈvəːt] *v* kasta om, vända upp och ner
invest [inˈvest] *v* investera; placera pengar
investigate [inˈvestigeit] *v* efterforska, utreda
investigation [inˌvestiˈgeiʃən] *n* utredning *c*
investment [inˈvestmənt] *n* investering *c*, kapitalplacering *c*
investor [inˈvestə] *n* aktieägare *c*, investerare *c*
invisible [inˈvizəbəl] *adj* osynlig
invitation [ˌinviˈteiʃən] *n* inbjudan *c*
invite [inˈvait] *v* *inbjuda
invoice [ˈinvɔis] *n* faktura *c*
involve [inˈvɔlv] *v* inblanda
inwards [ˈinwədz] *adv* inåt
iodine [ˈaiədiːn] *n* jod *c*
Iran [iˈrɑːn] Iran
Iranian [iˈreiniən] *adj* iransk; *n* iranier *c*
Iraq [iˈrɑːk] Irak
Iraqi [iˈrɑːki] *adj* irakisk; *n* irakier *c*
irascible [iˈræsibəl] *adj* lättretlig
Ireland [ˈaiələnd] Irland
Irish [ˈaiəriʃ] *adj* irländsk
Irishman [ˈaiəriʃmən] *n* (pl -men) irländare *c*
iron [ˈaiən] *n* järn *nt*; strykjärn *nt*; järn-; *v* *stryka
ironical [aiˈrɔnikəl] *adj* ironisk
ironworks [ˈaiənwəːks] *n* järnverk *nt*
irony [ˈaiərəni] *n* ironi *c*
irregular [iˈregjulə] *adj* oregelbunden
irreparable [iˈrepərəbəl] *adj* oreparerbar
irrevocable [iˈrevəkəbəl] *adj* oåterkallelig
irritable [ˈiritəbəl] *adj* lättretad
irritate [ˈiriteit] *v* irritera, reta
is [iz] *v* (pr be)
island [ˈailənd] *n* ö *c*
isolate [ˈaisəleit] *v* isolera

isolation [,aisə'leifən] *n* isolering *c*

Israel ['izreil] Israel

Israeli [iz'reili] *adj* israelisk; *n* israelier *c*

issue ['ifu:] *v* *utge; *n* utgivning *c*, upplaga *c*; fråga *c*, tvisteämne *nt*; resultat *nt*, utgång *c*, följd *c*, konsekvens *c*

isthmus ['isməs] *n* näs *nt*

it [it] *pron* den, det

Italian [i'tæljən] *adj* italiensk; *n* italienare *c*

italics [i'tæliks] *pl* kursivering *c*

Italy ['itəli] Italien

itch [itʃ] *n* klåda *c*; *v* klia

item ['aitəm] *n* post *c*; punkt *c*

itinerant [ai'tinərənt] *adj* kringresande

itinerary [ai'tinərəri] *n* resrutt *c*, resplan *c*

ivory ['aivəri] *n* elfenben *nt*

ivy ['aivi] *n* murgröna *c*

J

jack [dʒæk] *n* domkraft *c*

jacket ['dʒækit] *n* kavaj *c*, jacka *c*; bokomslag *nt*

jade [dʒeid] *n* jade *c*

jail [dʒeil] *n* fängelse *nt*

jailer ['dʒeilə] *n* fångvaktare *c*

jam [dʒæm] *n* sylt *c*; trafikstockning *c*

janitor ['dʒænitə] *n* portvakt *c*

January ['dʒænjuəri] januari

Japan [dʒə'pæn] Japan

Japanese [,dʒæpə'ni:z] *adj* japansk; *n* japan *c*

jar [dʒa:] *n* kruka *c*; skakning *c*

jaundice ['dʒɔ:ndis] *n* gulsot *c*

jaw [dʒɔ:] *n* käke *c*

jealous ['dʒeləs] *adj* svartsjuk

jealousy ['dʒeləsi] *n* svartsjuka *c*

jeans [dʒi:nz] *pl* jeans *pl*

jelly ['dʒeli] *n* gelé *c*

jelly-fish ['dʒelifiʃ] *n* manet *c*

jersey ['dʒə:zi] *n* jerseytyg *nt;* ylletröja *c*

jet [dʒet] *n* stråle *c*; jetplan *nt*

jetty ['dʒeti] *n* hamnpir *c*

Jew [dʒu:] *n* jude *c*

jewel ['dʒu:əl] *n* smycke *nt*

jeweller ['dʒu:ələ] *n* juvelerare *c*; guldsmedsaffär *c*

jewellery ['dʒu:əlri] *n* smycken; juveler

Jewish ['dʒu:iʃ] *adj* judisk

job [dʒɔb] *n* jobb *nt;* plats *c*, arbete *nt*

jockey ['dʒɔki] *n* jockey *c*

join [dʒɔin] *v* *förbinda; *ansluta sig till; förena, sammanfoga

joint [dʒɔint] *n* led *c;* sammanfogning *c; adj* gemensam, förenad

jointly ['dʒɔintli] *adv* gemensamt

joke [dʒouk] *n* vits *c*, skämt *nt*

jolly ['dʒɔli] *adj* lustig; glad; trevlig; livad

Jordan ['dʒɔ:dən] Jordanien

Jordanian [dʒɔ:'deiniən] *adj* jordansk; *n* jordanier *c*

journal ['dʒə:nəl] *n* journal *c*, tidskrift *c*

journalism ['dʒə:nəlizəm] *n* journalism *c*

journalist ['dʒə:nəlist] *n* journalist *c*

journey ['dʒə:ni] *n* resa *c*

joy [dʒɔi] *n* fröjd *c*, glädje *c*

joyful ['dʒɔifəl] *adj* förtjust, glad; glädjande

jubilee ['dʒu:bili:] *n* jubileum *nt*

judge [dʒʌdʒ] *n* domare; *v* döma; bedöma

judgment ['dʒʌdʒmənt] *n* dom *c*

jug [dʒʌg] *n* tillbringare *c*

juice [dʒu:s] *n* saft *c*, juice *c*

juicy ['dʒu:si] *adj* saftig

July [dʒu'lai] juli
jump [dʒʌmp] v hoppa; n språng nt, hopp nt
jumper ['dʒʌmpə] n jumper c
junction ['dʒʌŋkʃən] n vägkorsning c; knutpunkt c
June [dʒu:n] juni
jungle ['dʒʌŋgəl] n djungel c, urskog c
junior ['dʒu:njə] adj junior
junk [dʒʌŋk] n skräp nt; djonk c
jury ['dʒuəri] n jury c
just [dʒʌst] adj rättvis, berättigad; riktig; adv just; precis
justice ['dʒʌstis] n rätt c; rättvisa c
juvenile ['dʒu:vənail] adj ungdomlig

K

kangaroo [ˌkæŋgə'ru:] n känguru c
keel [ki:l] n köl c
keen [ki:n] adj livlig, angelägen; skarp
*keep [ki:p] v *hålla; bevara; *fortsätta; ~ **away from** hålla sig på avstånd från; ~ **off** *låta vara; ~ **on** *fortsätta; ~ **quiet** *tiga; ~ **up** *hålla ut; ~ **up with** hänga med
keg [keg] n kagge c
kennel ['kenəl] n hundkoja c; kennel c
Kenya ['kenjə] Kenya
kerosene ['kerəsi:n] n fotogen c
kettle ['ketəl] n kittel c
key [ki:] n nyckel c
keyhole ['ki:houl] n nyckelhål nt
khaki ['ka:ki] n kaki c
kick [kik] v sparka; n spark c
kick-off [ˌki'kɔf] n avspark c
kid [kid] n barn nt, unge c; getskinn nt; v *driva med
kidney ['kidni] n njure c

kill [kil] v *slå ihjäl, döda
kilogram ['kiləgræm] n kilo nt
kilometre ['kiləˌmi:tə] n kilometer c
kind [kaind] adj snäll, vänlig; god; n sort c
kindergarten ['kindəˌga:tən] n lekskola c
king [kiŋ] n kung c
kingdom ['kiŋdəm] n kungarike nt; rike nt
kiosk ['ki:ɔsk] n kiosk c
kiss [kis] n kyss c, puss c; v kyssa
kit [kit] n utrustning c
kitchen ['kitʃin] n kök nt; ~ **garden** köksträdgård c
knapsack ['næpsæk] n ryggsäck c
knave [neiv] n knekt c
knee [ni:] n knä nt
kneecap ['ni:kæp] n knäskål c
*kneel [ni:l] v knäböja
knew [nju:] v (p know)
knickers ['nikəz] pl underbyxor pl
knife [naif] n (pl knives) kniv c
knight [nait] n riddare c
*knit [nit] v sticka
knob [nɔb] n handtag nt
knock [nɔk] v knacka; n knackning c; ~ **against** stöta emot; ~ **down** *slå omkull
knot [nɔt] n knut c; v *knyta
*know [nou] v *veta, känna
knowledge ['nɔlidʒ] n kunskap c
knuckle ['nʌkəl] n knoge c

L

label ['leibəl] n etikett c; v etikettera
laboratory [lə'bɔrətəri] n laboratorium nt
labour ['leibə] n arbete nt; förlossningsarbete nt; v anstränga sig; **labor permit** Am arbetstillstånd nt

labourer ['leibərə] n arbetare c

labour-saving ['leibə‚seiviŋ] adj arbetsbesparande

labyrinth ['læbərinθ] n labyrint c

lace [leis] n spets c; skosnöre nt

lack [læk] n saknad c, brist c; v sakna

lacquer ['lækə] n lack nt

lad [læd] n pojke c, gosse c

ladder ['lædə] n stege c

lady ['leidi] n dam c; ladies' room damtoalett c

lagoon [lə'gu:n] n lagun c

lake [leik] n sjö c

lamb [læm] n lamm nt; lammkött nt

lame [leim] adj ofärdig, halt, förlamad

lamentable ['læməntəbəl] adj bedrövlig

lamp [læmp] n lampa c

lamp-post ['læmppoust] n lyktstolpe c

lampshade ['læmpʃeid] n lampskärm c

land [lænd] n land nt; v landa; *gå i land

landlady ['lænd‚leidi] n hyresvärdinna c

landlord ['lændlɔ:d] n hyresvärd c

landmark ['lændmɑ:k] n landmärke nt

landscape ['lændskeip] n landskap nt

lane [lein] n gränd c, smal gata; körfil c

language ['læŋgwidʒ] n språk nt; ~ laboratory språklaboratorium nt

lantern ['læntən] n lykta c

lapel [lə'pel] n rockslag nt

larder ['lɑ:də] n skafferi nt

large [lɑ:dʒ] adj stor; rymlig

lark [lɑ:k] n lärka c

laryngitis [‚lærin'dʒaitis] n strupkatarr c

last [lɑ:st] adj sist; förra; v vara; at ~ till sist; till slut

lasting ['lɑ:stiŋ] adj varaktig

latchkey ['lætʃki:] n portnyckel c

late [leit] adj sen; för sent

lately ['leitli] adv på sista tiden, nyligen

lather ['lɑ:ðə] n lödder nt

Latin America ['lætin ə'merikə] Latinamerika

Latin-American [‚lætinə'merikən] adj latinamerikansk

latitude ['lætitju:d] n breddgrad c

laugh [lɑ:f] v skratta; n skratt nt

laughter ['lɑ:ftə] n skratt nt

launch [lɔ:ntʃ] v lansera; *sjösätta; *avskjuta; n slup c

launching ['lɔ:ntʃiŋ] n sjösättning c

launderette [‚lɔ:ndə'ret] n tvättomat c

laundry ['lɔ:ndri] n tvättinrättning c; tvätt c

lavatory ['lævətəri] n toalett c

lavish ['læviʃ] adj slösaktig

law [lɔ:] n lag c; juridik c; ~ court domstol c

lawful ['lɔ:fəl] adj laglig

lawn [lɔ:n] n gräsmatta c

lawsuit ['lɔ:su:t] n rättegång c, process c

lawyer ['lɔ:jə] n advokat c; jurist c

laxative ['læksətiv] n avföringsmedel nt

*lay [lei] v placera, *lägga, *sätta; ~ bricks mura

layer [leiə] n lager nt

layman ['leimən] n lekman c

lazy ['leizi] adj lat

*lead¹ [li:d] v leda

lead¹ [li:d] n försprång nt; ledning c; koppel nt

lead² [led] n bly nt

leader ['li:də] n ledare c

leadership ['li:dəʃip] n ledarskap nt

leading ['li:diŋ] adj förnämst, ledande

leaf [li:f] n (pl leaves) löv nt, blad nt

league [li:g] n förbund nt

leak [li:k] v läcka; n läcka c

leaky ['li:ki] adj otät
lean [li:n] adj mager
*lean [li:n] v luta sig
leap [li:p] n hopp nt
*leap [li:p] v skutta, hoppa
leap-year ['li:pjiə] n skottår nt
*learn [lə:n] v lära sig
learner ['lə:nə] n nybörjare c
lease [li:s] n hyreskontrakt nt; arren-
de nt; v hyra, arrendera ut; arren-
dera
leash [li:ʃ] n koppel nt
least [li:st] adj minst; at ~ åtminsto-
ne
leather ['leðə] n läder nt; läder-,
skinn-
leave [li:v] n ledighet c
*leave [li:v] v lämna, *ge sig av, resa
bort, *låta; ~ behind efterlämna;
~ out utelämna
Lebanese [,lebə'ni:z] adj libanesisk; n
libanes c
Lebanon ['lebənən] Libanon
lecture ['lektʃə] n föreläsning c, före-
drag nt
left¹ [left] adj vänster
left² [left] v (p, pp leave)
left-hand ['lefthænd] adj vänster
left-handed [,left'hændid] adj vänster-
hänt
leg [leg] n ben nt
legacy ['legəsi] n legat nt
legal ['li:gəl] adj legal, laglig; juridisk
legalization [,li:gəlai'zeiʃən] n legalise-
ring c
legation [li'geiʃən] n legation c
legible ['ledʒibəl] adj läslig
legitimate [li'dʒitimət] adj rättmätig,
legitim
leisure ['leʒə] n ledighet c
lemon ['lemən] n citron c
lemonade [,lemə'neid] n läskedryck c
*lend [lend] v låna ut
length [leŋθ] n längd c

lengthen ['leŋθən] v förlänga
lengthways ['leŋθweiz] adv på läng-
den
lens [lenz] n lins c; telephoto ~ tele-
objektiv nt; zoom ~ zoomlins c
leprosy ['leprəsi] n spetälska c
less [les] adv mindre
lessen ['lesən] v förminska
lesson ['lesən] n läxa c, lektion c
*let [let] v *låta; hyra ut; ~ down
*svika
letter ['letə] n brev nt; bokstav c; ~
of credit kreditiv nt; ~ of recom-
mendation rekommendationsbrev
nt
letter-box ['letəbɔks] n brevlåda c
lettuce ['letis] n grönsallad c
level ['levəl] adj slät; plan, jämn; n
plan nt, nivå c; vattenpass nt; v
jämna, utjämna; ~ crossing järn-
vägsövergång c
lever ['li:və] n hävstång c, spak c
liability [,laiə'biləti] n skyldighet c
liable ['laiəbəl] adj ansvarig, benä-
gen; ~ to utsatt för
liberal ['libərəl] adj liberal; frikostig,
rundhänt, givmild
liberation [,libə'reiʃən] n frigörelse c,
befrielse c; frigivande nt
Liberia [lai'biəriə] Liberia
Liberian [lai'biəriən] adj liberiansk; n
liberian c
liberty ['libəti] n frihet c
library ['laibrəri] n bibliotek nt
licence ['laisəns] n licens c; tillstånds-
bevis nt; driving ~ körkort nt; ~
number Am registreringsnummer
nt; ~ plate nummerplåt c
license ['laisəns] v *ge rättighet, auk-
torisera
lick [lik] v slicka; övertrumfa
lid [lid] n lock nt
lie [lai] v *ljuga; n lögn c
*lie [lai] v *ligga; ~ down *lägga

sig

life [laif] n (pl lives) liv nt; ~ **insurance** livförsäkring c

lifebelt [ˈlaifbelt] n livbälte nt

lifetime [ˈlaiftaim] n livstid c

lift [lift] v lyfta, höja; n hiss c; skjuts c

light [lait] n ljus nt; adj lätt; ljus; ~ **bulb** glödlampa c

***light** [lait] v tända

lighter [ˈlaitə] n tändare c

lighthouse [ˈlaithaus] n fyr c

lighting [ˈlaitiŋ] n belysning c

lightning [ˈlaitniŋ] n blixt c

like [laik] v tycka om; adj lik; conj såsom; prep liksom

likely [ˈlaikli] adj sannolik

like-minded [ˌlaikˈmaindid] adj likasinnad

likewise [ˈlaikwaiz] adv likaså, likaledes

lily [ˈlili] n lilja c

limb [lim] n lem c

lime [laim] n kalk c; lind c; grön citron

limetree [ˈlaimtri:] n lind c

limit [ˈlimit] n gräns c; v begränsa

limp [limp] v halta; adj slapp

line [lain] n rad c; streck nt; lina c; linje c; **stand in** ~ Am köa

linen [ˈlinin] n linne nt

liner [ˈlainə] n linjefartyg nt

lingerie [ˈlɔ̃ʒəri] n damunderkläder pl

lining [ˈlainiŋ] n foder nt

link [liŋk] v *sammanbinda; n länk c

lion [ˈlaiən] n lejon nt

lip [lip] n läpp c

lipsalve [ˈlipsɑ:v] n cerat nt

lipstick [ˈlipstik] n läppstift nt

liqueur [liˈkjuə] n likör c

liquid [ˈlikwid] adj flytande; n vätska c

liquor [ˈlikə] n sprit c

liquorice [ˈlikəris] n lakrits c

list [list] n lista c; v *inskriva

listen [ˈlisən] v lyssna

listener [ˈlisnə] n lyssnare c

literary [ˈlitrəri] adj litterär, litteratur-

literature [ˈlitrətʃə] n litteratur c

litre [ˈli:tə] n liter c

litter [ˈlitə] n avfall nt; kull c

little [ˈlitəl] adj liten; föga

live¹ [liv] v leva; bo

live² [laiv] adj levande

livelihood [ˈlaivlihud] n uppehälle nt

lively [ˈlaivli] adj livfull

liver [ˈlivə] n lever c

living-room [ˈliviŋru:m] n vardagsrum nt

load [loud] n last c; börda c; v lasta

loaf [louf] n (pl loaves) limpa c

loan [loun] n lån nt

lobby [ˈlɔbi] n vestibul c; foajé c

lobster [ˈlɔbstə] n hummer c

local [ˈloukəl] adj lokal-, lokal; ~ **call** lokalsamtal nt; ~ **train** lokaltåg nt

locality [louˈkæləti] n samhälle nt

locate [louˈkeit] v lokalisera

location [louˈkeiʃən] n läge nt

lock [lɔk] v låsa; n lås nt; sluss c; ~ **up** låsa in

locomotive [ˌloukəˈmoutiv] n lok nt

lodge [lɔdʒ] v inkvartera; n jaktstuga c

lodger [ˈlɔdʒə] n inackordering c

lodgings [ˈlɔdʒiŋz] pl inkvartering c

log [lɔg] n vedträ nt; stock c

logic [ˈlɔdʒik] n logik c

logical [ˈlɔdʒikəl] adj logisk

lonely [ˈlounli] adj ensam

long [lɔŋ] adj lång; långvarig; ~ **for** längta efter; **no longer** inte längre

longing [ˈlɔŋiŋ] n längtan c

longitude [ˈlɔndʒitju:d] n längdgrad c

look [luk] v titta; tyckas, *se ut; n blick c; utseende nt; ~ **after** sköta, passa, *ta hand om; ~ at *se på, titta på; ~ for leta efter; ~ out *se upp; ~ up *slå upp

looking-glass ['lukiŋglɑːs] *n* spegel *c*

loop [luːp] *n* ögla *c*

loose [luːs] *adj* lös

loosen ['luːsən] *v* lossa

lord [lɔːd] *n* lord *c*

lorry ['lɔri] *n* lastbil *c*

*lose [luːz] *v* mista, förlora

loss [lɔs] *n* förlust *c*

lost [lɔst] *adj* vilsegången; försvunnen; ~ **and found** hittegods *nt;* ~ **property office** hittegodsmagasin *nt*

lot [lɔt] *n* lott *c;* mängd *c*, hög *c*

lottery ['lɔtəri] *n* lotteri *nt*

loud [laud] *adj* högljudd, gäll

loud-speaker [,laud'spiːkə] *n* högtalare *c*

lounge [laundʒ] *n* sällskapsrum *nt*

louse [laus] *n* (pl lice) lus *c*

love [lʌv] *v* älska, *hålla av; *n* kärlek *c;* in ~ förälskad

lovely ['lʌvli] *adj* söt, förtjusande, ljuvlig

lover ['lʌvə] *n* älskare *c*

love-story ['lʌv,stɔːri] *n* kärlekshistoria *c*

low [lou] *adj* låg; djup; nedstämd; ~ **tide** ebb *c*

lower ['louə] *v* sänka; minska; *adj* lägre, undre

lowlands ['louləndz] *pl* lågland *nt*

loyal ['lɔiəl] *adj* lojal

lubricate ['luːbrikeit] *v* *smörja, olja

lubrication [,luːbri'keiʃən] *n* smörjning *c;* ~ **oil** smörjolja *c;* ~ **system** smörjsystem *nt*

luck [lʌk] *n* lycka *c*, tur *c;* slump *c;* **bad** ~ otur *c*

lucky ['lʌki] *adj* lyckosam, tursam; ~ **charm** amulett *c*

ludicrous ['luːdikrəs] *adj* löjeväckande, löjlig

luggage ['lʌgidʒ] *n* bagage *nt;* **hand** ~ handbagage *nt;* **left** ~ **office** bagageinlämning *c;* ~ **rack** bagagehylla *c;* ~ **van** resgodsfinka *c*

lukewarm ['luːkwɔːm] *adj* ljum

lumbago [lʌm'beigou] *n* ryggskott *nt*

luminous ['luːminəs] *adj* lysande

lump [lʌmp] *n* klump *c*, bit *c;* bula *c;* ~ **of sugar** sockerbit *c;* ~ **sum** klumpsumma *c*

lumpy ['lʌmpi] *adj* klimpig

lunacy ['luːnəsi] *n* vansinne *nt*

lunatic ['luːnətik] *adj* vansinnig; *n* sinnessjuk *c*

lunch [lʌntʃ] *n* lunch *c*

luncheon ['lʌntʃən] *n* lunch *c*

lung [lʌŋ] *n* lunga *c*

lust [lʌst] *n* åtrå *c*

luxurious [lʌg'ʒuəriəs] *adj* luxuös

luxury ['lʌkʃəri] *n* lyx *c*

M

machine [mə'ʃiːn] *n* maskin *c*, apparat *c*

machinery [mə'ʃiːnəri] *n* maskineri *nt*

mackerel ['mækrəl] *n* (pl ~) makrill *c*

mackintosh ['mækintɔʃ] *n* regnrock *c*

mad [mæd] *adj* sinnesförvirrad, vanvettig, tokig; rasande

madness ['mædnəs] *n* vansinne *nt*

magazine [,mægə'ziːn] *n* tidskrift *c;* magasin *nt*

magic ['mædʒik] *n* magi *c*, trollkonst *c; adj* magisk

magician [mə'dʒiʃən] *n* trollkarl *c*

magistrate ['mædʒistreit] *n* rådman *c*

magnetic [mæg'netik] *adj* magnetisk

magneto [mæg'niːtou] *n* (pl ~s) magnetapparat *c*

magnificent [mæg'nifisənt] adj ståtlig; magnifik, praktfull

magpie ['mægpai] n skata c

maid [meid] n hembiträde nt

maiden name ['meidən neim] flicknamn nt

mail [meil] n post c; v posta; ~ order Am postanvisning c

mailbox ['meilbɔks] nAm brevlåda c

main [mein] adj huvud-; störst; ~ deck överdäck nt; ~ line huvudlinje c; ~ road huvudväg c; ~ street huvudgata c

mainland ['meinlənd] n fastland nt

mainly ['meinli] adv huvudsakligen

mains [meinz] pl huvudledning c

maintain [mein'tein] v *upprätthålla

maintenance ['meintənəns] n underhåll nt

maize [meiz] n majs c

major ['meidʒə] adj större; störst; n major c

majority [mə'dʒɔrəti] n majoritet c

*make [meik] v *göra; tjäna; *hinna med; ~ do with klara sig med; ~ good *gottgöra; ~ up *sätta upp, *göra upp

make-up ['meikʌp] n smink c

malaria [mə'lɛəriə] n malaria c

Malay [mə'lei] n malaysier c

Malaysia [mə'leiziə] Malaysia

Malaysian [mə'leiziən] adj malaysisk

male [meil] adj han-, mans-, manlig

malicious [mə'liʃəs] adj illvillig

malignant [mə'lignənt] adj elakartad

mallet ['mælit] n klubba c

malnutrition [ˌmælnju'triʃən] n undernäring c

mammal ['mæməl] n däggdjur nt

mammoth ['mæməθ] n mammut c

man [mæn] n (pl men) man c; människa c; men's room herrtoalett c

manage ['mænidʒ] v styra; lyckas

manageable ['mænidʒəbəl] adj hanterlig

management ['mænidʒmənt] n styrelse c; direktion c

manager ['mænidʒə] n direktör c, chef c

mandarin ['mændərin] n mandarin c

mandate ['mændeit] n mandat nt

manger ['meindʒə] n foderbehållare c

manicure ['mænikjuə] n manikyr c; v manikyrera

mankind [mæn'kaind] n mänsklighet c

mannequin ['mænəkin] n skyltdocka c

manner ['mænə] n sätt nt, vis nt; manners pl uppförande nt

man-of-war [ˌmænəv'wɔ:] n örlogsfartyg nt

manor-house ['mænəhaus] n herrgård c

mansion ['mænʃən] n patricierhus nt

manual ['mænjuəl] adj hand-

manufacture [ˌmænju'fæktʃə] v tillverka

manufacturer [ˌmænju'fæktʃərə] n fabrikant c

manure [mə'njuə] n gödsel c

manuscript ['mænjuskript] n manuskript nt

many ['meni] adj många

map [mæp] n karta c; plan c

maple ['meipəl] n lönn c

marble ['ma:bəl] n marmor c; spelkula c

March [ma:tʃ] mars

march [ma:tʃ] v marschera; n marsch c

mare [mɛə] n sto nt

margarine [ˌma:dʒə'ri:n] n margarin nt

margin ['ma:dʒin] n marginal c

maritime ['mæritaim] adj maritim

mark [ma:k] v *märka; markera; utmärka; n märke nt; betyg nt; skottavla c

market ['ma:kit] n marknad c, saluhall c

market-place ['mɑ:kitpleis] n torg nt; marknadsplats c

marmalade ['mɑ:məleid] n marmelad c

marriage ['mæridʒ] n äktenskap nt

marrow ['mærou] n märg c

marry ['mæri] v gifta sig

marsh [mɑ:ʃ] n sumpmark c

marshy ['mɑ:ʃi] adj sumpig

martyr ['mɑ:tə] n martyr c

marvel ['mɑ:vəl] n under nt; v förundra sig

marvellous ['mɑ:vələs] adj underbar

mascara [mæ'skɑ:rə] n maskara c

masculine ['mæskjulin] adj manlig

mash [mæʃ] v mosa

mask [mɑ:sk] n mask c

Mass [mæs] n mässa c

mass [mæs] n mängd c, massa c; klump c; ~ **production** massproduktion c

massage ['mæsɑ:ʒ] n massage c; v massera

masseur [mæ'sə:] n massör c

massive ['mæsiv] adj massiv

mast [mɑ:st] n mast c

master ['mɑ:stə] n mästare c; arbetsgivare c; lektor c, lärare c; v bemästra

masterpiece ['mɑ:stəpi:s] n mästerverk nt

mat [mæt] n matta c; adj matt

match [mætʃ] n tändsticka c; jämlike c, match c, parti nt; v passa ihop

match-box ['mætʃbɔks] n tändsticksask c

material [mə'tiəriəl] n material nt; tyg nt; adj materiell

mathematical [,mæθə'mætikəl] adj matematisk

mathematics [,mæθə'mætiks] n matematik c

matrimonial [,mætri'mouniəl] adj äktenskaplig

matrimony ['mætriməni] n äktenskap nt

matter ['mætə] n materia c, ämne nt; angelägenhet c, fråga c; v *vara viktigt; **as a** ~ **of fact** faktiskt, i själva verket

matter-of-fact [,mætərəv'fækt] adj torr och saklig

mattress ['mætrəs] n madrass c

mature [mə'tjuə] adj mogen

maturity [mə'tjuərəti] n mogen ålder, mognad c

mausoleum [,mɔ:sə'li:əm] n mausoleum nt

mauve [mouv] adj rödlila

May [mei] maj

*may [mei] v *kunna; *få

maybe ['meibi:] adv kanske

mayor [mɛə] n borgmästare c

maze [meiz] n labyrint c; virrvarr nt

me [mi:] pron mig

meadow ['medou] n äng c

meal [mi:l] n måltid c, mål nt

mean [mi:n] adj gemen; medel-; n genomsnitt nt

*mean [mi:n] v betyda; mena

meaning ['mi:niŋ] n mening c

meaningless ['mi:niŋləs] adj meningslös

means [mi:nz] n medel nt; **by no** ~ inte alls

in the meantime [in ðə 'mi:ntaim] under tiden

meanwhile ['mi:nwail] adv under tiden

measles ['mi:zəlz] n mässling c

measure ['meʒə] v mäta; n mått nt; åtgärd c

meat [mi:t] n kött nt

mechanic [mi'kænik] n mekaniker c, montör c

mechanical [mi'kænikəl] adj mekanisk

mechanism ['mekənizəm] n meka-
nism c

medal ['medəl] n medalj c

mediaeval [ˌmedi'i:vəl] adj medeltida

mediate ['mi:dieit] v medla

mediator ['mi:dieitə] n medlare c

medical ['medikəl] adj medicinsk

medicine ['medsin] n medicin c; lä-
karvetenskap c

meditate ['mediteit] v meditera

Mediterranean [ˌmeditə'reiniən] Me-
delhavet

medium ['mi:diəm] adj genomsnittlig,
medel-, medelmåttig

*meet [mi:t] v träffa, möta

meeting ['mi:tiŋ] n sammanträde nt;
möte nt

meeting-place ['mi:tiŋpleis] n mötes-
plats c

melancholy ['meləŋkəli] n vemod nt

mellow ['melou] adj mjuk, fyllig

melodrama ['meləˌdrɑ:mə] n melodra-
ma nt

melody ['melədi] n melodi c

melon ['melən] n melon c

melt [melt] v smälta

member ['membə] n medlem c;
Member of Parliament riksdags-
man c

membership ['membəʃip] n medlem-
skap nt

memo ['memou] n (pl ~s) memoran-
dum nt

memorable ['memərəbəl] adj minnes-
värd

memorial [mə'mɔ:riəl] n minnesmär-
ke nt

memorize ['meməraiz] v lära sig
utantill

memory ['meməri] n minne nt

mend [mend] v laga, reparera

menstruation [ˌmenstru'eiʃən] n men-
struation c

mental ['mentəl] adj mental

mention ['menʃən] v nämna, omnäm-
na; n omnämnande nt

menu ['menju:] n matsedel c, meny c

merchandise ['mə:tʃəndaiz] n han-
delsvaror pl

merchant ['mə:tʃənt] n köpman c

merciful ['mə:sifəl] adj barmhärtig

mercury ['mə:kjuri] n kvicksilver nt

mercy ['mə:si] n barmhärtighet c

mere [miə] adj blott och bar

merely ['miəli] adv endast

merger ['mə:dʒə] n sammanslagning
c

merit ['merit] v förtjäna; n förtjänst c

mermaid ['mə:meid] n sjöjungfru c

merry ['meri] adj munter

merry-go-round ['merigouˌraund] n
karusell c

mesh [meʃ] n maska c

mess [mes] n oordning c, oreda c; ~
up spoliera

message ['mesidʒ] n meddelande nt

messenger ['mesindʒə] n bud nt

metal ['metəl] n metall c; metall-

meter ['mi:tə] n mätare c

method ['meθəd] n metod c, förfa-
ringssätt nt; ordning c

methodical [mə'θɔdikəl] adj metodisk

methylated spirits ['meθəleitid 'spirits]
denaturerad sprit

metre ['mi:tə] n meter c

metric ['metrik] adj metrisk

Mexican ['meksikən] adj mexikansk;
n mexikanare c

Mexico ['meksikou] Mexiko

mezzanine ['mezəni:n] n mellanvå-
ning c

microphone ['maikrəfoun] n mikrofon
c

midday ['middei] n mitt på dagen

middle ['midəl] n mitt c; adj mellers-
ta; Middle Ages Medeltiden; ~
class medelklass c; middle-class
adj borgerlig

midnight ['midnait] *n* midnatt *c*
midst [midst] *n* mitt *c*
midsummer ['mid,sʌmə] *n* midsommar *c*
midwife ['midwaif] *n* (pl -wives) barnmorska *c*
might [mait] *n* makt *c*
*might [mait] *v* *kunna
mighty ['maiti] *adj* mäktig
migraine ['migrein] *n* migrän *c*
mild [maild] *adj* mild
mildew ['mildju] *n* mögel *nt*
milestone ['mailstoun] *n* milstolpe *c*
milieu ['mi:ljə:] *n* miljö *c*
military ['militəri] *adj* militär-; ~ force krigsmakt *c*
milk [milk] *n* mjölk *c*
milkman ['milkmən] *n* (pl -men) mjölkbud *nt*
milk-shake ['milkʃeik] *n* milkshake *c*
milky ['milki] *adj* mjölkig
mill [mil] *n* kvarn *c*; fabrik *c*
miller ['milə] *n* mjölnare *c*
milliner ['milinə] *n* modist *c*
million ['miljən] *n* miljon *c*
millionaire [,miljə'neə] *n* miljonär *c*
mince [mins] *v* finhacka
mind [maind] *n* begåvning *c*; *v* *ha något emot; bry sig om, akta, akta sig för
mine [main] *n* gruva *c*
miner ['mainə] *n* gruvarbetare *c*
mineral ['minərəl] *n* mineral *nt*; ~ water mineralvatten *nt*
miniature ['minjətʃə] *n* miniatyr *c*
minimum ['miniməm] *n* minimum *nt*
mining ['mainiŋ] *n* gruvdrift *c*
minister ['ministə] *n* minister *c*; präst *c*; Prime Minister statsminister *c*
ministry ['ministri] *n* departement *nt*
mink [miŋk] *n* mink *c*
minor ['mainə] *adj* liten, mindre; underordnad; *n* minderårig *c*
minority [mai'nɔrəti] *n* minoritet *c*

mint [mint] *n* mynta *c*
minus ['mainəs] *prep* minus
minute¹ ['minit] *n* minut *c*; minutes protokoll *nt*
minute² [mai'nju:t] *adj* ytterst liten
miracle ['mirəkəl] *n* mirakel *nt*
miraculous [mi'rækjuləs] *adj* otrolig
mirror ['mirə] *n* spegel *c*
misbehave [,misbi'heiv] *v* uppföra sig illa
miscarriage [mis'kæridʒ] *n* missfall *nt*
miscellaneous [,misə'leiniəs] *adj* blandad
mischief ['mistʃif] *n* ofog *nt*; skada *c*, förtret *c*, åverkan *c*
mischievous ['mistʃivəs] *adj* odygdig, skadlig
miserable ['mizərəbəl] *adj* olycklig, eländig
misery ['mizəri] *n* elände *nt*; nöd *c*
misfortune [mis'fɔ:tʃən] *n* otur *c*, olycka *c*
*mislay [mis'lei] *v* *förlägga
misplaced [mis'pleist] *adj* malplacerad
mispronounce [,misprə'nauns] *v* uttala fel
miss¹ [mis] fröken *c*
miss² [mis] *v* missa
missing ['misiŋ] *adj* försvunnen; ~ person försvunnen person
mist [mist] *n* dimma *c*
mistake [mi'steik] *n* fel *nt*, misstag *nt*
*mistake [mi'steik] *v* förväxla, *missförstå
mistaken [mi'steikən] *adj* felaktig; *be ~ *missta sig
mister ['mistə] herr
mistress ['mistrəs] *n* husmor *c*; föreståndarinna *c*; älskarinna *c*
mistrust [mis'trʌst] *v* misstro
misty ['misti] *adj* disig
*misunderstand [,misʌndə'stænd] *v* *missförstå

misunderstanding [ˌmisʌndəˈstændiŋ] *n* missförstånd *nt*

misuse [misˈjuːs] *n* missbruk *nt*

mittens [ˈmitənz] *pl* tumvantar *pl*

mix [miks] *v* blanda; ~ **with** *umgås med

mixed [mikst] *adj* blandad

mixer [ˈmiksə] *n* mixer *c*

mixture [ˈmikstʃə] *n* blandning *c*

moan [moun] *v* jämra sig

moat [mout] *n* vallgrav *c*

mobile [ˈmoubail] *adj* rörlig

mock [mɔk] *v* håna

mockery [ˈmɔkəri] *n* hån *nt*

model [ˈmɔdəl] *n* modell *c*; manne-käng *c*; *v* modellera, forma

moderate [ˈmɔdərət] *adj* måttlig, mo-derat; medelmåttig

modern [ˈmɔdən] *adj* modern

modest [ˈmɔdist] *adj* blygsam, an-språkslös

modesty [ˈmɔdisti] *n* blygsamhet *c*

modify [ˈmɔdifai] *v* ändra

mchair [ˈmouheə] *n* mohair *c*

moist [mɔist] *adj* fuktig

moisten [ˈmɔisən] *v* fukta

moisture [ˈmɔistʃə] *n* fuktighet *c*; **moisturizing cream** fuktighetsbe-varande kräm

molar [ˈmoulə] *n* kindtand *c*

moment [ˈmoumənt] *n* ögonblick *nt*

momentary [ˈmoumntəri] *adj* tillfäl-lig

monarch [ˈmɔnək] *n* monark *c*

monarchy [ˈmɔnəki] *n* monarki *c*

monastery [ˈmɔnəstri] *n* kloster *nt*

Monday [ˈmʌndi] måndag *c*

monetary [ˈmʌnitəri] *adj* monetär; ~ **unit** myntenhet *c*

money [ˈmʌni] *n* pengar *pl*; ~ **ex-change** växelkontor *nt*; ~ **order** postanvisning *c*

monk [mʌŋk] *n* munk *c*

monkey [ˈmʌŋki] *n* apa *c*

monologue [ˈmɔnolɔg] *n* monolog *c*

monopoly [məˈnɔpəli] *n* monopol *nt*

monotonous [məˈnɔtənəs] *adj* mono-ton

month [mʌnθ] *n* månad *c*

monthly [ˈmʌnθli] *adj* månatlig; ~ **magazine** månadstidning *c*

monument [ˈmɔnjumənt] *n* monument *nt*, minnesmärke *nt*

mood [muːd] *n* humör *nt*

moon [muːn] *n* måne *c*

moonlight [ˈmuːnlait] *n* månsken *nt*

moor [muə] *n* ljunghed *c*, hed *c*

moose [muːs] *n* (pl ~, ~s) älg *c*

moped [ˈmouped] *n* moped *c*

moral [ˈmɔrəl] *n* moral *c*; *adj* sedlig, moralisk

morality [məˈræləti] *n* morallära *c*

more [mɔː] *adj* fler; **once** ~ en gång till

moreover [mɔːˈrouvə] *adv* dessutom, för övrigt

morning [ˈmɔːniŋ] *n* morgon *c*, för-middag *c*; ~ **paper** morgontidning *c*; **this** ~ i morse

Moroccan [məˈrɔkən] *adj* maroc-kansk; *n* marockan *c*

Morocco [məˈrɔkou] Marocko

morphia [ˈmɔːfiə] *n* morfin *nt*

morphine [ˈmɔːfiːn] *n* morfin *nt*

morsel [ˈmɔːsəl] *n* bit *c*

mortal [ˈmɔːtəl] *adj* dödlig

mortgage [ˈmɔːgidʒ] *n* hypotek *nt*, in-teckning *c*

mosaic [məˈzeiik] *n* mosaik *c*

mosque [mɔsk] *n* moské *c*

mosquito [məˈskiːtou] *n* (pl ~es) mygga *c*; moskit *c*

mosquito-net [məˈskiːtounet] *n* mygg-nät *nt*

moss [mɔs] *n* mossa *c*

most [moust] *adj* (de) flesta; **at** ~ på sin höjd; ~ **of all** mest av allt

mostly [ˈmoustli] *adv* för det mesta

motel [ˈmouˈtel] n motell nt

moth [mɔθ] n mal c

mother [ˈmʌðə] n mor c; ~ tongue modersmål nt

mother-in-law [ˈmʌðərinlɔ:] n (pl mothers-) svärmor c

mother-of-pearl [ˌmʌðərəvˈpə:l] n pärlemor c

motion [ˈmouʃən] n rörelse c; motion c

motive [ˈmoutiv] n motiv nt

motor [ˈmoutə] n motor c; v bila; ~ body Am karosseri nt; starter ~ startmotor c

motorbike [ˈmoutəbaik] nAm moped c

motor-boat [ˈmoutəbout] n motorbåt c

motor-car [ˈmoutəkɑ:] n bil c

motor-cycle [ˈmoutəˌsaikəl] n motorcykel c

motorist [ˈmoutərist] n bilist c

motorway [ˈmoutəwei] n motorväg c

motto [ˈmotou] n (pl ~es, ~s) motto nt

mouldy [ˈmouldi] adj möglig

mound [maund] n kulle c

mount [maunt] v *bestiga; montera; n berg nt; montering c

mountain [ˈmauntin] n berg nt; ~ pass bergspass nt; ~ range bergskedja c

mountaineering [ˌmauntiˈniəriŋ] n bergsbestigning c

mountainous [ˈmauntinəs] adj bergig

mourning [ˈmɔ:niŋ] n sorg c

mouse [maus] n (pl mice) mus c

moustache [məˈstɑ:ʃ] n mustasch c

mouth [mauθ] n mun c; gap nt, käft c; mynning c

mouthwash [ˈmauθwɔʃ] n munvatten nt

movable [ˈmu:vəbəl] adj flyttbar

move [mu:v] v *sätta i rörelse; flytta; röra sig; röra; n drag nt, steg nt; flyttning c

movement [ˈmu:vmənt] n rörelse c

movie [ˈmu:vi] n film c; movies Am bio c; ~ theater bio c

much [mʌtʃ] adj många; adv mycket; as ~ lika mycket; likaså

muck [mʌk] n dynga c

mud [mʌd] n gyttja c

muddle [ˈmʌdəl] n oreda c, röra c, virrvarr nt; v förvirra

muddy [ˈmʌdi] adj lerig

mud-guard [ˈmʌdgɑ:d] n stänkskärm c

muffler [ˈmʌflə] nAm ljuddämpare c

mug [mʌg] n mugg c

mulberry [ˈmʌlbəri] n mullbär nt

mule [mju:l] n mulåsna c

mullet [ˈmʌlit] n multe c

multiplication [ˌmʌltipliˈkeiʃən] n multiplikation c

multiply [ˈmʌltiplai] v multiplicera

mumps [mʌmps] n påssjuka c

municipal [mju:ˈnisipəl] adj kommunal-

municipality [mju:ˌnisiˈpæləti] n kommun c

murder [ˈmə:də] n mord nt; v mörda

murderer [ˈmə:dərə] n mördare c

muscle [ˈmʌsəl] n muskel c

muscular [ˈmʌskjulə] adj muskulös

museum [mju:ˈzi:əm] n museum nt

mushroom [ˈmʌʃru:m] n svamp c

music [ˈmju:zik] n musik c; ~ academy konservatorium nt

musical [ˈmju:zikəl] adj musikalisk; n musikal c

music-hall [ˈmju:zikhɔ:l] n revyteater c

musician [mju:ˈziʃən] n musiker c

muslin [ˈmʌzlin] n muslin nt

mussel [ˈmʌsəl] n blåmussla c

*must [mʌst] v *måste

mustard [ˈmʌstəd] n senap c

mute [mju:t] *adj* stum

mutiny ['mju:tini] *n* myteri *nt*

mutton ['mʌtən] *n* fårkött *nt*

mutual ['mju:tʃuəl] *adj* inbördes, ömsesidig

my [mai] *adj* min

myself [mai'self] *pron* mig; själv

mysterious [mi'stiəriəs] *adj* gåtfull, mystisk

mystery ['mistəri] *n* mysterium *nt*

myth [miθ] *n* myt *c*

N

nag [næg] *v* tjata

nail [neil] *n* nagel *c*; spik *c*

nailbrush ['neilbrʌʃ] *n* nagelborste *c*

nail-file ['neilfail] *n* nagelfil *c*

nail-polish ['neil,pɔliʃ] *n* nagellack *nt*

nail-scissors ['neil,sizəz] *pl* nagelsax *c*

naïve [na:'i:v] *adj* naiv

naked ['neikid] *adj* naken; kal

name [neim] *n* namn *nt*; *v* uppkalla; in the ~ of i ... namn

namely ['neimli] *adv* nämligen

nap [næp] *n* tupplur *c*

napkin ['næpkin] *n* servett *c*

nappy ['næpi] *n* blöja *c*

narcosis [na:'kousis] *n* (pl -ses) narkos *c*

narcotic [na:'kɔtik] *n* narkotika *c*; narkoman *c*

narrow ['nærou] *adj* trång, snäv, smal

narrow-minded [,nærou'maindid] *adj* inskränkt

nasty ['na:sti] *adj* smutsig, obehaglig; otäck

nation ['neiʃən] *n* nation *c*; folk *nt*

national ['næʃənəl] *adj* nationell; folk-; stats-; ~ anthem nationalsång *c*; ~ dress nationaldräkt *c*; ~ park nationalpark *c*

nationality [,næʃə'næləti] *n* nationalitet *c*

nationalize ['næʃənəlaiz] *v* nationalisera

native ['neitiv] *n* inföding *c*; *adj* infödd, inhemsk; ~ country fosterland *nt*, hemland *nt*; ~ language modersmål *nt*

natural ['nætʃərəl] *adj* naturlig; medfödd

naturally ['nætʃərəli] *adv* naturligtvis

nature ['neitʃə] *n* natur *c*

naughty ['nɔːti] *adj* odygdig, stygg

nausea ['nɔːsiə] *n* illamående *nt*

naval ['neivəl] *adj* flott-

navel ['neivəl] *n* navel *c*

navigable ['nævigəbəl] *adj* segelbar

navigate ['nævigeit] *v* navigera; segla

navigation [,nævi'geiʃən] *n* navigation *c*; sjöfart *c*

navy ['neivi] *n* flotta *c*

near [niə] *adj* nära, närbelägen

nearby ['niəbai] *adj* närliggande

nearly ['niəli] *adv* närapå, nästan

neat [ni:t] *adj* prydlig; oblandad, ren; klar, koncis

necessary ['nesəsəri] *adj* nödvändig

necessity [nə'sesəti] *n* nödvändighet *c*

neck [nek] *n* hals *c*; nape of the ~ nacke *c*

necklace ['nekləs] *n* halsband *nt*

necktie ['nektai] *n* slips *c*

need [ni:d] *v* behöva, *måste; *n* behov *nt*; nödvändighet *c*; ~ to *måste

needle ['ni:dəl] *n* nål *c*

needlework ['ni:dəlwə:k] *n* handarbete *nt*

negative ['negətiv] *adj* nekande, negativ; *n* negativ *nt*

neglect [ni'glekt] *v* försumma; *n* slarv *nt*

neglectful [ni'glektfəl] *adj* försumlig

negligee ['neɡliʒei] n negligé c

negotiate [ni'ɡouʃieit] v förhandla

negotiation [niˌɡouʃi'eiʃən] n förhandling c

Negro ['ni:ɡrou] n (pl ~es) neger c

neighbour ['neibə] n granne c

neighbourhood ['neibəhud] n grannskap nt

neighbouring ['neibəriŋ] adj angränsande

neither ['naiðə] pron ingendera; neither ... nor varken ... eller

neon ['ni:ɔn] n neon nt

nephew ['nefju:] n systerson c, broson c

nerve [nə:v] n nerv c; fräckhet c

nervous ['nə:vəs] adj nervös

nest [nest] n bo nt

net [net] n nät nt; adj netto-

the Netherlands ['neðələndz] Nederländerna

network ['netwə:k] n nätverk nt

neuralgia [njuə'rældʒə] n neuralgi c

neurosis [njuə'rousis] n neuros c

neuter ['nju:tə] adj neutrum

neutral ['nju:trəl] adj neutral

never ['nevə] adv aldrig

nevertheless [ˌnevəðə'les] adv inte desto mindre

new [nju:] adj ny; New Year nyår nt

news [nju:z] n nyhet c, dagsnyheter pl

newsagent ['nju:ˌzeidʒənt] n tidningsförsäljare c

newspaper ['nju:zˌpeipə] n dagstidning c

newsreel ['nju:zri:l] n journalfilm c

newsstand ['nju:zstænd] n tidningskiosk c

New Zealand [nju: 'zi:lənd] Nya Zeeland

next [nekst] adj nästa, följande; ~ to bredvid

next-door [ˌnekst'dɔ:] adv näst intill

nice [nais] adj snäll, söt, trevlig; god; sympatisk

nickel ['nikəl] n nickel c

nickname ['nikneim] n smeknamn nt

nicotine ['nikəti:n] n nikotin nt

niece [ni:s] n systerdotter c, brorsdotter c

Nigeria [nai'dʒiəriə] Nigeria

Nigerian [nai'dʒiəriən] adj nigeriansk; n nigerian c

night [nait] n natt c; kväll c; by ~ om natten; ~ flight nattflyg nt; ~ rate nattaxa c; ~ train nattåg nt

nightclub ['naitklʌb] n nattklubb c

night-cream ['naitkri:m] n nattkräm c

nightdress ['naitdres] n nattlinne c

nightingale ['naitiŋɡeil] n näktergal c

nightly ['naitli] adj nattlig

nightmare ['naitmɛə] n mardröm c

nil [nil] ingenting, noll

nine [nain] num nio

nineteen [ˌnain'ti:n] num nitton

nineteenth [ˌnain'ti:nθ] num nittonde

ninety ['nainti] num nittio

ninth [nainθ] num nionde

nitrogen ['naitrədʒən] n kväve nt

no [nou] nej; adj ingen; ~ one ingen

nobility [nou'biləti] n adel c

noble ['noubəl] adj adlig; ädel

nobody ['noubɔdi] pron ingen

nod [nɔd] n nick c; v nicka

noise [nɔiz] n ljud nt; oväsen nt, buller nt

noisy ['nɔizi] adj bullrig; högljudd

nominal ['nɔminəl] adj nominell, obetydlig

nominate ['nɔmineit] v nominera, utnämna

nomination [ˌnɔmi'neiʃən] n nominering c; utnämning c

none [nʌn] pron ingen

nonsense ['nɔnsəns] n dumheter pl

noon [nu:n] n klockan tolv

normal ['nɔ:məl] adj vanlig, normal

north [nɔːθ] *n* nord *c*; *adj* nordlig;
  North Pole Nordpolen
north-east [ˌnɔːθˈiːst] *n* nordost *c*
northerly [ˈnɔːðəli] *adj* nordlig
northern [ˈnɔːðən] *adj* norra
north-west [ˌnɔːθˈwest] *n* nordväst *c*
Norway [ˈnɔːwei] Norge
Norwegian [nɔːˈwiːdʒən] *adj* norsk; *n*
  norrman *c*
nose [nouz] *n* näsa *c*
nosebleed [ˈnouzbliːd] *n* näsblod *nt*
nostril [ˈnɔstril] *n* näsborre *c*
not [nɔt] *adv* inte
notary [ˈnoutəri] *n* juridiskt ombud
note [nout] *n* anteckning *c*; fotnot *c*;
  ton *c*; *v* anteckna; observera, note-
  ra
notebook [ˈnoutbuk] *n* anteckings-
  bok *c*
noted [ˈnoutid] *adj* välkänd
notepaper [ˈnoutˌpeipə] *n* brevpapper
  nt
nothing [ˈnʌθiŋ] *n* ingenting, intet *nt*
notice [ˈnoutis] *v* *lägga märke till,
  uppmärksamma, märka; *se; *n*
  meddelande *nt*, uppsägning *c*; upp-
  märksamhet *c*
noticeable [ˈnoutisəbəl] *adj* märkbar;
  anmärkningsvärd
notify [ˈnoutifai] *v* meddela; under-
  rätta
notion [ˈnouʃən] *n* aning *c*, begrepp *nt*
notorious [nouˈtɔːriəs] *adj* beryktad
nougat [ˈnuːgaː] *n* nougat *c*
nought [nɔːt] *n* nolla *c*
noun [naun] *n* substantiv *nt*
nourishing [ˈnʌriʃiŋ] *adj* närande
novel [ˈnɔvəl] *n* roman *c*
novelist [ˈnɔvəlist] *n* romanförfattare
  c
November [nouˈvembə] november
now [nau] *adv* nu; ~ **and then** då
  och då
nowadays [ˈnauədeiz] *adv* nuförtiden

nowhere [ˈnouwɛə] *adv* ingenstans
nozzle [ˈnɔzəl] *n* munstycke *nt*
nuance [njuːˈɑ̃ːs] *n* nyans *c*
nuclear [ˈnjuːkliə] *adj* kärn-; ~ **en-
  ergy** kärnkraft *c*
nucleus [ˈnjuːkliəs] *n* kärna *c*
nude [njuːd] *adj* naken; *n* akt *c*
nuisance [ˈnjuːsəns] *n* besvär *nt*
numb [nʌm] *adj* utan känsel; dom-
  nad, förlamad
number [ˈnʌmbə] *n* nummer *nt*; tal
  nt, antal *nt*
numeral [ˈnjuːmərəl] *n* räkneord *nt*
numerous [ˈnjuːmərəs] *adj* talrik
nun [nʌn] *n* nunna *c*
nunnery [ˈnʌnəri] *n* nunnekloster *nt*
nurse [nəːs] *n* sjuksköterska *c*; barn-
  sköterska *c*; *v* vårda; amma
nursery [ˈnəːsəri] *n* barnkammare *c*;
  daghem *nt*; plantskola *c*
nut [nʌt] *n* nöt *c*; mutter *c*
nutcrackers [ˈnʌtˌkrækəz] *pl* nötknäp-
  pare *c*
nutmeg [ˈnʌtmeg] *n* muskotnöt *c*
nutritious [njuːˈtriʃəs] *adj* närande
nutshell [ˈnʌtʃel] *n* nötskal *nt*
nylon [ˈnailɔn] *n* nylon *nt*

O

oak [ouk] *n* ek *c*
oar [ɔː] *n* åra *c*
oasis [ouˈeisis] *n* (pl oases) oas *c*
oath [ouθ] *n* ed *c*
oats [outs] *pl* havre *c*
obedience [əˈbiːdiəns] *n* lydnad *c*
obedient [əˈbiːdiənt] *adj* lydig
obey [əˈbei] *v* lyda
object[1] [ˈɔbdʒikt] *n* objekt *nt*; före-
  mål *nt*; syfte *nt*
object[2] [əbˈdʒekt] *v* invända, prote-
  stera

objection [əb'dʒekʃən] n invändning c

objective [əb'dʒektiv] adj objektiv; n mål nt

obligatory [ə'bligətəri] adj obligatorisk

oblige [ə'blaidʒ] v förplikta; *be obliged to *vara tvungen att; *måste

obliging [ə'blaidʒiŋ] adj tillmötesgående

oblong ['ɔblɔŋ] adj avlång, rektangulär; n rektangel c

obscene [əb'si:n] adj oanständig

obscure [əb'skjuə] adj dunkel, skum, oklar, mörk

observation [ˌɔbzə'veiʃən] n iakttagelse c, observation c

observatory [əb'zə:vətri] n observatorium nt

observe [əb'zə:v] v observera, *iaktta

obsession [əb'seʃən] n besatthet c

obstacle ['ɔbstəkəl] n hinder nt

obstinate ['ɔbstinət] adj envis; hårdnackad

obtain [əb'tein] v *erhålla, skaffa sig

obtainable [əb'teinəbəl] adj anskaffbar

obvious ['ɔbviəs] adj tydlig

occasion [ə'keiʒən] n tillfälle nt; anledning c

occasionally [ə'keiʒənəli] adv då och då

occupant ['ɔkjupənt] n innehavare c

occupation [ˌɔkju'peiʃən] n sysselsättning c; ockupation c

occupy ['ɔkjupai] v ockupera, *uppta, *besätta; occupied adj ockuperad, upptagen

occur [ə'kə:] v ske, hända, *förekomma

occurrence [ə'kʌrəns] n händelse c

ocean ['ouʃən] n världshav nt

October [ɔk'toubə] oktober

octopus ['ɔktəpəs] n bläckfisk c

oculist ['ɔkjulist] n ögonläkare c

odd [ɔd] adj underlig, konstig; udda

odour ['oudə] n lukt c

of [ɔv, əv] prep av

off [ɔf] adv av; iväg; prep från

offence [ə'fens] n förseelse c; kränkning c, anstöt c

offend [ə'fend] v såra, kränka; *förgå sig

offensive [ə'fensiv] adj offensiv; anstötlig, kränkande; n offensiv c

offer ['ɔfə] v *erbjuda; *bjuda; n erbjudande nt

office ['ɔfis] n kontor nt; ämbete nt; ~ hours kontorstid c

officer ['ɔfisə] n officer c

official [ə'fiʃəl] adj officiell

off-licence ['ɔfˌlaisəns] n systembolag nt

often ['ɔfən] adv ofta

oil [ɔil] n olja c; fuel ~ brännolja c; ~ filter oljefilter nt; ~ pressure oljetryck nt

oil-painting [ˌɔil'peintiŋ] n oljemålning c

oil-refinery ['ɔilriˌfainəri] n oljeraffinaderi nt

oil-well ['ɔilwel] n oljekälla c, oljefyndighet c

oily ['ɔili] adj oljig

ointment ['ɔintmənt] n salva c

okay! [ˌou'kei] fint!

old [ould] adj gammal; ~ age ålderdom c

old-fashioned [ˌould'fæʃənd] adj gammaldags, gammalmodig

olive ['ɔliv] n oliv c; ~ oil olivolja c

omelette ['ɔmlət] n omelett c

ominous ['ɔminəs] adj olycksbådande

omit [ə'mit] v utelämna

omnipotent [ɔm'nipətənt] adj allsmäktig

on [ɔn] prep på; vid

once [wʌns] adv en gång; at ~ genast; ~ more ännu en gång

oncoming ['ɔŋˌkʌmiŋ] adj förestående, mötande

one [wʌn] num en; pron man

oneself [wʌn'self] pron själv

onion ['ʌnjən] n lök c

only ['ounli] adj enda; adv endast, bara, blott; conj men

onwards ['ɔnwədz] adv framåt, vidare

onyx ['ɔniks] n onyx c

opal ['oupəl] n opal c

open ['oupən] v öppna; adj öppen; öppenhjärtig

opening ['oupəniŋ] n öppning c

opera ['ɔpərə] n opera c; ~ house operahus nt

operate ['ɔpəreit] v fungera; operera

operation [ˌɔpə'reiʃən] n funktion c; operation c

operator ['ɔpəreitə] n telefonist c

operetta [ˌɔpə'retə] n operett c

opinion [ə'pinjən] n uppfattning c, åsikt c

opponent [ə'pounənt] n motståndare c

opportunity [ˌɔpə'tju:nəti] n tillfälle nt

oppose [ə'pouz] v opponera sig

opposite ['ɔpəzit] prep mittemot; adj motstående, motsatt

opposition [ˌɔpə'ziʃən] n opposition c

oppress [ə'pres] v förtrycka, tynga

optician [ɔp'tiʃən] n optiker c

optimism ['ɔptimizəm] n optimism c

optimist ['ɔptimist] n optimist c

optimistic [ˌɔpti'mistik] adj optimistisk

optional ['ɔpʃənəl] adj valfri

or [ɔ:] conj eller

oral ['ɔ:rəl] adj muntlig

orange ['ɔrindʒ] n apelsin c; adj brandgul

orchard ['ɔ:tʃəd] n fruktträdgård c

orchestra ['ɔ:kistrə] n orkester c; ~ seat Am-parkett c

order ['ɔ:də] v befalla; beställa; n ordningsföljd c, ordning c; befallning c, order c; beställning c; in ~ i ordning; in ~ to för att; made to ~ gjord på beställning; out of ~ funktionsoduglig; postal ~ postanvisning c

order-form ['ɔ:dəfɔ:m] n orderblankett c

ordinary ['ɔ:dənri] adj vanlig, alldaglig

ore [ɔ:] n malm c

organ ['ɔ:gən] n organ nt; orgel c

organic [ɔ:'gænik] adj organisk

organization [ˌɔ:gənai'zeiʃən] n organisation c

organize ['ɔ:gənaiz] v organisera

Orient ['ɔ:riənt] n Orienten

oriental [ˌɔ:ri'entəl] adj orientalisk

orientate ['ɔ:rienteit] v orientera sig

origin ['ɔridʒin] n ursprung nt; härstamning c, härkomst c

original [ə'ridʒinəl] adj ursprunglig, originell

originally [ə'ridʒinəli] adv ursprungligen

ornament ['ɔ:nəmənt] n utsmyckning c

ornamental [ˌɔ:nə'mentəl] adj prydnads-, dekorativ

orphan ['ɔ:fən] n föräldralöst barn

orthodox ['ɔ:θədɔks] adj ortodox

ostrich ['ɔstritʃ] n struts c

other ['ʌðə] adj annan

otherwise ['ʌðəwaiz] conj annars; adv annorlunda

*ought to [ɔ:t] *böra

our [auə] adj vår

ourselves [auə'selvz] pron oss; själva

out [aut] adv ute, ut; ~ of utanför, från

outbreak ['autbreik] n utbrott nt

outcome ['autkʌm] n följd c, resultat nt

*outdo [ˌautˈduː] v överträffa
outdoors [ˌautˈdɔːz] adv utomhus
outfit [ˈautfit] n utrustning c
outline [ˈautlain] n ytterlinje c; v teckna konturerna av, skissera
outlook [ˈautluk] n utsikt c; syn c
output [ˈautput] n produktion c
outrage [ˈautreidʒ] n illgärning c, våldsdåd nt
outside [ˌautˈsaid] adv utomhus; prep utanför; n utsida c
outsize [ˈautsaiz] n extrastorlek c
outskirts [ˈautskəːts] pl utkant c
outstanding [ˌautˈstændiŋ] adj framstående, framträdande, utestående
outward [ˈautwəd] adj yttre
outwards [ˈautwədz] adv utåt
oval [ˈouvəl] adj oval
oven [ˈʌvən] n ugn c; microwave ~ mikrovågsugn c
over [ˈouvə] prep över, ovanför; adv över; adj över; ~ there där borta
overall [ˈouvərɔːl] adj sammanlagd
overalls [ˈouvərɔːlz] pl overall c
overcast [ˈouvəkɑːst] adj mulen
overcoat [ˈouvəkout] n överrock c
*overcome [ˌouvəˈkʌm] v *övervinna
overdue [ˌouvəˈdjuː] adj försenad; förfallen till betalning
overgrown [ˌouvəˈgroun] adj igenvuxen
overhaul [ˌouvəˈhɔːl] v undersöka, *genomgå; *hinna ifatt
overhead [ˌouvəˈhed] adv ovan
overlook [ˌouvəˈluk] v *förbise
overnight [ˌouvəˈnait] adv över natten
overseas [ˌouvəˈsiːz] adj över haven
oversight [ˈouvəsait] n förbiseende nt; uppsikt c
*oversleep [ˌouvəˈsliːp] v *försova sig
overstrung [ˌouvəˈstrʌŋ] adj överspänd
*overtake [ˌouvəˈteik] v köra om; no overtaking omkörning förbjuden

over-tired [ˌouvəˈtaiəd] adj uttröttad
overture [ˈouvətʃə] n ouvertyr c
overweight [ˈouvəweit] n övervikt c
overwhelm [ˌouvəˈwelm] v överväldiga
overwork [ˌouvəˈwəːk] v överanstränga sig
owe [ou] v *vara skyldig; *ha att tacka för; owing to med anledning av
owl [aul] n uggla c
own [oun] v äga; adj egen
owner [ˈounə] n ägare c, innehavare c
ox [ɔks] n (pl oxen) oxe c
oxygen [ˈɔksidʒən] n syre nt
oyster [ˈɔistə] n ostron nt

P

pace [peis] n sätt att *gå; steg nt; tempo nt
Pacific Ocean [pəˈsifik ˈouʃən] Stilla havet
pacifism [ˈpæsifizəm] n pacifism c
pacifist [ˈpæsifist] n pacifist c; pacifistisk
pack [pæk] v packa; ~ up packa in
package [ˈpækidʒ] n paket nt
packet [ˈpækit] n paket nt
packing [ˈpækiŋ] n packning c, förpackning c
pad [pæd] n dyna c; anteckningsblock c
paddle [ˈpædəl] n paddel c
padlock [ˈpædlɔk] n hänglås nt
pagan [ˈpeigən] adj hednisk; n hedning c
page [peidʒ] n sida c
page-boy [ˈpeidʒbɔi] n hotellpojke c
pail [peil] n ämbar nt
pain [pein] n smärta c; pains möda c

painful ['peinfəl] adj smärtsam
painless ['peinləs] adj smärtfri
paint [peint] n målarfärg c; v måla
paint-box ['peintbɔks] n färglåda c
paint-brush ['peintbrʌʃ] n pensel c
painter ['peintə] n målare c
painting ['peintiŋ] n målning c
pair [peə] n par nt
Pakistan [ˌpɑːkiˈstɑːn] Pakistan
Pakistani [ˌpɑːkiˈstɑːni] adj pakistansk; n pakistanier c
palace ['pæləs] n palats nt
pale [peil] adj blek; ljus-
palm [pɑːm] n palm c; handflata c
palpable ['pælpəbəl] adj kännbar, påtaglig
palpitation [ˌpælpiˈteiʃən] n hjärtklappning c
pan [pæn] n panna c
pane [pein] n ruta c
panel ['pænəl] n panel c
panelling ['pænəliŋ] n panel c
panic ['pænik] n panik c
pant [pænt] v flämta
panties ['pæntiz] pl trosor pl
pants [pænts] pl underbyxor pl; plAm byxor pl
pant-suit ['pæntsuːt] n byxdräkt c
panty-hose ['pæntihouz] n strumpbyxor pl
paper ['peipə] n papper nt; tidning c; pappers-; carbon ~ karbonpapper nt; ~ bag papperspåse c; ~ napkin pappersservett c; typing ~ skrivmaskinspapper nt; wrapping ~ omslagspapper nt
paperback ['peipəbæk] n pocketbok c
paper-knife ['peipənaif] n papperskniv c
parade [pəˈreid] n parad c
paraffin ['pærəfin] n fotogen c
paragraph ['pærəgrɑːf] n paragraf c
parakeet ['pærəkiːt] n papegoja c
paralise ['pærəlaiz] v paralysera

parallel ['pærəlel] adj jämlöpande, parallell; n parallell c
parcel ['pɑːsəl] n paket nt
pardon ['pɑːdən] n förlåtelse c; benådning c
parents ['peərənts] pl föräldrar pl
parents-in-law ['peərəntsinlɔː] pl svärföräldrar pl
parish ['pæriʃ] n församling c
park [pɑːk] n park c; v parkera
parking ['pɑːkiŋ] n parkering c; no ~ parkering förbjuden; ~ fee parkeringsavgift c; ~ light parkeringsljus nt; ~ lot Am parkeringsplats c; ~ meter parkeringsmätare c; ~ zone parkeringszon c
parliament ['pɑːləmənt] n riksdag c, parlament nt
parliamentary [ˌpɑːləˈmentəri] adj parlamentarisk
parrot ['pærət] n papegoja c
parsley ['pɑːsli] n persilja c
parson ['pɑːsən] n präst c
parsonage ['pɑːsənidʒ] n prästgård c
part [pɑːt] n del c; stycke nt; v skilja; spare ~ reservdel c
partial ['pɑːʃəl] adj ofullständig; partisk
participant [pɑːˈtisipənt] n deltagare c
participate [pɑːˈtisipeit] v *delta
particular [pəˈtikjulə] adj särskild; noga; in ~ särskilt
partition [pɑːˈtiʃən] n skiljevägg c; delning c, del c
partly ['pɑːtli] adv delvis
partner ['pɑːtnə] n partner c; kompanjon c
partridge ['pɑːtridʒ] n rapphöna c
party ['pɑːti] n parti nt; kalas nt, fest c; sällskap nt
pass [pɑːs] v *förflyta, passera; *ge; *bli godkänd; vAm köra om; n bergspass nt; pass nt; no passing Am omkörning förbjuden; ~ by

*gå förbi; ~ **through** *gå igenom

passage ['pæsidʒ] *n* passage *c;* överfart *c;* avsnitt *nt;* genomresa *c*

passenger ['pæsəndʒə] *n* passagerare *c;* ~ **car** *Am* järnvägsvagn *c*

passer-by [,pɑːsə'bai] *n* förbipasserande *c*

passion ['pæʃən] *n* lidelse *c,* passion *c;* raseri *nt*

passionate ['pæʃənət] *adj* lidelsefull

passive ['pæsiv] *adj* passiv

passport ['pɑːspɔːt] *n* pass *nt;* ~ **control** passkontroll *c;* ~ **photograph** passfoto *nt*

password ['pɑːswəːd] *n* lösenord *nt*

past [pɑːst] *n* det förflutna; *adj* förfluten, förra; *prep* förbi

paste [peist] *n* pasta *c; v* klistra

pastry ['peistri] *n* bakelser *pl;* ~ **shop** konditori *nt*

pasture ['pɑːstʃə] *n* betesmark *c*

patch [pætʃ] *v* lappa

patent ['peitənt] *n* patent *nt,* patentbrev *nt*

path [pɑːθ] *n* stig *c*

patience ['peiʃəns] *n* tålamod *nt*

patient ['peiʃənt] *adj* tålmodig; *n* patient *c*

patriot ['peitriət] *n* patriot *c*

patrol [pə'troul] *n* patrull *c; v* patrullera; övervaka

pattern ['pætən] *n* mönster *nt*

pause [pɔːz] *n* paus *c; v* pausa

pave [peiv] *v* *stenlägga

pavement ['peivmənt] *n* trottoar *c;* gatubeläggning *c*

pavilion [pə'viljən] *n* paviljong *c*

paw [pɔː] *n* tass *c*

pawn [pɔːn] *v* *pantsätta; *n* schackbonde

pawnbroker ['pɔːn,broukə] *n* pantlånare *c*

pay [pei] *n* avlöning *c,* lön *c*

*pay [pei] *v* betala; löna sig; ~ at-

tention to uppmärksamma; **paying** lönande; ~ **off** slutbetala; ~ **on account** avbetala

pay-desk ['peidesk] *n* kassa *c*

payee [pei'iː] *n* betalningsmottagare *c*

payment ['peimənt] *n* betalning *c*

pea [piː] *n* ärta *c*

peace [piːs] *n* fred *c*

peaceful ['piːsfəl] *adj* fridfull

peach [piːtʃ] *n* persika *c*

peacock ['piːkɔk] *n* påfågel *c*

peak [piːk] *n* topp *c;* höjdpunkt *c;* ~ **hour** rusningstid *c;* ~ **season** högsäsong *c*

peanut ['piːnʌt] *n* jordnöt *c*

pear [peə] *n* päron *nt*

pearl [pəːl] *n* pärla *c*

peasant ['pezənt] *n* bonde *c*

pebble ['pebəl] *n* strandsten *c*

peculiar [pi'kjuːljə] *adj* egendomlig, säregen

peculiarity [pi,kjuːli'ærəti] *n* egendomlighet *c*

pedal ['pedəl] *n* pedal *c*

pedestrian [pi'destriən] *n* fotgängare *c;* **no pedestrians** förbjudet för fotgängare; ~ **crossing** övergångsställe för fotgängare

pedicure ['pedikjuə] *n* fotvård *c*

peel [piːl] *v* skala; *n* skal *nt*

peep [piːp] *v* kika

peg [peg] *n* pinne *c,* hängare *c,* sprint *c*

pelican ['pelikən] *n* pelikan *c*

pelvis ['pelvis] *n* bäcken *nt*

pen [pen] *n* penna *c*

penalty ['penəlti] *n* böter *pl;* straff *nt;* ~ **kick** straffspark *c*

pencil ['pensəl] *n* blyertspenna *c*

pencil-sharpener ['pensəl,ʃaːpnə] *n* pennvässare *c*

pendant ['pendənt] *n* hängsmycke *nt*

penetrate ['penitreit] *v* genomtränga

penguin ['pengwin] n pingvin c
penicillin [,peni'silin] n penicillin nt
peninsula [pə'ninsjulə] n halvö c
penknife ['pennaif] n (pl -knives)
pennkniv c
pension¹ ['pā:siɔ:] n pensionat nt
pension² ['penʃən] n pension c
people ['pi:pəl] pl folk pl; n folk nt
pepper ['pepə] n peppar c
peppermint ['pepəmint] n pepparmint
nt
perceive [pə'si:v] v *förnimma
percent [pə'sent] n procent c
percentage [pə'sentidʒ] n procent c
perceptible [pə'septibəl] adj märkbar
perception [pə'sepʃən] n förnimmelse
c
perch [pə:tʃ] (pl ~) abborre c
percolator ['pə:kəleitə] n kaffebryg-
gare c
perfect ['pə:fikt] adj perfekt, full-
komlig
perfection [pə'fekʃən] n fullkomlighet
c
perform [pə'fɔ:m] v utföra
performance [pə'fɔ:məns] n föreställ-
ning c
perfume ['pə:fju:m] n parfym c
perhaps [pə'hæps] adv kanske; kan-
hända
peril ['peril] n fara c
perilous ['periləs] adj livsfarlig
period ['piəriəd] n period c; punkt c
periodical [,piəri'ɔdikəl] n tidskrift c;
adj periodisk
perish ['periʃ] v *omkomma
perishable ['periʃəbəl] adj ömtålig
perjury ['pə:dʒəri] n mened c
permanent ['pə:mənənt] adj varaktig,
beständig, ständig; fast, stadigvar-
ande; ~ wave permanent c
permission [pə'miʃən] n tillåtelse c,
tillstånd nt; lov nt, tillståndsbevis
nt

permit¹ [pə'mit] v *tillåta
permit² ['pə:mit] n tillståndsbevis nt,
tillstånd nt
peroxide [pə'rɔksaid] n vätesuperoxid
c
perpendicular [,pə:pən'dikjulə] adj
lodrät
Persia ['pə:ʃə] Persien
Persian ['pə:ʃən] adj persisk; n perser
c
person ['pə:sən] n person c; per ~
per person
personal ['pə:sənəl] adj personlig
personality [,pə:sə'næləti] n personlig-
het c
personnel [,pə:sə'nel] n personal c
perspective [pə'spektiv] n perspektiv
nt
perspiration [,pə:spə'reiʃən] n transpi-
ration c, svettning c, svett c
perspire [pə'spaiə] v transpirera,
svettas
persuade [pə'sweid] v övertala; över-
tyga
persuasion [pə'sweiʒən] n övertygelse
c
pessimism ['pesimizəm] n pessimism
c
pessimist ['pesimist] n pessimist c
pessimistic [,pesi'mistik] adj pessimis-
tisk
pet [pet] n sällskapsdjur nt; kelgris c;
älsklings-
petal ['petəl] n kronblad nt
petition [pi'tiʃən] n petition c
petrol ['petrəl] n bensin c; ~ pump
bensinpump c; ~ station bensin-
mack c; ~ tank bensintank c;
unleaded ~ blyfri bensin c
petroleum [pi'trouliəm] n råolja c
petty ['peti] adj oväsentlig, obetyd-
lig, liten; ~ cash kontorskassa c
pewter ['pju:tə] n tennlegering c
phantom ['fæntəm] n fantom c

pharmacology [ˌfɑːməˈkɔlədʒi] n farmakologi c

pharmacy [ˈfɑːməsi] n apotek nt

phase [feiz] n fas c

pheasant [ˈfezənt] n fasan c

Philippine [ˈfilipain] adj filippinsk

Philippines [ˈfilipiːnz] pl Filippinerna c

philosopher [fiˈlɔsəfə] n filosof c

philosophy [fiˈlɔsəfi] n filosofi c

phone [foun] n telefon c; v telefonera, ringa upp

phonetic [fəˈnetik] adj fonetisk

photo [ˈfoutou] n (pl ~s) foto nt

photocopy [ˈfəutəukɔpi] n fotokopia c; v fotokopiera

photograph [ˈfoutəgrɑːf] n fotografi nt; v fotografera

photographer [fəˈtɔgrəfə] n fotograf c

photography [fəˈtɔgrəfi] n fotografering c

phrase [freiz] n fras c

phrase-book [ˈfreizbuk] n parlör c

physical [ˈfizikəl] adj fysisk

physician [fiˈziʃən] n läkare c

physicist [ˈfizisist] n fysiker c

physics [ˈfiziks] n fysik c, naturvetenskap c

physiology [ˌfiziˈɔlədʒi] n fysiologi c

pianist [ˈpiːənist] n pianist c

piano [piˈænou] n piano nt; grand ~ flygel c

pick [pik] v plocka; *välja; n val nt; ~ up plocka upp; hämta; pick-up van skåpvagn c

pick-axe [ˈpikæks] n hacka c

pickles [ˈpikəlz] pl pickels pl

picnic [ˈpiknik] n picknick c; v picknicka

picture [ˈpiktʃə] n tavla c; film c, illustration c; bild c; ~ postcard vykort nt; pictures bio c

picturesque [ˌpiktʃəˈresk] adj pittoresk

piece [piːs] n bit c, stycke nt

pier [piə] n pir c

pierce [piəs] v *göra hål, genomborra

pig [pig] n gris c

pigeon [ˈpidʒən] n duva c

pig-headed [ˌpigˈhedid] adj tjurskallig

piglet [ˈpiglət] n spädgris c

pigskin [ˈpigskin] n svinläder nt

pike [paik] (pl ~) gädda c

pile [pail] n hög c; v stapla; piles pl hemorrojder pl

pilgrim [ˈpilgrim] n pilgrim c

pilgrimage [ˈpilgrimidʒ] n pilgrimsfärd c

pill [pil] n piller nt

pillar [ˈpilə] n pelare c, stolpe c

pillar-box [ˈpiləbɔks] n brevlåda c

pillow [ˈpilou] n huvudkudde c, kudde c

pillow-case [ˈpiloukeis] n örngott nt

pilot [ˈpailət] n pilot c; lots c

pimple [ˈpimpəl] n finne c

pin [pin] n knappnål c; v fästa med nål; bobby ~ Am hårklämma c

pincers [ˈpinsəz] pl kniptång c

pinch [pintʃ] v *nypa

pine [pain] n tall c; furu c

pineapple [ˈpaiˌnæpəl] n ananas c

ping-pong [ˈpiŋpɔŋ] n bordtennis c

pink [piŋk] adj skär

pioneer [ˌpaiəˈniə] n pionjär c

pious [ˈpaiəs] adj from

pip [pip] n kärna c

pipe [paip] n pipa c; rör nt; ~ cleaner piprensare c; ~ tobacco pipotobak c

pirate [ˈpaiərət] n sjörövare c

pistol [ˈpistəl] n pistol c

piston [ˈpistən] n kolv c; ~ ring kolvring c

piston-rod [ˈpistənrɔd] n kolvstång c

pit [pit] n grop c; gruva c

pitcher [ˈpitʃə] n krus nt

pity [ˈpiti] n medlidande nt; v *ha

medlidande med, beklaga; **what a pity!** så synd!

placard ['plækɑ:d] n plakat nt

place [pleis] n ställe nt; v placera, *sätta; ~ **of birth** födelseort c; *take ~ äga rum

plague [pleig] n plåga c

plaice [pleis] (pl ~) rödspätta c

plain [plein] adj tydlig; enkel, vanlig; n slätt c

plan [plæn] n plan c; v planera

plane [plein] adj plan; n flygplan nt; ~ **crash** flygolycka c

planet ['plænit] n planet c

planetarium [,plæni'teəriəm] n planetarium nt

plank [plæŋk] n planka c

plant [plɑ:nt] n planta c; fabrik c; v plantera

plantation [plæn'teiʃən] n plantage c

plaster ['plɑ:stə] n rappning c, gips c; plåster nt

plastic ['plæstik] adj plast-; n plast c

plate [pleit] n tallrik c; platta c

plateau ['plætou] n (pl ~x, ~s) platå c

platform ['plætfɔ:m] n plattform c; ~ **ticket** perrongbiljett c

platinum ['plætinəm] n platina c

play [plei] v leka; spela; n lek c; pjäs c; **one-act** ~ enaktare c; ~ **truant** skolka

player [pleiə] n spelare c

playground ['pleigraund] n lekplats c

playing-card ['pleiiŋkɑ:d] n spelkort nt

playwright ['pleirait] n skådespelsförfattare c

plea [pli:] n svaromål nt; anhållan c; ursäkt c

plead [pli:d] v plädera

pleasant ['plezənt] adj angenäm, trevlig

please [pli:z] var god; v *glädja;

pleased nöjd; **pleasing** angenäm

pleasure ['pleʒə] n nöje nt, glädje c

plentiful ['plentifəl] adj riklig

plenty ['plenti] n riklighet c; överflöd nt

pliers [plaiəz] pl tång c

plimsolls ['plimsəlz] pl gymnastikskor pl

plot [plɔt] n komplott c, sammansvärjning c; handling c; jordlott c

plough [plau] n plog c; v plöja

plucky ['plʌki] adj käck

plug [plʌg] n plugg c, stickkontakt c; ~ **in** *sticka in, *ansluta

plum [plʌm] n plommon nt

plumber ['plʌmə] n rörmokare c

plump [plʌmp] adj knubbig

plural ['pluərəl] n plural c

plus [plʌs] prep plus

pneumatic [nju:'mætik] adj luft-

pneumonia [nju:'mouniə] n lunginflammation c

poach [poutʃ] v *tjuvskjuta

pocket ['pɔkit] n ficka c

pocket-book ['pɔkitbuk] n plånbok c; anteckningsbok c

pocket-comb ['pɔkitkoum] n fickkam c

pocket-knife ['pɔkitnaif] n (pl -knives) fickkniv c

pocket-watch ['pɔkitwɔtʃ] n fickur nt

poem ['pouim] n dikt c

poet ['pouit] n skald c

poetry ['pouitri] n poesi c

point [pɔint] n punkt c; spets c; v peka; ~ **of view** synpunkt c; ~ **out** visa, utpeka

pointed ['pɔintid] adj spetsig

poison ['pɔizən] n gift nt; v förgifta

poisonous ['pɔizənəs] adj giftig

Poland ['poulənd] Polen

Pole [poul] n polack c

pole [poul] n påle c; pol c

police [pə'li:s] pl polis c

policeman [pə'li:smən] n (pl -men) poliskonstapel c, polis c

police-station [pə'li:s‚steiʃən] n polisstation c

policy ['polisi] n politik c; försäkringsbrev nt

polio ['pouliou] n polio c, barnförlamning c

Polish ['pouliʃ] adj polsk

polish ['poliʃ] v polera

polite [pə'lait] adj artig

political [pə'litikəl] adj politisk

politician [‚poli'tiʃən] n politiker c

politics ['politiks] n politik c

pollution [pə'lu:ʃən] n förorening c

pond [pond] n damm c

pony ['pouni] n ponny c

poor [puə] adj fattig; usel

pope [poup] n påve c

poplin ['poplin] n poplin nt

pop music [pop 'mju:zik] popmusik c

poppy ['popi] n vallmo c

popular ['popjulə] adj populär; folk-

population [‚popju'leiʃən] n befolkning c

populous ['popjuləs] adj folkrik

porcelain ['po:səlin] n porslin nt

porcupine ['po:kjupain] n piggsvin nt

pork [po:k] n griskött nt

port [po:t] n hamn c; babord

portable ['po:təbəl] adj bärbar

porter ['po:tə] n bärare c; dörrvaktmästare c

porthole ['po:thoul] n hyttventil c

portion ['po:ʃən] n portion c

portrait ['po:trit] n porträtt nt

Portugal ['po:tjugəl] Portugal

Portuguese [‚po:tju'gi:z] adj portugisisk; n portugis c

position [pə'ziʃən] n position c; läge nt; inställning c; ställning c

positive ['pozətiv] adj positiv

possess [pə'zes] v äga; possessed adj besatt

possession [pə'zeʃən] n ägo, innehav nt; possessions ägodelar pl

possibility [‚posə'biləti] n möjlighet c

possible ['posəbəl] adj möjlig; eventuell

post [poust] n stolpe c; tjänst c; post c; v posta; post-office postkontor nt

postage ['poustidʒ] n porto nt; ~ paid portofri; ~ stamp frimärke nt

postcard ['poustka:d] n brevkort nt; vykort nt

poster ['poustə] n affisch c

poste restante [poust re'stã:t] poste restante

postman ['poustmən] n (pl -men) brevbärare c

post-paid [‚poust'peid] adj franko

postpone [pə'spoun] v *uppskjuta

pot [pot] n gryta c

potato [pə'teitou] n (pl ~es) potatis c

pottery ['potəri] n keramik c; lergods nt

pouch [pautʃ] n pung c

poulterer ['poultərə] n vilthandlare c

poultry ['poultri] n fjäderfä nt

pound [paund] n pund nt

pour [po:] v hälla

poverty ['povəti] n fattigdom c

powder ['paudə] n puder nt; ~ compact puderdosa c; talc ~ talk c

powder-puff ['paudəpʌf] n pudervippa c

powder-room ['paudəru:m] n damtoalett c

power [pauə] n styrka c, kraft c; energi c; makt c

powerful ['pauəfəl] adj mäktig; stark

powerless ['pauələs] adj maktlös

power-station ['pauə‚steiʃən] n kraftverk nt

practical ['præktikəl] adj praktisk

practically ['præktikli] adv nästan

practice ['præktis] n utövande nt,
praktik c

practise ['præktis] v praktisera; öva
sig

praise [preiz] v berömma; n beröm nt

pram [præm] n barnvagn c

prawn [prɔːn] n räka c

pray [prei] v *bedja

prayer [preə] n bön c

preach [priːtʃ] v predika

precarious [priˈkeəriəs] adj vansklig

precaution [priˈkɔːʃən] n försiktighet
c; försiktighetsåtgärd c

precede [priˈsiːd] v *föregå

preceding [priˈsiːdiŋ] adj föregående

precious ['preʃəs] adj dyrbar

precipice ['presipis] n stup nt

precipitation [priˌsipiˈteiʃən] n neder-
börd c

precise [priˈsais] adj precis, noga;
noggrann

predecessor ['priːdisesə] n föregånga-
re c

predict [priˈdikt] v förutspå

prefer [priˈfəː] v *föredra

preferable ['prefərəbəl] adj att före-
dra

preference ['prefərəns] n förkärlek c

prefix ['priːfiks] n förstavelse c

pregnant ['pregnənt] adj havande,
gravid

prejudice ['predʒədis] n fördom c

preliminary [priˈliminəri] adj inledan-
de; preliminär

premature ['premətʃuə] adj förhas-
tad, förtidig

premier ['premiə] n premiärminister
c

premises ['premisiz] pl fastighet c

premium ['priːmiəm] n försäkrings-
premie c; belöning c

prepaid [ˌpriːˈpeid] adj betald i för-
skott

preparation [ˌprepəˈreiʃən] n förbere-

delse c

prepare [priˈpeə] v förbereda; *göra i
ordning

prepared [priˈpeəd] adj beredd

preposition [ˌprepəˈziʃən] n preposi-
tion c

prescribe [priˈskraib] v ordinera

prescription [priˈskripʃən] n recept nt

presence ['prezəns] n närvaro c

present¹ ['prezənt] n gåva c, present
c; nutid c; adj nuvarande; närvar-
ande

present² [priˈzent] v presentera;
*framlägga

presently ['prezəntli] adv snart, strax

preservation [ˌprezəˈveiʃən] n beva-
rande nt, konservering c

preserve [priˈzəːv] v bevara; konser-
vera

president ['prezidənt] n president c;
ordförande c

press [pres] n trängsel c, press c; v
trycka; pressa; ~ conference
presskonferens c

pressing ['presiŋ] adj brådskande,
trängande

pressure ['preʃə] n tryck nt; påtryck-
ning c; atmospheric ~ lufttryck
nt

pressure-cooker ['preʃəˌkukə] n
tryckkokare c

prestige [preˈstiːʒ] n prestige c

presumable [priˈzjuːməbəl] adj trolig

presumptuous [priˈzʌmpʃəs] adj över-
modig; anspråksfull

pretence [priˈtens] n förevändning c

pretend [priˈtend] v låtsa, simulera

pretext ['priːtekst] n svepskäl nt

pretty ['priti] adj söt, vacker; adv
ganska, tämligen

prevent [priˈvent] v förhindra; före-
bygga

preventive [priˈventiv] adj förebygg-
ande

previous [ˈpriːviəs] *adj* föregående, tidigare

pre-war [ˌpriːˈwɔː] *adj* förkrigs-

price [prais] *n* pris *nt*; *v* *prissätta

priceless [ˈpraisləs] *adj* ovärderlig

price-list [ˈprais,list] *n* prislista *c*

prick [prik] *v* *sticka

pride [praid] *n* stolthet *c*

priest [priːst] *n* katolsk präst

primary [ˈpraiməri] *adj* primär; huvudsaklig; elementär

prince [prins] *n* prins *c*

princess [prinˈses] *n* prinsessa *c*

principal [ˈprinsəpəl] *adj* huvud-; *n* rektor *c*

principle [ˈprinsəpəl] *n* princip *c*, grundsats *c*

print [print] *v* trycka; *n* avtryck *nt*; tryck *nt*; **printed matter** trycksak *c*

prior [praiə] *adj* föregående

priority [praiˈɔrəti] *n* företräde *nt*, prioritet *c*

prison [ˈprizən] *n* fängelse *nt*

prisoner [ˈprizənə] *n* intern *c*, fånge *c*; ~ **of war** krigsfånge *c*

privacy [ˈpraivəsi] *n* avskildhet *c*, privatliv *nt*

private [ˈpraivit] *adj* privat; personlig

privilege [ˈprivilidʒ] *n* privilegium *nt*

prize [praiz] *n* pris *nt*; belöning *c*

probable [ˈprɔbəbəl] *adj* sannolik, trolig

probably [ˈprɔbəbli] *adv* sannolikt

problem [ˈprɔbləm] *n* problem *nt*; spörsmål *nt*

procedure [prəˈsiːdʒə] *n* procedur *c*

proceed [prəˈsiːd] *v* *fortsätta; *gå tillväga

process [ˈprouses] *n* process *c*, förlopp *nt*

procession [prəˈseʃən] *n* procession *c*

proclaim [prəˈkleim] *v* *kungöra, utropa

produce[1] [prəˈdjuːs] *v* framställa

produce[2] [ˈprɔdjuːs] *n* produkt *c*

producer [prəˈdjuːsə] *n* producent *c*

product [ˈprɔdʌkt] *n* produkt *c*

production [prəˈdʌkʃən] *n* produktion *c*

profession [prəˈfeʃən] *n* yrke *nt*

professional [prəˈfeʃənəl] *adj* yrkes-, yrkesskicklig

professor [prəˈfesə] *n* professor *c*

profit [ˈprɔfit] *n* vinst *c*, behållning *c*; nytta *c*; *v* *ha nytta; *dra fördel

profitable [ˈprɔfitəbəl] *adj* vinstbringande

profound [prəˈfaund] *adj* djup, djupsinnig

programme [ˈprougræm] *n* program *nt*

progress[1] [ˈprougres] *n* framsteg *nt*

progress[2] [prəˈgres] *v* *göra framsteg

progressive [prəˈgresiv] *adj* framstegsvänlig, progressiv; tilltagande

prohibit [prəˈhibit] *v* *förbjuda

prohibition [ˌprouiˈbiʃən] *n* förbud *nt*

prohibitive [prəˈhibitiv] *adj* oöverkomlig

project [ˈprɔdʒekt] *n* projekt *nt*, plan *c*

promenade [ˌprɔməˈnaːd] *n* promenad *c*

promise [ˈprɔmis] *n* löfte *nt*; *v* lova

promote [prəˈmout] *v* befordra, främja

promotion [prəˈmouʃən] *n* befordran *c*

prompt [prɔmpt] *adj* omgående

pronoun [ˈprounaun] *n* pronomen *nt*

pronounce [prəˈnauns] *v* uttala

pronunciation [ˌprənʌnsiˈeiʃən] *n* uttal *nt*

proof [pruːf] *n* bevis *nt*; provtryck *nt*

propaganda [ˌprɔpəˈgændə] *n* propaganda *c*

propel [prəˈpel] *v* *driva framåt

propeller [prəˈpelə] *n* propeller *c*

proper [ˈprɔpə] *adj* passande; riktig,

lämplig, anständig, tillbörlig

property ['prɔpəti] *n* egendom *c*, ägodelar *pl;* egenskap *c*

prophet ['prɔfit] *n* profet *c*

proportion [prə'pɔ:ʃən] *n* proportion *c*

proportional [prə'pɔ:ʃənəl] *adj* proportionell

proposal [prə'pouzəl] *n* förslag *nt*

propose [prə'pouz] *v* *föreslå

proposition [ˌprɔpə'ziʃən] *n* förslag *nt*

proprietor [prə'praiətə] *n* ägare *c*

prospect ['prɔspekt] *n* utsikt *c*

prospectus [prə'spektəs] *n* prospekt *nt*

prosperity [prɔ'sperəti] *n* framgång *c*, välstånd *nt;* välgång *c*

prosperous ['prɔspərəs] *adj* blomstrande, framgångsrik

prostitute ['prɔstitju:t] *n* prostituerad *c*

protect [prə'tekt] *v* skydda

protection [prə'tekʃən] *n* skydd *nt*

protein ['prouti:n] *n* protein *nt*

protest[1] ['proutest] *n* protest *c*

protest[2] [prə'test] *v* protestera

Protestant ['prɔtistənt] *adj* protestantisk

proud [praud] *adj* stolt; högmodig

prove [pru:v] *v* bevisa; visa sig vara

proverb ['prɔvə:b] *n* ordspråk *nt*

provide [prə'vaid] *v* *förse, skaffa; provided that** förutsatt att

province ['prɔvins] *n* län *nt;* landskap *nt*

provincial [prə'vinʃəl] *adj* provinsiell

provisional [prə'viʒənəl] *adj* provisorisk

provisions [prə'viʒənz] *pl* proviant *c*

prune [pru:n] *n* katrinplommon *nt*

psychiatrist [sai'kaiətrist] *n* psykiater *c*

psychic ['saikik] *adj* psykisk

psychoanalyst [ˌsaikou'ænəlist] *n* psykoanalytiker *c*

psychological [ˌsaikə'lɔdʒikəl] *adj* psykologisk

psychologist [sai'kɔlədʒist] *n* psykolog *c*

psychology [sai'kɔlədʒi] *n* psykologi *c*

public ['pʌblik] *adj* offentlig; allmän; *n* publik *c;* ~ **garden** offentlig park; ~ **house** pub *c*

publication [ˌpʌbli'keiʃən] *n* offentliggörande *nt;* publikation *c*

publicity [pʌ'blisəti] *n* publicitet *c*

publish ['pʌbliʃ] *v* *offentliggöra, *ge ut, publicera

publisher ['pʌbliʃə] *n* förläggare *c*

puddle ['pʌdəl] *n* pöl *c*

pull [pul] *v* *dra; ~ **out** *ta fram, *dra upp, *avgå; ~ **up** stanna

pulley ['puli] *n* (pl ~s) block *nt*

Pullman ['pulmən] *n* sovvagn *c*

pullover ['pu,louvə] *n* pullover *c*

pulpit ['pulpit] *n* predikstol *c*, talarstol *c*

pulse [pʌls] *n* puls *c*

pump [pʌmp] *n* pump *c; v* pumpa

punch [pʌntʃ] *v* *slå; *n* knytnävsslag *nt*

punctual ['pʌŋktʃuəl] *adj* punktlig

puncture ['pʌŋktʃə] *n* punktering *c*

punctured ['pʌŋktʃəd] *adj* punkterad

punish ['pʌniʃ] *v* straffa

punishment ['pʌniʃmənt] *n* straff *nt*

pupil ['pju:pəl] *n* elev *c*

puppet-show ['pʌpitʃou] *n* dockteater *c*

purchase ['pə:tʃəs] *v* köpa; *n* köp *nt*, uppköp *nt;* ~ **price** köpesumma *c*

purchaser ['pə:tʃəsə] *n* köpare *c*

pure [pjuə] *adj* ren

purple ['pə:pəl] *adj* purpur

purpose ['pə:pəs] *n* ändamål *nt*, avsikt *c*, syfte *nt;* **on** ~ med vilja

purse [pə:s] *n* portmonnä *c*, kassa *c*

pursue [pə'sju:] *v* förfölja; eftersträva

pus [pʌs] *n* var *nt*

push [puʃ] *n* knuff *c; v* *skjuta; knuffa, *driva på

push-button ['puʃ,bʌtən] *n* knapp *c,* strömbrytare *c*

*****put** [put] *v* *lägga, ställa, placera; stoppa; ~ **away** ställa på plats; ~ **off** *uppskjuta; ~ **on** klä på sig; ~ **out** släcka

puzzle ['pʌzəl] *n* pussel *nt;* huvudbry *nt; v* förbrylla; **jigsaw** ~ pussel *nt*

puzzling ['pʌzliŋ] *adj* förbryllande

pyjamas [pə'dʒɑːməz] *pl* pyjamas *c*

Q

quack [kwæk] *n* charlatan *c,* kvacksalvare *c*

quail [kweil] *n* (pl ~, ~s) vaktel *c*

quaint [kweint] *adj* egendomlig; gammaldags

qualification [,kwɔlifi'keiʃən] *n* kvalifikation *c;* inskränkning *c,* förbehåll *nt*

qualified ['kwɔlifaid] *adj* kvalificerad; kompetent

qualify ['kwɔlifai] *v* kvalificera sig

quality ['kwɔləti] *n* kvalitet *c;* egenskap *c*

quantity ['kwɔntəti] *n* kvantitet *c;* antal *nt*

quarantine ['kwɔrəntiːn] *n* karantän *c*

quarrel ['kwɔrəl] *v* kivas, gräla; *n* gräl *nt,* kiv *nt*

quarry ['kwɔri] *n* stenbrott *nt*

quarter ['kwɔːtə] *n* kvart *c;* kvartal *nt;* kvarter *nt; ~ **of an hour** kvart *c*

quarterly ['kwɔːtəli] *adj* kvartals-

quay [kiː] *n* kaj *c*

queen [kwiːn] *n* drottning *c*

queer [kwiə] *adj* underlig, konstig; besynnerlig

query ['kwiəri] *n* förfrågan *c; v* betvivla

question ['kwestʃən] *n* fråga *c;* problem *nt,* spörsmål *nt; v* fråga ut; i-frågasätta; ~ **mark** frågetecken *nt*

queue [kjuː] *n* kö *c; v* köa

quick [kwik] *adj* kvick

quick-tempered [,kwik'tempəd] *adj* lättretlig

quiet ['kwaiət] *adj* stillsam, stilla, lugn; *n* ro *c,* stillhet *c*

quilt [kwilt] *n* täcke *nt*

quinine [kwi'niːn] *n* kinin *nt*

quit [kwit] *v* upphöra, *ge upp

quite [kwait] *adv* fullkomligt, helt; någorlunda, ganska, alldeles

quiz [kwiz] *n* (pl ~zes) frågesport *c*

quota ['kwoutə] *n* kvot *c*

quotation [kwou'teiʃən] *n* citat *nt; ~ **marks** citationstecken *pl*

quote [kwout] *v* citera

R

rabbit ['ræbit] *n* kanin *c*

rabies ['reibiz] *n* rabies *c*

race [reis] *n* kapplöpning *c,* lopp *nt;* ras *c*

race-course ['reiskɔːs] *n* hästkapplöpningsbana *c*

race-horse ['reishɔːs] *n* kapplöpningshäst *c*

race-track ['reistræk] *n* tävlingsbana *c*

racial ['reiʃəl] *adj* ras-

racket ['rækit] *n* oväsen *nt*

racquet ['rækit] *n* racket *c*

radiator ['reidieitə] *n* värmeelement *nt*

radical ['rædikəl] *adj* radikal

radio ['reidiou] *n* radio *c*

radish ['rædiʃ] *n* rädisa *c*

radius ['reidiəs] n (pl radii) radie c
raft [rɑːft] n flotte c
rag [ræg] n trasa c
rage [reidʒ] n ursinne nt, raseri nt; v rasa, *vara rasande
raid [reid] n räd c
rail [reil] n ledstång c, räcke nt
railing ['reiliŋ] n räcke nt
railroad ['reilroud] nAm järnväg c
railway ['reilwei] n järnväg c
rain [rein] n regn nt; v regna
rainbow ['reinbou] n regnbåge c
raincoat ['reinkout] n regnrock c
rainproof ['reinpruːf] adj impregnerad
rainy ['reini] adj regnig
raise [reiz] v höja; öka; uppfostra, uppföda, odla; *pålägga; nAm löneförhöjning c
raisin ['reizən] n russin nt
rake [reik] n kratta c
rally ['ræli] n massmöte nt
ramp [ræmp] n ramp c
ramshackle ['ræmˌʃækəl] adj fallfärdig
rancid ['rænsid] adj härsken
rang [ræŋ] v (p ring)
range [reindʒ] n räckvidd c
range-finder ['reindʒˌfaində] n avståndsmätare c
rank [ræŋk] n rang c; rad c
ransom ['rænsəm] n lösen c
rape [reip] v *våldta
rapid ['ræpid] adj snabb, hastig
rapids ['ræpidz] pl fors c
rare [rɛə] adj sällsynt
rarely ['rɛəli] adv sällan
rascal ['rɑːskəl] n lymmel c, skälm c
rash [ræʃ] n hudutslag nt; adj obetänksam, förhastad
raspberry ['rɑːzbəri] n hallon nt
rat [ræt] n råtta c
rate [reit] n taxa c, pris nt; fart c; at any ~ i varje fall; ~ of exchange

valutakurs c
rather ['rɑːðə] adv ganska, någorlunda, rätt; hellre, snarare
ration ['ræʃən] n ranson c
rattan [ræˈtæn] n rotting c
raven ['reivən] n korp c
raw [rɔː] adj rå; ~ material råmaterial nt
ray [rei] n stråle c
rayon ['reiɔn] n konstsiden c
razor ['reizə] n rakkniv c
razor-blade ['reizəbleid] n rakblad nt
reach [riːtʃ] v nå; n räckhåll nt
reaction [riˈækʃən] n reaktion c
***read** [riːd] v läsa
reading ['riːdiŋ] n läsning c
reading-lamp ['riːdiŋlæmp] n läslampa c
reading-room ['riːdiŋruːm] n läsesal c
ready ['redi] adj klar, färdig
ready-made [ˌrediˈmeid] adj konfektionssydd
real [riəl] adj verklig
reality [riˈæləti] n verklighet c
realizable ['riəlaizəbəl] adj utförbar
realize ['riəlaiz] v *inse; realisera, förverkliga
really ['riəli] adv verkligen, faktiskt; egentligen
rear [riə] n baksida c; v uppfostra, uppföda
rear-light [riəˈlait] n baklykta c
reason ['riːzən] n orsak c, skäl nt; förnuft nt, förstånd nt; v resonera
reasonable ['riːzənəbəl] adj förnuftig; rimlig
reassure [ˌriːəˈʃuə] v lugna
rebate ['riːbeit] n rabatt c
rebellion [riˈbeljən] n uppror nt
recall [riˈkɔːl] v erinra sig; återkalla; upphäva
receipt [riˈsiːt] n kvitto nt, mottagningsbevis nt; mottagande nt
receive [riˈsiːv] v *motta

receiver [ri'si:və] n telefonlur c; hälare c

recent ['ri:sənt] adj ny, färsk

recently ['ri:səntli] adv häromdagen, nyligen

reception [ri'sepʃən] n mottagande nt; mottagning c; ~ office reception c

receptionist [ri'sepʃənist] n receptionist c

recession [ri'seʃən] n tillbakagång c

recipe ['resipi] n recept nt

recital [ri'saitəl] n solistframträdande nt

reckon ['rekən] v räkna; *anse; förmoda

recognition [,rekəg'niʃən] n erkännande nt

recognize ['rekəgnaiz] v känna igen; erkänna

recollect [,rekə'lekt] v minnas

recommence [,ri:kə'mens] v börja om

recommend [,rekə'mend] v rekommendera, förorda; tillråda

recommendation [,rekəmen'deiʃən] n rekommendation c

reconciliation [,rekənsili'eiʃən] n försoning c

record[1] ['rekɔ:d] n grammofonskiva c; rekord nt; protokoll nt; **long-playing** ~ LP-skiva c

record[2] [ri'kɔ:d] v anteckna, inregistrera; inspela

recorder [ri'kɔ:də] n bandspelare c

recording [ri'kɔ:diŋ] n inspelning c

record-player ['rekɔ:d,pleiə] n skivspelare c, grammofon c

recover [ri'kʌvə] v *återfå; tillfriskna

recovery [ri'kʌvəri] n tillfrisknande nt

recreation [,rekri'eiʃən] n förströelse c, avkoppling c; ~ **centre** fritidscenter nt; ~ **ground** bollplan c

recruit [ri'kru:t] n rekryt c

rectangle ['rektæŋgəl] n rektangel c

rectangular [rek'tæŋgjulə] adj rektangulär

rectory ['rektəri] n prästgård c

rectum ['rektəm] n ändtarm c

recyclable [,ri:'saikləbl] adj återvinningsbar

recycle [,ri:'saikl] v återvinna

red [red] adj röd

redeem [ri'di:m] v frälsa, återköpa

reduce [ri'dju:s] v reducera, minska, förvandla, *skära ned

reduction [ri'dʌkʃən] n prisnedsättning c, reduktion c

redundant [ri'dʌndənt] adj överflödig

reed [ri:d] n vass c

reef [ri:f] n rev nt

reference ['refrəns] n hänvisning c, referens c; sammanhang nt; **with** ~ **to** beträffande

refer to [ri'fə:] hänvisa till

refill ['ri:fil] n påfyllningsförpackning c

refinery [ri'fainəri] n raffinaderi nt

reflect [ri'flekt] v reflektera

reflection [ri'flekʃən] n reflex c; spegelbild c

reflector [ri'flektə] n reflektor c

reformation [,refə'meiʃən] n Reformationen

refresh [ri'freʃ] v fräscha upp, svalka

refreshment [ri'freʃmənt] n förfriskning c

refrigerator [ri'fridʒəreitə] n kylskåp nt

refund[1] [ri'fʌnd] v återbetala

refund[2] ['ri:fʌnd] n återbetalning c

refusal [ri'fju:zəl] n vägran c

refuse[1] [ri'fju:z] v vägra

refuse[2] ['refju:s] n avfall nt

regard [ri'gɑ:d] v *anse; betrakta; n hänsyn c; **as regards** med hänsyn till, angående

regarding [ri'gɑ:diŋ] prep angående,

beträffande; rörande

regatta [ri'gætə] n kappsegling c

régime [rei'ʒi:m] n regim c

region ['ri:dʒən] n region c; område nt

regional ['ri:dʒənəl] adj regional

register ['redʒistə] v *inskriva sig; rekommendera; **registered letter** rekommenderat brev

registration [,redʒi'streiʃən] n registrering c; ~ **form** inskrivningsblankett c; ~ **number** registreringsnummer nt; ~ **plate** nummerplåt c

regret [ri'gret] v beklaga; ångra; n beklagande nt

regular ['regjulə] adj regelbunden, regelmässig; normal, reguljär

regulate ['regjuleit] v reglera

regulation [,regju'leiʃən] n regel c, reglemente nt; reglering c

rehabilitation [,ri:hə,bili'teiʃən] n rehabilitering c

rehearsal [ri'hə:səl] n repetition c

rehearse [ri'hə:s] v repetera

reign [rein] n regeringstid c; v regera

reimburse [,ri:im'bə:s] v återbetala

reindeer ['reindiə] n (pl ~) ren c

reject [ri'dʒekt] v *avslå, avvisa; förkasta

relate [ri'leit] v berätta

related [ri'leitid] adj besläktad

relation [ri'leiʃən] n förhållande nt, relation c; släkting c

relative ['relətiv] n släkting c; adj relativ

relax [ri'læks] v koppla av, slappna av

relaxation [,rilæk'seiʃən] n avkoppling c

reliable [ri'laiəbəl] adj pålitlig

relic ['relik] n relik c

relief [ri'li:f] n lättnad c; hjälp c; relief c

relieve [ri'li:v] v lätta, lindra; avlösa

religion [ri'lidʒən] n religion c

religious [ri'lidʒəs] adj religiös

rely on [ri'lai] lita på

remain [ri'mein] v *förbli; *återstå

remainder [ri'meində] n rest c, återstod c

remaining [ri'meiniŋ] adj övrig, resterande

remark [ri'ma:k] n anmärkning c; v påpeka, anmärka

remarkable [ri'ma:kəbəl] adj anmärkningsvärd

remedy ['remədi] n läkemedel nt; botemedel nt

remember [ri'membə] v *komma ihåg; minnas

remembrance [ri'membrəns] n hågkomst c, minne nt

remind [ri'maind] v påminna

remit [ri'mit] v översända

remittance [ri'mitəns] n penningförsändelse c

remnant ['remnənt] n rest c, kvarleva c

remote [ri'mout] adj avsides, avlägsen

removal [ri'mu:vəl] n undanröjning c

remove [ri'mu:v] v avlägsna

remunerate [ri'mju:nəreit] v belöna; *ersätta

remuneration [ri,mju:nə'reiʃən] n belöning c

renew [ri'nju:] v förnya; förlänga

rent [rent] v hyra; n hyra c

repair [ri'peə] v reparera; n reparation c

reparation [,repə'reiʃən] n reparation c

***repay** [ri'pei] v återbetala

repayment [ri'peimənt] n återbetalning c

repeat [ri'pi:t] v upprepa

repellent [ri'pelənt] adj frånstötande, motbjudande

repentance [ri'pentəns] n ånger c

repertory ['repətəri] n repertoar c

repetition [,repə'tiʃən] n upprepning c

replace [ri'pleis] v *ersätta

reply [ri'plai] v svara; n svar nt; in ~ som svar

report [ri'pɔ:t] v rapportera; meddela; anmäla sig; n redogörelse c, rapport c

reporter [ri'pɔ:tə] n reporter c

represent [,repri'zent] v representera; föreställa

representation [,reprizen'teiʃən] n representation c; framställning c

representative [,repri'zentətiv] adj representativ

reprimand ['reprimɑ:nd] v tillrättavisa

reproach [ri'proutʃ] n förebråelse c; v förebrå

reproduce [,ri:prə'dju:s] v *återge

reproduction [,ri:prə'dʌkʃən] n återgivning c, reproduktion c; fortplantning c

reptile ['reptail] n kräldjur nt

republic [ri'pʌblik] n republik c

republican [ri'pʌblikən] adj republikansk

repulsive [ri'pʌlsiv] adj frånstötande

reputation [,repju'teiʃən] n renommé nt; anseende nt

request [ri'kwest] n begäran c; förfrågan c; v begära

require [ri'kwaiə] v kräva

requirement [ri'kwaiəmənt] n krav nt

requisite ['rekwizit] adj erforderlig

rescue ['reskju:] v rädda; n räddning c

research [ri'sə:tʃ] n forskning c

resemblance [ri'zembləns] n likhet c

resemble [ri'zembəl] v likna

resent [ri'zent] v *ta illa upp

reservation [,rezə'veiʃən] n reservation c

reserve [ri'zə:v] v reservera; beställa;

n reserv c

reserved [ri'zə:vd] adj reserverad

reservoir ['rezəvwɑ:] n reservoar c

reside [ri'zaid] v bo

residence ['rezidəns] n bostad c; ~ permit uppehållstillstånd nt

resident ['rezidənt] n invånare c; adj bofast; inneboende

resign [ri'zain] v *avgå

resignation [,rezig'neiʃən] n avsked nt, avskedsansökan c

resin ['rezin] n kåda c

resist [ri'zist] v *göra motstånd mot

resistance [ri'zistəns] n motstånd nt

resolute ['rezəlu:t] adj resolut, beslutsam

respect [ri'spekt] n respekt c; aktning c, vördnad c; v respektera

respectable [ri'spektəbəl] adj respektabel, aktningsvärd

respectful [ri'spektfəl] adj respektfull

respective [ri'spektiv] adj respektive

respiration [,respə'reiʃən] n andning c

respite ['respait] n uppskov nt

responsibility [ri,sponsə'biləti] n ansvar nt

responsible [ri'sponsəbəl] adj ansvarig

rest [rest] n vila c; rest c; v vila

restaurant ['restərɔ̃:] n restaurang c

restful ['restfəl] adj lugn

rest-home ['resthoum] n vilohem nt

restless ['restləs] adj rastlös

restrain [ri'strein] v *hålla tillbaka, tygla

restriction [ri'strikʃən] n inskränkning c, begränsning c

result [ri'zʌlt] n resultat nt; följd c; utgång c; v resultera

resume [ri'zju:m] v *återuppta

résumé ['rezjumei] n sammanfattning c

retail ['ri:teil] v *sälja i detalj

retailer ['ri:teilə] n detaljist c

retina ['retinə] n näthinna c
retired [ri'taiəd] adj pensionerad
return [ri'tə:n] v återvända, *komma
tillbaka; n återkomst c; ~ flight
returflyg nt; ~ journey återresa c
reunite [,ri:ju:'nait] v återförena
reveal [ri'vi:l] v uppenbara, avslöja
revelation [,revə'leiʃən] n avslöjande
nt; uppenbarelse c
revenge [ri'vendʒ] n hämnd c
revenue ['revənju:] n inkomst c
reverse [ri'və:s] n motsats c; avigsida
c; backväxel c; motgång c; adj om-
vänd; v backa
review [ri'vju:] n recension c; tid-
skrift c
revise [ri'vaiz] v revidera
revision [ri'viʒən] n revision c
revival [ri'vaivəl] n återupplivande nt;
förnyelse c
revolt [ri'voult] v *göra uppror; n re-
volt c
revolting [ri'voultiŋ] adj motbjudan-
de, upprörande, äcklig
revolution [,revə'lu:ʃən] n revolution
c; varv nt
revolutionary [,revə'lu:ʃənəri] adj re-
volutionär
revolver [ri'volvə] n revolver c
revue [ri'vju:] n revy c
reward [ri'wɔ:d] n belöning c; v belö-
na
rheumatism ['ru:mətizəm] n reuma-
tism c
rhinoceros [rai'nosərəs] n (pl ~,
~es) noshörning c
rhubarb ['ru:bɑ:b] n rabarber c
rhyme [raim] n rim nt
rhythm ['riðəm] n rytm c
rib [rib] n revben nt
ribbon ['ribən] n band nt
rice [rais] n ris nt
rich [ritʃ] adj rik
riches ['ritʃiz] pl rikedom c

riddle ['ridəl] n gåta c
ride [raid] n körning c
*ride [raid] v åka; *rida
rider ['raidə] n ryttare c
ridge [ridʒ] n rygg c, upphöjning c,
kam c
ridicule ['ridikju:l] v förlöjliga
ridiculous [ri'dikjuləs] adj löjlig
riding ['raidiŋ] n ridning c
riding-school ['raidiŋsku:l] n ridskola
c
rifle ['raifəl] v gevär nt
right [rait] n rättighet c; adj riktig,
rätt; höger; rättvis; all right! bra!; *
be ~ *ha rätt; ~ of way förkörs-
rätt c
righteous ['raitʃəs] adj rättfärdig
right-hand ['raithænd] adj höger
rightly ['raitli] adv med rätta
rim [rim] n fälg c; kant c
ring [riŋ] n ring c; cirkusarena c
*ring [riŋ] v ringa; ~ up ringa upp
rinse [rins] v skölja; n sköljning c
riot ['raiət] n upplopp nt
rip [rip] v *riva sönder
ripe [raip] adj mogen
rise [raiz] n löneförhöjning c; upp-
höjning c; stigning c; uppsving nt
*rise [raiz] v *stiga upp; *gå upp;
*stiga
rising ['raiziŋ] n uppror nt
risk [risk] n risk c; fara c; v riskera
risky ['riski] adj vågad, riskfylld
rival ['raivəl] n rival c; konkurrent c;
v rivalisera, konkurrera
rivalry ['raivəlri] n rivalitet c; konkur-
rens c
river ['rivə] n å c, flod c; ~ bank
flodstrand c
riverside ['rivəsaid] n flodstrand c
roach [routʃ] n (pl ~) mört c
road [roud] n gata c, väg c; ~ fork
vägskäl nt; ~ map vägkarta c; ~
system vägnät nt; ~ up vägarbete

nt
roadhouse ['roudhaus] n värdshus nt
roadside ['roudsaid] n vägkant c; ~ **restaurant** värdshus nt
roadway ['roudwei] nAm körbana c
roam [roum] v ströva
roar [rɔ:] v *tjuta, *ryta; n vrål nt, dån nt
roast [roust] v grilla, halstra
rob [rɔb] v råna
robber ['rɔbə] n rånare c
robbery ['rɔbəri] n rån nt, stöld c
robe [roub] n klänning c; ämbetsdräkt c
robin ['rɔbin] n rödhake c
robust [rou'bʌst] adj robust
rock [rɔk] n klippa c; v gunga
rocket ['rɔkit] n raket c
rocky ['rɔki] adj klippig
rod [rɔd] n stång c
roe [rou] n rom c
roll [roul] v rulla; n rulle c; kuvertbröd nt
roller-skating ['roulə,skeitiŋ] n rullskridskoåkning c
Roman Catholic ['roumən 'kæθəlik] romersk katolsk
romance [rə'mæns] n romans c
romantic [rə'mæntik] adj romantisk
roof [ru:f] n tak nt; thatched ~ halmtak nt
room [ru:m] n rum nt; utrymme nt, plats c; ~ **and board** mat och logi; ~ **service** rumsbetjäning c; ~ **temperature** rumstemperatur c
roomy ['ru:mi] adj rymlig
root [ru:t] n rot c
rope [roup] n rep nt
rosary ['rouzəri] n radband nt
rose [rouz] n ros c; adj rosa
rotten ['rɔtən] adj rutten
rouge [ru:ʒ] n rouge c
rough [rʌf] adj ojämn, hård
roulette [ru:'let] n rulett c

round [raund] adj rund; prep runt om, omkring; n rond c; ~ **trip** Am tur och retur
roundabout ['raundəbaut] n rondell c
rounded ['raundid] adj rundad
route [ru:t] n rutt c
routine [ru:'ti:n] n rutin c
row¹ [rou] n rad c; v ro
row² [rau] n bråk nt
rowdy ['raudi] adj busig
rowing-boat ['rouiŋbout] n roddbåt c
royal ['rɔiəl] adj kunglig
rub [rʌb] v *gnida
rubber ['rʌbə] n gummi nt; suddgummi nt; ~ **band** gummiband nt
rubbish ['rʌbiʃ] n skräp nt; trams nt, strunt nt; **talk** ~ prata strunt
rubbish-bin ['rʌbiʃbin] n sophink c
ruby ['ru:bi] n rubin c
rucksack ['rʌksæk] n ryggsäck c
rudder ['rʌdə] n roder nt
rude [ru:d] adj ohövlig
rug [rʌg] n liten matta; pläd c
ruin ['ru:in] v *ödelägga, ruinera; n undergång c; **ruins** ruin c
ruination [,ru:i'neiʃən] n ödeläggelse c
rule [ru:l] n regel c; makt c, regering c, styrelsesätt nt; v regera, styra; **as a** ~ vanligen, som regel
ruler ['ru:lə] n härskare c, regent c; linjal c
Rumania [ru:'meiniə] Rumänien
Rumanian [ru:'meiniən] adj rumänsk; n rumän c
rumour ['ru:mə] n rykte nt
***run** [rʌn] v *springa; ~ **into** råka träffa
runaway ['rʌnəwei] n rymling c
rung [rʌn] v (pp ring)
runway ['rʌnwei] n start-, landningsbana
rural ['ruərəl] adj lantlig
ruse [ru:z] n list c
rush [rʌʃ] v rusa; n säv c

rush-hour ['rʌʃauə] n rusningstid c

Russia ['rʌʃə] Ryssland

Russian ['rʌʃən] adj rysk; n ryss c

rust [rʌst] n rost c

rustic ['rʌstik] adj rustik

rusty ['rʌsti] adj rostig

S

saccharin ['sækərin] n sackarin nt

sack [sæk] n säck c

sacred ['seikrid] adj helig

sacrifice ['sækrifais] n offer nt; v offra

sacrilege ['sækrilidʒ] n helgerån nt

sad [sæd] adj sorgsen; vemodig, bedrövad

saddle ['sædəl] n sadel c

sadness ['sædnəs] n sorgsenhet c

safe [seif] adj säker; n kassaskåp nt

safety ['seifti] n säkerhet c

safety-belt ['seiftibelt] n säkerhetsbälte c

safety-pin ['seiftipin] n säkerhetsnål c

safety-razor ['seifti,reizə] n rakhyvel c

sail [seil] v segla; n segel nt

sailing-boat ['seiliŋbout] n segelbåt c

sailor ['seilə] n sjöman c

saint [seint] n helgon nt

salad ['sæləd] n sallad c

salad-oil ['sælədɔil] n salladsolja c

salary ['sæləri] n avlöning c, lön c

sale [seil] n försäljning c; clearance ~ realisation c; for ~ till salu; sales realisation c

saleable ['seiləbəl] adj säljbar

salesgirl ['seilzgə:l] n försäljerska c

salesman ['seilzmən] n (pl -men) försäljare c; expedit c

salmon ['sæmən] n (pl ~) lax c

salon ['sælɔ̃:] n salong c

saloon [sə'lu:n] n bar c

salt [sɔ:lt] n salt nt

salt-cellar ['sɔ:lt,selə] n saltkar nt

salty ['sɔ:lti] adj salt

salute [sə'lu:t] v hälsa

salve [sɑ:v] n salva c

same [seim] adj samma

sample ['sɑ:mpəl] n varuprov nt

sanatorium [,sænə'tɔ:riəm] n (pl ~s, -ria) sanatorium nt

sand [sænd] n sand c

sandal ['sændəl] n sandal c

sandpaper ['sænd,peipə] n sandpapper nt

sandwich ['sænwidʒ] n smörgås c

sandy ['sændi] adj sandig

sanitary ['sænitəri] adj sanitär; ~ towel dambinda c

sapphire ['sæfaiə] n safir c

sardine [sɑ:'di:n] n sardin c

satchel ['sætʃəl] n skolväska c

satellite ['sætəlait] n satellit c

satin ['sætin] n satäng c

satisfaction [,sætis'fækʃən] n tillfredsställelse c, belåtenhet c

satisfy ['sætisfai] v tillfredsställa; satisfied tillfredsställd, belåten

Saturday ['sætədi] lördag c

sauce [sɔ:s] n sås c

saucepan ['sɔ:spən] n kastrull c

saucer ['sɔ:sə] n tefat nt

Saudi Arabia [,saudiə'reibiə] Saudiarabien

Saudi Arabian [,saudiə'reibiən] adj saudiarabisk

sauna ['sɔ:nə] n bastu c

sausage ['sɔsidʒ] n korv c

savage ['sævidʒ] adj vild

save [seiv] v rädda; spara

savings ['seiviŋz] pl besparingar pl; ~ bank sparbank c

saviour ['seivjə] n frälsare c

savoury ['seivəri] adj välsmakande

saw¹ [sɔ:] v (p see)

saw² [sɔ:] n såg c

sawdust ['sɔ:dʌst] n sågspån nt
saw-mill ['sɔ:mil] n sågverk nt
*say [sei] v *säga
scaffolding ['skæfəldiŋ] n byggnadsställning c
scale [skeil] n skala c; tonskala c; fiskfjäll nt; vågskål c; scales pl våg c
scandal ['skændəl] n skandal c
Scandinavia [ˌskændi'neiviə] Skandinavien
Scandinavian [ˌskændi'neiviən] adj skandinavisk; n skandinav c
scapegoat ['skeipgout] n syndabock c
scar [ska:] n ärr nt
scarce [skeəs] adj knapp
scarcely ['skeəsli] adv knappast
scarcity ['skeəsəti] n knapphet c
scare [skeə] v skrämma; n skräck c
scarf [ska:f] n (pl ~s, scarves) halsduk c
scarlet ['ska:lət] adj scharlakansröd
scary ['skeəri] adj oroväckande, skrämmande
scatter ['skætə] v strö, *sprida, skingra
scene [si:n] n scen c
scenery ['si:nəri] n landskap nt
scenic ['si:nik] adj naturskön
scent [sent] n doft c
schedule ['ʃedju:l] n tidtabell c, tidsschema nt
scheme [ski:m] n schema nt; plan c
scholar ['skɔlə] n lärd c; stipendiat c
scholarship ['skɔləʃip] n stipendium nt
school [sku:l] n skola c
schoolboy ['sku:lbɔi] n skolpojke c
schoolgirl ['sku:lgə:l] n skolflicka c
schoolmaster ['sku:lˌma:stə] n skollärare c, lärare c
schoolteacher ['sku:lˌti:tʃə] n lärare c
science ['saiəns] n vetenskap c
scientific [ˌsaiən'tifik] adj vetenskaplig

scientist ['saiəntist] n vetenskapsman c
scissors ['sizəz] pl sax c
scold [skould] v skälla, gräla på; skälla ut
scooter ['sku:tə] n vespa c; sparkcykel c
score [skɔ:] n poängsumma c; v *få poäng
scorn [skɔ:n] n hån nt, förakt nt; v förakta
Scot [skɔt] n skotte c
Scotch [skɔtʃ] adj skotsk
Scotland ['skɔtlənd] Skottland
Scottish ['skɔtiʃ] adj skotsk
scout [skaut] n boyscout c
scrap [skræp] n bit c
scrap-book ['skræpbuk] n klippbok c
scrape [skreip] v skrapa
scrap-iron ['skræpaiən] n skrot nt
scratch [skrætʃ] v rispa, skrapa; n repa c, skråma c
scream [skri:m] v *tjuta, *skrika; n skrik nt, skri nt
screen [skri:n] n skärm c; bildskärm c, filmduk c
screw [skru:] n skruv c; v skruva
screw-driver ['skru:ˌdraivə] n skruvmejsel c
scrub [skrʌb] v skura; n snårmark c
sculptor ['skʌlptə] n skulptör c
sculpture ['skʌlptʃə] n skulptur c
sea [si:] n hav nt
sea-bird ['si:bə:d] n sjöfågel c
sea-coast ['si:koust] n kust c
seagull ['si:gʌl] n fiskmås c
seal [si:l] n sigill nt; säl c
seam [si:m] n söm c
seaman ['si:mən] n (pl -men) matros c
seamless ['si:mləs] adj utan söm
seaport ['si:pɔ:t] n hamnstad c
search [sə:tʃ] v söka; genomsöka, vi-

sitera; *n* visitering *nt*

searchlight ['sə:tʃlait] *n* strålkastare *c*

seascape ['si:skeip] *n* marinmålning *c*

sea-shell ['si:ʃel] *n* snäcka *c*

seashore ['si:ʃɔ:] *n* havsstrand *c*

seasick ['si:sik] *adj* sjösjuk

seasickness ['si:ˌsiknəs] *n* sjösjuka *c*

seaside ['si:said] *n* kust *c*; ~ **resort** badort *c*

season ['si:zən] *n* årstid *c*, säsong *c*; **high** ~ högsäsong *c*; **low** ~ lågsäsong *c*; **off** ~ lågsäsong *c*

season-ticket ['si:zənˌtikit] *n* abonnemangskort *nt*

seat [si:t] *n* säte *nt*; plats *c*, sittplats *c*

seat-belt ['si:tbelt] *n* säkerhetsbälte *nt*

sea-urchin ['si:ˌə:tʃin] *n* sjöborre *c*

sea-water ['si:ˌwɔ:tə] *n* havsvatten *nt*

second ['sekənd] *num* andra; *n* sekund *c*; ögonblick *nt*

secondary ['sekəndəri] *adj* sekundär; ~ **school** läroverk *nt*

second-hand [ˌsekənd'hænd] *adj* begagnad

secret ['si:krət] *n* hemlighet *c*; *adj* hemlig

secretary ['sekrətri] *n* sekreterare *c*

section ['sekʃən] *n* sektion *c*; avdelning *c*

secure [si'kjuə] *adj* säker; *v* *göra säker; *binda fast; trygga

security [si'kjuərəti] *n* säkerhet *c*; borgen *c*

sedate [si'deit] *adj* lugn

sedative ['sedətiv] *n* lugnande medel

seduce [si'dju:s] *v* förföra

***see** [si:] *v* *se; *inse, *förstå; ~ **to** sörja för

seed [si:d] *n* frö *nt*

***seek** [si:k] *v* söka

seem [si:m] *v* synas, verka

seen [si:n] *v* (pp see)

seesaw ['si:sɔ:] *n* gungbräda *c*

seize [si:z] *v* *gripa

seldom ['seldəm] *adv* sällan

select [si'lekt] *v* utplocka, *utvälja; *adj* utvald

selection [si'lekʃən] *n* urval *nt*

self-centred [ˌself'sentəd] *adj* självupptagen

self-evident [ˌsel'fevidənt] *adj* självklar

self-government [ˌself'gʌvəmənt] *n* självstyre *nt*

selfish ['selfiʃ] *adj* självisk

selfishness ['selfiʃnəs] *n* egoism *c*

self-service [ˌself'sə:vis] *n* självbetjäning *c*; ~ **restaurant** självservering *c*

***sell** [sel] *v* *sälja

semblance ['sembləns] *n* utseende *nt*

semi- ['semi] halv-

semicircle ['semiˌsə:kəl] *n* halvcirkel *c*

semi-colon [ˌsemi'koulən] *n* semikolon *nt*

senate ['senət] *n* senat *c*

senator ['senətə] *n* senator *c*

***send** [send] *v* skicka, sända; ~ **back** skicka tillbaka, returnera; ~ **for** skicka efter; ~ **off** skicka iväg

senile ['si:nail] *adj* senil

sensation [sen'seiʃən] *n* sensation *c*; känsla *c*, förnimmelse *c*

sensational [sen'seiʃənəl] *adj* sensationell, uppseendeväckande

sense [sens] *n* sinne *nt*; förnuft *nt*; betydelse *c*, mening *c*; *v* *förnimma, märka; ~ **of honour** hederskänsla *c*

senseless ['sensləs] *adj* vanvettig, orimlig

sensible ['sensəbəl] *adj* förnuftig

sensitive ['sensitiv] *adj* känslig

sentence ['sentəns] *n* mening *c*; dom *c*; *v* döma

sentimental [ˌsenti'mentəl] *adj* senti-

mental
separate[1] ['sepəreit] v skilja
separate[2] ['sepərət] adj åtskild, särskild
separately ['sepərətli] adv separat
September [sep'tembə] september
septic ['septik] adj septisk; *become
~ *bli inflammerad
sequel ['si:kwəl] n följd c
sequence ['si:kwəns] n ordningsföljd
c
serene [sə'ri:n] adj fridfull; klar
serial ['siəriəl] n följetong c
series ['siəri:z] n (pl ~) serie c
serious ['siəriəs] adj allvarlig, seriös
seriousness ['siəriəsnəs] n allvar nt
sermon ['sə:mən] n predikan c
serum ['siərəm] n serum nt
servant ['sə:vənt] n betjänt c
serve [sə:v] v servera
service ['sə:vis] n tjänst c; betjäning
c; ~ **charge** betjäningsavgift c; ~
station bensinstation c
serviette [,sə:vi'et] n servett c
session ['sefən] n session c
set [set] n grupp c, uppsättning c
*set [set] v *sätta; ~ **menu** fast meny; ~ **out** *ge sig av
setting ['setiŋ] n infattning c, omgivning c; ~ **lotion** läggningsvätska c
settle ['setəl] v ordna, *göra upp; ~
down *slå sig ned, lugna sig
settlement ['setəlmənt] n förlikning
c, uppgörelse c, överenskommelse c
seven ['sevən] num sju
seventeen [,sevən'ti:n] num sjutton
seventeenth [,sevən'ti:nθ] num sjuttonde
seventh ['sevənθ] num sjunde
seventy ['sevənti] num sjuttio
several ['sevərəl] adj flera, åtskilliga
severe [si'viə] adj sträng, häftig
*sew [sou] v sy; ~ **up** sy ihop
sewer ['su:ə] n kloak c

sewing-machine ['souiŋmə,ʃi:n] n symaskin c
sex [seks] n kön nt
sexton ['sekstən] n kyrkvaktmästare
c
sexual ['sekʃuəl] adj sexuell
sexuality [,sekʃu'æləti] n sexualitet c
shade [ʃeid] n skugga c; nyans c
shadow ['ʃædou] n skugga c
shady ['ʃeidi] adj skuggig
*shake [ʃeik] v skaka
shaky ['ʃeiki] adj ostadig, skakig
*shall [ʃæl] v *ska
shallow ['ʃælou] adj grund
shame [ʃeim] n skam c; shame! fy!
shampoo [ʃæm'pu:] n schampo nt
shamrock ['ʃæmrɔk] n treklöver c
shape [ʃeip] n form c; v forma
share [ʃeə] v dela; n del c; aktie c
shark [ʃɑ:k] n haj c
sharp [ʃɑ:p] adj vass
sharpen ['ʃɑ:pən] v vässa, slipa
shave [ʃeiv] v raka sig
shaver ['ʃeivə] n rakapparat c
shaving-brush ['ʃeiviŋbrʌʃ] n rakborste c
shaving-cream ['ʃeiviŋkri:m] n rakkräm c
shaving-soap ['ʃeiviŋsoup] n raktvål c
shawl [ʃɔ:l] n schal c
she [ʃi:] pron hon
shed [ʃed] n skjul nt
*shed [ʃed] v *utgjuta; *sprida
sheep [ʃi:p] n (pl ~) får nt
sheer [ʃiə] adj pur, ren; genomskinlig, skir, brant
sheet [ʃi:t] n lakan nt; ark nt; plåt c
shelf [ʃelf] n (pl shelves) hylla c
shell [ʃel] n snäckskal nt; skal nt
shellfish ['ʃelfiʃ] n skaldjur nt
shelter ['ʃeltə] n skydd nt; v skydda
shepherd ['ʃepəd] n herde c
shift [ʃift] n ombyte nt, skift nt, förändring c

*shine [ʃain] v *skina; glänsa, blänka

ship [ʃip] n fartyg nt; v skeppa; ship-ping line linjerederi nt

shipowner [ˈʃiˌpounə] n skeppsredare c

shipyard [ˈʃipjɑːd] n skeppsvarv nt

shirt [ʃəːt] n skjorta c

shiver [ˈʃivə] v huttra, skälva; n rys-ning c

shivery [ˈʃivəri] adj huttrande

shock [ʃɔk] n chock c; v chockera; ~ absorber stötdämpare c

shocking [ˈʃɔkiŋ] adj chockerande

shoe [ʃuː] n sko c; gym shoes gym-nastikskor pl; ~ polish skokräm c

shoe-lace [ˈʃuːleis] n skosnöre nt

shoemaker [ˈʃuːˌmeikə] n skomakare c

shoe-shop [ˈʃuːʃɔp] n skoaffär c

shook [ʃuk] v (p shake)

*shoot [ʃuːt] v *skjuta

shop [ʃɔp] n butik c; v handla; ~ as-sistant affärsbiträde nt; shopping bag kasse c; shopping centre af-färscentrum nt

shopkeeper [ˈʃɔpˌkiːpə] n affärsin-nehavare c

shop-window [ʃɔpˈwindou] n skylt-fönster nt

shore [ʃɔː] n strand c

short [ʃɔːt] adj kort; liten; ~ circuit kortslutning c

shortage [ˈʃɔːtidʒ] n brist c

shortcoming [ˈʃɔːtˌkʌmiŋ] n brist c; underskott nt

shorten [ˈʃɔːtən] v förkorta

shorthand [ˈʃɔːthænd] n stenografi c

shortly [ˈʃɔːtli] adv snart, inom kort

shorts [ʃɔːts] pl shorts pl; plAm kal-songer pl

short-sighted [ˌʃɔːtˈsaitid] adj närsynt

shot [ʃɔt] n skott nt; spruta c; bild c

*should [ʃud] v borde

shoulder [ˈʃouldə] n axel c

shout [ʃaut] v *skrika; n skrik nt

shovel [ˈʃʌvəl] n skovel c

show [ʃou] n uppförande nt, före-ställning c; utställning c

*show [ʃou] v visa; utställa, framvi-sa; bevisa

show-case [ˈʃoukeis] n monter c

shower [ʃauə] n dusch c; regnskur c, störtskur c

showroom [ˈʃouruːm] n utställnings-lokal c

shriek [ʃriːk] v *skrika; n illtjut nt

shrimp [ʃrimp] n räka c

shrine [ʃrain] n reliksrkrin nt, helge-dom c

*shrink [ʃriŋk] v krympa

shrinkproof [ˈʃriŋkpruːf] adj krympfri

shrub [ʃrʌb] n buske c

shudder [ˈʃʌdə] n rysning c

shuffle [ˈʃʌfəl] v blanda

*shut [ʃʌt] v stänga; ~ in stänga in

shutter [ˈʃʌtə] n fönsterlucka c, per-sienn c

shy [ʃai] adj skygg, blyg

shyness [ˈʃainəs] n blyghet c

Siam [saiˈæm] Siam

Siamese [ˌsaiəˈmiːz] adj siamesisk; n siames c

sick [sik] adj sjuk; illamående

sickness [ˈsiknəs] n sjukdom c; illa-mående nt

side [said] n sida c; parti nt; one-sided adj ensidig

sideburns [ˈsaidbəːnz] pl polisonger pl

sidelight [ˈsaidlait] n sidoljus nt

side-street [ˈsaidstriːt] n sidogata c

sidewalk [ˈsaidwɔːk] nAm gångbana c, trottoar c

sideways [ˈsaidweiz] adv åt sidan

siege [siːdʒ] n belägring c

sieve [siv] n sil c; v sila

sift [sift] v sikta

sight [sait] n synhåll nt; syn c, åsyn c; sevärdhet c

sign [sain] n tecken nt; gest c; v underteckna

signal ['signəl] n signal c; tecken nt; v signalera

signature ['signətʃə] n signatur c

significant [sig'nifikənt] adj betydelsefull

signpost ['sainpoust] n vägvisare c

silence ['sailəns] n tystnad c; v tysta

silencer ['sailənsə] n ljuddämpare c

silent ['sailənt] adj tyst; *be ~ *tiga

silk [silk] n siden nt

silken ['silkən] adj siden-

silly ['sili] adj dum

silver ['silvə] n silver nt; silver-

silversmith ['silvəsmiθ] n silversmed c

silverware ['silvəwɛə] n silver nt

similar ['similə] adj liknande, dylik

similarity [,simi'lærəti] n likhet c

simple ['simpəl] adj enkel, okonstlad; vanlig

simply ['simpli] adv enkelt, helt enkelt

simulate ['simjuleit] v låtsa

simultaneous [,siməl'teiniəs] adj samtidig; simultaneously adv samtidigt

sin [sin] n synd c

since [sins] prep sedan; adv sedan dess; conj sedan; eftersom

sincere [sin'siə] adj uppriktig

sinew ['sinju:] n sena c

*sing [siŋ] v *sjunga

singer ['siŋə] n sångare c; sångerska c

single ['siŋgəl] adj en enda; ogift; ~ room enkelrum nt

singular ['siŋgjulə] n singularis nt; adj säregen

sinister ['sinistə] adj olycksbådande

sink [siŋk] n vask c

*sink [siŋk] v *sjunka

sip [sip] n liten klunk

siphon ['saifən] n sifon c

sir [sə:] min herre

siren ['saiərən] n siren c

sister ['sistə] n syster c

sister-in-law ['sistərinlɔ:] n (pl sisters-) svägerska c

*sit [sit] v *sitta; ~ down *sätta sig

site [sait] n tomt c; läge nt

sitting-room ['sitiŋru:m] n vardagsrum nt

situated ['sitʃueitid] adj belägen

situation [,sitʃu'eiʃən] n situation c; läge nt, anställning c

six [siks] num sex

sixteen [,siks'ti:n] num sexton

sixteenth [,siks'ti:nθ] num sextonde

sixth [siksθ] num sjätte

sixty ['siksti] num sextio

size [saiz] n storlek c, dimension c; format nt

skate [skeit] v åka skridskor; n skridsko c

skating ['skeitiŋ] n skridskoåkning c

skating-rink ['skeitiŋriŋk] n skridskobana c

skeleton ['skelitən] n skelett nt

sketch [sketʃ] n skiss c, teckning c; v teckna, skissera

sketch-book ['sketʃbuk] n skissbok c

ski¹ [ski:] v åka skidor

ski² [ski:] n (pl ~, ~s) skida c; ~ boots pjäxor pl; ~ pants skidbyxor pl; ~ poles Am skidstavar pl; ~ sticks skidstavar pl

skid [skid] v slira, sladda

skier ['ski:ə] n skidåkare c

skiing ['ski:iŋ] n skidåkning c

ski-jump ['ski:dʒʌmp] n backhoppning c

skilful ['skilfəl] adj händig, duktig, skicklig

ski-lift ['ski:lift] n skidlift c

skill [skil] n skicklighet c

skilled [skild] adj skicklig; yrkesutbildad

skin [skin] n hud c, djurskinn nt; skal nt; ~ cream hudkräm c

skip [skip] v skutta; hoppa över

skirt [skɜːt] n kjol c

skull [skʌl] n skalle c

sky [skai] n himmel c; luft c

skyscraper [ˈskaiˌskreipə] n skyskrapa c

slack [slæk] adj slak

slacks [slæks] pl långbyxor pl

slam [slæm] v *slå igen

slander [ˈslɑːndə] n förtal nt

slant [slɑːnt] v slutta

slanting [ˈslɑːntiŋ] adj lutande, sned, sluttande

slap [slæp] v *slå; n örfil c

slate [sleit] n skiffer nt

slave [sleiv] n slav c

sledge [sledʒ] n släde c, kälke c

sleep [sliːp] n sömn c

*sleep [sliːp] v *sova

sleeping-bag [ˈsliːpiŋbæg] n sovsäck c

sleeping-car [ˈsliːpiŋkɑː] n sovvagn c

sleeping-pill [ˈsliːpiŋpil] n sömntablett c

sleepless [ˈsliːpləs] adj sömnlös

sleepy [ˈsliːpi] adj sömnig

sleeve [sliːv] n ärm c; skivfodral nt

sleigh [slei] n släde c, kälke c

slender [ˈslendə] adj slank

slice [slais] n skiva c

slide [slaid] n glidning c; rutschbana c; diapositiv nt

*slide [slaid] v *glida

slight [slait] adj lätt; svag

slim [slim] adj slank; v magra

slip [slip] v halka, slira; n felsteg nt; underklänning c

slipper [ˈslipə] n toffel c

slippery [ˈslipəri] adj slipprig, hal

slogan [ˈslougən] n slogan c, partiparoll c

slope [sloup] n sluttning c; v slutta

sloping [ˈsloupiŋ] adj sluttande

sloppy [ˈslɔpi] adj oordentlig

slot [slɔt] n myntöppning c

slot-machine [ˈslɔtˌməʃiːn] n spelautomat c

slovenly [ˈslʌvənli] adj slarvig

slow [slou] adj trögtänkt, långsam; ~ down fördröja, sakta ned

sluice [sluːs] n sluss c

slum [slʌm] n fattigkvarter nt

slump [slʌmp] n prisfall nt

slush [slʌʃ] n snöslask nt

sly [slai] adj slug

smack [smæk] v *ge en örfil; n klatsch c

small [smɔːl] adj liten

smallpox [ˈsmɔːlpɔks] n smittkoppor pl

smart [smɑːt] adj chic; klipsk, duktig

smell [smel] n lukt c

*smell [smel] v lukta; lukta illa

smelly [ˈsmeli] adj illaluktande

smile [smail] v *le; n leende nt

smith [smiθ] n smed c

smoke [smouk] v röka; n rök c; no smoking rökning förbjuden

smoker [ˈsmoukə] n rökare c; rökkupé c

smoking-compartment [ˈsmoukiŋkəmˌpɑːtmənt] n rökkupé c

smoking-room [ˈsmoukiŋruːm] n rökrum nt

smooth [smuːð] adj slät, jämn; mjuk

smuggle [ˈsmʌgəl] v smuggla

snack [snæk] n mellanmål nt

snack-bar [ˈsnækbɑː] n snackbar c

snail [sneil] n snigel c

snake [sneik] n orm c

snapshot [ˈsnæpʃɔt] n ögonblicksbild c, kort nt

sneakers [ˈsniːkəz] plAm gymnastikskor pl

sneeze [sniːz] v *nysa

sniper [ˈsnaipə] n prickskytt c

snooty [ˈsnuːti] adj mallig, överlägsen

snore [snɔ:] *v* snarka

snorkel ['snɔ:kəl] *n* snorkel *c*

snout [snaut] *n* nos *c*

snow [snou] *n* snö *c; v* snöa

snowstorm ['snoustɔ:m] *n* snöstorm *c*

snowy ['snoui] *adj* snöig

so [sou] *conj* så; *adv* så, till den grad; **and ~ on** och så vidare; **~ far** hittills; **~ that** så att, så

soak [souk] *v* blöta

soap [soup] *n* tvål *c;* **~ powder** tvåltvättmedel *nt*

sober ['soubə] *adj* nykter; sansad

so-called [,sou'kɔ:ld] *adj* så kallad

soccer ['sɔkə] *n* fotboll *c;* **~ team** fotbollslag *nt*

social ['souʃəl] *adj* social, samhälls-

socialism ['souʃəlizəm] *n* socialism *c*

socialist ['souʃəlist] *adj* socialistisk; *n* socialist *c*

society [sə'saiəti] *n* samfund *nt;* sammanslutning *c*, sällskap *nt;* förening *c*

sock [sɔk] *n* socka *c*

socket ['sɔkit] *n* glödlampshållare *c;* urtag *nt*

soda-water ['soudə,wɔ:tə] *n* sodavatten *nt.* mineralvatten *nt*

sofa ['soufə] *n* soffa *c*

soft [sɔft] *adj* mjuk; **~ drink** alkoholfri dryck

soften ['sɔfən] *v* mjuka upp

soil [sɔil] *n* jord *c;* jordmån *c*

soiled [sɔild] *adj* nedsmutsad

sold [sould] *v* (p, pp sell) ; **~ out** utsåld

solder ['sɔldə] *v* löda

soldering-iron ['sɔldəriŋaiən] *n* lödkolv *c*

soldier ['souldʒə] *n* soldat *c*

sole¹ [soul] *adj* ensam

sole² [soul] *n* sula *c;* sjötunga *c*

solely ['soulli] *adv* uteslutande

solemn ['sɔləm] *adj* högtidlig

solicitor [sə'lisitə] *n* advokat *c*, jurist *c*

solid ['sɔlid] *adj* gedigen, massiv; *n* fast kropp

soluble ['sɔljubəl] *adj* löslig

solution [sə'lu:ʃən] *n* lösning *c*

solve [sɔlv] *v* lösa

sombre ['sɔmbə] *adj* dyster

some [sʌm] *adj* några; *pron* somliga; något; **~ day** någon gång; **~ more** lite mer; **~ time** en gång, någon gång

somebody ['sʌmbədi] *pron* någon

somehow ['sʌmhau] *adv* på något sätt

someone ['sʌmwʌn] *pron* någon

something ['sʌmθiŋ] *pron* något

sometimes ['sʌmtaimz] *adv* ibland

somewhat ['sʌmwɔt] *adv* tämligen

somewhere ['sʌmwɛə] *adv* någonstans

son [sʌn] *n* son *c*

song [sɔŋ] *n* sång *c*

son-in-law ['sʌninlɔ:] *n* (pl sons-) svärson *c*

soon [su:n] *adv* inom kort, fort, snart; **as ~ as** så snart som

sooner ['su:nə] *adv* hellre

sore [sɔ:] *adj* öm; *n* ömt ställe; sår *nt;* **~ throat** halsont *nt*

sorrow ['sɔrou] *n* sorg *c*, bedrövelse *c*

sorry ['sɔri] *adj* ledsen; **sorry!** ursäkta!, förlåt!

sort [sɔ:t] *v* ordna, sortera; *n* sort *c*, slag *nt;* **all sorts of** all slags

soul [soul] *n* själ *c*

sound [saund] *n* ljud *nt; v* *låta; adj* pålitlig

soundproof ['saundpru:f] *adj* ljudisolerad

soup [su:p] *n* soppa *c*

soup-plate ['su:ppleit] *n* sopptallrik *c*

soup-spoon ['su:pspu:n] *n* soppsked *c*

sour [sauə] *adj* sur

source [sɔ:s] *n* källa *c*

south [sauθ] *n* söder *c;* South Pole
Sydpolen

South Africa [sauθ 'æfrikə] Sydafrika

south-east [,sauθ'i:st] *n* sydost *c*

southerly ['sʌðəli] *adj* sydlig

southern ['sʌðən] *adj* södra

south-west [,sauθ'west] *n* sydväst *c*

souvenir ['su:vəniə] *n* souvenir *c;* ~
shop souvenirbutik *c*

sovereign ['sɔvrin] *n* härskare *c*

Soviet ['souviət] *adj* sovjetisk

*sow [sou] *v* så

spa [spɑ:] *n* kurort *c*

space [speis] *n* rum *nt;* rymd *c;* mel-
lanrum *nt,* avstånd *nt; v* *göra
mellanrum

spacious ['speiʃəs] *adj* rymlig

spade [speid] *n* spade *c*

Spain [spein] Spanien

Spaniard ['spænjəd] *n* spanjor *c*

Spanish ['spæniʃ] *adj* spansk

spanking ['spæŋkiŋ] *n* smäll *c*

spanner ['spænə] *n* skiftnyckel *c*

spare [speə] *adj* reserv-, extra; *v* *va-
ra utan;* ~ part reservdel *c;* ~
room gästrum *nt;* ~ time fritid *c;*
~ tyre reservdäck *nt;* ~ wheel re-
servhjul *nt*

spark [spɑ:k] *n* gnista *c*

sparking-plug ['spɑ:kiŋplʌg] *n* tänd-
stift *nt*

sparkling ['spɑ:kliŋ] *adj* gnistrande;
mousserande

sparrow ['spærou] *n* sparv *c*

*speak [spi:k] *v* tala

spear [spiə] *n* spjut *nt*

special ['speʃəl] *adj* speciell, särskild;
~ delivery expressutdelning *c*

specialist ['speʃəlist] *n* specialist *c*

speciality [,speʃi'æləti] *n* specialitet *c*

specialize ['speʃəlaiz] *v* specialisera
sig

specially ['speʃəli] *adv* i synnerhet

species ['spi:ʃi:z] *n* (pl ~) art *c*

specific [spə'sifik] *adj* specifik

specimen ['spesimən] *n* exemplar *nt,*
specimen *nt*

speck [spek] *n* fläck *c*

spectacle ['spektəkəl] *n* skådespel *nt;*
spectacles glasögon *pl*

spectator [spek'teitə] *n* åskådare *c*

speculate ['spekjuleit] *v* spekulera

speech [spi:tʃ] *n* talförmåga *c;* anför-
ande *nt,* tal *nt;* språk *nt*

speechless ['spi:tʃləs] *adj* mållös

speed [spi:d] *n* hastighet *c;* fart *c;*
cruising ~ marschfart *c;* ~ limit
fartbegränsning *c,* hastighetsbe-
gränsning *c*

*speed [spi:d] *v* köra (för) fort

speeding ['spi:diŋ] *n* fortkörning *c*

speedometer [spi:'dɔmitə] *n* hastig-
hetsmätare *c*

spell [spel] *n* förtrollning *c*

*spell [spel] *v* stava

spelling ['speliŋ] *n* stavning *c*

*spend [spend] *v* förbruka, spendera;
tillbringa

sphere [sfiə] *n* klot *nt;* sfär *c*

spice [spais] *n* krydda *c*

spiced [spaist] *adj* kryddad

spicy ['spaisi] *adj* kryddstark

spider ['spaidə] *n* spindel *c;* spider's
web spindelnät *nt*

*spill [spil] *v* spilla

*spin [spin] *v* *spinna; snurra

spinach ['spinidʒ] *n* spenat *c*

spine [spain] *n* ryggrad *c*

spinster ['spinstə] *n* ungmö *c*

spire [spaiə] *n* spira *c*

spirit ['spirit] *n* ande *c;* spöke *nt;*
spirits spritdrycker *pl;* sinnesstäm-
ning *c;* ~ stove spritkök *nt*

spiritual ['spiritʃuəl] *adj* andlig

spit [spit] *n* spott *nt,* saliv *c;* spett *nt*

*spit [spit] *v* spotta

in spite of [in spait ɔv] trots, oaktat

spiteful ['spaitfəl] *adj* ondskefull

splash [splæʃ] *v* stänka

splendid ['splendid] *adj* strålande, praktfull

splendour ['splendə] *n* prakt *c*

splint [splint] *n* spjäla *c*

splinter ['splintə] *n* splitter *nt*

*****split** [split] *v* *klyva

*****spoil** [spɔil] *v* fördärva; skämma bort

spoke¹ [spouk] *v* (p speak)

spoke² [spouk] *n* eker *c*

sponge [spʌndʒ] *n* tvättsvamp *c*

spook [spu:k] *n* spöke *nt*

spool [spu:l] *n* spole *c*

spoon [spu:n] *n* sked *c*

spoonful ['spu:nful] *n* sked *c*

sport [spɔ:t] *n* sport *c*

sports-car ['spɔ:tska:] *n* sportbil *c*

sports-jacket ['spɔ:ts͵dʒækit] *n* sportjacka *c*

sportsman ['spɔ:tsmən] *n* (pl -men) idrottsman *c*

sportswear ['spɔ:tsweə] *n* sportkläder *pl*

spot [spɔt] *n* fläck *c*; ställe *nt*, plats *c*

spotless ['spɔtləs] *adj* fläckfri

spotlight ['spɔtlait] *n* strålkastare *c*

spotted ['spɔtid] *adj* fläckig

spout [spaut] *n* stråle *c*; pip *c*, ränna *c*

sprain [sprein] *v* stuka; *n* stukning *c*

*****spread** [spred] *v* *sprida

spring [spriŋ] *n* vår *c*; fjäder *c*; källa *c*

springtime ['spriŋtaim] *n* vår *c*

sprouts [sprauts] *pl* brysselkål *c*

spy [spai] *n* spion *c*

squadron ['skwɔdrən] *n* skvadron *c*

square [skweə] *adj* kvadratisk; *n* kvadrat *c*; öppen plats, torg *nt*

squash [skwɔʃ] *n* fruktsaft *c*; squash *c*

squirrel ['skwirəl] *n* ekorre *c*

squirt [skwə:t] *n* stråle *c*

stable ['steibəl] *adj* stabil; *n* stall *nt*

stack [stæk] *n* stack *c*, stapel *c*

stadium ['steidiəm] *n* stadion *nt*

staff [sta:f] *n* personal *c*

stage [steidʒ] *n* scen *c*; stadium *nt*, fas *c*; etapp *c*

stain [stein] *v* fläcka ned; *n* fläck *c*; **stained glass** färgat glas; **~ remover** fläckborttagningsmedel *nt*

stainless ['steinləs] *adj* fläckfri; **~ steel** rostfritt stål

staircase ['steəkeis] *n* trappa *c*

stairs [steəz] *pl* trappa *c*

stale [steil] *adj* gammal

stall [stɔ:l] *n* stånd *nt*; parkett *c*

stamina ['stæminə] *n* uthållighet *c*

stamp [stæmp] *n* frimärke *nt*; stämpel *c*; *v* frankera; stampa; **~ machine** frimärksautomat *c*

stand [stænd] *n* ställ *nt*, stånd *nt*; läktare *c*

*****stand** [stænd] *v* *stå

standard ['stændəd] *n* norm *c*; standard-; **~ of living** levnadsstandard *c*

stanza ['stænzə] *n* strof *c*

staple ['steipəl] *n* häftklammer *c*; stapelvara *c*

star [sta:] *n* stjärna *c*

starboard ['sta:bəd] *n* styrbord

starch [sta:tʃ] *n* stärkelse *c*; *v* stärka

stare [steə] *v* stirra

starling ['sta:liŋ] *n* stare *c*

start [sta:t] *v* börja; *n* början *c*; **starter motor** startmotor *c*

starting-point ['sta:tiŋpoint] *n* utgångspunkt *c*

starve [sta:rv] *v* *svälta

state [steit] *n* stat *c*; tillstånd *nt*; *v* fastställa

the States [ðə steits] Förenta Staterna

statement ['steitmənt] n uppgift c, redogörelse c

statesman ['steitsmən] n (pl -men) statsman c

station ['steiʃən] n järnvägsstation c; position c

stationary ['steiʃənəri] adj stillastående

stationer's ['steiʃənəz] n pappershandel c

stationery ['steiʃənəri] n kontorsartiklar pl

station-master ['steiʃən‚maːstə] n stationsinspektor c

statistics [stə'tistiks] pl statistik c

statue ['stætʃuː] n staty c

stay [stei] v *förbli, stanna kvar; vistas, *uppehålla sig; n vistelse c

steadfast ['stedfɑːst] adj orubblig

steady ['stedi] adj stadig

steak [steik] n biff c

***steal** [stiːl] v *stjäla

steam [stiːm] n ånga c

steamer ['stiːmə] n ångare c

steel [stiːl] n stål nt

steep [stiːp] adj brant

steeple ['stiːpəl] n tornspira c

steering-column ['stiəriŋ‚kɔləm] n rattstång c

steering-wheel ['stiəriŋwiːl] n ratt c

steersman ['stiəzmən] n (pl -men) rorsman c

stem [stem] n stjälk c

stenographer [ste'nɔgrəfə] n stenograf c

step [step] n steg nt; v trampa

stepchild ['steptʃaild] n (pl -children) styvbarn nt

stepfather ['step‚fɑːðə] n styvfar c

stepmother ['step‚mʌðə] n styvmor c

sterile ['sterail] adj steril

sterilize ['sterilaiz] v sterilisera

steward ['stjuːəd] n steward c

stewardess ['stjuː‚ədes] n flygvärdinna c

stick [stik] n pinne c, käpp c

***stick** [stik] v fästa, klistra

sticky ['stiki] adj klibbig

stiff [stif] adj stel

still [stil] adv ännu; likväl; adj stilla

stillness ['stilnəs] n stillhet c

stimulant ['stimjulənt] n stimulans c; stimulantia pl

stimulate ['stimjuleit] v stimulera

sting [stiŋ] n sting nt, stick nt

***sting** [stiŋ] v *sticka

stingy ['stindʒi] adj småaktig

***stink** [stiŋk] v *stinka

stipulate ['stipjuleit] v stipulera, bestämma

stipulation [‚stipju'leiʃən] n bestämmelse c

stir [stəː] v röra sig; röra om

stirrup ['stirəp] n stigbygel c

stitch [stitʃ] n stygn nt, håll nt

stock [stɔk] n lager nt; v lagra; ~ exchange fondbörs c; ~ market fondmarknad c; stocks and shares värdepapper pl

stocking ['stɔkiŋ] n strumpa c

stole¹ [stoul] v (p steal)

stole² [stoul] n stola c

stomach ['stʌmək] n mage c

stomach-ache ['stʌməkeik] n magont nt

stone [stoun] n sten c; ädelsten c; kärna c; sten-; **pumice** ~ pimpsten c

stood [stud] v (p, pp stand)

stop [stɔp] v stoppa, upphöra; *hålla upp med; n hållplats c; **stop!** stopp!

stopper ['stɔpə] n propp c

storage ['stɔːridʒ] n lagring c

store [stɔː] n lager nt; affär c; v lagra

store-house ['stɔːhaus] n magasin nt

storey ['stɔːri] n våning c

stork [stɔːk] n stork c

storm [stɔːm] n storm c

stormy [ˈstɔ:mi] *adj* stormig

story [ˈstɔ:ri] *n* historia *c*

stout [staut] *adj* korpulent, tjock; kraftig

stove [stouv] *n* ugn *c;* köksspis *c*

straight [streit] *adj* rak; hederlig; *adv* rakt; ~ **ahead** rakt fram; ~ **away** omedelbart, genast; ~ **on** rakt fram

strain [strein] *n* ansträngning *c;* påfrestning *c; v* överanstränga; sila

strainer [ˈstreinə] *n* durkslag *nt*

strange [streindʒ] *adj* främmande; besynnerlig

stranger [ˈstreindʒə] *n* främling *c;* okänd person

strangle [ˈstræŋgəl] *v* *strypa

strap [stræp] *n* rem *c*

straw [strɔ:] *n* strå *nt,* halm *c;* sugrör *nt*

strawberry [ˈstrɔ:bəri] *n* jordgubbe *c;* **wild** ~ smultron *nt*

stream [stri:m] *n* bäck *c;* ström *c; v* strömma

street [stri:t] *n* gata *c*

streetcar [ˈstri:tkɑ:] *n Am* spårvagn *c*

street-organ [ˈstri:ˌtɔ:gən] *n* positiv *nt*

strength [streŋθ] *n* kraft *c,* styrka *c*

stress [stres] *n* stress *c;* betoning *c; v* betona

stretch [stretʃ] *v* tänja; *n* sträcka *c*

stretcher [ˈstretʃə] *n* bår *c*

strict [strikt] *adj* sträng; strikt

strife [straif] *n* stridighet *c*

strike [straik] *n* strejk *c*

*strike [straik] *v* *slå; *slå till; strejka

striking [ˈstraikiŋ] *adj* slående, markant, påfallande

string [striŋ] *n* snöre *nt;* sträng *c*

strip [strip] *n* remsa *c*

stripe [straip] *n* rand *c*

striped [straipt] *adj* randig

stroke [strouk] *n* slaganfall *nt*

stroll [stroul] *v* flanera; *n* promenad *c*

strong [strɔŋ] *adj* stark; kraftig

stronghold [ˈstrɔŋhould] *n* fästning *c*

structure [ˈstrʌktʃə] *n* struktur *c;* byggnadsverk *nt*

struggle [ˈstrʌgəl] *n* strid *c,* kamp *c; v* *slåss, kämpa

stub [stʌb] *n* talong *c*

stubborn [ˈstʌbən] *adj* envis

student [ˈstju:dənt] *n* student *c;* studentska *c;* studerande *c*

study [ˈstʌdi] *v* studera; *n* studium *nt;* arbetsrum *nt*

stuff [stʌf] *n* material *nt;* grejor *pl*

stuffed [stʌft] *adj* fylld

stuffing [ˈstʌfiŋ] *n* fyllning *c*

stuffy [ˈstʌfi] *adj* kvav

stumble [ˈstʌmbəl] *v* snubbla

stung [stʌŋ] *v* (p, pp sting)

stupid [ˈstju:pid] *adj* dum

style [stail] *n* stil *c*

subject[1] [ˈsʌbdʒikt] *n* subjekt *nt;* undersåte *c;* ~ **to** utsatt för

subject[2] [səbˈdʒekt] *v* underkuva

submit [səbˈmit] *v* underkasta sig

subordinate [səˈbɔ:dinət] *adj* underordnad

subscriber [səbˈskraibə] *n* prenumerant *c*

subscription [səbˈskripʃən] *n* prenumeration *c,* abonnemang *nt;* insamling *c*

subsequent [ˈsʌbsikwənt] *adj* följande

subsidy [ˈsʌbsidi] *n* understöd *nt*

substance [ˈsʌbstəns] *n* substans *c*

substantial [səbˈstænʃəl] *adj* verklig; ansenlig

substitute [ˈsʌbstitju:t] *v* *ersätta; *n* surrogat *nt;* ställföreträdare *c*

subtitle [ˈsʌbˌtaitəl] *n* undertitel *c*

subtle [ˈsʌtəl] *adj* subtil

subtract [səbˈtrækt] *v* minska, *dra ifrån

suburb [ˈsʌbə:b] *n* förstad *c,* förort *c*

suburban [sə'bə:bən] adj förstads-

subway ['sʌbwei] nAm tunnelbana c

succeed [sək'si:d] v lyckas; efterträda

success [sək'ses] n succé c

successful [sək'sesfəl] adj framgångs-
rik

succumb [sə'kʌm] v duka under

such [sʌtʃ] adj sådan, liknande; adv
så; ~ as sådan som

suck [sʌk] v *suga

sudden ['sʌdən] adj plötslig

suddenly ['sʌdənli] adv plötsligt

suede [sweid] n mockaskinn nt

suffer ['sʌfə] v *lida; tåla

suffering ['sʌfəriŋ] n lidande nt

suffice [sə'fais] v räcka

sufficient [sə'fiʃənt] adj tillräcklig

suffrage ['sʌfridʒ] n rösträtt c

sugar ['ʃugə] n socker nt

suggest [sə'dʒest] v *föreslå

suggestion [sə'dʒestʃən] n förslag nt

suicide ['su:isaid] n självmord nt

suit [su:t] v passa; avpassa; n dräkt c,
kostym c

suitable ['su:təbəl] adj passande

suitcase ['su:tkeis] n resväska c

suite [swi:t] n svit c

sum [sʌm] n summa c

summary ['sʌməri] n sammandrag nt,
översikt c

summer ['sʌmə] n sommar c; ~ time
sommartid c

summit ['sʌmit] n topp c

summons ['sʌmənz] n (pl ~es) kal-
lelse c, stämning c

sun [sʌn] n sol c

sunbathe ['sʌnbeið] v solbada

Sunday ['sʌndi] söndag c

sun-glasses ['sʌn,glɑ:siz] pl solglas-
ögon pl

sunlight ['sʌnlait] n solljus nt

sunny ['sʌni] adj solig

sunrise ['sʌnraiz] n soluppgång c

sunset ['sʌnset] n solnedgång c

sunshade ['sʌnʃeid] n solparasoll nt

sunshine ['sʌnʃain] n solsken nt

sunstroke ['sʌnstrouk] n solsting nt

suntan oil ['sʌntænɔil] sololja c

superb [su'pə:b] adj storartad, utsökt

superficial [,su:pə'fiʃəl] adj ytlig

superfluous [su'pə:fluəs] adj överflö-
dig

superior [su'piəriə] adj större, bättre,
överlägsen

superlative [su'pə:lətiv] adj superla-
tiv; n superlativ c

supermarket ['su:pə,ma:kit] n snabb-
köp nt

superstition [,su:pə'stiʃən] n vidske-
pelse c

supervise ['su:pəvaiz] v övervaka

supervision [,su:pə'viʒən] n kontroll c,
uppsikt c

supervisor ['su:pəvaizə] n arbetsleda-
re c, uppsyningsman c

supper ['sʌpə] n kvällsmat c

supple ['sʌpəl] adj böjlig, mjuk, smi-
dig

supplement ['sʌplimənt] n tidningsbi-
laga c

supply [sə'plai] n leverans c; förråd
nt; utbud nt; v *förse

support [sə'pɔ:t] v *hålla uppe, stöd-
ja, understödja; n stöd nt; ~ hose
stödstrumpor pl

supporter [sə'pɔ:tə] n anhängare c

suppose [sə'pouz] v förmoda, *anta;
supposing that *anta att

suppository [sə'pɔzitəri] n stolpiller
nt

suppress [sə'pres] v undertrycka

surcharge ['sə:tʃa:dʒ] n tillägg nt;
överbelastning c

sure [ʃuə] adj säker

surely ['ʃuəli] adv säkerligen

surface ['sə:fis] n yta c

surf-board ['sə:fbɔ:d] n surfingbräda
c

surgeon ['sə:dʒən] n kirurg c; **veterinary** ~ veterinär c

surgery ['sə:dʒəri] n kirurgi c; läkarmottagning c

surname ['sə:neim] n efternamn nt

surplus ['sə:pləs] n överskott nt

surprise [sə'praiz] n överraskning c; v överraska; förvåna

surrender [sə'rendə] v *ge sig; n kapitulation c

surround [sə'raund] v omringa, *omge

surrounding [sə'raundiŋ] adj kringliggande

surroundings [sə'raundiŋz] pl omgivningar

survey ['sə:vei] n översikt c

survival [sə'vaivəl] n överlevnad c

survive [sə'vaiv] v överleva

suspect[1] [sə'spekt] v misstänka; *anta

suspect[2] ['sʌspekt] n misstänkt c

suspend [sə'spend] v suspendera

suspenders [sə'spendəz] plAm hängslen pl; **suspender belt** strumpebandshållare c

suspension [sə'spenʃən] n upphängningsanordning nt, fjädring c; ~ **bridge** hängbro c

suspicion [sə'spiʃən] n misstanke c; misstänksamhet c, misstro c

suspicious [sə'spiʃəs] adj misstänkt; misstrogen, misstänksam

sustain [sə'stein] v *utstå

Swahili [swɑ'hi:li] n swahili

swallow ['swɔlou] v sluka, *svälja; n svala c

swam [swæm] v (p swim)

swamp [swɔmp] n träsk nt

swan [swɔn] n svan c

swap [swɔp] v byta

*swear [sweə] v *svära

sweat [swet] n svett c; v svettas

sweater ['swetə] n tröja c

Swede [swi:d] n svensk c

Sweden ['swi:dən] Sverige

Swedish ['swi:diʃ] adj svensk

*sweep [swi:p] v sopa

sweet [swi:t] adj söt; snäll; n karamell c; dessert c; **sweets** sötsaker pl

sweeten ['swi:tən] v söta

sweetheart ['swi:thɑ:t] n älskling c, raring c

sweetshop ['swi:tʃɔp] n gottaffär c

swell [swel] adj tjusig

*swell [swel] v svälla; svullna; öka

swelling ['sweliŋ] n svullnad c

swift [swift] adj rask

*swim [swim] v simma

swimmer ['swimə] n simmare c

swimming ['swimiŋ] n simning c; ~ **pool** simbassäng c

swimming-trunks ['swimiŋtrʌŋks] pl badbyxor pl

swim-suit ['swimsu:t] n baddräkt c

swindle ['swindəl] v svindla; n svindel c

swindler ['swindlə] n svindlare c

swing [swiŋ] n gunga c

*swing [swiŋ] v svänga; gunga

Swiss [swis] adj schweizisk; n schweizare c

switch [switʃ] n växel c; strömbrytare c, spö nt; v växla; ~ **off** koppla av, stänga av; ~ **on** koppla på

switchboard ['switʃbɔ:d] n kopplingsbord nt

Switzerland ['switsələnd] Schweiz

sword [sɔ:d] n svärd nt

swum [swʌm] v (pp swim)

syllable ['siləbəl] n stavelse c

symbol ['simbəl] n symbol c

sympathetic [,simpə'θetik] adj deltagande

sympathy ['simpəθi] n sympati c; medkänsla c

symphony ['simfəni] n symfoni c

symptom ['simtəm] n symptom nt
synagogue ['sinəgɔg] n synagoga c
synonym ['sinənim] n synonym c
synthetic [sin'θetik] adj syntetisk
syphon ['saifən] n sifon c
Syria ['siriə] Syrien
Syrian ['siriən] adj syrisk; n syrier c
syringe [si'rindʒ] n injektionspruta c
syrup ['sirəp] n sockerlag c, saft c
system ['sistəm] n system nt; decimal ~ decimalsystem nt
systematic [,sistə'mætik] adj systematisk

T

table ['teibəl] n bord nt; tabell c; ~ of contents innehållsförteckning c; ~ tennis bordtennis c
table-cloth ['teibəlklɔθ] n bordduk c
tablespoon ['teibəlspuːn] n matsked c
tablet ['tæblit] n tablett c
taboo [tə'buː] n tabu nt
tactics ['tæktiks] pl taktik c
tag [tæg] n prislapp c, adresslapp c
tail [teil] n svans c
tail-light ['teillait] n baklykta c
tailor ['teilə] n skräddare c
tailor-made ['teiləmeid] adj skräddarsydd
*take [teik] v *ta; *gripa; *begripa, *förstå, fatta; ~ away *ta bort; ~ off *ta av; *ge sig iväg; ~ out *ta ut; ~ over *överta; ~ place äga rum; ~ up *uppta
take-off ['teikɔf] n start c
tale [teil] n berättelse c, saga c
talent ['tælənt] n talang c, begåvning c
talented ['tæləntid] adj begåvad
talk [tɔːk] v tala, prata; n samtal nt
talkative ['tɔːkətiv] adj pratsam

tall [tɔːl] adj hög; lång
tame [teim] adj tam; v tämja
tampon ['tæmpən] n tampong c
tangerine [,tændʒə'riːn] n mandarin c
tangible ['tændʒibəl] adj gripbar
tank [tæŋk] n tank c
tanker ['tæŋkə] n tankfartyg nt
tanned [tænd] adj solbränd
tap [tæp] n kran c; slag nt; v knacka
tape [teip] n ljudband nt; snöre nt; adhesive ~ klisterremsa c, tejp c
tape-measure ['teip,meʒə] n måttband nt
tape-recorder ['teipri,kɔːdə] n bandspelare c
tapestry ['tæpistri] n gobeläng c
tar [taː] n tjära c
target ['taːgit] n måltavla c
tariff ['tærif] n tariff c
tarpaulin [taː'pɔːlin] n presenning c
task [taːsk] n uppgift c
taste [teist] n smak c; v smaka
tasteless ['teistləs] adj smaklös
tasty ['teisti] adj välsmakande
taught [tɔːt] v (p, pp teach)
tavern ['tævən] n taverna c
tax [tæks] n skatt c; v beskatta
taxation [tæk'seifən] n beskattning c
tax-free ['tæksfriː] adj skattefri
taxi ['tæksi] n taxi c; ~ rank taxistation c; ~ stand Am taxistation c
taxi-driver ['tæksi,draivə] n taxichaufför c
taxi-meter ['tæksi,miːtə] n taxameter c
tea [tiː] n te nt; eftermiddagste nt
*teach [tiːtʃ] v undervisa, lära
teacher ['tiːtʃə] n lärare c; lärarinna c
teachings ['tiːtʃiŋz] pl lära c
tea-cloth ['tiːklɔθ] n kökshandduk c
teacup ['tiːkʌp] n tekopp c
team [tiːm] n lag nt
teapot ['tiːpɔt] n tekanna c

*tear [teə] v *riva
tear¹ [tiə] n tår c
tear² [teə] n reva c
tease [ti:z] v reta
tea-set ['ti:set] n teservis c
tea-shop ['ti:ʃɔp] n tesalong c
teaspoon ['ti:spu:n] n tesked c
teaspoonful ['ti:spu:n,ful] n tesked c
technical ['teknikəl] adj teknisk
technician [tek'niʃən] n tekniker c
technique [tek'ni:k] n teknik c
technology [tek'nɔlədʒi] n teknologi c
teenager ['ti:,neidʒə] n tonåring c
teetotaller [ti:'toutələ] n absolutist c
telegram ['teligræm] n telegram nt
telegraph ['teligra:f] v telegrafera
telepathy [ti'lepəθi] n telepati c
telephone ['telifoun] n telefon c; ~
book Am telefonkatalog c; ~
booth telefonhytt c; ~ call telefon-
samtal nt; ~ directory telefonka-
talog c; ~ operator telefonist c
television ['teliviʒən] n television c;
cable ~ kabel-TV c; satellite ~
satellit-TV c; ~ set televisions-
apparat c
telex ['teleks] n telex nt
*tell [tel] v tala om; berätta, *säga
temper ['tempə] n humör nt
temperature ['temprətʃə] n tempera-
tur c
tempest ['tempist] n oväder nt
temple ['tempəl] n tempel nt; tinning
c
temporary ['tempərəri] adj tillfällig,
provisorisk
tempt [tempt] v fresta
temptation [temp'teiʃən] n frestelse c
ten [ten] num tio
tenant ['tenənt] n hyresgäst c
tend [tend] v tendera; vårda; ~ to
tendera åt
tendency ['tendənsi] n benägenhet c,
tendens c

tender ['tendə] adj öm; mör
tendon ['tendən] n sena c
tennis ['tenis] n tennis c; ~ shoes
tennisskor pl
tennis-court ['teniskɔ:t] n tennisplan
c, tennisbana c
tense [tens] adj spänd
tension ['tenʃən] n spänning c
tent [tent] n tält nt
tenth [tenθ] num tionde
tepid ['tepid] adj ljum
term [tə:m] n term c; period c, ter-
min c; villkor nt
terminal ['tə:minəl] n ändstation c
terrace ['terəs] n terrass c
terrain [te'rein] n terräng c
terrible ['teribəl] adj förskräcklig,
hemsk, förfärlig
terrific [tə'rifik] adj storartad
terrify ['terifai] v förskräcka; terrify-
ing skrämmande
territory ['teritəri] n område nt, terri-
torium nt
terror ['terə] n skräck c
terrorism ['terərizəm] n terrorism c,
terror c
terrorist ['terərist] n terrorist c
test [test] n prov nt, prövning c; v
pröva, testa
testify ['testifai] v vittna
text [tekst] n text c
textbook ['teksbuk] n lärobok c
texture ['tekstʃə] n struktur c
Thai [tai] adj thailändsk; n thailän-
dare c
Thailand ['tailænd] Thailand
than [ðæn] conj än
thank [θæŋk] v tacka; ~ you tack nt
thankful ['θæŋkfəl] adj tacksam
that [ðæt] adj den, den där; pron den
där; som; conj att
thaw [θɔ:] v smälta, töa; n töväder nt
the [ðə,ði] art -en suf; the ... the ju ...
desto

theatre [ˈθiətə] n teater c
theft [θeft] n stöld c
their [ðɛə] adj deras
them [ðem] pron dem
theme [θi:m] n tema nt, ämne nt
themselves [ðəmˈselvz] pron sig; själva
then [ðen] adv då; sedan, därefter
theology [θiˈɔlədʒi] n teologi c
theoretical [θiəˈretikəl] adj teoretisk
theory [ˈθiəri] n teori c
therapy [ˈθerəpi] n terapi c
there [ðɛə] adv där; dit
therefore [ˈðɛəfɔ:] conj därför
thermometer [θəˈmɔmitə] n termometer c
thermostat [ˈθə:məstæt] n termostat c
these [ði:z] adj de här
thesis [ˈθi:sis] n (pl theses) tes c
they [ðei] pron de
thick [θik] adj tät; tjock
thicken [ˈθikən] v tjockna, *göra tjock
thickness [ˈθiknəs] n tjocklek c
thief [θi:f] n (pl thieves) tjuv c
thigh [θai] n lår nt
thimble [ˈθimbəl] n fingerborg c
thin [θin] adj tunn; mager
thing [θiŋ] n sak c
*think [θiŋk] v tycka, tänka; ~ of tänka på; ~ over fundera på
thinker [ˈθiŋkə] n tänkare c
third [θə:d] num tredje
thirst [θə:st] n törst c
thirsty [ˈθə:sti] adj törstig
thirteen [ˌθə:ˈti:n] num tretton
thirteenth [ˌθə:ˈti:nθ] num trettonde
thirty [ˈθə:ti] num trettio
this [ðis] adj den här; pron denna
thistle [ˈθisəl] n tistel c
thorn [θɔ:n] n tagg c
thorough [ˈθʌrə] adj grundlig, ordentlig
thoroughbred [ˈθʌrəbred] adj full-

blods-
thoroughfare [ˈθʌrəfɛə] n huvudväg c, huvudgata c
those [ðouz] pron de, de där, dessa
though [ðou] conj även om, fastän, ehuru; adv emellertid
thought[1] [θɔ:t] v (p, pp think)
thought[2] [θɔ:t] n tanke c
thoughtful [ˈθɔ:tfəl] adj tankfull; omtänksam
thousand [ˈθauzənd] num tusen
thread [θred] n tråd c; v trä upp
threadbare [ˈθredbɛə] adj trådsliten
threat [θret] n hot nt
threaten [ˈθretən] v hota
three [θri:] num tre
three-quarter [ˌθri:ˈkwɔ:tə] adj trefjärdedels-
threshold [ˈθreʃould] n tröskel c
threw [θru:] v (p throw)
thrifty [ˈθrifti] adj ekonomisk
throat [θrout] n strupe c; hals c
throne [θroun] n tron c
through [θru:] prep genom
throughout [θru:ˈaut] adv överallt
throw [θrou] n kast nt
*throw [θrou] v slänga, kasta
thrush [θrʌʃ] n trast c
thumb [θʌm] n tumme c
thumbtack [ˈθʌmtæk] nAm häftstift nt
thump [θʌmp] v dunka
thunder [ˈθʌndə] n åska c; v åska
thunderstorm [ˈθʌndəstɔ:m] n åskväder nt
thundery [ˈθʌndəri] adj åsk-
Thursday [ˈθə:zdi] torsdag c
thus [ðʌs] adv således
thyme [taim] n timjan c
tick [tik] n bock c; ~ off pricka av
ticket [ˈtikit] n biljett c; böter pl; ~ collector konduktör c; ~ machine biljettautomat c
tickle [ˈtikəl] v kittla

tide [taid] *n* tidvatten *nt;* **high ~** högvatten *nt;* **low ~** lågvatten *nt*

tidings ['taidiŋz] *pl* nyheter *pl*

tidy ['taidi] *adj* städad; **~ up** städa

tie [tai] *v* *binda, *knyta; *n* slips *c*

tiger ['taigə] *n* tiger *c*

tight [tait] *adj* stram; trång; *adv* fast

tighten ['taitən] *v* *dra till, *dra åt; åtstrama

tights [taits] *pl* trikåer *pl,* strumpbyxor *pl*

tile [tail] *n* kakel *nt;* tegelpanna *c*

till [til] *prep* tills, till; *conj* till dess att, ända till

timber ['timbə] *n* timmer *nt*

time [taim] *n* tid *c;* gång *c;* **all the ~** hela tiden; **in ~** i tid; **~ of arrival** ankomsttid *c;* **~ of departure** avgångstid *c*

time-saving ['taim,seiviŋ] *adj* tidsbesparande

timetable ['taim,teibəl] *n* tidtabell *c*

timid ['timid] *adj* blyg

timidity [ti'midəti] *n* blyghet *c*

tin [tin] *n* tenn *nt;* konservburk *c,* burk *c;* **tinned food** konserver *pl*

tinfoil ['tinfɔil] *n* folie *c*

tin-opener ['ti,noupənə] *n* konservöppnare *c*

tiny ['taini] *adj* pytteliten

tip [tip] *n* spets *c;* dricks *c*

tire¹ [taiə] *n* däck *nt*

tire² [taiə] *v* trötta

tired [taiəd] *adj* trött

tiring ['taiəriŋ] *adj* tröttsam

tissue ['tifu:] *n* vävnad *c;* ansiktsservett *c,* pappersnäsduk *c*

title ['taitəl] *n* titel *c*

to [tu:] *prep* till, i; åt; för att

toad [toud] *n* padda *c*

toadstool ['toudstu:l] *n* svamp *c*

toast [toust] *n* rostat bröd; skål *c*

tobacco [tə'bækou] *n* (pl ~s) tobak *c;* **~ pouch** tobakspung *c*

tobacconist [tə'bækənist] *n* tobakshandlare *c;* **tobacconist's** tobaksaffär *c*

today [tə'dei] *adv* idag

toddler ['tɔdlə] *n* litet barn

toe [tou] *n* tå *c*

toffee ['tɔfi] *n* kola *c*

together [tə'geðə] *adv* tillsammans

toilet ['tɔilət] *n* toalett *c;* **~ case** necessär *c*

toilet-paper ['tɔilət,peipə] *n* toalettpapper *nt*

toiletry ['tɔilətri] *n* toalettartiklar *pl*

token ['toukən] *n* tecken *nt;* bevis *nt;* pollett *c*

told [tould] *v* (p, pp tell)

tolerable ['tɔlərəbəl] *adj* uthärdlig

toll [toul] *n* vägavgift *c*

tomato [tə'mɑ:tou] *n* (pl ~es) tomat *c*

tomb [tu:m] *n* grav *c*

tombstone ['tu:mstoun] *n* gravsten *c*

tomorrow [tə'mɔrou] *adv* i morgon

ton [tʌn] *n* ton *nt*

tone [toun] *n* ton *c;* klang *c*

tongs [tɔŋz] *pl* tång *c*

tongue [tʌŋ] *n* tunga *c*

tonic ['tɔnik] *n* stärkande medel

tonight [tə'nait] *adv* i natt, i kväll

tonsilitis [,tɔnsə'laitis] *n* halsfluss *c*

tonsils ['tɔnsəlz] *pl* halsmandlar *pl*

too [tu:] *adv* alltför; också

took [tuk] *v* (p take)

tool [tu:l] *n* redskap *nt,* verktyg *nt;* **~ kit** vertygssats *c*

toot [tu:t] *vAm* tuta

tooth [tu:θ] *n* (pl teeth) tand *c*

toothache ['tu:θeik] *n* tandvärk *c*

toothbrush ['tu:θbrʌʃ] *n* tandborste *c*

toothpaste ['tu:θpeist] *n* tandkräm *c*

toothpick ['tu:θpik] *n* tandpetare *c*

toothpowder ['tu:θ,paudə] *n* tandpulver *nt*

top [tɔp] *n* topp *c;* översida *c;* lock *nt;*

övre; **on ~ of** ovanpå; **~ side**
översida c

topcoat ['tɔpkout] n överrock c

topic ['tɔpik] n samtalsämne nt

topical ['tɔpikəl] adj aktuell

torch [tɔ:tʃ] n fackla c; ficklampa c

torment¹ [tɔ:'ment] v plåga

torment² ['tɔ:ment] n pina c

torture ['tɔ:tʃə] n tortyr c; v tortera

toss [tɔs] v kasta

tot [tɔt] n litet barn

total ['toutəl] adj total, fullständig; n
summa c

totalitarian [ˌtoutæli'tɛəriən] adj totali-
tär

totalizator ['toutəlaizeitə] n totalisator
c

touch [tʌtʃ] v vidröra, röra; beröra; n
beröring c; känsel c

touching ['tʌtʃiŋ] adj rörande

tough [tʌf] adj seg

tour [tuə] n rundresa c

tourism ['tuərizəm] n turism c

tourist ['tuərist] n turist c; **~ class**
turistklass c; **~ office** turistbyrå c

tournament ['tuənəmənt] n turnering
c

tow [tou] v *ta på släp, bogsera

towards [tə'wɔ:dz] prep mot; gent-
emot; åt

towel [tauəl] n handduk c

towelling ['tauəliŋ] n handdukstyg nt

tower [tauə] n torn nt

town [taun] n stad c; **~ centre**
stadscentrum nt; **~ hall** stadshus
nt

townspeople ['taunz,pi:pəl] pl stads-
bor pl

toxic ['tɔksik] adj giftig

toy [tɔi] n leksak c

toyshop ['tɔiʃɔp] n leksaksaffär c

trace [treis] n spår nt; v spåra

track [træk] n järnvägsspår nt; bana
c

tractor ['træktə] n traktor c

trade [treid] n handel c; yrke nt; v
*driva handel

trademark ['treidma:k] n varumärke
nt

trader ['treidə] n affärsman c

tradesman ['treidzmən] n (pl -men)
handelsman c

trade-union [ˌtreid'ju:njən] n fackför-
ening c

tradition [trə'diʃən] n tradition c

traditional [trə'diʃənəl] adj traditio-
nell

traffic ['træfik] n trafik c; **~ jam** tra-
fikstockning c; **~ light** trafikljus
nt

trafficator ['træfikeitə] n körrikt-
ningsvisare c

tragedy ['trædʒədi] n tragedi c

tragic ['trædʒik] adj tragisk

trail [treil] n spår nt, stig c

trailer ['treilə] n släpvagn c; nAm
husvagn c

train [trein] n tåg nt; v träna, dresse-
ra; **stopping ~** persontåg nt;
through ~ snälltåg nt; **~ ferry**
tågfärja c

training ['treiniŋ] n träning c

trait [treit] n drag nt

traitor ['treitə] n förrädare c

tram [træm] n spårvagn c

tramp [træmp] n luffare c; v vandra

tranquil ['træŋkwil] adj lugn

tranquillizer ['træŋkwilaizə] n lugnan-
de medel

transaction [træn'zækʃən] n transak-
tion c

transatlantic [ˌtrænzət'læntik] adj
transatlantisk

transfer [træns'fə:] v överföra

transform [træns'fɔ:m] v förvandla,
omvandla

transformer [træns'fɔ:mə] n transfor-
mator c

transition [træn'siʃən] n övergång c

translate [træns'leit] v *översätta

translation [træns'leiʃən] n översätt-
ning c

translator [træns'leitə] n översättare c

transmission [trænz'miʃən] n sänd-
ning c

transmit [trænz'mit] v sända

transmitter [trænz'mitə] n sändare c

transparent [træn'speərənt] adj ge-
nomskinlig

transport¹ ['trænspɔ:t] n transport c

transport² [træn'spɔ:t] v transportera

transportation [ˌtrænspɔ:'teiʃən] n
transport c

trap [træp] n fälla c

trash [træʃ] n smörja c; ~ can Am
soptunna c

travel ['trævəl] v resa; ~ agency re-
sebyrå c; ~ insurance reseförsäk-
ring c; travelling expenses rese-
kostnader pl

traveller ['trævələ] n resenär c;
traveller's cheque resecheck c

tray [trei] n bricka c

treason ['tri:zən] n förräderi nt

treasure ['treʒə] n skatt c

treasurer ['treʒərə] n skattmästare c

treasury ['treʒəri] n föreningskassa c,
skattkammare c

treat [tri:t] v behandla

treatment ['tri:tmənt] n behandling c

treaty ['tri:ti] n traktat c

tree [tri:] n träd nt

tremble ['trembəl] v skälva, darra

tremendous [tri'mendəs] adj oerhörd

trespass ['trespəs] v inkräkta

trespasser ['trespəsə] n inkräktare c

trial [traiəl] n rättegång c; prov nt

triangle ['traiæŋgəl] n triangel c

triangular [trai'æŋgjulə] adj trekantig

tribe [traib] n stam c

tributary ['tribjutəri] n biflod c

tribute ['tribju:t] n hyllning c

trick [trik] n spratt nt; konststycke
nt, trick nt

trigger ['trigə] n avtryckare c

trim [trim] v trimma

trip [trip] n tripp c, resa c, utflykt c

triumph ['traiəmf] n triumf c; v
triumfera

triumphant [trai'ʌmfənt] adj segerrik

trolley-bus ['trɔlibʌs] n trådbuss c

troops [tru:ps] pl trupper pl

tropical ['trɔpikəl] adj tropisk

tropics ['trɔpiks] pl tropikerna pl

trouble ['trʌbəl] n möda c, besvär nt,
bekymmer nt; v besvära

troublesome ['trʌbəlsəm] adj besvär-
lig

trousers ['trauzəz] pl långbyxor pl

trout [traut] n (pl ~) forell c

truck [trʌk] nAm lastbil c

true [tru:] adj sann; äkta, verklig;
trofast, trogen

trumpet ['trʌmpit] n trumpet c

trunk [trʌŋk] n koffert c; stam c; nAm
bagageutrymme nt; trunks gym-
nastikbyxor pl

trunk-call ['trʌŋkkɔ:l] n rikssamtal nt

trust [trʌst] v lita på; n förtroende nt

trustworthy ['trʌstˌwə:ði] adj pålitlig

truth [tru:θ] n sanning c

truthful ['tru:θfəl] adj sannfärdig

try [trai] v försöka, bemöda sig; n
försök nt; ~ on prova

tube [tju:b] n rör nt; tub c

tuberculosis [tju:ˌbə:kju'lousis] n tu-
berkulos c

Tuesday ['tju:zdi] tisdag c

tug [tʌg] v bogsera; n bogserbåt c;
ryck nt

tuition [tju:'iʃən] n undervisning c

tulip ['tju:lip] n tulpan c

tumbler ['tʌmblə] n bägare c

tumour ['tju:mə] n tumör c

tuna ['tju:nə] n (pl ~, ~s) tonfisk c

tune [tju:n] n melodi c, visa c; ~ in

ställa in

tuneful ['tju:nfəl] *adj* melodisk

tunic ['tju:nik] *n* tunika *c*

Tunisia [tju:'niziə] Tunisien

Tunisian [tju:'niziən] *adj* tunisisk; *n* tunisier *c*

tunnel ['tʌnəl] *n* tunnel *c*

turbine ['tə:bain] *n* turbin *c*

turbojet [,tə:bou'dʒet] *n* turbojet *c*

Turk [tə:k] *n* turk *c*

Turkey ['tə:ki] Turkiet

turkey ['tə:ki] *n* kalkon *c*

Turkish ['tə:kiʃ] *adj* turkisk; ~ **bath** turkiskt bad

turn [tə:n] *v* vända, svänga, *vrida om; *n* varv *nt*, vändning *c*; tur *c*; ~ **back** vända tillbaka; ~ **down** förkasta; ~ **into** förvandlas till; ~ **off** stänga av; ~ **on** *sätta på, tända, skruva på; ~ **over** vända upp och ner; ~ **round** vända på; vända sig om

turning ['tə:niŋ] *n* kurva *c*

turning-point ['tə:niŋpoint] *n* vändpunkt *c*

turnover ['tə:,nouvə] *n* omsättning *c*; ~ **tax** omsättningsskatt *c*

turnpike ['tə:npaik] *nAm* motorväg *c*

turpentine ['tə:pəntain] *n* terpentin *nt*

turtle ['tə:təl] *n* sköldpadda *c*

tutor ['tju:tə] *n* informator *c*; förmyndare *c*

tuxedo [tʌk'si:dou] *nAm* (pl ~s, ~es) smoking *c*

tweed [twi:d] *n* tweed *c*

tweezers ['twi:zəz] *pl* pincett *c*

twelfth [twelfθ] *num* tolfte

twelve [twelv] *num* tolv

twentieth ['twentiəθ] *num* tjugonde

twenty ['twenti] *num* tjugo

twice [twais] *adv* två gånger

twig [twig] *n* kvist *c*

twilight ['twailait] *n* skymning *c*

twine [twain] *n* snodd *c*

twins [twinz] *pl* tvillingar *pl*; **twin beds** dubbelsängar *pl*

twist [twist] *v* *vrida; *n* vridning *c*

two [tu:] *num* två

two-piece [,tu:'pi:s] *adj* tvådelad

type [taip] *v* *skriva maskin; *n* typ *c*

typewriter ['taipraitə] *n* skrivmaskin *c*

typewritten ['taipritən] maskinskriven

typhoid ['taifoid] *n* tyfus *c*

typical ['tipikəl] *adj* karakteristisk, typisk

typist ['taipist] *n* maskinskriverska *c*

tyrant ['taiərənt] *n* tyrann *c*

tyre [taiə] *n* däck *nt*; ~ **pressure** slangtryck *nt*

U

ugly ['ʌgli] *adj* ful

ulcer ['ʌlsə] *n* sår *nt*

ultimate ['ʌltimət] *adj* sista

ultraviolet [,ʌltrə'vaiələt] *adj* ultraviolett

umbrella [ʌm'brelə] *n* paraply *nt*

umpire ['ʌmpaiə] *n* domare *c*

unable [ʌ'neibəl] *adj* oförmögen

unacceptable [,ʌnək'septəbəl] *adj* oantagbar

unaccountable [,ʌnə'kauntəbəl] *adj* oförklarlig

unaccustomed [,ʌnə'kʌstəmd] *adj* ovan

unanimous [ju:'næniməs] *adj* enstämmig

unanswered [ʌ'nɑ:nsəd] *adj* obesvarad

unauthorized [ʌ'nɔ:θəraizd] *adj* oberättigad

unavoidable [,ʌnə'vɔidəbəl] *adj* ound-

viklig
unaware [ˌʌnəˈweə] *adj* omedveten
unbearable [ʌnˈbeərəbəl] *adj* outhärd-
lig
unbreakable [ˌʌnˈbreikəbəl] *adj*
okrossbar
unbroken [ˌʌnˈbroukən] *adj* intakt
unbutton [ˌʌnˈbʌtən] *v* knäppa upp
uncertain [ʌnˈsəːtən] *adj* oviss, osäker
uncle [ˈʌŋkəl] *n* farbror *c*, morbror *c*
unclean [ˌʌnˈkliːn] *adj* oren
uncomfortable [ʌnˈkʌmfətəbəl] *adj*
obekväm
uncommon [ʌnˈkəmən] *adj* sällsynt,
ovanlig
unconditional [ˌʌnkənˈdiʃənəl] *adj*
ovillkorlig
unconscious [ʌnˈkɔnʃəs] *adj* medvets-
lös
uncork [ˌʌnˈkɔːk] *v* korka upp
uncover [ʌnˈkʌvə] *v* avtäcka
uncultivated [ˌʌnˈkʌltiveitid] *adj* oupp-
odlad, okultiverad
under [ˈʌndə] *prep* under, nedanför
undercurrent [ˈʌndəˌkʌrənt] *n* under-
ström *c*
underestimate [ˌʌndəˈrestimeit] *v* un-
derskatta
underground [ˈʌndəgraund] *adj* un-
derjordisk; *n* tunnelbana *c*
underline [ˌʌndəˈlain] *v* *stryka under
underneath [ˌʌndəˈniːθ] *adv* under
underpants [ˈʌndəpænts] *plAm* kal-
songer *pl*
undershirt [ˈʌndəʃəːt] *n* undertröja *c*
undersigned [ˈʌndəsaind] *n* under-
tecknad *c*
***understand** [ˌʌndəˈstænd] *v* *förstå
understanding [ˌʌndəˈstændiŋ] *n* för-
ståelse *c*
***undertake** [ˌʌndəˈteik] *v* *företa
undertaking [ˌʌndəˈteikiŋ] *n* företag
nt
underwater [ˈʌndəˌwɔːtə] *adj* under-

vattens-
underwear [ˈʌndəweə] *n* underkläder
pl
undesirable [ˌʌndiˈzaiərəbəl] *adj* oväl-
kommen; ej önskvärd
***undo** [ˌʌnˈduː] *v* lösa upp
undoubtedly [ʌnˈdautidli] *adv* otvivel-
aktigt
undress [ˌʌnˈdres] *v* klä av sig
undulating [ˈʌndjuleitiŋ] *adj* vågig
unearned [ˌʌˈnəːnd] *adj* oförtjänt
uneasy [ʌˈniːzi] *adj* olustig
uneducated [ˌʌˈnedjukeitid] *adj* obil-
dad
unemployed [ˌʌnimˈplɔid] *adj* arbets-
lös
unemployment [ˌʌnimˈplɔimənt] *n* ar-
betslöshet *c*
unequal [ˌʌˈniːkwəl] *adj* olika
uneven [ˌʌˈniːvən] *adj* ojämn
unexpected [ˌʌnikˈspektid] *adj* oanad,
oväntad
unfair [ˌʌnˈfeə] *adj* ojust, orättvis
unfaithful [ˌʌnˈfeiθfəl] *adj* otrogen
unfamiliar [ˌʌnfəˈmiljə] *adj* obekant
unfasten [ˌʌnˈfɑːsən] *v* lossa
unfavourable [ˌʌnˈfeivərəbəl] *adj*
ogynnsam
unfit [ˌʌnˈfit] *adj* olämplig
unfold [ˌʌnˈfould] *v* veckla ut
unfortunate [ʌnˈfɔːtʃənət] *adj* olycklig
unfortunately [ʌnˈfɔːtʃənətli] *adv* ty-
värr, dessvärre
unfriendly [ˌʌnˈfrendli] *adj* ovänlig
unfurnished [ˌʌnˈfəːniʃt] *adj* omöble-
rad
ungrateful [ʌnˈgreitfəl] *adj* otacksam
unhappy [ʌnˈhæpi] *adj* olycklig
unhealthy [ʌnˈhelθi] *adj* ohälsosam
unhurt [ˌʌnˈhəːt] *adj* oskadad
uniform [ˈjuːnifɔːm] *n* uniform *c*; *adj*
likformig, konstant
unimportant [ˌʌnimˈpɔːtənt] *adj* ovik-
tig

uninhabitable [ˌʌninˈhæbitəbəl] adj
obeboelig

uninhabited [ˌʌninˈhæbitid] adj obe-
bodd

unintentional [ˌʌninˈtenʃənəl] adj oav-
siktlig

union [ˈjuːnjən] n fackförening c;
förening c; union c

unique [juːˈniːk] adj unik

unit [ˈjuːnit] n enhet c

unite [juːˈnait] v förena

United States [juːˈnaitid steits] Fören-
ta Staterna

unity [ˈjuːnəti] n enhet c

universal [ˌjuːniˈvəːsəl] adj universell,
allmän

universe [ˈjuːnivəːs] n universum nt

university [ˌjuːniˈvəːsəti] n universitet
nt

unjust [ˌʌnˈdʒʌst] adj orättvis

unkind [ʌnˈkaind] adj ovänlig

unknown [ʌnˈnoun] adj okänd

unlawful [ʌnˈlɔːfəl] adj olaglig

unlearn [ʌnˈləːn] v lära sig av med

unless [ənˈles] conj såvida inte

unlike [ʌnˈlaik] adj olik

unlikely [ʌnˈlaikli] adj osannolik

unlimited [ʌnˈlimitid] adj obegränsad

unload [ʌnˈloud] v lasta av

unlock [ʌnˈlɔk] v låsa upp

unlucky [ʌnˈlʌki] adj oturlig, olycklig

unnecessary [ʌnˈnesəsəri] adj onödig

unoccupied [ʌˈnɔkjupaid] adj ledig

unofficial [ˌʌnəˈfiʃəl] adj inofficiell

unpack [ʌnˈpæk] v packa upp

unpleasant [ʌnˈplezənt] adj otrevlig,
obehaglig, oangenäm

unpopular [ʌnˈpɔpjulə] adj illa om-
tyckt, impopulär

unprotected [ˌʌnprəˈtektid] adj oskyd-
dad

unqualified [ˌʌnˈkwɔlifaid] adj okvali-
ficerad

unreal [ʌnˈriəl] adj overklig

unreasonable [ʌnˈriːzənəbəl] adj
orimlig, oresonlig

unreliable [ˌʌnriˈlaiəbəl] adj opålitlig

unrest [ʌnˈrest] n oro c; rastlöshet c

unsafe [ʌnˈseif] adj riskabel

unsatisfactory [ˌʌnsætisˈfæktəri] adj
otillfredsställande

unscrew [ʌnˈskruː] v skruva av

unselfish [ʌnˈselfiʃ] adj osjälvisk

unsound [ʌnˈsaund] adj osund

unstable [ʌnˈsteibəl] adj instabil

unsteady [ʌnˈstedi] adj ostadig,
vacklande; villrådig

unsuccessful [ˌʌnsəkˈsesfəl] adj miss-
lyckad

unsuitable [ʌnˈsuːtəbəl] adj opassan-
de

unsurpassed [ˌʌnsəˈpɑːst] adj oöver-
träffad

untidy [ʌnˈtaidi] adj oordentlig

untie [ʌnˈtai] v *knyta upp

until [ənˈtil] prep tills, till

untrue [ʌnˈtruː] adj osann

untrustworthy [ʌnˈtrʌstˌwəːði] adj
opålitlig

unusual [ʌnˈjuːʒuəl] adj ovanlig

unwell [ʌnˈwel] adj krasslig

unwilling [ʌnˈwiliŋ] adj ovillig

unwise [ʌnˈwaiz] adj oförståndig

unwrap [ʌnˈræp] v veckla upp, öppna

up [ʌp] adv upp, uppåt

upholster [ʌpˈhoulstə] v stoppa möb-
ler; inreda

upkeep [ˈʌpkiːp] n underhåll nt

uplands [ˈʌpləndz] pl högland nt

upon [əˈpɔn] prep på

upper [ˈʌpə] adj över-, övre

upright [ˈʌprait] adj upprätt; adv
upprätt

upset [ʌpˈset] adj upprörd

***upset** [ʌpˈset] v kullkasta; förvirra,
såra

upside-down [ˌʌpsaidˈdaun] adv upp
och ner

upstairs [ˌʌpˈstɛəz] adv upp; uppför trappan; en trappa upp

upstream [ˌʌpˈstriːm] adv uppför strömmen

upwards [ˈʌpwədz] adv upp, uppåt

urban [ˈɜːbən] adj stads-

urge [ɜːdʒ] v uppmana; n starkt behov

urgency [ˈɜːdʒənsi] n nödtvång nt

urgent [ˈɜːdʒənt] adj brådskande

urine [ˈjuərin] n urin nt

Uruguay [ˈjuərəgwai] Uruguay

Uruguayan [ˌjuərəˈgwaiən] adj uruguaysk; n uruguayare c

us [ʌs] pron oss

usable [ˈjuːzəbəl] adj användbar

usage [ˈjuːzidʒ] n sedvänja c

use¹ [juːz] v använda; *be used to *vara van vid; ~ up förbruka

use² [juːs] n användning c; nytta c; *be of ~ *vara till nytta

useful [ˈjuːsfəl] adj användbar, nyttig

useless [ˈjuːsləs] adj lönlös, oanvändbar, oduglig

user [ˈjuːzə] n förbrukare c

usher [ˈʌʃə] n platsanvisare c

usherette [ˌʌʃəˈret] n platsanviserska c

usual [ˈjuːʒuəl] adj vanlig

usually [ˈjuːʒuəli] adv vanligtvis

utensil [juːˈtensəl] n redskap nt, verktyg nt; köksredskap nt

utility [juːˈtiləti] n nyttighet c

utilize [ˈjuːtilaiz] v utnyttja, använda

utmost [ˈʌtmoust] adj yttersta

utter [ˈʌtə] adj fullständig, total; v yttra

V

vacancy [ˈveikənsi] n vakans c

vacant [ˈveikənt] adj ledig

vacate [vəˈkeit] v utrymma

vacation [vəˈkeiʃən] n lov nt

vaccinate [ˈvæksineit] v vaccinera

vaccination [ˌvæksiˈneiʃən] n vaccination c

vacuum [ˈvækjuəm] n vakuum nt; vAm *dammsuga; ~ cleaner dammsugare c; ~ flask termosflaska c

vagrancy [ˈveigrənsi] n lösdriveri nt

vague [veig] adj vag

vain [vein] adj fåfänglig; tom, fruktlös; in ~ förgäves

valet [ˈvælit] n betjänt c; v passa upp

valid [ˈvælid] adj giltig

valley [ˈvæli] n dal c, dalsänka c

valuable [ˈvæljubəl] adj värdefull, dyrbar; valuables pl värdesaker pl

value [ˈvæljuː] n värde nt; v värdera

valve [vælv] n ventil c

van [væn] n transportbil c

vanilla [vəˈnilə] n vanilj c

vanish [ˈvæniʃ] v *försvinna

vapour [ˈveipə] n ånga c

variable [ˈvɛəriəbəl] adj växlande

variation [ˌvɛəriˈeiʃən] n förändring c

varied [ˈvɛərid] adj varierad

variety [vəˈraiəti] n art c, omväxling c; ~ show varietéföreställning c; ~ theatre varietéteater c

various [ˈvɛəriəs] adj åtskilliga, olika

varnish [ˈvɑːniʃ] n lack nt, fernissa c; v fernissa, lacka

vary [ˈvɛəri] v variera; ändra; *vara olik

vase [vɑːz] n vas c

vast [vɑːst] adj vidsträckt, ofantlig

vault [vɔːlt] n valv nt; kassavalv nt

veal [viːl] n kalvkött nt

vegetable [ˈvedʒətəbəl] n grönsak c; ~ merchant grönsakshandlare c

vegetarian [ˌvedʒiˈtɛəriən] n vegetarian c

vegetation [ˌvedʒi'teiʃən] n vegetation c

vehicle ['vi:əkəl] n fordon nt

veil [veil] n slöja c

vein [vein] n åder c; varicose ~ åderbrock nt

velvet ['velvit] n sammet c

velveteen [ˌvelvi'ti:n] n bomullssammet c

venerable ['venərəbəl] adj vördnadsvärd

venereal disease [vi'niəriəl di'zi:z] könssjukdom c

Venezuela [ˌveni'zweilə] Venezuela

Venezuelan [ˌveni'zweilən] adj venezuelansk; n venezuelan c

ventilate ['ventileit] v ventilera, lufta, vädra

ventilation [ˌventi'leiʃən] n ventilation c

ventilator ['ventileitə] n ventilator c

venture ['ventʃə] v våga

veranda [və'rændə] n veranda c

verb [və:b] n verb nt

verbal ['və:bəl] adj muntlig

verdict ['və:dikt] n dom c, domslut nt

verge [və:dʒ] n kant c; gräns c

verify ['verifai] v verifiera, kontrollera; bekräfta

verse [və:s] n vers c

version ['və:ʃən] n version c; översättning c

versus ['və:səs] prep kontra

vertical ['və:tikəl] adj lodrät

vertigo ['və:tigou] n svindel c

very ['veri] adv mycket; adj verklig, sann; absolut

vessel ['vesəl] n fartyg nt; kärl nt

vest [vest] n undertröja c; nAm väst c

veterinary surgeon ['vetrinəri 'sə:-dʒən] veterinär c

via [vaiə] prep via

viaduct ['vaiədʌkt] n viadukt c

vibrate [vai'breit] v vibrera

vibration [vai'breiʃən] n vibration c

vicinity [vi'sinəti] n närhet c, omgivningar

vicious ['viʃəs] adj ondskefull

victim ['viktim] n offer nt

victory ['viktəri] n seger c

video camera ['vidiou kæmərə] n videokamera c

video cassette ['vidiou kə'set] n videokassett c

video recorder ['vidiou ri'kɔ:də] n video(bandspelare) c

view [vju:] n utsikt c; åsikt c, uppfattning c; v betrakta

view-finder ['vju:ˌfaində] n sökare c

vigilant ['vidʒilənt] adj vaksam

villa ['vilə] n villa c

village ['vilidʒ] n by c

villain ['vilən] n skurk c

vine [vain] n vinranka c

vinegar ['vinigə] n vinäger c

vineyard ['vinjəd] n vingård c

vintage ['vintidʒ] n vinskörd c

violation [vaiə'leiʃən] n kränkning c

violence ['vaiələns] n våld c

violent ['vaiələnt] adj våldsam, häftig

violet ['vaiələt] n viol c; adj violett

violin [vaiə'lin] n fiol c

virgin ['və:dʒin] n jungfru c

virtue ['və:tʃu:] n dygd c

visa ['vi:zə] n visum nt

visibility [ˌvizə'biləti] n sikt c

visible ['vizəbəl] adj synlig

vision ['viʒən] n vision c

visit ['vizit] v besöka; n besök nt, visit c; visiting hours besökstid c

visitor ['vizitə] n besökare c

vital ['vaitəl] adj livsviktig

vitamin ['vitəmin] n vitamin nt

vivid ['vivid] adj livlig

vocabulary [və'kæbjuləri] n ordförråd nt; ordlista c

vocal ['voukəl] adj vokal-

vocalist ['voukəlist] n vokalist c

voice [vɔis] n röst c
void [vɔid] adj ogiltig
volcano [vɔl'keinou] n (pl ~es, ~s)
vulkan c
volt [voult] n volt c
voltage ['voultidʒ] n spänning c
volume ['vɔljum] n volym c; bokband
nt
voluntary ['vɔləntəri] adj frivillig
volunteer [,vɔlən'tiə] n frivillig c
vomit ['vɔmit] v kräkas, spy
vote [vout] v rösta; n röst c; röstning
c
voucher ['vautʃə] n kupong c, bong c
vow [vau] n löfte nt, ed c; v *svära
vowel [vauəl] n vokal c
voyage ['vɔiidʒ] n resa c
vulgar ['vʌlgə] adj vulgär, vanlig
vulnerable ['vʌlnərəbəl] adj sårbar
vulture ['vʌltʃə] n gam c

W

wade [weid] v vada
wafer ['weifə] n rån nt
waffle ['wɔfəl] n våffla c
wages ['weidʒiz] pl lön c
waggon ['wægən] n vagn c
waist [weist] n midja c
waistcoat ['weiskout] n väst c
wait [weit] v vänta; ~ on uppassa
waiter ['weitə] n kypare c, vaktmäs-
tare c
waiting ['weitiŋ] n väntan c
waiting-list ['weitiŋlist] n väntelista c
waiting-room ['weitiŋruːm] n vänt-
rum nt
waitress ['weitris] n servitris c
*wake [weik] v väcka; ~ up vakna
walk [wɔːk] v *gå; promenera; n pro-
menad c; sätt att gå; walking till
fots

walker ['wɔːkə] n vandrare c
walking-stick ['wɔːkiŋstik] n prome-
nadkäpp c
wall [wɔːl] n mur c; vägg c
wallet ['wɔlit] n plånbok c
wallpaper ['wɔːl,peipə] n tapet c
walnut ['wɔːlnʌt] n valnöt c
waltz [wɔːls] n vals c
wander ['wɔndə] v ströva omkring,
vandra
want [wɔnt] v *vilja; önska; n behov
nt; brist c
war [wɔː] n krig nt
warden ['wɔːdən] n intendent c, före-
ståndare c
wardrobe ['wɔːdroub] n garderob c,
klädskåp nt
warehouse ['weəhaus] n förråds-
byggnad c, magasin nt
wares [weəz] pl varor pl
warm [wɔːm] adj varm; v värma
warmth [wɔːmθ] n värme c
warn [wɔːn] v varna
warning ['wɔːniŋ] n varning c
wary ['weəri] adj varsam
was [wɔz] v (p be)
wash [wɔʃ] v tvätta; ~ and wear
strykfri; ~ up diska
washable ['wɔʃəbəl] adj tvättbar
wash-basin ['wɔʃ,beisən] n handfat nt
washing ['wɔʃiŋ] n tvätt c
washing-machine ['wɔʃiŋməˌʃiːn] n
tvättmaskin c
washing-powder ['wɔʃiŋˌpaudə] n
tvättmedel nt
washroom ['wɔʃruːm] nAm toalett c
wash-stand ['wɔʃstænd] n tvättställ c
wasp [wɔsp] n geting c
waste [weist] v slösa bort; n slöseri
nt; adj öde
wasteful ['weistfəl] adj slösaktig
wastepaper-basket [weist'peipə-
ˌbɑːskit] n papperskorg c
watch [wɔtʃ] v *iaktta, betrakta;

övervaka; n klocka c; ~ for *hålla utkik; ~ out *se upp

watch-maker ['wɔtʃˌmeikə] n urmakare c

watch-strap ['wɔtʃstræp] n klockarmband nt

water ['wɔ:tə] n vatten nt; iced ~ isvatten nt; running ~ rinnande vatten; ~ pump vattenpump c; ~ ski vattenskida c

water-colour ['wɔ:təˌkʌlə] n vattenfärg c; akvarell c

watercress ['wɔ:təkres] n vattenkrasse c

waterfall ['wɔ:təfɔ:l] n vattenfall nt

watermelon ['wɔ:təˌmelən] n vattenmelon c

waterproof ['wɔ:təpru:f] adj vattentät

water-softener [ˌwɔ:təˌsɔfnə] n avkalkningsmedel nt

waterway ['wɔ:təwei] n farled c

watt [wɔt] n watt c

wave [weiv] n våg c; v vinka

wave-length ['weivleŋθ] n våglängd c

wavy ['weivi] adj vågig

wax [wæks] n vax nt

waxworks ['wækswɔ:ks] pl vaxkabinett nt

way [wei] n vis nt, sätt nt; väg c; håll nt, riktning c; avstånd nt; any ~ hur som helst; by the ~ förresten; one-way traffic enkelriktad trafik; out of the ~ avsides; the other ~ round tvärtom; ~ back tillbakaväg c; ~ in ingång c; ~ out utgång c

wayside ['weisaid] n vägkant c

we [wi:] pron vi

weak [wi:k] adj svag; tunn

weakness ['wi:knəs] n svaghet c

wealth [welθ] n rikedom c

wealthy ['welθi] adj förmögen

weapon ['wepən] n vapen nt

*wear [wɛə] v *vara klädd i, *bära;

~ out *slita ut

weary ['wiəri] adj trött, modlös; tröttsam

weather ['weðə] n väder nt; ~ forecast väderleksrapport c

*weave [wi:v] v väva

weaver ['wi:və] n vävare c

wedding ['wediŋ] n bröllop nt

wedding-ring ['wediŋriŋ] n vigselring c

wedge [wedʒ] n klyfta c, kil c

Wednesday ['wenzdi] onsdag c

weed [wi:d] n ogräs nt

week [wi:k] n vecka c

weekday ['wi:kdei] n vardag c

weekly ['wi:kli] adj vecko-

*weep [wi:p] v *gråta

weigh [wei] v väga

weighing-machine ['weiiŋməˌʃi:n] n våg c

weight [weit] n vikt c

welcome ['welkəm] adj välkommen; n välkomnande nt; v välkomna

weld [weld] v svetsa

welfare ['welfɛə] n välbefinnande nt; socialhjälp c

well[1] [wel] adv bra; adj frisk; as ~ likaså; as ~ as såväl som; well! ja ja!

well[2] [wel] n brunn c

well-founded [ˌwel'faundid] adj välgrundad

well-known ['welnoun] adj välkänd

well-to-do [ˌweltə'du:] adj välbärgad

went [went] v (p go)

were [wə:] v (p be)

west [west] n väst c, väster c

westerly ['westəli] adj västlig

western ['westən] adj västlig

wet [wet] adj våt

whale [weil] n val c

wharf [wɔ:f] n (pl ~s, wharves) lastkaj c

what [wɔt] pron vad; ~ for varför

whatever ['wɔ'tevə] *pron* vad som än

wheat [wi:t] *n* vete *nt*

wheel [wi:l] *n* hjul *nt*

wheelbarrow ['wi:l,bærou] *n* skottkärra *c*

wheelchair ['wi:ltʃeə] *n* rullstol *c*

when [wen] *adv* när; *conj* då, när

whenever [we'nevə] *conj* närhelst

where [weə] *adv* var; *conj* var

wherever [weə'revə] *conj* varhelst

whether ['weðə] *conj* om; **whether ... or vare sig ... eller**

which [witʃ] *pron* vilken; som

whichever [wi'tʃevə] *adj* vilken ... än

while [wail] *conj* medan; *n* stund *c*

whilst [wailst] *conj* medan

whim [wim] *n* nyck *c*, infall *nt*

whip [wip] *n* piska *c*; *v* vispa, piska

whiskers ['wiskəz] *pl* polisonger *pl*

whisper ['wispə] *v* viska; *n* viskning *c*

whistle ['wisəl] *v* vissla; *n* visselpipa *c*

white [wait] *adj* vit

whitebait ['waitbeit] *n* småfisk *pl*

whiting ['waitiŋ] *n* (pl ∼) vitling *c*

Whitsun ['witsən] pingst *c*

who [hu:] *pron* vem; som

whoever [,hu:'evə] *pron* vem som än

whole [houl] *adj* fullständig, hel; oskadad; *n* helhet *c*

wholesale ['houlseil] *n* grosshandel *c*; ∼ **dealer** grossist *c*

wholesome ['houlsəm] *adj* hälsosam

wholly ['houlli] *adv* helt och hållet

whom [hu:m] *pron* till vem

whore [hɔ:] *n* hora *c*

whose [hu:z] *pron* vars; vems

why [wai] *adv* varför

wicked ['wikid] *adj* ond

wide [waid] *adj* vid, bred

widen ['waidən] *v* vidga

widow ['widou] *n* änka *c*

widower ['widouə] *n* änkling *c*

width [widθ] *n* bredd *c*

wife [waif] *n* (pl wives) maka *c*, hus-

tru *c*

wig [wig] *n* peruk *c*

wild [waild] *adj* vild

will [wil] *n* vilja *c*; testamente *nt*

*will [wil] *v* *vilja; *ska

willing ['wiliŋ] *adj* villig

will-power ['wilpauə] *n* viljekraft *c*

*win [win] *v* *vinna

wind [wind] *n* vind *c*

*wind [waind] *v* slingra sig; *vrida, linda, *dra upp

winding ['waindiŋ] *adj* slingrande

windmill ['windmil] *n* väderkvarn *c*

window ['windou] *n* fönster *nt*

window-sill ['windousil] *n* fönsterbräde *nt*

windscreen ['windskri:n] *n* vindruta *c*; ∼ **wiper** vindrutetorkare *c*

windshield ['windʃi:ld] *nAm* vindruta *c*; ∼ **wiper** *Am* vindrutetorkare *c*

windy ['windi] *adj* blåsig

wine [wain] *n* vin *nt*

wine-cellar ['wain,selə] *n* vinkällare *c*

wine-list ['wainlist] *n* vinlista *c*

wine-merchant ['wain,mə:tʃənt] *n* vinhandlare *c*

wine-waiter ['wain,weitə] *n* vinkypare *c*

wing [wiŋ] *n* vinge *c*

winkle ['wiŋkəl] *n* strandsnäcka *c*

winner ['winə] *n* segrare *c*

winning ['winiŋ] *adj* vinnande; **winnings** *pl* vinst *c*

winter ['wintə] *n* vinter *c*; ∼ **sports** vintersport *c*

wipe [waip] *v* torka av, torka bort

wire [waiə] *n* tråd *c*; ståltråd *c*

wireless ['waiələs] *n* radio *c*

wisdom ['wizdəm] *n* visdom *c*

wise [waiz] *adj* vis

wish [wiʃ] *v* önska, *vilja ha; *n* längtan *c*, önskan *c*

witch [witʃ] *n* häxa *c*

with [wið] *prep* med; av

*withdraw [wið'drɔ:] *v* *dra tillbaka
within [wi'ðin] *prep* inom; *adv* inuti
without [wi'ðaut] *prep* utan
witness ['witnəs] *n* vittne *nt*
wits [wits] *pl* förstånd *nt*
witty ['witi] *adj* spirituell
wolf [wulf] *n* (pl wolves) varg *c*
woman ['wumən] *n* (pl women) kvinna *c*
womb [wu:m] *n* livmoder *c*
won [wʌn] *v* (p, pp win)
wonder ['wʌndə] *n* under *nt;* förundran *c; v* undra
wonderful ['wʌndəfəl] *adj* härlig, underbar
wood [wud] *n* trä *nt;* skog *c*
wood-carving ['wud,kɑ:viŋ] *n* snideriarbete *nt*
wooded ['wudid] *adj* skogig
wooden ['wudən] *adj* trä-; ~ **shoe** träsko *c*
woodland ['wudlənd] *n* skogstrakt *c*
wool [wul] *n* ull *c;* **darning** ~ stoppgarn *nt*
woollen ['wulən] *adj* ylle-
word [wə:d] *n* ord *nt*
wore [wɔ:] *v* (p wear)
work [wə:k] *n* arbete *nt;* syssla *c; v* arbeta; fungera; **working day** arbetsdag *c;* ~ **of art** konstverk *nt;* ~ **permit** arbetstillstånd *nt*
worker ['wə:kə] *n* arbetare *c*
working ['wə:kiŋ] *n* funktion *c*
workman ['wə:kmən] *n* (pl -men) arbetare *c*
works [wə:ks] *pl* fabrik *c*
workshop ['wə:kʃɔp] *n* verkstad *c*
world [wə:ld] *n* värld *c;* ~ **war** världskrig *nt*
world-famous [,wə:ld'feiməs] *adj* världsberömd
world-wide ['wə:ldwaid] *adj* världsomspännande
worm [wə:m] *n* mask *c*

worn [wɔ:n] *adj* (pp wear) sliten
worn-out [,wɔ:n'aut] *adj* utsliten
worried ['wʌrid] *adj* ängslig
worry ['wʌri] *v* oroa sig; *n* oro *c,* bekymmer *nt*
worse [wə:s] *adj* värre; *adv* värre
worship ['wə:ʃip] *v* dyrka; *n* andakt *c,* gudstjänst *c*
worst [wə:st] *adj* värst; *adv* värst
worsted ['wustid] *n* kamgarn *nt*
worth [wə:θ] *n* värde *nt;* *be ~ *vara värd; *be **worth-while** *vara lönande
worthless ['wə:θləs] *adj* värdelös
worthy ['wə:ði əv] *adj* värdig
would [wud] *v* (p will)
wound[1] [wu:nd] *n* sår *nt; v* såra
wound[2] [waund] *v* (p, pp wind)
wrap [ræp] *v* *slå in
wreck [rek] *n* vrak *nt; v* *ödelägga
wrench [rentʃ] *n* skiftnyckel *c;* ryck *nt; v* *vrida
wrinkle ['riŋkəl] *n* rynka *c*
wrist [rist] *n* handled *c*
wrist-watch ['ristwɔtʃ] *n* armbandsur *nt*
*write [rait] *v* *skriva; **in writing** skriftligen; ~ **down** *skriva ner
writer ['raitə] *n* författare *c*
writing-pad ['raitiŋpæd] *n* skrivblock *nt,* anteckningsblock *nt*
writing-paper ['raitiŋ,peipə] *n* brevpapper *nt*
written ['ritən] *adj* (pp write) skriftlig
wrong [rɔŋ] *adj* orätt, fel; *n* orätt *c; v* *göra orätt; *be ~ *ha fel
wrote [rout] *v* (p write)

X

Xmas ['krisməs] jul *c*

X-ray ['eksrei] *n* röntgenbild *c*; *v* röntga

Y

yacht [jɔt] *n* lustjakt *c*
yacht-club ['jɔtklʌb] *n* segelsällskap *nt*
yachting ['jɔtiŋ] *n* segelsport *c*
yard [jɑːd] *n* gård *c*
yarn [jɑːn] *n* garn *nt*
yawn [jɔːn] *v* gäspa
year [jiə] *n* år *nt*
yearly ['jiəli] *adj* årlig
yeast [jiːst] *n* jäst *c*
yell [jel] *v* *tjuta; *n* tjut *nt*
yellow ['jelou] *adj* gul
yes [jes] ja
yesterday ['jestədi] *adv* igår
yet [jet] *adv* ännu; *conj* dock, likväl
yield [jiːld] *v* *ge avkastning; *ge efter
yoke [jouk] *n* ok *nt*
yolk [jouk] *n* äggula *c*

you [juː] *pron* du; dig; Ni; Er; ni; er
young [jʌŋ] *adj* ung
your [jɔː] *adj* Er; din; era
yourself [jɔː'self] *pron* dig; själv
yourselves [jɔː'selvz] *pron* er; själva
youth [juːθ] *n* ungdom *c*; ~ **hostel** ungdomshärbärge *nt*

Z

zeal [ziːl] *n* iver *c*
zealous ['zeləs] *adj* ivrig
zebra ['ziːbrə] *n* sebra *c*
zenith ['zeniθ] *n* zenit; höjdpunkt *c*
zero ['ziərou] *n* (pl ~s) nolla *c*
zest [zest] *n* lust *c*
zinc [ziŋk] *n* zink *c*
zip [zip] *n* blixtlås *nt*; ~ **code** *Am* postnummer *nt*
zipper ['zipə] *n* blixtlås *nt*
zodiac ['zoudiæk] *n* djurkretsen *c*
zone [zoun] *n* zon *c*; område *nt*
zoo [zuː] *n* (pl ~s) zoo *nt*
zoology [zou'blədʒi] *n* zoologi *c*

Gastronomisk ordlista

Mat

almond mandel
anchovy sardell
angel food cake sockerkaka gjord
  på äggvitor
angels on horseback ostron inlin-
  dade i bacon och grillade
appetizer aptitretare
apple äpple
  ~ charlotte äppelkaka
  ~ dumpling inbakat äpple,
    äppelmunk
  ~ sauce äppelmos
apricot aprikos
Arbroath smoky rökt kolja
artichoke kronärtskocka
asparagus sparris
  ~ tip sparrisknopp
aspic aladåb
assorted blandad; urval
aubergine äggplanta
bacon and eggs ägg och bacon
bagel liten brödkrans
baked ugnsbakad
  ~ Alaska glace au four; efter-
    rätt gjord på sockerkaka, glass
    och maräng, gräddas hastigt i
    ugn
  ~ beans vita bönor i tomatsås
  ~ potato bakad potatis
Bakewell tart mandelkaka med
  sylt
baloney typ av mortadellakorv
banana banan

~ split bananefterrätt med
  olika sorters glass, nötter och
  frukt eller chokladsås
barbecue 1) starkt kryddad kött-
  sås serverad i hamburgerbröd
  2) utomhusmåltid med kött
  från grillen
  ~ sauce starkt kryddad tomat-
    sås
barbecued stekt på utomhusgrill
basil basilika
bass (havs) abborre
bean böna
beef oxkött
  ~ olive oxrulad
beefburger hamburgare gjord på
  rent oxkött
beet, beetroot rödbeta
bilberry blåbär
bill nota
  ~ of fare matsedel, meny
biscuit kex, kaka
black pudding blodpudding
blackberry björnbär
blackcurrant svart vinbär
bloater lätt saltad, rökt sill
blood sausage blodpudding
blueberry blåbär
boiled kokt
Bologna (sausage) typ av mor-
  tadellakorv
bone ben
boned urbenad

Boston baked beans ugnsbakade
vita bönor med bacon i tomat-
sås
Boston cream pie tårta fylld med
vaniljkräm eller grädde och
täckt med choklad
brains hjärna
braised bräserad, stekt under lock
bramble pudding björnbärspud-
ding med skivade äpplen
braunschweiger rökt leverkorv
bread bröd
breaded panerad
breakfast frukost
breast bröst
brisket bringa
broad bean bondböna
broth buljong
brown Betty slags skånsk äppel-
kaka
brunch kombinerad frukost och
lunch
brussels sprout brysselkål
bubble and squeak slags pytti-
panna; vitkål stekt tillsammans
med potatis
bun 1) bulle med russin (GB)
2) kuvertbröd (US)
butter smör
buttered smörad
cabbage kål
Caesar salad grönsallad, vitlök,
brödkrutonger, hårdkokt ägg,
sardeller och riven ost
cake mjuk kaka, tårta
cakes småkakor, bakelser
calf kalvkött
Canadian bacon rökt fläskfilé
canapé liten smörgås, kanapé
cantaloupe slags melon
caper kapris
capercaillie, capercailzie tjäder
caramel karamell, bränt socker
carp karp

carrot morot
cashew acajounöt
casserole gryta, låda
catfish havskatt (fisk)
catsup ketchup
cauliflower blomkål
celery selleri
cereal olika slags frukostflingor
(cornflakes)
hot ~ gröt
chateaubriand oxfilé
check nota
Cheddar (cheese) den vanligaste
engelska hårda osten
cheese ost
~ **board** ostbricka
~ **cake** osttårta
cheeseburger hamburgare med
smält ostskiva
chef's salad sallad på skinka,
kyckling, ost, tomater och
grönsallad
cherry körsbär
chestnut kastanj
chicken kyckling
chicory 1) endiv (GB) 2) cikoria-
sallad (US)
chili con carne kryddstark kött-
färsgryta med rosenbönor
chips 1) pommes frites (GB)
2) chips (US)
chit(ter)lings inälvsmat från gris
chive gräslök
chocolate choklad
~ **pudding** 1) olika typer av
saftiga kakor med choklad
(GB) 2) chokladmousse (US)
choice urval
chop kotlett
~ **suey** kött- eller kyckling-
gryta med grönsaker, serveras
med ris
chopped hackad
chowder tjock fisk- eller skal-

djurssoppa med bacon och grönsaker

Christmas pudding ångkokt, mäktig fruktpudding, serveras varm med vaniljsås eller sås av konjak, smör och socker

chutney starkt kryddad, sursöt inläggning av frukt och grönsaker

cinnamon kanel

clam mussla

club sandwich dubbelsmörgås med kyckling, bacon, salladsblad, tomat och majonnäs

cobbler fruktkompott täckt med pajdeg

cock-a-leekie soup kycklingsoppa med purjolök

coconut kokosnöt

cod torsk

Colchester oyster engelskt ostron av hög kvalitet

cold cuts/meat kallskuret

coleslaw sallad på finskuren vitkål

compote kompott

condiment krydda

consommé buljong

cooked kokt, tillagad

cookie kex, kaka

corn 1) vete, havre (GB) 2) majs (US)
~ **on the cob** majskolv

corned beef saltat oxkött

cottage cheese färskost

cottage pie ugnsgräddad köttfärs täckt med potatismos

course (mat)rätt

cover charge kuvertavgift

crab krabba

cracker tunt, salt kex

cranberry tranbär
~ **sauce** tranbärssylt

crayfish, crawfish 1) kräfta 2) langust

cream 1) grädde 2) efterrätt med/av grädde 3) fin soppa
~ **cheese** mjuk ost gjord på grädde
~ **puff** petit-chou

creamed potatoes stuvad potatis

creole kryddstark sås på paprika, tomat och lök

cress krasse

crisps chips

croquette krokett

crumpet mjuk tekaka, äts varm med smör

cucumber gurka

Cumberland ham rökt skinka av hög kvalitet

Cumberland sauce sås på vinbärsgelé som smaksatts med vin, apelsinjuice och kryddor

cupcake muffin

cured konserverad genom saltning, rökning, torkning eller marinering

currant 1) korint 2) vinbär

curried med curry

custard vaniljkräm, vaniljpudding

cutlet kotlett, schnitzel

dab plattfisk, ofta sandskädda

Danish pastry wienerbröd

date dadel

Derby cheese starkt lagrad ost ofta kryddad med salvia

dessert efterrätt

devil(l)ed mycket starkt kryddad

devil's food cake mjuk, mäktig chokladkaka

devils on horseback vinkokta katrinplommon fyllda med mandlar och sardeller, inlindade i bacon och grillade

Devonshire cream mycket tjock grädde

diced i tärningar

diet food dietmat
dinner middag
dish rätt
donut munk
double cream tjock grädde
doughnut munk
Dover sole sjötunga av hög kvalitet
dressing 1) salladssås 2) fyllning i fågel eller kött (US)
Dublin Bay prawn havskräfta
duck anka
duckling ung anka
dumpling 1) inbakad frukt 2) färsbulle, klimp
Dutch apple pie äppeltårta täckt med pudersocker och smör
éclair petit-chou med chokladkräm
eel ål
egg(s) ägg
   boiled ~ kokt
   fried ~ stekt
   hard-boiled ~ hårdkokt
   poached ~ förlorat
   scrambled ~ äggröra
   soft-boiled ~ löskokt
eggplant äggplanta
endive 1) cikoriasallad (GB) 2) endiv (US)
entrée 1) förrätt 2) mellanrätt
fennel fänkål
fig fikon
fillet filé
finnan haddock rökt kolja
fish fisk
   ~ **and chips** friterad fisk och pommes frites
   ~ **cake** fiskkrokett
flan frukttårta
flapjack liten tjock pannkaka
flounder flundra
fool fruktmousse med vispgrädde
forcemeat kryddad köttfärs till

fyllning
fowl fågel
frankfurter slags wienerkorv
French beans haricots verts
French bread pain riche, avlångt vitt bröd
French dressing 1) vinägrettsås (GB) 2) salladssås av majonnäs och chilisås (US)
french fries pommes frites
French toast fattiga riddare
fresh färsk
fried stekt
fritter inbakade friterade bitar av kött, skaldjur eller frukt
frogs' legs grodlår
frosting glasyr
fruit frukt
fry rätt bestående av något som frityrkokts
galantine fågel-, fisk- eller kalvköttsaladåb
game vilt
gammon rimmad, rökt skinka
garfish näbbgädda
garlic vitlök
garnish garnering, tillbehör
gherkin salt- eller ättiksgurka
giblets fågelkrås
ginger ingefära
goose gås
   ~ **berry** krusbär
grape vindruva
   ~ **fruit** grapefrukt
grated riven
gravy sås, steksky
grayling harr (fisk)
green beans haricots verts
green pepper grön paprika
green salad grönsallad
greens grönsaker
grilled grillad, halstrad
grilse unglax
grouse gemensam benämning på

orre, ripa och tjäder

gumbo kreolsk soppa med kött eller skaldjur och grönsaker, redd med okraskott

haddock kolja

haggis hackade inälvor av får, blandade med havregryn och lök

hake kummel

half halv

halibut helgeflundra

ham skinka

~ **and eggs** skinka och ägg

haricot bean grön eller gul böna

hash rätt på finskuret kött

hazelnut hasselnöt

heart hjärta

herbs kryddgrönt

herring sill

home-made hemlagad

hominy grits slags majsgröt

honey honung

honeydew melon söt melon med gröngult fruktkött

hors-d'œuvre kalla eller varma smårätter som inleder en måltid

horse-radish pepparrot

hot 1) varm 2) kryddstark

~ **dog** varm korv med bröd

huckleberry slags blåbär

hush puppy flottyrkokt munk av majsmjöl

ice-cream glass

iced 1) iskyld 2) glaserad

icing glasyr

Idaho baked potato bakad potatis (sort som passar särskilt bra för ugnsbakning)

Irish stew fårragu med potatis och lök

Italian dressing vinägrettsås med vitlök och diverse kryddor

jam sylt

jellied i gelé

Jell-O geléefterrätt med olika fruktsmaker

jelly gelé

Jerusalem artichoke jordärtskocka

John Dory petersfisk

jugged hare harragu

juniper berry enbär

junket slags filbunke

kale grönkål

kedgeree små bitar av kokt fisk varvade med ris, ägg och bechamelsås

kidney njure

kipper rökt sill

lamb lamm

Lancashire hot pot ragu på lammkotletter, lammnjure och lök, täckt med potatis

larded späckad, inlindad i späckskivor

lean mager

leek purjolök

leg lägg, ben, lårstek

lemon citron

~ **sole** sandskädda

lentil lins

lettuce grönsallad

lima bean limaböna

lime lime, slags grön citron

liver lever

loaf limpa

lobster hummer

loin karré, ytterfilé

Long Island duck anka av hög kvalitet

low-calorie kalorisnål

lox rökt lax

macaroni makaroner

macaroon mandelbakelse, biskvi

mackerel makrill

maize majs

maple syrup lönnsirap

marinated marinerad
marjoram mejram
marmalade marmelad på citrus-
frukter
marrow märg
  ~ **bone** märgben
marshmallow mjuk sötsak
mashed potatoes potatismos
mayonnaise majonnäs
meal måltid
meat kött
  ~ **ball** köttbulle
  ~ **loaf** köttfärslimpa
  ~ **pâté** köttpastej
medium ej helt genomstekt (kött)
melted smält
Melton Mowbray pie köttpaj
menu meny, matsedel
meringue maräng
mince 1) malet kött 2) finhacka
  ~ **pie** paj med hackade russin,
  mandel, äpplen, socker och
  kryddor
minced finskuret
  ~ **meat** köttfärs
mint mynta
minute steak hastigt stekt, tunn
  (utplattad) biff
mixed blandad
  ~ **grill** olika sorters kött och
  grönsaker grillade på spett
molasses sirap
morel murkla
mousse 1) fin färs av fågel, skinka
  eller fisk 2) efterrätt där visp-
  grädde, vispad äggvita och
  smakämne ingår
mulberry mullbär
mullet multe
mulligatawny soup starkt curry-
  kryddad kycklingsoppa
mushroom svamp
muskmelon slags melon
mussel mussla

mustard senap
mutton får
noodle nudel
nut nöt
oatmeal havregrynsgröt
oil olja
okra okraskott (grönsak)
onion lök
orange apelsin
ox tongue oxtunga
oxtail oxsvans
oyster ostron
pancake pannkaka
parsley persilja
parsnip palsternacka
partridge rapphöna
pastry bakverk, bakelse
pasty kött- eller fruktpastej
pea ärta
peach persika
peanut jordnöt
  ~ **butter** jordnötssmör
pear päron
pearl barley pärlgryn
pepper peppar
peppermint pepparmynt
perch abborre
pheasant fasan
pickerel ung gädda
pickled inlagd i saltlake eller
  ättika
pickles 1) grönsak eller frukt i
  saltlake eller ättika 2) salt-
  gurka
pie paj
pigeon duva
pigs' feet/trotters grisfötter
pike gädda
pineapple ananas
plaice rödspätta
plain utan sås eller fyllning
plate tallrik, assiett
plum plommon
  ~ **pudding** mäktig, flamberad

fruktkaka, serveras till jul
poached pocherad
popcorn rostad majs
popover muffin
pork fläskkött
porridge gröt
porterhouse steak typ av T-ben-
stek utan ben, chateaubriand
pot roast grytstek med grönsaker
potato potatis
~ **chips** 1) pommes frites (GB)
2) potatisflarn (US)
~ **in its jacket** skalpotatis
potted shrimps räkor blandade
med smält aromsmör, serveras
kallt i portionskoppar
poultry fjäderfä, höns
prawn stor räka
prune katrinplommon
ptarmigan snöripa
pudding pudding; efterrätt
pumpkin pumpa
quail vaktel
quince kvitten
rabbit kanin
radish rädisa
rainbow trout regnbågsforell
raisin russin
rare ytterst lite stekt, blodig
raspberry hallon
raw rå
red mullet rödbarb (fisk)
red (sweet) pepper röd paprika
redcurrant rött vinbär
relish kryddstark sås eller grön-
saksröra
rhubarb rabarber
rib (of beef) entrecoterev
rib-eye steak entrecote
rice ris
rissole krokett av kött eller fisk
river trout bäcköring
roast 1) stek 2) stekt
Rock Cornish hen specialgödd

broiler
roe rom
roll småfranska, kuvertbröd
rollmop herring marinerad sill-
rulad fylld med lök eller ättiks-
gurka
round steak bit av lårstek
Rubens sandwich kokt, salt oxkött
lagt på rågbröd med surkål,
serveras varm
rumpsteak rumpstek (bakre delen
av biffraden)
rusk skorpa
rye bread rågbröd
saddle sadel
saffron saffran
sage salvia
salad sallad
~ **bar** sallads- och grönsaks-
byffé
~ **cream** majonnäs
salmon lax
~ **trout** laxöring
salted saltad
sandwich smörgås
sardine sardin
sauce sås
sauerkraut surkål
sausage korv
sautéed bräckt
scallop pilgrimsmussla
Scotch broth soppa på ox- eller
lammkött med rotfrukter och
korngryn
Scotch egg hårdkokt ägg inrullat
i korvinkråm och stekt
Scotch woodcock rostat bröd med
äggröra och sardellpastej
sea bass havsabborre
sea bream guldbraxen
sea kale strandkål, grönkål
seafood skaldjur och fisk från
havet
(in) season (under) säsong(en)

seasoning kryddor
service betjäning
  ~ **charge** betjäningsavgift
  ~ **(not) included** betjänings-
    avgift (ej) inräknad
set menu fastställd meny
shad stamsill
shallot schalottenlök
shellfish skaldjur
sherbet sorbet, isglass
shoulder bog
shredded finstrimlad
  ~ **wheat** vetekuddar (slags
    frukostflingor)
shrimp räka
silverside (of beef) lårstycke av
    oxkött
sirloin steak dubbelbiff
skewer spett
slice skiva
sliced skivad
sloppy Joe köttfärsröra, serveras i
    ett bröd
smelt nors
smoked rökt
snack lätt måltid, mellanmål
sole sjötunga
soup soppa
sour sur
soused herring inlagd sill
spare-rib revbensspjäll
spice krydda
spinach spenat
spiny lobster langust
(on a) spit (på) spett
sponge cake sockerkaka
sprat skarpsill
squash slags pumpa
starter förrätt
steak-and-kidney pie pajskal fyllt
    med oxkött och njure
steamed ångkokad
stew stuvning, ragu
Stilton (cheese) lagrad, blåådrig

ost
strawberry jordgubbe
string beans haricots verts
stuffed fylld, späckad
stuffing fyllning, färs
suck(l)ing pig spädgris
sugar socker
sugarless sockerfri
sundae glassefterrätt med grädde,
    nötter och saft
supper middag, supé
swede kålrot
sweet 1) söt 2) efterrätt
  ~ **corn** majs
  ~ **potato** sötpotatis
sweetbread (kalv)bräss
Swiss cheese schweizerost
Swiss roll rulltårta
Swiss steak biff bräserad med
    tomat och lök
table d'hôte fastställd meny
tangerine mandarinliknande
    apelsin
tarragon dragon
tart efterrättspaj utan lock
tenderloin filé
Thousand Island dressing sal-
    ladssås med majonnäs, grädde,
    chilisås, lök och paprika
thyme timjan
toad-in-the-hole köttbitar eller
    korvinkråm, täckt med
    pannkakssmet, gräddas i ugn
toast rostat bröd
toasted rostad
  ~ **cheese** rostat bröd med
    smält ostskiva
  ~ **(cheese) sandwich** ost och
    skinka i rostat bröd
tomato tomat
tongue tunga
treacle sirap
trifle savaräng med sylt, toppad
    med vinindränkta, söndersmu-

lade mandelbiskvier, serverad
med vaniljkräm och grädde
tripe inälvsmat, krås
trout forell
truffle tryffel
tuna, tunny tonfisk
turbot piggvar
turkey kalkon
turnip rova
turnover sylt- eller fruktpirog
turtle soup sköldpaddssoppa
underdone mycket litet stekt (om
kött)
vanilla vanilj
veal kalv
~ **bird** kalvrulad
~ **cutlet** kalvschnitzel
vegetable grönsak
~ **marrow** squash
venison viltkött (oftast rådjur)
vichyssoise kall purjolökssoppa
vinegar vinäger, ättika
Virginia baked ham rimsaltad
ugnstekt skinka kryddad med

nejlikor, serverad med stekt
ananas och körsbär
wafer rån
waffle våffla
walnut valnöt
water ice sorbet, isglass
watercress vattenkrasse
watermelon vattenmelon
well-done välstekt
Welsh rabbit/rarebit rostat bröd
med smält ost
whelk valthornssnäcka
whipped cream vispgrädde
whitebait småfisk, ofta sill
wine list vinlista
woodcock morkulla
Worcestershire sauce stark
kryddsås på ättika och soja
York ham mycket fin, rökt skinka
Yorkshire pudding frasig paj av
pannkakssmet, gräddad till-
sammans med rostbiffen
zucchini squash
zwieback skorpa

Drycker

ale starkt, något sött öl som jäst
vid hög temperatur
bitter ~ aningen beskt öl
brown ~ mörkt, lite sött öl på
flaska
light ~ lätt, ljust öl på flaska
mild ~ mörkt, fylligt fatöl
pale ~ lätt, ljust öl på flaska
med stark humlesmak
applejack amerikanskt äppel-
brännvin

Athol Brose drink på skotsk
whisky, vatten, honung och
havregryn
Bacardi cocktail drink på rom,
grenadinsaft, gin och lime
barley water dryck med olika
fruktsmaker gjord på korngryn
barley wine mörkt, mycket starkt
öl
beer öl
bottled ~ öl på flaska

draft, draught ~ fatöl
bitters 1) aperitifer med bitter smak 2) beska cocktailingredienser
black velvet lika delar champagne och *stout* (serveras ofta till ostron)
bloody Mary drink på vodka, tomatjuice och kryddor
bourbon amerikansk whisky gjord på majs och åldrad i nya fat, med en framträdande, något söt smak
brandy eau-de-vie, cognac, brandy
~ **Alexander** drink på brandy, cacaolikör och grädde
British wines vin gjort i Storbritannien på importerade druvor
cherry brandy körsbärslikör
chocolate choklad
cider cider, alkoholhaltig äppeldryck
~ **cup** drink på cider, kryddor och is
claret rött bordeauxvin
cobbler vindrink med fruktbitar
coffee kaffe
~ **with cream** med grädde
black ~ utan socker och grädde
caffeine-free ~ koffeinfritt
white ~ med mjölk
Coke Coca-Cola
cordial likörer och cognac
cream grädde
cup 1) kopp 2) vindrink med fruktbitar, spetsad med starksprit eller likör
daiquiri romdrink med limejuice och socker
double dubbel mängd starksprit
dry torr
~ **martini** 1) torr vermouth

(GB) 2) cocktail på gin och lite torr vermouth (US)
egg-nog äggtoddy
gin and it drink på gin och (söt) italiensk vermouth
gin-fizz drink på gin, socker, citron och sodavatten
ginger ale läskedryck med ingefärssmak
ginger beer alkoholhaltig dryck med ingefärssmak
grasshopper drink på mintlikör, cacaolikör och grädde
Guinness (stout) mörkt, fylligt öl med stark humlesmak (slags porter)
half pint ungefär 3 dl
highball drink på starksprit med vatten eller läskedryck
iced iskyld
Irish coffee kaffe med irländsk whisky och vispad grädde
Irish Mist irländsk whiskylikör
Irish Whiskey irländsk whisky, mindre sträv i smaken än *scotch* och gjord enbart på irländsk säd
lager lätt, mycket kolsyrehaltigt öl
lemon squash citrondricka
lemonade läskedryck med citronsmak
lime juice juice av lime (slags grön citron)
liqueur likör
liquor starksprit
long drink starksprit blandad med vatten, tonic etc.
malt whisky skotsk whisky enbart gjord på malt
Manhattan cocktail på *bourbon*, söt vermouth och angostura
milk mjölk
~ **shake** kraftigt vispad mjölkdrink med olika sorters glass

mineral water mineralvatten
mulled wine varmt kryddat vin, slags vinglögg
neat utan is och vatten
old-fashioned cocktail på whisky, socker, citron och angostura
on the rocks med isbitar
orange juice apelsinjuice
Ovaltine Ovomaltine (chokladdryck)
Pimm's cup(s) likör gjord på någon av följande spritsorter och utspädd med fruktsaft
~ **No. 1** med gin
~ **No. 2** med whisky
~ **No. 3** med rom
~ **No. 4** med eau-de-vie
pink champagne skär champagne
pink lady cocktail på gin, äppelbrännvin (Calvados), grenadinsaft och vispad äggvita
pint ungefär 6 dl
port (wine) portvin
porter mörkt, beskt öl
punch 1) (vin) bål 2) varm dryck gjord på starksprit, fruktbitar och kryddor
quart mått: 1,14 liter (US 0,95 liter)
root beer läskedryck smaksatt med örter och rötter
rum rom
rye (whiskey) amerikansk whisky gjord på råg, med en tyngre och lite strävare smak än *bourbon*
scotch (whisky) skotsk whisky,

blandad korn- och maltwhisky där malten torkats över torveld vilket ger den fina röksmaken
screwdriver drink på vodka och apelsinjuice
shandy öl, *bitter ale,* blandat med *ginger beer* eller läskedryck
short drink outspädd starksprit
shot liten dos alkohol
sloe gin-fizz slånbärsgin med citron, socker och sodavatten
soda water sodavatten
soft drink alkoholfri dryck (saft, läskedryck)
sour 1) sur 2) om en drink där man tillsatt citronsaft
spirits starksprit
stinger drink på eau-de-vie, mintlikör och citron
stout ett starkt, mörkt och fylligt öl
straight oblandad, ren (om starksprit)
sweet söt
tea te
toddy dryck gjord på starksprit, socker, citron, kryddor och varmt vatten
Tom Collins gin, socker, citronsaft och sodavatten
water vatten
whisky sour cocktail på whisky, citronsaft och socker
wine vin
  red ~ rödvin
  sparkling ~ mousserande
  white ~ vitt

Minigrammatik

Artiklar

Den **bestämda artikeln** har samma form i sing. och plur.: **the**

the room, the rooms . rummet, rummen

Den **obestämda artikeln** har två former: **a** som används framför ord som börjar på konsonant och **an** som används framför vokal eller stumt **h**.

a coat	en kappa
an umbrella	ett paraply
an hour	en timme
a small village	en liten by
an old town	en gammal stad

Some anger obestämd mängd eller obestämt antal. Det används framför substantiv i både sing. och plur. och motsvarar på svenska någon, något, lite, några.

I'd like some tea, please.	Jag skulle vilja ha lite te.
Give me some stamps, please.	Var snäll och ge mig några frimärken.

Any betyder någon som helst, vilken som helst och används mest i nekande och frågande satser.

There isn't any soap.	Det finns inte någon tvål.
Do you have any stamps?	Har ni (du) några frimärken?
Is there any mail for me?	Finns det någon post till mig?

Substantiv

Pluralis bildas som regel genom att lägga **-(e)s** till singular-formen.

cup — cups	kopp — koppar
dress — dresses	klänning — klänningar

Obs! Om ett substantiv slutar på **-y** i sing. ändras stavningen i plur. till **-ies** om y föregås av en konsonant. Om det föregås av en vokal används den normala pluraländelsen **-s**.

lady — ladies	dam — damer
day — days	dag — dagar

Men ingen regel utan undantag...

man — men	man — män
woman — women	kvinna — kvinnor
child — children	barn — barn
foot — feet	fot — fötter

Genitiv

1. Då ägaren är en person och då substantivet inte slutar på **-s** lägger man till **'s**.

the boy's room	pojkens rum
the children's clothes	barnens kläder

Om substantivet slutar på **-s** lägger man endast till apostrofen (').

the boys' room	pojkarnas rum

2. Då ägaren inte är en person används prepositionen of.

the end of the journey   resans slut (slutet på resan)

Adjektiv

Adjektivet förblir oförändrat både framför substantivet och när det står ensamt.

a large brown suitcase   en stor brun resväska

Det finns två sätt att bilda **komparativ** och **superlativ**.

1. Adjektiv med en stavelse och de flesta med två stavelser får ändelsen **-(e)r** och **-(e)st**.

small — **smaller** — **smallest**   liten — mindre — minst
pretty — **prettier** — **prettiest**   söt — sötare — sötast

Obs! **-y** efter konsonant ändras till **i** framför **-er** och **-est**.

2. Adjektiv med fler än två stavelser och vissa adjektiv med två stavelser (t. ex. de som slutar på **-ful** eller **-less**) bildar komparativ och superlativ med hjälp av **more** och **most**.

expensive (dyr) — **more expensive** — **most expensive**
careful (försiktig) — **more careful** — **most careful**

Följande adjektiv är oregelbundna:

good (bra) — **better** — **best**
bad (dålig) — **worse** — **worst**
little (lite) — **less** — **least**
much (mycket) } — **more** — **most**
many (många) }

Pronomen

| | personliga | | possessiva | |
	subjekts-form	objekts-form	förenade	själv-ständiga
jag	**I**	**me**	**my**	**mine**
du	**you**	**you**	**your**	**yours**
han	**he**	**him**	**his**	**his**
hon	**she**	**her**	**her**	**hers**
den/det	**it**	**it**	**its**	—
vi	**we**	**us**	**our**	**ours**
ni	**you**	**you**	**your**	**yours**
de	**they**	**them**	**their**	**theirs**

Exempel på förenat possessivt pronomen:

Where's my key?   Var är min nyckel?

Exempel på självständigt possessivt pronomen:

It's not mine.   Det är inte min.
It's yours.   Det är er (din).

Obs! Engelskan har inte skilda former för "du" och "ni".
Båda heter **you**.

Oregelbundna verb

Nedanstående lista innehåller de vanligaste engelska oregelbundna verben. Sammansatta verb och de verb som har en förstavelse (prefix) böjs som de enkla verben: t.ex. *withdraw* böjs som *draw* och *mistake* som *take*.

Infinitiv	Imperfektum	Perfekt particip	
arise	arose	arisen	*uppstå*
awake	awoke	awoken/awaked	*vakna*
be	was	been	*vara*
bear	bore	borne	*bära*
beat	beat	beaten	*slå*
become	became	become	*bli*
begin	began	begun	*börja*
bend	bent	bent	*böja*
bet	bet	bet	*slå (hålla) vad*
bid	bade/bid	bidden/bid	*bjuda*
bind	bound	bound	*binda*
bite	bit	bitten	*bita*
bleed	bled	bled	*blöda*
blow	blew	blown	*blåsa*
break	broke	broken	*bryta*
breed	bred	bred	*uppföda*
bring	brought	brought	*medföra*
build	built	built	*bygga*
burn	burnt/burned	burnt/burned	*bränna, brinna*
burst	burst	burst	*brista*
buy	bought	bought	*köpa*
can*	could	–	*kunna*
cast	cast	cast	*kasta; gjuta*
catch	caught	caught	*fånga*
choose	chose	chosen	*välja*
cling	clung	clung	*klänga sig fast*
clothe	clothed/clad	clothed/clad	*bekläda*
come	came	come	*komma*
cost	cost	cost	*kosta*
creep	crept	crept	*krypa*
cut	cut	cut	*skära*
deal	dealt	dealt	*handla med; dela ut*
dig	dug	dug	*gräva*
do (he does*)	did	done	*göra*
draw	drew	drawn	*rita; dra*
dream	dreamt/dreamed	dreamt/dreamed	*drömma*
drink	drank	drunk	*dricka*
drive	drove	driven	*köra*
dwell	dwelt	dwelt	*vistas*
eat	ate	eaten	*äta*
fall	fell	fallen	*falla*

* presens indikativ

feed	fed	fed	*(ut)fodra, mata*
feel	felt	felt	*känna (sig)*
fight	fought	fought	*slåss*
find	found	found	*finna*
flee	fled	fled	*fly*
fling	flung	flung	*kasta*
fly	flew	flown	*flyga*
forsake	forsook	forsaken	*överge*
freeze	froze	frozen	*frysa*
get	got	got	*få*
give	gave	given	*ge*
go (he goes*)	went	gone	*resa*
grind	ground	ground	*mala*
grow	grew	grown	*växa*
hang	hung	hung	*hänga*
have (he has*)	had	had	*ha*
hear	heard	heard	*höra*
hew	hewed	hewed/hewn	*hugga*
hide	hid	hidden	*gömma*
hit	hit	hit	*slå*
hold	held	held	*hålla*
hurt	hurt	hurt	*såra; värka*
keep	kept	kept	*behålla*
kneel	knelt	knelt	*knäböja*
knit	knitted/knit	knitted/knit	*sticka*
know	knew	known	*veta; kunna*
lay	laid	laid	*lägga*
lead	led	led	*leda*
lean	leant/leaned	leant/leaned	*luta (sig)*
leap	leapt/leaped	leapt/leaped	*hoppa*
learn	learnt/learned	learnt/learned	*lära sig*
leave	left	left	*lämna*
lend	lent	lent	*låna (ut)*
let	let	let	*(till)låta*
lie	lay	lain	*ligga*
light	lit/lighted	lit/lighted	*tända*
lose	lost	lost	*förlora*
make	made	made	*göra*
may*	might	–	*få, kunna (kanske)*
mean	meant	meant	*mena*
meet	met	met	*möta*
mow	mowed	mowed/mown	*meja*
must*	must	–	*vara tvungen*
ought* (to)	ought	–	*böra*
pay	paid	paid	*betala*
put	put	put	*sätta*
read	read	read	*läsa*
rid	rid	rid	*befria*
ride	rode	ridden	*rida*

---

* presens indikativ

ring	rang	rung	*ringa*
rise	rose	risen	*stiga upp*
run	ran	run	*springa*
saw	sawed	sawn	*såga*
say	said	said	*säga*
see	saw	seen	*se*
seek	sought	sought	*söka*
sell	sold	sold	*sälja*
send	sent	sent	*sända*
set	set	set	*sätta*
sew	sewed	sewed/sewn	*sy*
shake	shook	shaken	*skaka*
shall*	should	–	*skola*
shed	shed	shed	*fälla*
shine	shone	shone	*skina*
shoot	shot	shot	*skjuta*
show	showed	shown	*visa*
shrink	shrank	shrunk	*krympa*
shut	shut	shut	*stänga*
sing	sang	sung	*sjunga*
sink	sank	sunk	*sjunka*
sit	sat	sat	*sitta*
sleep	slept	slept	*sova*
slide	slid	slid	*glida*
sling	slung	slung	*slunga*
slink	slunk	slunk	*smita*
slit	slit	slit	*sprätta upp*
smell	smelled/smelt	smelled/smelt	*lukta*
sow	sowed	sown/sowed	*så*
speak	spoke	spoken	*tala*
speed	sped/speeded	sped/speeded	*hasta*
spell	spelt/spelled	spelt/spelled	*stava*
spend	spent	spent	*tillbringa; ge ut*
spill	spilt/spilled	spilt/spilled	*spilla*
spin	spun	spun	*spinna*
spit	spat	spat	*spotta*
split	split	split	*klyva*
spoil	spoilt/spoiled	spoilt/spoiled	*skämma (bort); förstöra*
spread	spread	spread	*sprida*
spring	sprang	sprung	*rusa upp*
stand	stood	stood	*stå*
steal	stole	stolen	*stjäla*
stick	stuck	stuck	*fästa*
sting	stung	stung	*sticka, stinga*
stink	stank/stunk	stunk	*stinka*
strew	strewed	strewed/strewn	*strö*
stride	strode	stridden	*kliva*
strike	struck	struck/stricken	*slå (till)*

* presens indikativ

string	strung	strung	*trä (upp)*
strive	strove	striven	*sträva*
swear	swore	sworn	*svär(j)a*
sweep	swept	swept	*sopa*
swell	swelled	swollen/swelled	*svälla*
swim	swam	swum	*simma*
swing	swung	swung	*svänga, gunga*
take	took	taken	*ta*
teach	taught	taught	*lära (ut)*
tear	tore	torn	*slita sönder*
tell	told	told	*berätta*
think	thought	thought	*tänka*
throw	threw	thrown	*kasta*
thrust	thrust	thrust	*stöta*
tread	trod	trodden	*trampa*
wake	woke/waked	woken/waked	*vakna; väcka*
wear	wore	worn	*ha på sig*
weave	wove	woven	*väva*
weep	wept	wept	*gråta*
will *	would	—	*vilja*
win	won	won	*vinna*
wind	wound	wound	*veva (upp)*
wring	wrung	wrung	*vrida (ur)*
write	wrote	written	*skriva*

---

* presens indikativ

Engelska förkortningar

AA	Automobile Association	brittisk motororganisation
AAA	American Automobile Association	amerikansk motororganisation
ABC	American Broadcasting Company	privat amerikanskt radio- och TV-bolag
A.D.	anno Domini	e.Kr.
Am.	America; American	Amerika; amerikansk
a.m.	ante meridiem (before noon)	för tid mellan kl. 00.00 och 12.00
Amtrak	American railroad corporation	sammanslutning av privata amerikanska järnvägar
AT & T	American Telephone and Telegraph Company	privat amerikanskt telefonbolag
Ave.	avenue	aveny
BBC	British Broadcasting Corporation	statligt brittiskt radio- och TV-bolag
B.C.	before Christ	f.Kr.
bldg.	building	byggnad, hus
Blvd.	boulevard	boulevard
B.R.	British Rail	Brittiska statsjärnvägarna
Brit.	Britain; British	Storbritannien; brittisk
Bros.	brothers	bröder (i firmanamn)
¢	cent	1/100 dollar
Can.	Canada; Canadian	Kanada; kanadensisk
CBS	Columbia Broadcasting System	privat amerikanskt radio- och TV-bolag
CID	Criminal Investigation Department	kriminalpolisen (Scotland Yard)
CNR	Canadian National Railway	Kanadensiska statsjärnvägarna
c/o	(in) care of	under adress
Co.	company	bolag
Corp.	corporation	korporation, bolag
CPR	Canadian Pacific Railways	privat kanadensiskt järnvägsbolag
D.C.	District of Columbia	Columbiadistriktet (Washington, D.C.)
DDS	Doctor of Dental Science	tandläkare
dept.	department	departement, avdelning
EU	European Union	Europeiska Unionen

e.g.	*for instance*	t.ex.
Eng.	*England ; English*	England; engelsk
excl.	*excluding ; exclusive*	ej inräknad, exklusive
ft.	*foot/feet*	fot (mått)
GB	*Great Britain*	Storbritannien
H.E.	*His/Her Excellency ;*	Hans/Hennes Excellens;
	His Eminence	Hans Höghet
H.H.	*His Holiness*	Hans Helighet (påven)
H.M.	*His/Her Majesty*	Hans/Hennes Majestät
H.M.S.	*Her Majesty's ship*	Hennes Majestäts fartyg
		(brittiskt örlogsfartyg)
hp	*horsepower*	hästkrafter
Hwy	*highway*	huvudväg, allmän landsväg
i.e.	*that is to say*	dvs.
in.	*inch*	tum
Inc.	*incorporated*	AB, aktiebolag
incl.	*including, inclusive*	inräknad, inklusive
£	*pound sterling*	brittiskt pund
L.A.	*Los Angeles*	Los Angeles
Ltd.	*limited*	AB, aktiebolag
M.D.	*Doctor of Medicine*	leg. läk.
M.P.	*Member of Parliament*	ledamot av parlamentet
mph	*miles per hour*	miles per timma
Mr.	*Mister*	herr
Mrs.	*Missis*	fru
Ms.	*Missis/Miss*	fru/fröken
nat.	*national*	nationell
NBC	*National Broadcasting*	privat amerikanskt
	Company	radio- och TV-bolag
No.	*number*	nummer
N.Y.C.	*New York City*	New York (staden)
O.B.E.	*Officer (of the Order)*	Riddare av brittiska
	of the British Empire	imperieorden
p.	*page ; penny/pence*	sida; 1/100 pund
p.a.	*per annum*	per år
Ph.D.	*Doctor of Philosophy*	fil. dr.
p.m.	*post meridiem*	för tid mellan kl. 12.00
	(after noon)	och 24.00
PO	*Post Office*	postkontor
POO	*post office order*	postanvisning
pop.	*population*	folkmängd, befolkning
P.T.O.	*please turn over*	var god vänd
RAC	*Royal Automobile Club*	Kungliga Brittiska
		Automobilklubben

RCMP	*Royal Canadian Mounted Police*	Kanadas ridande polis
Rd.	*road*	väg
ref.	*reference*	referens, hänvisning
Rev.	*reverend*	pastor
RFD	*rural free delivery*	utbärning av post på landsbygden
RR	*railroad*	järnväg
RSVP	*please reply*	o.s.a., om svar anhålles
$	*dollar*	dollar
Soc.	*society*	förening
St.	*saint ; street*	sankt(a) ; gata
STD	*Subscriber Trunk Dialling*	automatisk telefon
UN	*United Nations*	FN
UPS	*United Parcel Service*	privat företag som levererar paket
US	*United States*	Förenta staterna
USS	*United States Ship*	amerikanskt örlogsfartyg
VAT	*value added tax*	moms, mervärdeskatt
VIP	*very important person*	vip, betydelsefull person
Xmas	*Christmas*	jul
yd.	*yard*	yard (mått)
YMCA	*Young Men's Christian Association*	KFUM
YWCA	*Young Women's Christian Association*	KFUK
ZIP	*ZIP code*	postnummer

Räkneord

Grundtal

0	zero
1	one
2	two
3	three
4	four
5	five
6	six
7	seven
8	eight
9	nine
10	ten
11	eleven
12	twelve
13	thirteen
14	fourteen
15	fifteen
16	sixteen
17	seventeen
18	eighteen
19	nineteen
20	twenty
21	twenty-one
22	twenty-two
23	twenty-three
24	twenty-four
25	twenty-five
30	thirty
40	forty
50	fifty
60	sixty
70	seventy
80	eighty
90	ninety
100	a/one hundred
230	two hundred and thirty
1,000	a/one thousand
10,000	ten thousand
100,000	a/one hundred thousand
1,000,000	a/one million

Ordningstal

1st	first
2nd	second
3rd	third
4th	fourth
5th	fifth
6th	sixth
7th	seventh
8th	eighth
9th	ninth
10th	tenth
11th	eleventh
12th	twelfth
13th	thirteenth
14th	fourteenth
15th	fifteenth
16th	sixteenth
17th	seventeenth
18th	eighteenth
19th	nineteenth
20th	twentieth
21st	twenty-first
22nd	twenty-second
23rd	twenty-third
24th	twenty-fourth
25th	twenty-fifth
26th	twenty-sixth
27th	twenty-seventh
28th	twenty-eighth
29th	twenty-ninth
30th	thirtieth
40th	fortieth
50th	fiftieth
60th	sixtieth
70th	seventieth
80th	eightieth
90th	ninetieth
100th	hundredth
230th	two hundred and thirtieth
1,000th	thousandth

Klockan

Engelsmännen och amerikanerna använder 12-timmarssystemet vid tidsangivelser. För att ange vilken tid på dygnet det är, lägger man till *a.m.* för tiden mellan midnatt och kl. 12 och *p.m.* för tiden mellan kl. 12 och midnatt. I Storbritannien börjar man mer och mer att använda 24-timmarssystemet vid officiella tidsangivelser.

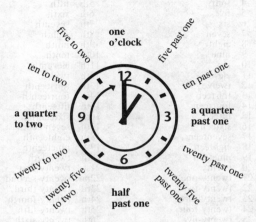

I'll come at seven a.m.	Jag kommer kl. 7 på morgonen.
I'll come at three p.m.	Jag kommer kl. 3 på eftermiddagen
I'll come at eight p.m.	Jag kommer kl. 8 på kvällen.

Veckodagar

Sunday	söndag	*Thursday*	torsdag
Monday	måndag	*Friday*	fredag
Tuesday	tisdag	*Saturday*	lördag
Wednesday	onsdag		

Några vanliga uttryck

Var så god.
Tack så mycket.
Ingen orsak.
God morgon.
God dag *(på eftermiddagen)*.
God afton.
God natt.
Adjö.
Vi ses.
Var är...?
Vad heter det här?
Vad betyder det där?
Talar ni engelska?
Talar ni tyska?
Talar ni franska?
Talar ni spanska?
Talar ni italienska?
Kan ni vara snäll och tala litet långsammare.
Jag förstår inte.
Kan jag få...?
Kan ni visa mig...?
Kan ni säga mig...?
Kan ni hjälpa mig?
Jag skulle vilja ha...
Vi skulle vilja ha...
Var snäll och ge mig...
Var snäll och hämta...
Jag är hungrig.
Jag är törstig.
Jag har gått vilse.
Skynda på!
Det finns...
Det finns inte...

Some Basic Phrases

Please.
Thank you very much.
Don't mention it.
Good morning.
Good afternoon.
Good evening.
Good night.
Good-bye.
See you later.
Where is/Where are...?
What do you call this?
What does that mean?
Do you speak English?
Do you speak German?
Do you speak French?
Do you speak Spanish?
Do you speak Italian?
Could you speak more slowly, please?
I don't understand.
Can I have...?
Can you show me...?
Can you tell me...?
Can you help me, please?
I'd like...
We'd like...
Please give me...
Please bring me...
I'm hungry.
I'm thirsty.
I'm lost.
Hurry up!
There is/There are...
There isn't/There aren't...

Ankomst

Passet, tack.

Har ni någonting att förtulla?

Nej, ingenting alls.

Kan ni vara snäll och hjälpa mig med mitt bagage?

Var står den buss som går till centrum?

Den här vägen.

Var kan jag få tag på en taxi?

Vad kostar det till...?

Var snäll och kör mig till den här adressen, tack.

Jag har bråttom.

Arrival

Your passport, please.

Have you anything to declare?

No, nothing at all.

Can you help me with my luggage, please?

Where's the bus to the centre of town, please?

This way, please.

Where can I get a taxi?

What's the fare to...?

Take me to this address, please.

I'm in a hurry.

Hotell

Mitt namn är...

Har ni reserverat?

Jag skulle vilja ha ett rum med bad.

Hur mycket kostar det per natt?

Kan jag få se på rummet?

Vilket rumsnummer har jag?

Det finns inget varmvatten.

Kan jag få tala med direktören, tack?

Har någon ringt mig?

Finns det någon post till mig?

Kan jag få räkningen, tack?

Hotel

My name is...

Have you a reservation?

I'd like a room with a bath.

What's the price per night?

May I see the room?

What's my room number, please?

There's no hot water.

May I see the manager, please?

Did anyone telephone me?

Is there any mail for me?

May I have my bill (check), please?

Äta ute

Har ni någon meny?

Kan jag få se på matsedeln?

Eating out

Do you have a fixed-price menu?

May I see the menu?

Kan vi få en askkopp, tack?	May we have an ashtray, please?
Var är toaletten?	Where's the toilet, please?
Jag skulle vilja ha en förrätt.	I'd like an hors d'œuvre (starter).
Har ni någon soppa?	Have you any soup?
Jag ska be att få fisk.	I'd like some fish.
Vad har ni för fisk?	What kind of fish do you have?
Jag ska be att få en biff.	I'd like a steak.
Vad finns det för grönsaker?	What vegetables have you got?
Ingenting mer, tack.	Nothing more, thanks.
Vad vill ni ha att dricka?	What would you like to drink?
Jag tar en öl, tack.	I'll have a beer, please.
Jag ska be att få en flaska vin.	I'd like a bottle of wine.
Får jag be om notan, tack?	May I have the bill (check), please?
Är betjäningsavgiften inräknad?	Is service included?
Tack, det var mycket gott.	Thank you, that was a very good meal.

På resa

Travelling

Var ligger järnvägsstationen?	Where's the railway station, please?
Var är biljettluckan?	Where's the ticket office, please?
Jag ska be att få en biljett till...	I'd like a ticket to...
Första eller andra klass?	First or second class?
Första klass, tack.	First class, please.
Enkel eller tur och retur?	Single or return (one way or roundtrip)?
Måste jag byta tåg?	Do I have to change trains?
Från vilken perrong avgår tåget till...?	What platform does the train for... leave from?
Var ligger närmaste tunnelbane-station?	Where's the nearest underground (subway) station?
Var ligger busstationen?	Where's the bus station, please?
När går första bussen till...?	When's the first bus to...?
Kan ni släppa av mig vid nästa hållplats?	Please let me off at the next stop.

Nöjen

Vad går det på bio?

När börjar filmen?

Finns det några biljetter till i kväll?

Var kan vi gå och dansa?

Relaxing

What's on at the cinema (movies)?

What time does the film begin?

Are there any tickets for tonight?

Where can we go dancing?

Träffa folk

God dag.

Hur står det till?

Tack bra. Och ni?

Får jag presentera...?

Jag heter...

Roligt att träffas.

Hur länge har ni varit här?

Det var trevligt att träffas.

Har ni något emot att jag röker?

Förlåt, har ni eld?

Vill ni ha något att dricka?

Får jag bjuda er på middag i kväll?

Var ska vi träffas?

Meeting people

How do you do.

How are you?

Very well, thank you. And you?

May I introduce...?

My name is...

I'm very pleased to meet you.

How long have you been here?

It was nice meeting you.

Do you mind if I smoke?

Do you have a light, please?

May I get you a drink?

May I invite you for dinner tonight?

Where shall we meet?

Affärer, varuhus etc.

Var ligger närmaste bank?

Var kan jag lösa in några rese-checker?

Kan jag få litet växel, tack?

Var finns närmaste apotek?

Hur kommer jag dit?

Kan man gå dit?

Kan ni hjälpa mig?

Hur mycket kostar den här? Och den där?

Shops, stores and services

Where's the nearest bank, please?

Where can I cash some travellers' cheques?

Can you give me some small change, please?

Where's the nearest chemist's (pharmacy)?

How do I get there?

Is it within walking distance?

Can you help me, please?

How much is this? And that?

Det är inte riktigt vad jag vill ha.

It's not quite what I want.

Den här tycker jag om.

I like it.

Kan ni rekommendera någonting mot solsveda?

Can you recommend something for sunburn?

Jag skulle vilja bli klippt.

I'd like a haircut, please.

Jag skulle vilja ha manikyr.

I'd like a manicure, please.

Frågor om vägen

Street directions

Kan ni visa mig på kartan var jag är?

Can you show me on the map where I am?

Ni är på fel väg.

You are on the wrong road.

Kör/Gå rakt fram.

Go/Walk straight ahead.

Det är till vänster/till höger.

It's on the left/on the right.

Nödsituationer

Emergencies

Ring genast efter en läkare.

Call a doctor quickly.

Ring efter en ambulans.

Call an ambulance.

Var snäll och ring polisen.

Please call the police.

swedish-english

svensk-engelsk

Introduction

This dictionary has been designed to take account of your practical needs. Unnecessary linguistic information has been avoided. The entries are listed in alphabetical order, regardless of whether the entry is printed in a single word or in two or more separate words. As the only exception to this rule, a few idiomatic expressions are listed alphabetically as main entries, according to the most significant word of the expression. When an entry is followed by sub-entries, such as expressions and locutions, these are also listed in alphabetical order.[1]

Each main-entry word is followed by a phonetic transcription (see guide to pronunciation). Following the transcription is the part of speech of the entry word whenever applicable. If an entry word is used as more than one part of speech, the translations are grouped together after the respective part of speech.

Irregular plurals are given in brackets after the part of speech.

Whenever an entry word is repeated in irregular forms or sub-entries, a tilde (~) is used to represent the full word. In plurals of long words, only the part that changes is written out fully, whereas the unchanged part is represented by a hyphen (-).

Entry word: behållare (pl ~)   Plural: behållare
            anställd (pl ~a)   anställda
            antibiotikum (pl -ka)   antibiotika

An asterisk (*) in front of a verb indicates that it is irregular. For more detail, refer to the list of irregular verbs.

Abbreviations

adj	adjective	*pl*	plural
adv	adverb	*plAm*	plural (American)
Am	American	*pp*	past participle
art	article	*pr*	present tense
c	common gender	*pref*	prefix
conj	conjunction	*prep*	preposition
n	noun	*pron*	pronoun
nAm	noun (American)	*suf*	suffix
nt	neuter	*v*	verb
num	numeral	*vAm*	verb
p	past tense		(American)

---

[1] Note that Swedish alphabetical order differs from our own for three letters: *å, ä* and *ö*. These are considered independent characters and come after *z*, in that order.

Guide to Pronunciation

Each main entry in this part of the dictionary is followed by a phonetic transcription which shows you how to pronounce the words. This transcription should be read as if it were English. It is based on Standard British pronunciation, though we have tried to take account of General American pronunciation also. Below, only those letters and symbols are explained which we consider likely to be ambiguous or not immediately understood.

The syllables are separated by hyphens, and stressed syllables are printed in *italics*.

Of course, the sounds of any two languages are never exactly the same, but if you follow carefully our indications, you should be able to pronounce the foreign words in such a way that you'll be understood. To make your task easier, our transcriptions occasionally simplify slightly the sound system of the language while still reflecting the essential sound differences.

Consonants

g   always hard. as in go
s   always hard. as in so
t^y more or less as in hit you: sometimes rather like h in huge

The consonants d. l. n. s. t. if preceded by r. are generally pronounced with the tip of the tongue turned up well behind the front teeth. The r then ceases to be pronounced.

Vowels and Diphthongs

aa   long a. as in car. but without any r-sound
ah   a short version of aa: between a in cat and u in cut
æ   like a in cat
ææ   a long æ-sound
ai   as in air. without any r-sound
eh   like e in get
er   as in other. without any r-sound
ew   a "rounded ee-sound". Say the vowel sound ee (as in see). and while saying it. round your lips as for oo (as in soon). without moving your tongue: when your lips are in the oo position. but your tongue in the ee position. you should be pronouncing the correct sound
igh   as in sigh
o   as in hot (British pronunciation)
ou   as in loud
ur   as in fur. but with rounded lips and no r-sound

1) A bar over a vowel symbol (e. g. $\overline{ew}$) shows that this sound is long.

2) Raised letters (e. g. ^{y}aa) should be pronounced only fleetingly.

Tones

In Swedish there are two "tones": one is falling. the other consists of two falling pitches. with the second starting higher than the first. As these tones are complex and very hard to copy. we do not indicate them. but mark their position as stressed.

A

abborre (ah-bo-rer) c bass, perch
abnorm (ahb-*norm*) adj abnormal
abonnemang (ah-bo-ner-*mahng*) nt subscription
abonnemangskort (ah-bo-ner-*mahngs*-koort) nt season-ticket
abort (ah-*bort*) c abortion
absolut (ahp-so-*lewt*) adv absolutely; adj very
absolutist (ahp-so-lew-*tist*) c teetotaller
abstrakt (ahp-*strahkt*) adj abstract
absurd (ahp-*sewrd*) adj absurd
accent (ahk-*sehnt*) c accent
acceptera (ahks-ehp-*tāy*-rah) v accept
ackompanjera (ah-kom-pahn-*ʸāy*-rah) v accompany
adapter (ah-*dahp*-terr) c adaptor
addera (ah-*dāy*-rah) v add
addition (ah-di-*shōōn*) c addition
adekvat (ah-der-*kvaat*) adj adequate
adel (*aa*-derl) c nobility
adjektiv (*ahd*-ʸayk-teev) nt adjective
adjö! (ah-*dʸur*) good-bye!
administration (ahd-mi-ni-strah-*shōōn*) c administration
administrativ (ahd-mi-ni-strah-*teev*) adj administrative
adoptera (ah-doap-*tāy*-rah) v adopt

adress (ahd-*rayss*) c address
adressat (ahd-ray-*saat*) c addressee
adressera (ahd-ray-*sāy*-rah) v address
adverb (ahd-*værb*) nt adverb
advokat (ahd-voo-*kaat*) c lawyer; attorney, barrister, solicitor
affisch (ah-*fish*) c poster
affär (ah-*fæær*) c store; business
affärer (ah-fææ-rerr) pl business; *göra ~ med *deal with; i ~ on business
affärsbiträde (ah-*fæærs*-bi-*trai*-der) nt shop assistant
affärscentrum (ah-*fæærs*-sehnt-rewm) nt (pl -ra, -rer) shopping centre
affärsinnehavare (ah-*fæærs*-i-ner-*haa*-vah-rer) c (pl ~) shopkeeper
affärsman (ah-*fæærs*-mahn) c (pl -män) businessman
affärsmässig (ah-*fæærs*-meh-si) adj business-like
affärsresa (ah-*fæærs*-*rāy*-sah) c business trip
affärstid (ah-*fæærs*-teed) c business hours
affärstransaktion (ah-*fæærs*-trahn-sahk-*shōōn*) c deal
affärsuppgörelse (ah-*fæærs*-ewp-*ʸur*-rayl-ser) c deal
affärsverksamhet (ah-*fæærs*-værk-sahm-*hāyt*) c business
Afrika (*aaf*-ri-kah) Africa

afrikan (ahf-ri-*kaan*) c African

afrikansk (ahf-ri-*kaansk*) adj African

aftonklädsel (*ahf*-ton-klaid-serl) c evening dress

agent (ah-*gaynt*) c agent; distributor

agentur (ah-gayn-*tēwr*) c agency

aggressiv (*ahg*-rer-seev) adj aggressive

aids (eids) c AIDS

akademi (ah-kah-day-*mee*) c academy

akt (ahkt) c act; nude

akta (*ahk*-tah) v mind; ~ **sig** beware; ~ **sig för** mind

aktie (*ahkt*-si-ay) c share

aktiv (*ahk*-teev) adj active

aktivitet (ahk-ti-vi-*tāyt*) c activity

aktning (*ahkt*-ning) c esteem, respect

aktningsvärd (*ahkt*-nings-*væærd*) adj respectable

aktris (ahk-*treess*) c actress

aktuell (ahk-tew-*ehl*) adj topical

aktör (ahk-*tūrr*) c actor

akut (ah-*kēwt*) adj acute

akvarell (ahk-'vah-*rayl*) c water-colour

alarm (ah-*lahrm*) nt alarm

album (*ahl*-bewm) nt album

aldrig (*ahld*-ri) adv never

alfabet (*ahl*-fah-bāyt) nt alphabet

algebra (*ahl*-Yer-brah) c algebra

algerier (ahl-*shāy*-ri-err) c (pl ~) Algerian

Algeriet (ahl-shāy-*ree*-ert) Algeria

algerisk (ahl-*shāy*-risk) adj Algerian

alkohol (*ahl*-ko-hōāl) c alcohol

alkoholhaltig (ahl-ko-*hōāl*-hahl-ti) adj alcoholic

all (ahl) adj (nt ~t, pl ~a) all; pron all

alldaglig (*ahl*-daag-li) adj ordinary

alldeles (*ahl*-day-lerss) adv quite

allergi (ah-lær-*gee*) c allergy

allians (ah-li-*ahns*) c alliance

(de) allierade (ah-li-*āy*-rah-der) Allies pl

allmän (*ahl*-mehn) adj universal, general, public, common; broad

i allmänhet (i *ahl*-mehn-hāyt) in general

allsmäktig (*ahls*-mehk-ti) adj omnipotent

alltför (*ahlt*-fūrr) adv too

alltid (*ahl*-teed) adv ever, always

allting (*ahl*-ting) pron everything

allvar (*ahl*-vaar) nt seriousness; gravity

allvarlig (*ahl*-vaar-li) adj serious; bad, grave

alm (ahlm) c elm

almanacka (*ahl*-mah-nah-kah) c almanac

alpstuga (*ahlp*-stew-gah) c chalet

alstra (*ahlst*-rah) v generate

alt (ahlt) c alto

altare (*ahl*-tah-rer) nt altar

alternativ (ahl-tayr-nah-*teev*) nt alternative

alternerande (ahl-tayr-*nāy*-rahn-der) adj alternate

ambassad (ahm-bah-*saad*) c embassy

ambassadör (ahm-bah-sah-*dūrr*) c ambassador

ambulans (ahm-bew-*lahns*) c ambulance

Amerika (ah-*māy*-ri-kah) America

amerikan (ah-may-ri-*kaan*) c American

amerikansk (ah-*māy*-ri-*kaansk*) adj American

ametist (ah-mer-*tist*) c amethyst

amiral (ah-mi-*raal*) c admiral

amma (*ahm*-ah) v nurse

ammoniak (ah-*mōō*-ni-ahk) c ammonia

amnesti (ahm-ner-*stee*) c amnesty

amulett (ah-mew-*layt*) c charm, lucky charm

analfabet (ahn-ahl-fah-*bāyt*) c illiterate

analys (ah-nah-*lewss*) c analysis

analysera (ah-nah-lew-*say*-rah) v analyse

analytiker (ah-nah-*lew*-ti-kerr) c (pl ~) analyst

ananas (*ah*-nah-nahss) c (pl ~, ~er) pineapple

anarki (ah-nahr-*kee*) c anarchy

anatomi (ah-nah-to-*mee*) c anatomy

anbefalla (ahn-ber-*fah*-lah) v enjoin, recommend

anda (*ahn*-dah) c breath

andas (*ahn*-dahss) v breathe

ande (*ahn*-der) c spirit, ghost

andedräkt (*ahn*-der-drehkt) c breath

andlig (*ahnd*-li) adj spiritual

andning (*ahnd*-ning) c respiration, breathing

andra (*ahnd*-rah) num second

anfall (*ahn*-fahl) nt attack; fit

*anfalla (*ahn*-fah-lah) v attack

anförande (*ahn*-fūr-rahn-der) nt speech

anförtro (*ahn*-furr-*trōō*) v entrust; commit

*ange (*ahn*-ᵞay) v *give; report

angelägen (*ahn*-ᵞay-lai-gern) adj urgent; anxious

angelägenhet (*ahn*-ᵞay-leh-gayn-hayt) c matter, affair, concern

angenäm (*ahn*-ᵞay-naim) adj agreeable, pleasant, pleasing

*angripa (*ahn*-gree-pah) v assault

angränsande (*ahn*-grehn-sahn-der) adj neighbouring

*angå (*ahn*-gōā) v concern

angående (*ahn*-gōā-ern-der) prep concerning; as regards, about, regarding

anhängare (*ahn*-heh-ngah-rer) c (pl ~) supporter

aning (*aa*-ning) c notion

anka (*ahng*-kah) c duck

ankare (*ahng*-kah-rer) nt anchor

ankel (*ahng*-kayl) c (pl anklar) ankle

anklaga (*ahn*-klaa-gah) v accuse; charge; anklagad person accused

anklagelse (*ahn*-klaa-gayl-ser) c charge

*anknyta (*ahn*-knēw-tah) v connect

anknytning (*ahn*-knēwt-ning) c connection

anknytningslinje (*ahn*-knēwt-nings-*lin*-ᵞer) c extension

ankomst (*ahn*-komst) c arrival; coming

ankomsttid (*ahn*-komst-teed) c time of arrival

anledning (*ahn*-*layd*-ning) c occasion; cause; med ~ av owing to

anlända (*ahn*-lehn-dah) v arrive

anmäla (*ahn*-mæ-lah) v announce; report; ~ sig report

anmärka (*ahn*-mær-kah) v remark

*anmärkning (*ahn*-mærk-ning) c remark

anmärkningsvärd (*ahn*-mærk-nings-væærd) adj remarkable; noticeable

annan (*ahn*-nahn) pron other; different; en ~ another

annars (*ah*-nahrs) adv else, otherwise

annektera (ah-nehk-*tay*-rah) v annex

annex (ah-*nayks*) nt annex

annons (ah-*nongs*) c advertisement

annorlunda (*ahn*-or-lewn-dah) adv otherwise

annullera (ah-new-*lay*-rah) v cancel

annullering (ah-new-*lay*-ring) c cancellation

anonym (ah-no-*nēwm*) adj anonymous

anordning (*ahn*-ord-ning) c apparatus, appliance

anpassa (*ahn*-pah-sah) v adapt, adjust

*anse (*ahn*-say) v regard, consider, reckon

anseende (*ahn*-say-ern-der) nt reputation

ansenlig (*ahn*-sayn-li) *adj* substantial

ansikte (*ahn*-sik-ter) *nt* face

ansiktsdrag (*ahn*-sikts-draag) *nt* feature

ansiktskräm (*ahn*-sikts-kraim) *c* face-cream

ansiktsmask (*ahn*-sikts-mahsk) *c* face-pack

ansiktsmassage (*ahn*-sikts-mah-*saash*) *c* face massage

ansiktspuder (*ahn*-sikts-pew-derr) *nt* face-powder

ansjovis (ahn-*shoo*-viss) *c* anchovy

anskaffa (*ahn*-skahf-ah) *v* *buy

*ansluta (*ahn*-slew-tah) *v* connect; plug in; ~ sig till join; ansluten affiliated, connected

anspråk (*ahn*-sproak) *nt* claim

anspråksfull (*ahn*-sproaks-fewl) *adj* presumptuous

anspråkslös (*ahn*-sproaks-lurss) *adj* modest

anstalt (*ahn*-stahlt) *c* institute

anstränga sig (*ahn*-strehng-ah) labour

ansträngning (*ahn*-strehng-ning) *c* effort; strain

anställa (*ahn*-stehl-ah) *v* engage; appoint, employ

anställd (*ahn*-stehld) *c* (pl ~a) employee

anställning (*ahn*-stehl-ning) *c* employment; situation

anständig (*ahn*-stehn-di) *adj* decent; proper

anständighet (*ahn*-stehn-di-hayt) *c* decency

anstöt (*ahn*-sturt) *c* offence

anstötlig (*ahn*-sturt-li) *adj* offensive

ansvar (*ahn*-svaar) *nt* responsibility

ansvarig (ahn-*svaa*-ri) *adj* responsible; ~ för in charge of

ansvarighet (*ahn*-svaa-ri-hayt) *c* responsibility

ansöka (*ahn*-sur-kah) *v* apply

ansökan (*ahn*-sur-kahn) *c* (pl -kningar) application

*anta (*ahn*-taa) *v* assume, suppose; suspect; ~ att supposing that

antal (*ahn*-taal) *nt* number, quantity

anteckna (*ahn*-tayk-nah) *v* note; record

anteckning (*ahn*-tehk-ning) *c* note; entry

anteckningsblock (*ahn*-tehk-nings-blok) *nt* writing-pad

anteckningsbok (*ahn*-tehk-nings-book) *c* (pl -böcker) notebook

antenn (ahn-*tayn*) *c* aerial

antibiotikum (ahn-ti-bi-*oa*-ti-kewm) *nt* (pl -ka) antibiotic

antik (ahn-*teek*) *adj* antique

Antiken (ahn-*tee*-kayn) antiquity

antikvitet (ahn-ti-kvi-*tayt*) *c* antique; antikviteter antiquities *pl*

antikvitetshandlare (ahn-ti-kvi-*tayts*-hahnd-lah-rer) *c* (pl ~) antique dealer

antingen ... eller (*ahn*-ting-ern ... *eh*-lerr) either ... or

antipati (ahn-ti-pah-*tee*) *c* dislike

antologi (ahn-to-lo-*gee*) *c* anthology

antyda (*ahn*-tew-dah) *v* imply, indicate

antydan (*ahn*-tew-dahn) *c* (pl -dningar) indication

anvisning (*ahn*-veess-ning) *c* directions *pl*, instructions *pl*

använda (*ahn*-vehn-der) *v* use; employ; apply

användbar (*ahn*-vehnd-baar) *adj* usable, useful

användning (*ahn*-vehnd-ning) *c* use; application

apa (*aa*-pah) *c* monkey

apelsin (ah-payl-*seen*) *c* orange

aperitif (ah-pay-ri-*tif*) *c* aperitif

apotek (ah-poo-*tayk*) *nt* pharmacy; chemist's; drugstore *nAm*

apotekare (ah-poo-*tāy*-kah-rer) c (pl
~) chemist, pharmacist
apparat (ah-pah-*raat*) c apparatus;
machine, appliance
applåd (ahp-*lōad*) c applause
applådera (ahp-lo-*dāy*-rah) v clap, ap-
plaud
aprikos (ah-pri-*kōōss*) c apricot
april (ahp-*ril*) April
aptit (ahp-*teet*) c appetite
aptitlig (ahp-*teet*-li) adj appetizing
aptitretare (ahp-*teet*-rāy-tah-rer) c (pl
~) appetizer
arab (ah-*raab*) c Arab
arabisk (ah-*raa*-bisk) adj Arab
arbeta (ahr-*bāy*-tah) v work
arbetare (ahr-*bāy*-tah-rer) c (pl ~)
worker; workman; labourer
arbete (ahr-*bāy*-ter) nt work; employ-
ment, labour, job
arbetsbesparande (ahr-*bāy*ts-bay-
spaa-rahn-der) adj labour-saving
arbetsdag (ahr-*bāy*ts-daag) c working
day
arbetsförmedling (ahr-bayts-furr-
māyd-ling) c employment exchange
arbetsgivare (ahr-*bāy*ts-Yee-vah-rer) c
(pl ~) employer
arbetskraft (ahr-*bāy*ts-krahft) c man-
power
arbetslös (ahr-bayts-*lūrss*) adj unem-
ployed
arbetslöshet (ahr-bayts-*lūrss*-hāyt) c
unemployment
arbetsrum (ahr-*bāy*ts-rewm) nt study
arbetstillstånd (ahr-*bāy*ts-til-*stond*) nt
work permit; labor permit Am
arg (ahrᵞ) adj angry, cross
Argentina (ahr-gehn-*tee*-nah) Argenti-
na
argentinare (ahr-gehn-*tee*-nah-rer) c
(pl ~) Argentinian
argentinsk (ahr-gehn-*teensk*) adj Ar-
gentinian

argument (ahr-gew-*mehnt*) nt argu-
ment
argumentera (ahr-gēw-mehn-*tāy*-rah)
v argue
ark (ahrk) nt sheet
arkad (ahr-*kaad*) c arcade
arkeolog (ahr-kay-o-*lōag*) c archaeol-
ogist
arkeologi (ahr-kay-o-loa-*gee*) c ar-
chaeology
arkitekt (ahr-ki-*taykt*) c architect
arkitektur (ahr-ki-tehk-*tēwr*) c archi-
tecture
arkiv (ahr-*keev*) nt archives pl
arm (ahrm) c arm; arm i arm arm-in-
arm
armband (*ahrm*-bahnd) nt bracelet;
bangle
armbandsur (*ahrm*-bahnds-ewr) nt
wrist-watch
armbåge (*ahrm*-bōa-gay) c elbow
armé (ahr-*māy*) c army
armstöd (*ahrm*-stūrd) nt arm
arom (ah-*rōam*) c aroma
arrangera (ah-rahn-*shāy*-rah) v ar-
range
arrende (ah-*rayn*-der) nt lease
arrendera (ah-rern-*dāyr*-ah) v lease;
~ ut lease
arrestera (ah-rayss-*tāy*-rah) v arrest
arrestering (ah-rayss-*tāy*-ring) c arrest
art (aart) c species; breed
artig (*aar*-ti) adj polite; courteous
artikel (ahr-*ti*-kerl) c (pl -klar) article
artistisk (ahr-*tiss*-tisk) adj artistic
arton (*aar*-ton) num eighteen
artonde (*aar*-ton-der) num eighteenth
arv (ahrᵛ) nt inheritance
arvode (*ahr*-vōo-der) nt fee
asbest (ahss-*behst*) c asbestos
asfalt (*ahss*-fahlt) c asphalt
asiat (ah-si-*aat*) c Asian
asiatisk (ah-si-*aa*-tisk) adj Asian
Asien (*aa*-si-ern) Asia

ask (ahsk) *c* box
aska (*ahss*-kah) *c* ash
askkopp (*ahsk*-kop) *c* ashtray
aspekt (ah-*spehkt*) *c* aspect
assistent (ah-si-*staynt*) *c* assistant
associera (ah-so-si-*āy*-rah) *v* associate
astma (*ahst*-mah) *c* asthma
astronomi (ahss-tro-no-*mee*) *c* astronomy
asyl (ah-*sēwl*) *c* asylum
ateist (ah-ter-*ist*) *c* atheist
Atlanten (aht-*lahn*-tern) Atlantic
atlet (aht-*lāyt*) *c* athlete
atmosfär (aht-moss-*fǣǣr*) *c* atmosphere
atom (ah-*tōam*) *c* atom; **atom-** atomic
att (aht) *conj* that; **för** ~ in order to
attest (ah-*tayst*) *c* certificate
attraktion (ah-trahk-*shōōn*) *c* attraction
augusti (ah-*gewss*-ti) August
auktion (ouk-*shōōn*) *c* auction
auktoritet (ouk-too-ri-*tāyt*) *c* authority
auktoritär (ouk-too-ri-*tǣǣr*) *adj* authoritarian
Australien (ou-*straa*-li-ayn) Australia
australier (ou-*straa*-li-err) *c* (pl ~) Australian
australisk (ou-*straa*-lisk) *adj* Australian
autentisk (ou-*tayn*-tisk) *adj* authentic
automat (ou-to-*maat*) *c* vending machine, automat
automatisering (ou-to-mah-ti-*sāy*-ring) *c* automation
automatisk (ou-to-*maa*-tisk) *adj* automatic
automobilklubb (ou-to-mo-*beel*-klewb) *c* automobile club
autonom (ou-to-*nōam*) *adj* autonomous
av (aav) *prep* of, for, with, by, from;

adv off
avancerad (ah-vahng-*sāy*-rahd) *adj* advanced
avbeställa (*aav*-ber-stehl-ah) *v* cancel
avbetala (*aav*-ber-taa-lah) *v* *pay on account
avbetalning (*aav*-ber-taal-nɪng) *c* instalment
avbetalningsköp (*aav*-ber-*taal*-nɪngst ʸūrp) *nt* hire-purchase
avbrott (*aav*-brot) *nt* interruption
*avbryta (*aav*-brēwt-ah) *v* interrupt; discontinue
avdelning (*aav*-dāyl-ning) *c* division; department, section
avdrag (*aav*-draag) *nt* discount
avdunsta (*aav*-dewns-tah) *v* evaporate
aveny (ah-vay-*nēw*) *c* avenue
avfall (*aav*-fahl) *nt* garbage, litter
avfatta (*aav*-fah-tah) *v* *draw up
avföringsmedel (*aav*-fūr-rings-*māy*-dayl) *nt* laxative
avgaser (*aav*-gaa-serr) *pl* exhaust gases
avgasrör (*aav*-gaass-*rūrr*) *nt* exhaust pipe
avgift (*aav*-ʸift) *c* charge; **avgifter** dues *pl*
avgrund (*aav*-grewnd) *c* abyss
avgud (*aav*-gēwd) *c* idol
*avgå (*aav*-gōa) *v* pull out; resign
avgång (*aav*-gong) *c* departure
avgångstid (*aav*-gongs-teed) *c* time of departure
*avgöra (*aav*-ʸūr-rah) *v* decide
avgörande (*aav*-ʸūr-rahn-der) *nt* decision
avhandling (*aav*-hahn-dling) *c* treatise; thesis
*avhålla sig från (*aav*-hol-ah) abstain from
avigsida (*aa*-vig-see-dah) *c* reverse
avkalkningsmedel (*aav*-kahlk-nings-*māy*-dayl) *nt* water-softener

avkoppling (*aav*-kop-ling) *c* relaxation
avlagring (*aav*-laag-ring) *c* deposit
***avlida** (*aav*-lee-dah) *v* pass away
avlopp (*aav*-lop) *nt* drain
avlång (*aav*-long) *adj* oblong
avlägsen (*aav*-laig-sern) *adj* remote; distant, far-off
avlägsna (*aav*-laigs-nah) *v* remove; ~ **sig** depart
avlämna (*aav*-lehm-nah) *v* deliver
avlöna (*aav*-lurn-ah) *v* remunerate
avlöning (*aav*-lur-ning) *c* pay, salary
avlösa (*aav*-lur-sah) *v* relieve
avog (*aa*-vōōg) *adj* averse
avpassa (*aav*-pah-sah) *v* suit
avresa (*aav*-rāy-sah) *v* depart; *c* departure
avråda (*aav*-rōa-dah) *v* dissuade from
avrättning (*aav*-reht-ning) *c* execution
***avse** (*aav*-sāy) *v* destine
avsevärd (*aav*-say-væærd) *adj* considerable
avsides (*aav*-see-derss) *adj* remote; out of the way
avsikt (*aav*-sikt) *c* purpose, intention
avsiktlig (*aav*-sikt-li) *adj* intentional
avskaffa (*aav*-skah-fah) *v* abolish
avsked (*aav*-shāyd) *nt* parting; resignation
avskeda (*aav*-shāy-dah) *v* dismiss; fire
avskedsansökan (*aav*-shāyds-ahn-sūr-kahn) *c* (pl -kningar) resignation
avskilja (*aav*-shil-Yah) *v* detach
***avskjuta** (*aav*-shēw-tah) *v* launch
avskrift (*aav*-skrift) *c* copy
avsky (*aav*-shew) *v* detest, loathe; *c* disgust, loathing
avskyvärd (*aav*-shēw-væærd) *adj* horrible; hideous
avsluta (*aav*-slēw-tah) *v* finish
avslutning (*aav*-slēwt-ning) *c* conclusion, end
***avslå** (*aav*-slōa) *v* reject
avslöja (*aav*-slur-Yah) *v* reveal

avslöjande (*aav*-slur-Yahn-der) *nt* revelation
avsnitt (*aav*-snit) *nt* passage
avspark (*aav*-spahrk) *c* kick-off
avspänd (*aav*-spehnd) *adj* easy-going, relaxed
***avstå från** (*aav*-stōa) abstain from
avstånd (*aav*-stond) *nt* distance; space, way
avståndsmätare (*aav*-stonds-mai-tah-rer) *c* (pl ~) range-finder
avsända (*aav*-sehn-dah) *v* dispatch
avsändning (*aav*-sehnd-ning) *c* dispatch
***avta** (*aav*-taa) *v* decrease
avtal (*aav*-taal) *nt* agreement, treaty
avtryck (*aav*-trewk) *nt* print
avtryckare (*aav*-trew-kah-rer) *c* (pl ~) trigger
avtäcka (*aav*-teh-kah) *v* uncover
avundas (*aav*-ewn-dahss) *v* envy
avundsam (*aav*-ewnd-sahm) *adj* envious
avundsjuk (*aav*-ewnd-shēwk) *adj* envious
avundsjuka (*aa*-vewnd-shēw-kah) *c* envy
***avvika** (*aav*-vee-kah) *v* deviate
avvikelse (*aav*-vee-kerl-ser) *c* aberration
avvisa (*aav*-vee-sah) *v* reject
axel (*ahks*-ayl) *c* (pl axlar) shoulder; axis, axle

B

babord (*baa*-boord) port
baby (*bai*-bi) *c* baby
babykorg (*bai*-bi-korᵛ) *c* carry-cot
bacill (*bah*-*sil*) *c* germ
backa (*bah*-kah) *v* reverse
backe (*bah*-ker) *c* hill; slope

backhoppning (*bahk*-hop-ning) *c* ski-jump

backkrön (*bahk*-krürn) *nt* hilltop

backväxel (*bahk*-vehks-ayl) *c* (pl-väx-lar) reverse

bad (baad) *nt* bath

bada (*baa*-dah) *v* bathe

badbyxor (*baad*-bewk-serr) *pl* bath-ing-suit, swimming-trunks *pl*

badda (*bah*-dah) *v* dab

baddräkt (*baad*-drehkt) *c* bathing-suit; swim-suit

badhanddukk (*baad*-hahnd-dēwk) *c* bath towel

badmössa (*baad*-murss-sah) *c* bath-ing-cap

badort (*baad*-oort) *c* seaside resort

badrock (*baad*-roak) *c* bathrobe

badrum (*baad*-rewm) *nt* bathroom

badsalt (*baad*-sahlt) *nt* bath salts

bagage (bah-*gaash*) *nt* baggage, lug-gage

bagagehylla (bah-*gaash*-hew-lah) *c* luggage rack

bagageinlämning (bah-*gaash*-in-lehm-ning) *c* left luggage office; baggage deposit office *Am*

bagageutrymme (bah-*gaash*-ēwt-rew-mer) *nt* boot; trunk *nAm*

bagare (*baa*-gah-rer) *c* (pl ∼) baker

bageri (baa-ger-*ree*) *nt* bakery

baka (*baa*-kah) *v* bake

bakdel (*baak*-dāyl) *c* bottom

bakelser (*baa*-kerl-serr) *pl* pastry

bakgrund (*baak*-grewnd) *c* back-ground

bakhåll (*baak*-hol) *nt* ambush

baklykta (*baak*-lewk-tah) *c* rear-light; tail-light

bakom (*baak*-om) *prep* behind; *adv* behind

baksida (*baak*-seedah) *c* rear

baksmälla (*baak*-smeh-lah) *c* hangover

bakterie (bahk-*tai*-ri-er) *c* bacterium

bakverk (*baak*-vehrk) *nt* pastry, cake

bakåt (*baa*-kot) *adv* backwards

bal (baal) *c* ball

balansräkning (bah-*lahngs*-raik-ning) *c* balance sheet

balett (bah-*layt*) *c* ballet

balja (*bahl*-Yah) *c* basin

balkong (bahl-*kong*) *c* balcony; circle

ballong (bah-*long*) *c* balloon

balsal (*baal*-saal) *c* ballroom

bambu (*bahm*-bew) *c* bamboo

bana (*baa*-nah) *c* track

banan (bah-*naan*) *c* banana

band (bahnd) *nt* band; ribbon

bandit (bahn-*deet*) *c* bandit

bandspelare (*bahnd*-spāy-lah-rer) *c* (pl ∼) tape-recorder

baner (bah-*nāyr*) *nt* banner

bank (bahngk) *c* bank

bankett (bahng-*keht*) *c* banquet

bankettsal (bahng-*kayt*-saal) *c* ban-queting-hall

bankkonto (*bahngk*-kon-too) *nt* bank account

bankomat (bahng-o-*maat*) *c* cash dispenser

bankrutt (bahng-*krewt*) *adj* bankrupt

bar (baar) *c* bar, saloon; *adj* bare

bara (*baarah*) *adv* only

bark (bahrk) *c* bark

barm (bahrm) *c* bosom

barmhärtighet (bahrm-*hær*-ti-hāyt) *c* mercy

barn (baarn) *nt* child; kid; **föräldra-löst** ∼ orphan

barnförlamning (*baarn*-furr-*laam*-ning) *c* polio

barnkammare (*baarn*-kah-mah-rer) *c* (pl ∼) nursery

barnmorska (*baarn*-moors-kah) *c* mid-wife

barnsjukdom (*baarn*-shēwk-doom) *c* children's disease

barnsköterska (*baarn*-shür-terr-skah) *c*

nurse

barnsäng (*baarn*-sehng) *c* cot

barnvagn (*baarn*-vahngn) *c* pram; baby carriage *Am*

barnvakt (*baarn*-vahkt) *c* babysitter

barock (bah-*rok*) *adj* baroque

barometer (bah-ro-*māy*-terr) *c* (pl -trar) barometer

barriär (bah-ri-*Yæær*) *c* barrier

barrträd (*bahr*-traid) *nt* conifer, fir-tree

bartender (*baar*-tayn-derr) *c* (pl -drar) barman

baryton (*bah*-ri-ton) *c* baritone

bas (baass) *c* base; bass

baseboll (*bayss*-bol) *c* baseball

basera (bah-*sāy*-rah) *v* base

basilika (bah-*see*-li-kah) *c* basilica

basis (*baa*-siss) *c* basis

basker (*bahss*-kerr) *c* (pl -krar) beret

bastard (bah-*staard*) *c* bastard

bastu (*bahss*-tew) *c* sauna

batteri (bah-tay-*ree*) *nt* (pl ~er) battery

•be (*bāy*) *v* ask; beg

beakta (bay-*ahk*-tah) *v* pay attention to

bebo (ber-*bōō*) *v* inhabit

beboelig (ber-*bōō*-ay-li) *adj* habitable; inhabitable

•bedja (*bāyd*-Yah) *v* pray

•bedra (ber-*draa*) *v* deceive; cheat

bedrägeri (ber-drai-ger-*ri*) *nt* (pl ~er) deceit; fraud

bedrövad (ber-*drūr*-vahd) *adj* distressed; sad

bedrövelse (ber-*drūr*-verl-ser) *c* sorrow; grief

bedrövlig (ber-*drūrv*-li) *adj* lamentable

bedårande (ber-*dōā*-rahn-der) *adj* adorable; enchanting

bedöma (ber-*dur*-mah) *v* judge

bedövning (ber-*dūrv*-ning) *c* anaes-

thesia

bedövningsmedel (ber-*durv*-nings-*māy*-dayl) *nt* anaesthetic

befalla (ber-*fah*-lah) *v* command

befallning (ber-*fahl*-ning) *c* order, command

befatta sig med (ber-*fah*-tah) *v* *deal with, concern oneself with

befolkning (ber-*folk*-ning) *c* population

befordra (ber-*fōō*-drah) *v* promote

befordran (ber-*fōōd*-rahn) *c* (pl -ringar) promotion

befria (ber-*free*-ah) *v* liberate; exempt

befriad (ber-*free*-ahd) *adj* exempt; liberated

befrielse (ber-*free*-erl-ser) *c* liberation; exemption

befruktning (ber-*frewkt*-ning) *c* conception

befälhavare (ber-*fail*-haa-vah-rer) *c* (pl ~) commander

begagnad (ber-*gahng*-nahd) *adj* second-hand

begeistrad (bay-*gighst*-rahd) *adj* enthusiastic

begrava (ber-*graa*-vah) *v* bury

begravning (ber-*graav*-ning) *c* funeral; burial

begravningsplats (bay-*graav*-nings-plahts) *c* cemetery; graveyard

begrepp (ber-*grayp*) *nt* idea, notion

•begripa (bay-*gree*-pah) *v* grasp, *understand

begränsa (ber-*grehn*-sah) *v* limit

begränsad (ber-*grehn*-sahd) *adj* limited

begränsning (ber-*grehns*-ning) *c* limitation

begynna (ber-*Yew*-nah) *v* *begin

begynnelse (ber-*Yew*-nerl-ser) *c* beginning

•begå (ber-*gōā*) *v* commit

begåvad (ber-*gōā*-vahd) *adj* brilliant,

talented, gifted

begåvning (ber-*gōāv*-ning) *c* talent; mind

begär (ber-*Yæær*) *nt* desire

begära (ber-*Yææ*-rah) *v* ask, demand, request

begäran (ber-*gææ*-rahn) *c* request; demand

behaglig (ber-*haag*-li) *adj* pleasant, delightful

behandla (ber-*hahnd*-lah) *v* treat; handle

behandling (ber-*hahnd*-ling) *c* treatment

behov (ber-*hōōv*) *nt* need, want; **starkt ~** urge

behå (*bāy*-hoa) *c* bra

•**behålla** (ber-*ho*-lah) *v* •keep

behållare (ber-*ho*-lah-rer) *c* (pl ~) container

behändig (ber-*hehn*-di) *adj* handy; sweet

behärska (ber-*hæærs*-kah) *v* master; **~ sig** control oneself

behöva (ber-*hūr*-vah) *v* need

beige (baish) *adj* beige

bekant (ber-*kahnt*) *c* (pl ~a) acquaintance

beklaga (ber-*klaa*-gah) *v* regret; pity

beklagande (ber-*klaa*-gahn-der) *nt* regret

beklaglig (ber-*klaag*-li) *adj* regrettable

bekräfta (ber-*krehf*-tah) *v* confirm; acknowledge

bekräftelse (ber-*krehf*-tayl-ser) *c* confirmation

bekväm (ber-*kvaim*) *adj* comfortable; convenient; easy

bekvämlighet (ber-*kvaim*-li-hāyt) *c* comfort

bekymmer (ber-*tYew*-merr) *nt* worry; anxiety, care; trouble

bekymrad (ber-*tYewm*-rahd) *adj* concerned

bekämpa (ber-*tYehm*-pah) *v* combat

bekänna (ber-*tYeh*-nah) *v* confess

bekännelse (ber-*tYeh*-nayl-ser) *c* confession

belastning (ber-*lahst*-ning) *c* charge

belgare (*bayl*-gah-rer) *c* (pl ~) Belgian

Belgien (*bayl*-gYayn) Belgium

belgisk (*bayl*-gisk) *adj* Belgian

belopp (ber-*lop*) *nt* amount

belysning (ber-*lēwss*-ning) *c* illumination; lighting

belåten (ber-*lōā*-tern) *adj* satisfied, happy

belåtenhet (ber-*lōā*-tern-hāyt) *c* satisfaction

belägen (ber-*lai*-gern) *adj* situated

belöna (ber-*lūr*-nah) *v* reward

belöning (ber-*lūr*-ning) *c* prize, reward; remuneration

bemästra (ber-*mehst*-rah) *v* master

bemöda sig (ber-*mūr*-dah) try, endeavour

bemötande (beh-*mur*-tahn-der) *nt* treatment; reply

ben (bāyn) *nt* leg; bone

bena (*bāy*-nah) *c* parting

bensin (bayn-*seen*) *c* fuel, petrol; gasoline *nAm*, gas *nAm*; **blyfri ~** unleaded petrol

bensindunk (bayn-*seen*-dewngk) *c* jerrycan

bensinmack (bayn-*seen*-mahk) *c* petrol station

bensinpump (bayn-*seen*-pewmp) *c* petrol pump; fuel pump *Am*; gas pump *Am*

bensinstation (bayn-*seen*-stah-*shōōn*) *c* service station, filling station; gas station *Am*

bensintank (bayn-*seen*-tahngk) *c* petrol tank; gas tank *Am*

benådning (ber-*nōād*-ning) *c* pardon

benägen (ber-*nai*-gern) *adj* inclined;

*vara ~ *be inclined to

benägenhet (ber-*nai*-gern-hāyt) *c* tendency; inclination

benämning (ber-*nehm*-ning) *c* denomination

beredd (ber-*rayd*) *adj* prepared

berg (bær^y) *nt* mountain; mount

bergig (*bær*-^yi) *adj* mountainous

bergsbestigning (*bær*^ys-ber-steeg-ning) *c* mountaineering

bergskam (*bær*^ys-kahm) *c* mountain ridge

bergskedja (*bær*^ys-t^yāyd-^yah) *c* mountain range

bergsklyfta (*bær*^ys-klewf-tah) *c* gorge

bergspass (*bær*^ys-pahss) *nt* mountain pass

bero på (ber-*rōō*) depend on

beroende (ber-*rōō*-ern-der) *adj* dependent

berusad (ber-*rēw*-sahd) *adj* intoxicated; drunk

beryktad (ber-*rewk*-tahd) *adj* notoricus

beräkna (ber-*raik*-nah) *v* calculate

beräkning (ber-*raik*-ning) *c* calculation; estimate

berätta (ber-*reh*-tah) *v* *tell; relate

berättelse (ber-*reh*-tayl-ser) *c* tale

berättiga (ber-*reh*-ti-gah) *v* entitle, justify

berättigad (ber-*reh*-ti-gahd) *adj* entitled, justified

beröm (ber-*rurm*) *nt* praise

berömd (ber-*rurmd*) *adj* famous

berömdhet (ber-*rurmd*-hāyt) *c* celebrity

berömma (ber-*rur*-mah) *v* praise

berömmelse (ber-*rur*-mayl-ser) *c* fame; glory

beröra (ber-*rūr*-rah) *v* touch; affect

beröring (ber-*rūr*-ring) *c* touch, contact

beröva (ber-*rūr*-vah) *v* deprive of

besatt (ber-*saht*) *adj* possessed

besatthet (ber-*saht*-hāyt) *c* obsession

besegra (ber-*sāyg*-rah) *v* defeat; *beat, conquer

beskatta (ber-*skah*-tah) *v* tax

beskattning (ber-*skaht*-ning) *c* taxation

besked (ber-*shāyd*) *nt* message

*beskriva (ber-*skree*-vah) *v* describe

beskrivning (ber-*skreev*-ning) *c* description

beskylla (ber-*shew*-lah) *v* accuse

*beslagta (ber-*slaag*-taa) *v* impound

beslut (ber-*slēwt*) *nt* decision

*besluta (ber-*slēw*-tah) *v* decide

beslutsam (ber-*slēwt*-sahm) *adj* determined, resolute

besläktad (ber-*slehk*-tahd) *adj* related

besmitta (ber-*smi*-tah) *v* infect

besparingar (ber-*spaa*-ring-ahr) *pl* savings *pl*

bestick (ber-*stik*) *nt* cutlery

*bestiga (ber-*stee*-gah) *v* ascend; mount

*bestrida (ber-*stree*-dah) *v* dispute; deny

*bestå av (ber-*stoa*) consist of

beståndsdel (ber-*stonds*-dāyl) *c* element

beställa (ber-*steh*-lah) *v* order; reserve

beställning (ber-*stehl*-ning) *c* order; booking; **gjord på ~** made to order

bestämd (ber-*stehmd*) *adj* definite

bestämma (ber-*steh*-mah) *v* decide; determine, define; designate

bestämmelse (ber-*stehm*-erl-ser) *c* stipulation

bestämmelseort (ber-*steh*-merl-ser-oort) *c* destination

beständig (ber-*stehn*-di) *adj* permanent

besvara (ber-*svaa*-rah) *v* answer

besvikelse (ber-*svee*-kerl-ser) *c* disappointment; ***vara en ~** *be disappointing

besviken (ber-*svee*-kern) *adj* disappointed; **•göra** ~ disappoint

besvär (ber-*svæær*) *nt* trouble; inconvenience; nuisance; **•göra sig** ~ bother

besvära (ber-*svææ*-rah) *v* trouble; bother

besvärlig (ber-*svæær*-li) *adj* inconvenient, troublesome

besynnerlig (ber-*sewn*-err-li) *adj* strange; queer

•besätta (ber-*seht*-ah) *v* occupy

besättning (ber-*seht*-ning) *c* crew

besök (ber-*sūrk*) *nt* visit; call

besöka (ber-*sūr*-kah) *v* visit; call on

besökare (ber-*sūr*-kah-rer) *c* (pl ~) visitor

besökstid (ber-*sūrks*-teed) *c* visiting hours

beta (*bāy*-tah) *c* beet; *v* graze

betala (ber-*taa*-lah) *v* *pay

betalbar (ber-*taal*-baar) *adj* due

betalning (ber-*taal*-ning) *c* payment

bete (*bāy*-ter) *nt* bait

betecknande (ber-*tehk*-nahn-der) *adj* characteristic

beteckning (ber-*tehk*-ning) *c* denomination, designation

betesmark (*bāy*-terss-mahrk) *c* pasture

betjäning (ber-t*Yai*-ning) *c* service

betjäningsavgift (ber-t*Yai*-nings-aav-*Y*ift) *c* service charge

betjänt (ber-t*Yehnt*) *c* valet, servant

betona (ber-*tōō*-nah) *v* stress; emphasize

betong (ber-*tong*) *c* concrete

betoning (ber-*tōō*-ning) *c* stress

betrakta (ber-*trahk*-tah) *v* consider, regard; watch, view

beträda (ber-*trai*-dah) *v* *tread, *set foot on

beträffa (ber-*trehf*-ah) *v* concern

beträffande (ber-*trehf*-ahn-der) *prep* concerning; about, regarding; with reference to

bett (bayt) *nt* bite

betvivla (ber-*tveev*-lah) *v* doubt; query

betyda (ber-*tēw*-dah) *v* *mean

betydande (ber-*tēw*-dahn-der) *adj* considerable

betydelse (ber-*tēw*-derl-ser) *c* importance; sense

betydelsefull (ber-*tēw*-derl-ser-*fewl*) *adj* important; significant

betydlig (ber-*tēwd*-li) *adj* considerable

betyg (ber-*tēwg*) *nt* mark

betänklig (ber-*tængk*-li) *adj* dubious; serious, critical

beundra (ber-*ewnd*-rah) *v* admire

beundran (ber-*ewnd*-rahn) *c* admiration

beundrare (ber-*ewnd*-rah-rer) *c* (pl ~) admirer; fan

bevaka (ber-*vaa*-kah) *v* guard

bevara (ber-*vaa*-rah) *v* *keep; preserve

bevilja (ber-*vil*-*Y*ah) *v* grant; allow

beviljande (ber-*vil*-*Y*ahn-der) *nt* concession

bevis (ber-*veess*) *nt* proof, evidence; token

bevisa (ber-*vee*-sah) *v* prove; demonstrate; *show

beväpna (ber-*vaip*-nah) *v* arm

beväpnad (ber-*vaip*-nahd) *adj* armed

bi (bee) *nt* bee

•bibehålla (*bee*-ber-ho-lah) *v* *hold, *keep, preserve

bibel (*bee*-berl) *c* (pl biblar) bible

bibetydelse (*bee*-ber-*tēw*-derl-ser) *c* connotation, subordinate sense

bibliotek (bi-bli-oo-*tāyk*) *nt* library

•bidra (*bee*-draa) *v* contribute

bidrag (*bee*-draag) *nt* contribution; grant

bifall (*bee*-fahl) *nt* approval; consent

biff (bif) c steak

biflod (bee-flōōd) c tributary

bifoga (bee-fōō-gah) v attach; enclose

bijouterier (bee-shoo-ter-ree-err) pl costume jewellery

bikt (bikt) c confession; **bikta sig** confess

bikupa (bee-kēw-pah) c beehive

bil (beel) c car; automobile, motorcar

bila (bee-lah) v motor

bilaga (bee-laa-gah) c enclosure; annex

bild (bild) c picture; image

bilda (bil-dah) v form

bildad (bil-dahd) adj cultivated

bildskärm (bild-shærm) c screen

bilist (bi-list) c motorist

biljard (bil-Yaard) c billiards pl

biljett (bil-Yayt) c ticket; coupon

biljettautomat (bil-Yayt-ou-too-maat) c ticket machine

biljettkassa (bil-Yayt-kah-sah) c box-office

biljettlucka (bil-Yayt-lew-kah) c booking-office

biljettpris (bil-Yayt-preess) nt (pl ~, ~er) fare

billig (bil-i) adj inexpensive; cheap

biltur (beel-tēwr) c drive

biluthyrning (beel-ēwt-hēwr-ning) c car hire; car rental Am

***binda** (bin-dah) v *bind, tie

bindestreck (bin-der-strehk) nt hyphen

bio (bee-oo) c pictures; movies Am, movie theater Am

biograf (bee°°-graaf) c cinema

biologi (bee-o-lo-gee) c biology

biskop (biss-kop) c bishop

***bistå** (bee-stōa) v assist; aid

bistånd (bee-stond) nt assistance

bit (beet) c bit; piece; morsel, lump, scrap

***bita** (bee-tah) v *bite

bitter (bi-terr) adj bitter

***bjuda** (bYēw-dah) v offer

bjälke (bYehl-ker) c beam

björk (bYurrk) c birch

björn (bYurrn) c bear

björnbär (bYurrn-bæær) nt blackberry

blad (blaad) nt leaf; sheet

bladguld (blaad-gewld) nt gold leaf

bland (blahnd) prep among; amid; ~ **annat** among other things

blanda (blahn-dah) v mix; shuffle; ~ **sig i** interfere with

blandad (blahn-dahd) adj mixed; miscellaneous

blandning (blahnd-ning) c mixture

blank (blahngk) adj blank; glossy

blazer (blai-serr) c (pl -zrar) blazer

bleckburk (blehk-bewrk) c canister

blek (blāyk) adj pale

bleka (blāy-kah) v bleach

blekna (blāyk-nah) v turn pale; fade

***bli** (blee) v *become; *get; *grow, *go

blick (blik) c look; glance; **kasta en ~** glance

blid (bleed) adj gentle

blind (blind) adj blind

blindtarm (blin-tahrm) c appendix

blindtarmsinflammation (blin-tahrms-in-flah-mah-shōōn) c appendicitis

blinker (bling-kerr) c (pl -krar) indicator

blixt (blikst) c lightning

blixtlampa (blikst-lahm-pah) c flashgun; flashbulb

blixtlås (blikst-lōass) nt zip, zipper

block (blok) nt pad; pulley

blockera (blo-kāy-rah) v block

blod (blōōd) nt blood

blodbrist (blōōd-brist) c anaemia

blodcirkulation (blōōd-seer-kew-lah-shōōn) c circulation

blodförgiftning (blōōd-furr-Yift-ning) c

blood-poisoning
blodkärl (*blōōd*-tᵛæærl) *nt* blood-vessel
blodtryck (*blōōd*-trewk) *nt* blood pressure
blomkål (*bloom*-kōāl) *c* cauliflower
blomlök (*bloom*-lūrk) *c* bulb
blomma (*bloo*-mah) *c* flower
blomsterhandel (*bloms*-terr-hahn-dayl) *c* flower-shop
blomstrande (*blomst*-rahn-der) *adj* prosperous
blond (blond) *adj* fair
blondin (blon-*deen*) *c* blonde
blott (blot) *adv* only
blus (blewss) *c* blouse
bly (blew) *nt* lead
blyertspenna (*blew*-errts-*peh*-nah) *c* pencil
blyg (blewg) *adj* timid, shy
blyghet (*blewg*-hāyt) *c* timidity
blygsam (*blewg*-sahm) *adj* modest
blygsamhet (*blewg*-sahm-*hāyt*) *c* modesty
blå (blōa) *adj* blue
blåmussla (*blōa*-mewss-lah) *c* mussel
blåmärke (*blōa*-mær-ker) *nt* bruise
blåsa (*blōa*-sah) *v* *blow; *c* blister; ~ **upp** inflate
blåsig (*blōa*-si) *adj* windy
blåsinstrument (*blōass*-in-strew-*mehnt*) *nt* horn
blåskatarr (*blōass*-kah-*tahr*) *c* cystitis
bläck (blehk) *nt* ink
bläckfisk (*blehk*-fisk) *c* octopus
blända (*blehn*-dah) *v* blind
bländande (*blehn*-dahn-der) *adj* glaring
blänka (*blehng*-kah) *v* *shine
blöda (*blūr*-dah) *v* *bleed
blödning (*blūrd*-ning) *c* haemorrhage
blöja (*blur*-ᵛah) *c* nappy; diaper *nAm*
blöta (*blūr*-tah) *v* soak
bo (bōō) *v* live; reside; *nt* nest

bock (bok) *c* bow; tick
bocka (*bo*-kah) *v* bow, *bend; tick
bod (bōōd) *c* booth
bofast (*bōō*-fahst) *adj* resident
bofink (*bōō*-fingk) *c* finch
bogsera (boog-*sāy*-rah) *v* tow, tug
bogserbåt (boog-*sāyr*-bōat) *c* tug
boj (boi) *c* buoy
bok[1] (bōōk) *c* (pl böcker) book
bok[2] (bōōk) *c* beech
boka (*bōō*-kah) *v* book
bokband (*bōōk*-bahnd) *nt* volume
bokföra (*bōōk*-fūr-rah) *v* book
bokhandel (*bōōk*-hahn-dayl) *c* (pl -dlar) bookstore
boklåda (*bōōk*-lōa-dah) *c* bookstore
bokomslag (*bōōk*-om-slaag) *nt* jacket; wrapper
bokstav (*book*-staav) *c* (pl-stäver) letter; **stor** ~ capital letter
bokstånd (*bōōk*-stond) *nt* bookstand
bolag (*bōō*-laag) *nt* company
Bolivia (boo-*lee*-vᵛah) Bolivia
bolivian (boo-li-vᵛaan) *c* Bolivian
boliviansk (boo-liv-ᵛaansk) *adj* Bolivian
boll (bol) *c* ball
bollplan (*bol*-plaan) *c* recreation ground
bom (boom) *c* (pl ~mar) barrier
bomb (bomb) *c* bomb
bombardera (bom-bahr-*dāy*-rah) *v* bomb
bomull (*boo*-mewl) *c* cotton-wool; cotton; **bomulls**- cotton
bomullssammet (*boo*-mewls-sah-mayt) *c* velveteen
bonde (*boon*-der) *c* (pl bönder) peasant
bondgård (*boond*-gōard) *c* farmhouse
bong (bong) *c* voucher
bord (bōōrd) *nt* table; **gående** ~ buffet
bordduk (*bōōrd*-dewk) *c* table-cloth

bordell (bor-*dehl*) c brothel

bordtennis (*bōōrd*-tehn-iss) c ping-pong; table tennis

borg (borʸ) c castle

borgen (bor-ʸern) c (pl ~) bail; security

borgensman (bor-ʸayns-mahn) c (pl -män) guarantor

borgerlig (bor-ʸehr-li) adj middle-class

borgmästare (borʸ-mehss-tah-rer) c (pl ~) mayor

borr (bor) c drill

borra (bor-ah) v drill; bore

borsta (bors-tah) v brush

borste (bors-ter) c brush

bort (bort) adv away

borta (bor-tah) adv gone

bortkommen (bort-ko-mern) adj lost

bortom (bort-om) adv beyond; prep beyond

bortsett från (bort-sayt) apart from

boskap (bōō-skaap) c cattle pl

bostad (bōō-staad) c (pl -städer) house; residence

*bosätta sig (bōō-seh-tah) settle down

bota (bōō-tah) v cure

botanik (boo-tah-*neek*) c botany

botemedel (bōō-ter-may-dayl) nt remedy

botten (bo-tern) c bottom

bottenvåning (bo-tern-vōa-ning) c ground floor

boutique (boo-*tik*) c boutique

bowlingbana (bov-ling-baa-nah) c bowling alley

boxas (books-ahss) v box

boxningsmatch (books-nings-mahch) c boxing match

boyscout (boi-skahewt) c scout

bra (brah) adv well; adj good; **bra!** all right!

brak (braak) nt boom

brandalarm (brahnd-ah-lahrm) c fire-alarm

brandgul (brahnd-gewl) adj orange

brandkår (brahnd-kōar) c fire-brigade

brandsläckare (brahnd-sleh-kah-rer) c (pl ~) fire-extinguisher

brandstege (brahnd-stāy-ger) c fire-escape

brandsäker (brahnd-sai-kerr) adj fire-proof

brant (brahnt) adj steep

brasilianare (brah-si-li-*aa*-nah-rer) c (pl ~) Brazilian

brasiliansk (brah-si-li-*aansk*) adj Brazilian

Brasilien (brah-*see*-li-ern) Brazil

braxen (brahk-sayn) c (pl -xnar) bream

bred (brāyd) adj wide, broad

bredd (brayd) c breadth; width

breddgrad (brayd-graad) c latitude

bredvid (brāy-veed) prep beside; next to

brev (brāyv) nt letter; **rekommenderat** ~ registered letter

brevbärare (brāyv-bææ-rah-rer) c (pl ~) postman

brevkort (brāyv-kōort) nt postcard; card

brevlåda (brāyv-lōa-dah) c pillar-box, letter-box; mailbox nAm

brevlådstömning (brāyv-lo-ds-turm-ning) c collection

brevpapper (brāyv-pah-pahr) nt note-paper, writing-paper

brevväxling (brāyv-vehks-ling) c correspondence

bricka (bri-kah) c tray

bridge (bridsh) c bridge

briljant (bril-ʸahnt) adj brilliant

*brinna (bri-nah) v *burn

bris (breess) c breeze

brist (brist) c shortage, lack, want; deficiency

*brista (*briss*-tah) *v* *burst
bristfällig (*brist*-feh-li) *adj* defective; faulty
britt (brit) *c* Briton
brittisk (*bri*-tisk) *adj* British
bro (brōō) *c* bridge
brock (brok) *nt* hernia
broder (*brōō*-derr) *c* (pl bröder) brother
brodera (broo-*dāy*-rah) *v* embroider
broderi (broo-der-*ree*) *nt* (pl ~er) embroidery
broderlighet (*brōō*-derr-li-hāyt) *c* fraternity
brokig (*brōō*-ki) *adj* gay
broms (broms) *c* brake
bromsa (*brom*-sah) *v* brake
bromsljus (*broms*-Yēwss) *nt* brake lights
bromstrumma (*broms*-trew-mah) *c* brake drum
brons (brons) *c* bronze; **brons**-bronze
bror (brōōr) *c* (pl bröder) brother
brorsdotter (*brōōrs*-do-tayr) *c* (pl -döttrar) niece
brorson (*brōōr*-sōan) *c* (pl -söner) nephew
brosch (brōāsh) *c* brooch
broschyr (bro-*shēwr*) *c* brochure
brosk (brosk) *nt* cartilage
brott (brot) *nt* crime; fracture
brottslig (*brots*-li) *adj* criminal
brottslighet (*brots*-li-hāyt) *c* criminality
brottsling (*brots*-ling) *c* criminal; convict
brottstycke (*brot*-stew-ker) *nt* fragment
brud (brēwd) *c* bride
brudgum (*brēwd*-gewm) *c* (pl ~mar) bridegroom
bruk (brēwk) *nt* custom
bruka (*brēw*-kah) *v* use, employ; cultivate

bruklig (*brēwk*-li) *adj* customary
bruksanvisning (*brēwks*-ahn-veess-ning) *c* directions for use
brun (brēwn) *adj* brown
brunett (brew-*nayt*) *c* brunette
brunn (brewn) *c* well
brus (brēwss) *nt* fizz
brutal (brew-*taal*) *adj* brutal
brutto- (*brew*-too) gross
bry sig om (brēw) care for; mind; care about
brydsam (*brēwd*-sahm) *adj* awkward
brygga (*brew*-gah) *v* brew; *c* landing-stage
bryggeri (brew-ger-*ree*) *nt* (pl ~er) brewery
brysselkål (*brew*-serl-kōal) *c* Brussels sprouts
*bryta (*brēw*-tah) *v* *break; fracture; ~ **samman** collapse
brytning (*brēwt*-ning) *c* breaking, refraction; accent
brådska (*bross*-kah) *c* hurry, haste
brådskande (*bross*-kahn-der) *adj* urgent; pressing
bråk (brōāk) *nt* row; fuss
bråkdel (*brōāk*-dāyl) *c* fraction
*ha bråttom (bro-tom) *be in a hurry
bräckjärn (brehk-Yæærn) *nt* crowbar
bräcklig (*brehk*-li) *adj* fragile
bräda (*brai*-dah) *c* board
brädd (brehd) *c* brim
bränna (*breh*-nah) *v* *burn
brännmärke (*brehn*-mær-ker) *nt* brand
brännolja (*brehn*-ol-Yah) *c* fuel oil
brännpunkt (*brehn*-pewngkt) *c* focus
brännsår (*brehn*-sōar) *nt* burn
bränsle (*brehns*-lay) *nt* fuel
bröd (brūrd) *nt* bread; **rostat** ~ toast
brödrost (*brūrd*-rost) *c* toaster
bröllop (*brur*-lop) *nt* wedding
bröllopsresa (*brur*-lops-*rāy*-sah) *c*

honeymoon
bröst (brurst) *nt* breast; bosom, chest
bröstkorg (brurst-kor ᵛ) *c* chest
bröstsim (brurst-sim) *nt* breaststroke
bubbla (bewb-lah) *c* bubble
buckla (bewk-lah) *c* dent
bud (bewd) *nt* messenger
budget (bewd-ᵞert) *c* budget
buga sig (bew-gah) bow
buk (bewk) *c* belly; abdomen
bukett (bew-kayt) *c* bunch, bouquet
bukt (bewkt) *c* gulf
bula (bew-lah) *c* lump
bulgar (bewl-gaar) *c* Bulgarian
Bulgarien (bewl-gaa-ri-ern) Bulgaria
bulgarisk (bewl-gaa-risk) *adj* Bulgarian
bulle (bewl-err) *c* bun
buller (bewl-lerr) *nt* noise
bullrig (bewl-ri) *adj* noisy
bult (bewlt) *c* bolt
bundsförvant (bewnds-furr-vahnt) *c* associate; ally, confederate
bunt (bewnt) *c* bundle; batch
bunta ihop (bewn-tah i-hōōp) bundle
bur (bewr) *c* cage
burk (bewrk) *c* tin
busig (bew-si) *adj* rowdy
buske (bewss-ker) *c* bush; shrub
buss (bewss) *c* bus; coach
butik (bew-teek) *c* shop
by (bew) *c* village
bygga (bew-gah) *v* *build; construct
bygge (bew-ger) *nt* construction
byggnad (bewg-nahd) *c* building, construction
byggnadskonst (bewg-nahds-konst) *c* architecture
byggnadsställning (bewg-nahds-stehl-ning) *c* scaffolding
byrå¹ (bew-ro) *c* (pl ~ar) chest of drawers; bureau *nAm*
byrå² (bew-ro) *c* (pl ~er) agency
byråkrati (bew-ro-krah-tee) *c* bu-

reaucracy
byrålåda (bew-ro-lōā-dah) *c* drawer
byst (bewst) *c* bust
bysthållare (bewst-ho-lah-rer) *c* (pl ~) brassiere
byta (bew-tah) *v* change; swap; ~ **ut** exchange
byte (bew-ter) *nt* exchange; prey
byxdräkt (bewks-drehkt) *c* pant-suit
byxor (bewk-serr) *pl* trousers *pl*, pants *plAm*
båda (bōā-dah) *pron* both, either
både ... och (bōā-der ... ok) both ... and
båge (bōā-ger) *c* bow
bågformig (bōāg-for-mi) *adj* arched
bår (bōar) *c* stretcher
båt (bōat) *c* boat
bäck (behk) *c* stream, brook
bäcken (behk-ern) *nt* pelvis
bädda (beh-dah) *v* *make the bed
bägare (bai-gah-rer) *c* (pl ~) tumbler
bälte (behl-ter) *nt* belt
bänk (behngk) *c* bench
bär (bæær) *nt* berry
***bära** (bææ-rah) *v* carry; *wear, *bear
bärare (bææ-rah-rer) *c* (pl ~) porter
bärbar (bæær-baar) *adj* portable
bärgningsbil (bæær ᵛ-nings-beel) *c* breakdown truck
bärnsten (bæærn-stāyn) *c* amber
bäst (behst) *adj* best
bättre (beht-rer) *adj* superior; better
bäver (bai-verr) *c* (pl bävrar) beaver
bödel (būr-derl) *c* (pl bödlar) executioner
böja (bur-ᵞah) *v* *bend; ~ **sig** *bend down
böjd (bur ᵛd) *adj* bent; curved
böjlig (burᵛ-li) *adj* flexible, supple
böjning (burᵛ-ning) *c* bending; flexion
böld (burld) *c* abscess
bön (būrn) *c* prayer
böna (būr-nah) *c* bean

*bönfalla (būrn-fahl-ah) v beg

*böra (būr-rah) v *ought to

börda (būrr-dah) c burden, load; charge

börja (burr-ʸah) v *begin; commence, start; ~ om recommence

början (burr-ʸahn) c beginning; start; i ~ at first

börs (burrs) c purse; exchange; svarta börsen black market

böter (būr-terr) pl ticket, fine; penalty

C

cancer (kahn-serr) c cancer

cape (kāyp) c cape; cloak

CD-skiva (sāy-day-sheev-ah) c compact disc

CD-spelare (sāy-day-spāy-lah-rer) c compact disc player

celibat (seh-li-baat) nt celibacy

cell (sayl) c cell

cellofan (seh-lo-faan) nt cellophane

cement (say-maynt) nt cement

censur (sayn-sēwr) c censorship

centimeter (sayn-ti-māy-terr) c (pl ~) centimetre

central (sayn-traal) adj central

centralisera (sayn-trah-li-sāy-rah) v centralize

centralvärme (sayn-traal-vær-mer) c central heating

centrum (sehnt-rewm) nt centre

cerat (say-raat) nt lipsalve

ceremoni (say-ray-mo-nee) c ceremony

certifikat (sehr-ti-fi-kaat) nt certificate

champagne (shahm-pahnʸ) c champagne

champinjon (shahm-pin-ʸōon) c button mushroom

chans (shahngs) c chance

charlatan (shahr-lah-taan) c quack

charm (shahrm) c charm

charmerande (shahr-māy-rahn-der) adj charming

charterflyg (tʸaar-terr-flēwg) nt charter flight

chassi (shah-si) nt chassis

chaufför (sho-fūrr) c chauffeur

check (tʸayk) c cheque, check nAm

checka in (tʸeh-kah) check in

checkhäfte (tʸayk-hehf-ter) nt cheque-book; check-book nAm

chef (shāyf) c boss; manager, chief

chic (shik) adj smart

Chile (tʸee-ler) Chile

chilenare (tʸi-lee-nah-rer) c (pl ~) Chilean

chilensk (tʸi-lāynsk) adj Chilean

chock (shok) c shock

chockera (sho-kāy-rah) v shock

chockerande (sho-kāy-rahn-der) adj shocking

choke (shoak) c choke

choklad (shook-laad) c chocolate

chokladpralin (shook-laad-prah-leen) c chocolate

cigarr (si-gahr) c cigar

cigarraffär (si-gahr-ah-fæær) c cigar shop

cigarrett (si-gah-rayt) c cigarette

cigarrettetui (si-gah-rayt-ay-tew-ee) nt cigarette-case

cigarrettmunstycke (si-gah-rayt-mewn-stew-ker) nt cigarette-holder

cigarrettobak (si-gah-reht-too-bahk) c cigarette tobacco

cigarrettändare (si-gah-rayt-tehn-dah-rer) c (pl ~) cigarette-lighter

cirka (seer-kah) adv approximately

cirkel (seer-kerl) c (pl -klar) circle

cirkulation (seer-kew-lah-shōon) c circulation

cirkus (seer-kewss) c circus

cirkusarena (*seer*-kewss-ah-*rāy*-nah) *c*
ring

citat (si-*taat*) *nt* quotation

citationstecken (si-tah-*shōōns*-tay-kern) *pl* quotation marks

citera (si-*tāy*-rah) *v* quote

citron (si-*trōōn*) *c* lemon

civil (si-*veel*) *adj* civilian

civilisation (si-vi-li-sah-*shōōn*) *c* civilization

civiliserad (si-vi-li-*sāy*-rahd) *adj* civilized

civilist (si-vi-*list*) *c* civilian

civilrätt (si-*veel*-reht) *c* civil law

clown (kloun) *c* clown

cocktail (*kok*-tayl) *c* cocktail

Colombia (ko-*lom*-bi-ah) Colombia

colombian (ko-lom-bi-*aan*) *c* Colombian

colombiansk (ko-lom-bi-*aansk*) *adj* Colombian

container *c* (pl ~, -nrar) container

crawlsim (*krōal*-sim) *nt* crawl

curry (*kew*-ri) *c* curry

cykel (*sew*-kerl) *c* (pl cyklar) bicycle; cycle

cykla (*sewk*-lah) *v* *ride a bicycle

cyklist (sewk-*list*) *c* cyclist

cylinder (sew-*lin*-derr) *c* (pl -drar) cylinder

D

dadel (*dah*-derl) *c* (pl dadlar) date

dag (daag) *c* day; om dagen by day; per ~ per day

dagbok (*daag*-bōōk) *c* (pl -böcker) diary

dagbräckning (*daag*-brehk-ning) *c* daybreak

dagg (dahg) *c* dew

daghem (*daag*-hehm) *nt* day nursery

daglig (*daag*-li) *adj* everyday, daily

dagning (*daag*-ning) *c* dawn

dagordning (*daag*-ord-ning) *c* agenda

dagsljus (*dahgs*-yēwss) *nt* daylight

dagsnyheter (*daags*-nēw-hāy-terr) *pl* news

dagstidning (*dahgs*-teed-ning) *c* daily; newspaper

dagsutflykt (*dahgs*-ēwt-flewkt) *c* day trip

dal (daal) *c* valley

dalgång (*daal*-gong) *c* glen

dalsänka (*daal*-sehng-kah) *c* depression, valley

dam (daam) *c* lady

dambinda (*daam*-bin-dah) *c* sanitary towel

damfrisör (*daam*-fri-*surr*) *c* hairdresser

damm (dahm) *nt* dust; *c* dam

dammig (*dah*-mi) *adj* dusty

*****dammsuga** (*dahm*-sēw-gah) *v* hoover; vacuum *vAm*

dammsugare (*dahm*-sēw-gah-ray) *c* (pl ~) vacuum cleaner

damspel (*daam*-spāyl) *nt* draughts; checkers *plAm*

damspelsbräde (*daam*-spāyls-*brai*-der) *nt* draught-board

damtoalett (*daam*-tooah-*layt*) *c* ladies' room; powder-room

damunderkläder (*daam*-ewn-derr-klai-derr) *pl* lingerie

Danmark (*dahn*-mahrk) Denmark

dans (dahns) *c* dance

dansa (*dahn*-sah) *v* dance

dansk (dahnsk) *c* Dane; *adj* Danish

darra (*dah*-rah) *v* tremble

data (*daa*-tah) *pl* data *pl*

datum (*daa*-tewm) *nt* (pl data, ~) date

de (dāy) *pron* they; ~ där those; ~ här these

debatt (der-*baht*) *c* debate; discussion

debattera (der-bah-*tāy*-rah) *v* discuss; argue

debet (*dāy*-bayt) *c* debit

december (der-*saym*-berr) December

decimalsystem (day-si-*maal*-sew-*stāym*) *nt* decimal system

defekt (der-*fehkt*) *c* fault

definiera (der-fi-ni-*āy*-rah) *v* define

definition (der-fi-ni-*shōōn*) *c* definition

deg (dāyg) *c* dough

deklaration (day-klah-rah-*shōōn*) *c* declaration; statement

dekoration (day-ko-rah-*shōōn*) *c* decoration

del (dāyl) *c* part; share

dela (*dāy*-lah) *v* divide; share; ~ **sig** fork; ~ **ut** *deal; administer

delegat (day-ler-*gaat*) *c* delegate

delegation (day-ler-gah-*shōōn*) *c* delegation

delikatess (day-li-kah-*tayss*) *c* delicacy

delikatessaffär (day-li-kah-*tayss*-ah-*fær*) *c* delicatessen

delning (*dāyl*-ning) *c* division

***delta** (*dāyl*-taa) *v* participate

deltagande (*dāyl*-taa-gahn-der) *adj* sympathetic; *nt* attendance

deltagare (*dāyl*-taa-gah-rer) *c* (pl ~) participant

delvis (*dāyl*-veess) *adv* partly; *adj* partial

delägare (*dāyl*-ai-gah-rer) *c* (pl ~) associate

dem (dom) *pron* them

demokrati (day-mo-krah-*tee*) *c* democracy

demokratisk (day-moa-*kraa*-tisk) *adj* democratic

demonstration (day-mons-trah-*shōōn*) *c* demonstration

demonstrera (day-mons-*trāy*-rah) *v* demonstrate

den (dayn) *pron* (nt det, pl de) that;

~ **där** that; ~ **här** this

denna (*deh*-nah) *pron* (nt detta, pl dessa) this

deodorant (dāy-o-do-*rahnt*) *c* deodorant

departement (der-pahr-ter-*mehnt*) *nt* department; ministry

deponera (der-po-*nāy*-rah) *v* deposit; bank

depression (der-pray-*shōōn*) *c* depression

deprimera (der-pri-*māy*-rah) *v* depress

deprimerad (der-pri-*māy*-rahd) *adj* depressed

deputation (der-pew-tah-*shōōn*) *c* deputation, delegation

deputerad (der-pew-*tāy*-rahd) *c* (pl ~e) deputy

depå (der-*pōā*) *c* depot

deras (*dāy*-rahss) *pron* their

desertera (der-sehr-*tāy*-rah) *v* desert

desinfektera (diss-in-fayk-*tāy*-rah) *v* disinfect

desinfektionsmedel (diss-in-fayk-*shōōns*-māy-dayl) *nt* disinfectant

desperat (derss-pay-*raat*) *adj* desperate

dessert (der-*sæær*) *c* dessert; sweet

dessförinnan (dehss-fur-*ri*-nahn) *adv* before then

dessutom (dehss-*ēw*-tom) *adv* besides; moreover, also, furthermore

dessvärre (dehss-*væ*-rer) *adv* unfortunately

ju ... desto (*Yēw* ... *dehss*-too) the ... the

det (dāy) *pron* it

detalj (der-*tahlY*) *c* detail

detaljerad (der-tahl-*Yāy*-rahd) *adj* detailed

detaljhandel (der-*tahlY*-hahn-dayl) *c* retail trade

detaljhandlare (der-*tahlY*-hahnd-lah-rer) *c* (pl ~) retailer

detaljist (der-tahl-*Yist*) *c* retailer

detektiv (day-tehk-*teev*) *c* detective

detektivroman (day-tehk-*teev*-roomaan) *c* detective story

devalvera (der-vahl-*vāy*-rah) *v* devalue

devalvering (der-vahl-*vāy*-ring) *c* devaluation

diabetes (diah-*bāy*-terss) *c* diabetes

diabetiker (di-ah-*bāy*-ti-kerr) *c* (pl ~) diabetic

diagnos (dee-ahg-*nōāss*) *c* diagnosis; **ställa en** ~ diagnose

diagonal (di-ah-go-*naal*) *c* diagonal; *adj* diagonal

diagram (dee-ah-*grahm*) *nt* graph; chart, diagram

dialekt (dee-ah-*laykt*) *c* dialect

diamant (dee-ah-*mahnt*) *c* diamond

diapositiv (*dee*-ah-poo-si-*teev*) *nt* slide

diarré (dee-ah-*rāy*) *c* diarrhoea

diesel (*dee*-serl) *c* diesel

diet (di-*āyt*) *c* diet

difteri (dif-ter-*ree*) *c* diphtheria

dig (day) *pron* you, yourself

digital (di-gi-*taal*) *adj* digital

dike (*dee*-ker) *nt* ditch

dikt (dikt) *c* poem

diktafon (dik-tah-*fōan*) *c* dictaphone

diktamen (dik-*taa*-mern) *c* (pl ~, -mina) dictation

diktare (*dik*-tah-rer) *c* (pl ~) poet

diktator (dik-*taa*-tor) *c* dictator

diktera (dik-*tāy*-rah) *v* dictate

dimension (di-mehn-*shōōn*) *c* dimension, size

dimma (*di*-mah) *c* mist, fog

dimmig (*di*-mi) *adj* foggy

din (din) *pron* (nt ditt, pl dina) your

diplom (di-*plōam*) *nt* diploma; certificate

diplomat (di-plo-*maat*) *c* diplomat

diplomatisk (dip-lo-*maa*-tisk) *adj* diplomatic

direkt (di-*raykt*) *adj* direct

direktion (di-rehk-*shōōn*) *c* direction, management

direktiv (di-rehk-*teev*) *nt* directive

direktör (di-rayk-*tūrr*) *c* director; executive, manager

dirigent (di-ri-*shaynt*) *c* conductor

dirigera (di-ri-*shāy*-rah) *v* conduct

dis (deess) *nt* haze

disciplin (di-si-*pleen*) *c* discipline

disig (*dee*-si) *adj* misty, hazy

disk (disk) *c* counter, bar; washing-up

diska (*diss*-kah) *v* wash up

diskbråck (*disk*-brok) *nt* slipped disc

diskonto (diss-*kon*-too) *nt* bank-rate

diskussion (diss-kew-*shōōn*) *c* discussion; argument

diskutera (diss-kew-*tāy*-rah) *v* argue, discuss

disponibel (diss-poo-*nee*-berl) *adj* available

dispyt (diss-*pēwt*) *c* dispute

distrikt (dist-*rikt*) *nt* district

dit (deet) *adv* there

djungel (*Yewng*-ayl) *c* (pl djungler) jungle

djup (Yēwp) *nt* depth; *adj* deep, low

djupsinnig (Yēwp-si-ni) *adj* profound

djur (Yēwr) *nt* beast, animal

djurkretsen (Yēwr-kreht-sern) zodiac

djurpark (Yēwr-pahrk) *c* zoological gardens

djurreservat (Yewr-ray-sær-vaat) *nt* game reserve

djurskinn (Yewr-shin) *nt* skin

djärv (Yærv) *adj* bold

djävul (Yai-vewl) *c* (pl -vlar) devil

dock (dok) *conj* yet, nevertheless; but, yet

docka¹ (*doa*-kah) *c* doll

docka² (*doa*-kah) *c* dock; *v* dock

dockteater (dok-tay-*aa*-terr) *c* (pl -trar) puppet-show

doft (doft) *c* scent

doktor (*doak*-toar) *c* doctor

dokumentportfölj (do-kew-*maynt*-port-*furl*Y) *c* attaché case

dom (doom) *c* judgment; verdict, sentence; **fällande** ~ conviction

domare (*doo*-mah-rer) (pl ~) judge; *c* umpire, referee

domkraft (*doom*-krahft) *c* jack

domkyrka (*doom*-tᵛewr-kah) *c* cathedral

domnad (*dom*-nahd) *adj* numb

domslut (*doom*-slēwt) *nt* verdict

domstol (*doom*-stōōl) *c* court; law court

donation (do-nah-*shōōn*) *c* donation

donator (do-*naa*-tor) *c* donor

donera (do-*nāy*-rah) *v* donate

dop (dōōp) *nt* baptism; christening

doppvärmare (*dop*-vær-mah-rer) *c* (pl ~) immersion heater

dos (dōōss) *c* dose

dotter (*do*-terr) *c* (pl döttrar) daughter

dotterdotter (*do*-terr-do-terr) *c* (pl -döttrar) granddaughter

dotterson (*do*-terr-sōān) *c* (pl -söner) grandson

dov (dōāv) *adj* dull

*****dra** (draa) *v* *draw; pull; ~ **av** deduct; ~ **ifrån** subtract; ~ **till** tighten; ~ **tillbaka** *withdraw; ~ **upp** *wind; ~ **ur** disconnect; ~ **åt** tighten

drag (draag) *nt* move; trait; draught

dragning (*draag*-ning) *c* draw; tendency; tinge

drake (*draa*-ker) *c* dragon

drama (*draa*-mah) *nt* (pl -mer) drama

dramatiker (drah-*maa*-ti-kerr) *c* dramatist

dramatisk (drah-*maa*-tisk) *adj* dramatic

dressera (drer-*sāy*-rah) *v* train

*****dricka** (*dri*-kah) *v* *drink

drickbar (*drik*-baar) *adj* for drinking

dricks (driks) *c* tip

dricksvatten (*driks*-vah-tern) *nt* drinking-water

drink (drink) *c* drink

*****driva** (*dree*-vah) *v* drift; ~ **framåt** propel; ~ **med** kid

drivhus (*dreev*-hēwss) *nt* greenhouse

drivkraft (*dreev*-krahft) *c* driving force

drog (drōāg) *c* drug

droppe (*dro*-per) *c* drop

drottning (*drot*-ning) *c* queen

drunkna (*drewngk*-nah) *v* *be drowned

dryck (drewk) *c* drink; beverage; **alkoholfri** ~ soft drink

dränera (dreh-*nāy*-rah) *v* drain

dränka (drehng-kah) *v* drown

dröm (drurm) *c* (pl ~mar) dream

drömma (*drur*-mah) *v* *dream

du (dēw) *pron* you

dubbdäck (*dewb*-dehk) *nt* spiked tyre

dubbel (*dew*-behl) *adj* double

dubbelsäng (*dew*-berl-sehng) *c* double bed

duggregn (*dewg*-rehngn) *nt* drizzle

duglig (*dēwg*-li) *adj* capable, able

duk (dēwk) *c* table-cloth

duka (*dēw*-kah) *v* *set the table

duka under (*dēw*-kah) succumb

duktig (*dewk*-ti) *adj* capable; skilful, smart

dum (dewm) *adj* silly; foolish, stupid, dumb

dumbom (*dewm*-boom) *c* (pl ~mar) fool

dumdristig (*dewm*-driss-ti) *adj* daring, foolhardy

dumheter (*dewm*-hāy-terr) *pl* nonsense

dun (dēwn) *nt* down

dunka (*dewng*-kah) *v* thump; bump

dunkel (*dewng*-kerl) *adj* obscure; dim

dunkelhet (*dewng*-kerl-hāyt) *c* gloom

duntäcke (*dēwn*-teh-ker) *nt* eiderdown

durkslag (*dewrk*-slaag) *nt* strainer

dusch (dewsh) *c* shower

dussin (*dew*-sin) *nt* dozen

duva (*dew*-vah) *c* pigeon

dvärg (dvær^v) *c* dwarf

dygd (dewgd) *c* virtue

dygn (dewngn) *nt* twenty-four hours

*****dyka** (*dew*-kah) *v* dive

dykarglasögon (*dew*-kahr-glaa-sür-gon) *pl* diving goggles

dylik (*dew*-leek) *adj* such, similar

dyn (dewn) *c* dune

dyna (*dew*-nah) *c* pad

dynamo (*dew*-nah-moo) *c* dynamo

dynga (*dewng*-ah) *c* dung

dyr (dewr) *adj* expensive; dear

dyrbar (*dewr*-baar) *adj* precious; dear, valuable, expensive

dyrka (*dewr*-kah) *v* worship

dysenteri (dew-sayn-ter-*ree*) *c* dysentery

dyster (*dewss*-terr) *adj* gloomy; sombre

då (doa) *adv* then; *conj* when; **då och då** occasionally; now and then

dålig (*doa*-li) *adj* bad; ill

dån (doan) *nt* roar

dåraktig (*doar*-ahk-ti) *adj* foolish

dåre (*doa*-rer) *c* fool

däck (dehk) *nt* tire, tyre; deck

däckshytt (*dehks*-hewt) *c* deck cabin

däggdjur (dehg-^vewr) *nt* mammal

där (dæær) *adv* there; ~ **borta** over there; ~ **nere** downstairs; down there; ~ **uppe** upstairs; up there

därefter (*dæær*-ayf-terr) *adv* afterwards; then

däremot (*dæær*-ay-*moot*) *adv* on the other hand

därför (*dæær*-fürr) *adv* therefore; ~ **att** because, as

därifrån (*dæær*-i-*froan*) *adv* from there

*****dö** (dür) *v* die

död (dürd) *c* death; *adj* dead

döda (*dür*-dah) *v* kill

dödlig (*dürd*-li) *adj* mortal, fatal

dödsstraff (*dürds*-strahf) *nt* death penalty

*****dölja** (*durl*-^vah) *v* conceal; *hide

döma (*dur*-mah) *v* judge; sentence

döpa (*dür*-pah) *v* baptize; christen

dörr (durr) *c* door

dörrklocka (*durr*-klo-kah) *c* doorbell

dörrvaktmästare (*durr*-vahkt-mehss-tah-rer) *c* (pl ~) doorman

döv (dürv) *adj* deaf

E

ebb (ayb) *c* low tide

ebenholts (*ay*-bayn-holts) *c* ebony

Ecuador (ayk-vah-*doar*) Ecuador

ecuadorian (ayk-vah-*doa*-ri-aan) *c* Ecuadorian

ed (ayd) *c* oath, vow

effektförvaring (ay-fehkt-furr-vaa-ring) *c* left-luggage office

effektiv (ay-fayk-*teev*) *adj* effective; efficient

efter (*ayf*-terr) *prep* after

efterforska (*ayf*-terr-fors-kah) *v* investigate

efterfrågan (*ayf*-terr-*froa*-gahn) *c* demand

efterlikna (*ayf*-terr-leek-nah) *v* imitate

efterlämna (*ayf*-terr-lehm-nah) *v* *leave behind

eftermiddag (*ayf*-terr-mi-daag) *c* afternoon; **i** ~ this afternoon

efternamn (*ayf*-terr-nahmn) *nt* surname; family name

eftersom (*ayf*-terr-som) *conj* because, as, since

eftersträva (*ayf*-terr-strai-vah) *v* pursue; aim at

eftersända (*ayf*-terr-sehn-dah) *v* forward

efterträda (*ayf*-terr-trai-dah) *v* succeed

efteråt (*ayf*-terr-$\overline{oa}$t) *adv* afterwards

egen ($\overline{ay}$-gayn) *adj* own

egendom ($\overline{ay}$-gayn-doom) *c* property

egendomlig ($\overline{ay}$-gern-doom-li) *adj* peculiar

egendomlighet ($\overline{ay}$-gern-doom-li-$h\overline{ay}t$) *c* peculiarity

egenskap ($\overline{ay}$-gern-skaap) *c* quality; property

egentligen (ay-^{Y}aynt-li-ern) *adv* really

egoism (ay-goo-*ism*) *c* selfishness

egoistisk (ay-goo-*iss*-tisk) *adj* egoistic

Egypten (ay-^{Y}ewp-tern) Egypt

egypter (ay-^{Y}ewp-terr) *c* (pl ~) Egyptian

egyptisk (ay-^{Y}ewp-tisk) *adj* Egyptian

ehuru ($\overline{ay}$-$h\overline{ew}$-rew) *conj* though

ek ($\overline{ay}$k) *c* oak

eker ($\overline{ay}$-kerr) *c* (pl ekrar) spoke

ekipage (ay-ki-*paash*) *nt* carriage

eko ($\overline{ay}$-koo) *nt* echo

ekollon ($\overline{ay}$k-o-lon) *nt* acorn

ekonom (ay-ko-$n\overline{oa}m$) *c* economist

ekonomi (ay-ko-no-*mee*) *c* economy

ekonomisk (ay-ko-$n\overline{oa}$-misk) *adj* economical, economic; thrifty

ekorre ($\overline{ay}$k-orer) *c* squirrel

eksem (ehk-*s$\overline{ay}$m*) *nt* eczema

ekvatorn (ayk-*vaa*-torn) equator

elak ($\overline{ay}$-lahk) *adj* evil; ill

elakartad ($\overline{ay}$-lahk-aar-tahd) *adj* malignant

elasticitet (ay-!ahss-ti-si-*t$\overline{ay}t$*) *c* elasticity

elastisk (ay-*lahss*-tisk) *adj* elastic

eld (ayld) *c* fire

eldfarlig (*ayld*-faar-li) *adj* inflammable

eldfast (*ayld*-fahst) *adj* fireproof

eldstad (*ayld*-staad) *c* (pl -städer) hearth

eldsvåda (*aylds*-v$\overline{oa}$-dah) *c* fire

elefant (ay-lay-*fahnt*) *c* elephant

elegans (ay-lay-*gahns*) *c* elegance

elegant (ay-lay-*gahnt*) *adj* elegant

elektricitet (ay-layk-tri-si-*t$\overline{ay}t$*) *c* electricity

elektriker (ay-*layk*-tri-kerr) *c* (pl ~) electrician

elektrisk (ay-*layk*-trisk) *adj* electric

elektronisk (ay-layk-tr$\overline{oa}$-nisk) *adj* electronic

element (ay-lay-*mehnt*) *nt* element

elementär (ay-lay-mehn-*tæær*) *adj* primary

elev (ay-*l$\overline{ay}$v*) *c* pupil

elfenben (*ayl*-fayn-b$\overline{ay}$n) *nt* ivory

elfte (*aylf*-tay) *num* eleventh

eliminera (ay-li-mi-*n$\overline{ay}$*-rah) *v* eliminate

eller (*ayl*-err) *conj* or

elva (*ayl*-vah) *num* eleven

elände (ay-lehn-der) *nt* misery

eländig (ay-*lehn*-di) *adj* miserable

emalj (ay-*mahl*^{Y}) *c* enamel

emaljerad (ay-mahl-$^{Y}\overline{ay}$-rahd) *adj* enamelled

embargo (aym-*bahr*-goo) *nt* embargo

embarkering (aym-bahr-*k$\overline{ay}$*-ring) *c* embarkation

emblem (aym-*bl$\overline{ay}$m*) *nt* emblem

emellertid (ay-*meh*-lerr-teed) *adv* though, however

emot (ay-*m$\overline{oo}$t*) *prep* against; towards; ***ha något** ~ mind

en[1] (ayn) *art* (nt ett) a *art*

en[2] (ayn) *num* one

-en[3] (ayn) *suf* (nt -et) the *art*

enaktare ($\overline{ay}$n-ahk-tah-rer) *c* (pl ~) one-act play

enastående ($\overline{ay}$$\overline{y}$-nah-st$\overline{oa}$-ayn-der) *adj* exceptional

enbart ($\overline{ay}$n-baart) *adv* exclusively

enda (*ayn*-dah) *pron* only; **en** ~

single

endast (*ayn*-dahst) *adv* alone, only; merely

endera (*ayn*-dāy-rah) *pron* either

endossera (ayn-do-*sāy*-rah) *v* endorse

energi (ay-nær-*shee*) *c* power, energy

energisk (ay-*nær*-gisk) *adj* energetic

engelsk (*ehng*-erlsk) *adj* English

Engelska kanalen (*eh*-ngerls-kah kah-*naa*-lern) English Channel

engelsman (*ehng*-erls-mahn) *c* (pl -män) Englishman

England (*ehng*-lahnd) England; Britain

engångs- (*āyn*-gongs) disposable

engångsflaska (*āyn*-gongs-flahss-kah) *c* no return bottle

enhet (*āyn*-hāyt) *c* unit, unity

*****vara enig** (*vaa*-rah *āy*-ni) agree

enighet (*āy*-ni-hāyt) *c* agreement

enkel (*ayng*-kayl) *adj* simple; plain

enkelrum (*ayng*-kayl-rewm) *nt* single room

enkelt (*ayng*-kerlt) *adv* simply; **helt ~** simply

enligt (*āyn*-lit) *prep* according to

enorm (ay-*norm*) *adj* enormous; immense

ensam (*ayn*-sahm) *adj* lonely; sole

ensidig (*āyn*-see-di) *adj* one-sided

enskild (*āyn*-shild) *adj* individual

enstämmig (*āyn*-stehm-i) *adj* unanimous

entreprenör (ehnt-rer-pray-*nūrr*) *c* contractor

entusiasm (ayn-tew-si-*ahsm*) *c* enthusiasm

entusiastisk (ayn-tew-si-*ahss*-tisk) *adj* enthusiastic

envar (ayn-*vaar*) *pron* everyone

envis (*āyn*-veess) *adj* stubborn; obstinate; head-strong, dogged

envoyé (ayn-voo-ah-*Yāy*) *c* envoy

epidemi (ay-pi-der-*mee*) *c* epidemic

epilepsi (ay-pi-lehp-*see*) *c* epilepsy

epilog (eh-pi-*lōag*) *c* epilogue

episk (*āy*-pisk) *adj* epic

episod (eh-pi-*sōod*) *c* episode

epos (*āy*-poss) *nt* epic

Er (*āyr*) *pron* you; your; yourself

er (*āyr*) *pron* you; your; yourselves

era (*āy*-rah) *pron* your

*****erbjuda** (*āyr*-bYēw-dah) *v* offer; **~ sig** offer one's services

erbjudande (*āyr*-bYēw-dahn-der) *nt* offer

*****erfara** (*āyr*-faa-rah) *v* experience

erfaren (ayr-faa-rern) *adj* experienced

erfarenhet (ayr-faa-rern-hāyt) *c* experience

erforderlig (ayr-fōor-derr-li) *adj* requisite

*****erhålla** (*āyr*-ho-lah) *v* obtain

erinra sig (*āyr*-in-rah) recall

erkänna (*āyr*-tYeh-nah) *v* admit; confess, acknowledge, recognize

erkännande (*āyr*-tYeh-nahn-der) *nt* recognition

*****ersätta** (*āyr*-seh-tah) *v* substitute; replace

ersättning (*āyr*-seht-ning) *c* indemnity; compensation

erövra (*āyr*-ūrv-rah) *v* conquer

erövrare (*āyr*-ūrv-rah-rer) *c* (pl ~) conqueror

erövring (*āyr*-ūrv-ring) *c* conquest; capture

eskort (ayss-*kort*) *c* escort

eskortera (ayss-kor-*tāy*-rah) *v* escort

esplanad (ayss-plah-*naad*) *c* esplanade

essens (ay-*sehns*) *c* essence

essä (ay-*sai*) *c* essay

etablera (ay-tah-*blāy*-rah) *v* establish

etapp (ay-*tahp*) *c* stage, lap

eter (*āy*-terr) *c* ether

etikett (ay-ti-*kayt*) *c* label; tag

etikettera (ayti-keh-*tāy*-rah) *v* label

Etiopien (ay-ti-*ōō*-pi-ern) Ethiopia

etiopier (ay-ti-$\overline{oo}$-pi-err) c (pl ~)
Ethiopian

etiopisk (ay-ti-$\overline{oo}$-pisk) adj Ethiopian

etsning (ehts-ning) c etching

etui (ay-tew-ee) nt case

Europa ($\overline{ay}$-r$\overline{oo}$-pah) Europe

europé ($\overline{ay}$-roo-p$\overline{ay}$) c European

europeisk ($\overline{ay}$-roo-p$\overline{ay}$-isk) adj European

Europeiska Unionen (ay-roo-p$\overline{ay}$-is-kah $\overline{ew}$-ni-$\overline{oo}$n-en) c European Union

evakuera (ay-vah-kew-$\overline{ay}$-rah) v evacuate

evangelium (ay-vahn-ᵞ$\overline{ay}$-li-ᵞewm) nt (pl -lier) gospel

eventuell (ay-vehn-tew-ayl) adj possible

evolution (ay-vo-lew-sh$\overline{oo}$n) c evolution

exakt (ayks-ahkt) adv exactly; adj exact

examen (ayk-saa-mern) c examination; •ta ~ graduate

excentrisk (ayk-sehnt-risk) adj eccentric

exempel (ayk-sehm-perl) nt example; instance; till ~ for example; for instance

exemplar (ayks-aym-plaar) nt copy; specimen

existens (ayk-si-stehns) c existence

existera (ayk-si-st$\overline{ay}$-rah) v exist

exklusiv (ehks-kloo-seev) adj exclusive

exotisk (ehk-s$\overline{oa}$-tisk) adj exotic

expedit (ehks-pay-deet) c shop assistant

expedition (ayks-pay-di-sh$\overline{oo}$n) c expedition

experiment (ayks-peh-ri-mehnt) nt experiment

experimentera (ayks-peh-ri-mayn-t$\overline{ay}$-rah) v experiment

expert (ayks-pært) c expert

explodera (ayks-plo-d$\overline{ay}$-rah) v explode

explosion (ayks-plo-sh$\overline{oo}$n) c blast, explosion

explosiv (ayks-plo-seev) adj explosive

exponering (ayks-po-n$\overline{ay}$-ring) c exposure

exponeringsmätare (ayks-po-n$\overline{ay}$-rings-mai-tah-rer) c (pl ~) exposure meter

export (ayk-sport) c exports pl

exportera (ayks-por-t$\overline{ay}$-rah) v export

expresståg (ayks-prayss-t$\overline{oa}$g) nt express train

expressutdelning (ayks-prayss-ewt-d$\overline{ay}$l-ning) c special delivery

extas (ayks-taass) c ecstasy

extra (aykst-rah) adj extra, additional; spare

extrastorlek (aykst-rah-st$\overline{oo}$r-l$\overline{ay}$k) c outsize

extravagant (ayk-strah-vah-gahnt) adj extravagant

extrem (ehk-str$\overline{ay}$m) adj extreme

F

fabel (faa-berl) c (pl fabler) fable

fabrik (fahb-reek) c factory; works pl; plant, mill

fabrikant (fahb-ri-kahnt) c manufacturer

fack (fahk) nt compartment; trade

fackförening (fahk-furr-$\overline{ay}$-ning) c trade-union

fackla (fahk-lah) c torch

fackman (fahk-mahn) c (pl -män) expert

fager (faa-gerr) adj fair

fajans (fah-ᵞahngs) c faience

faktisk (fahk-tisk) adj actual, factual

faktiskt (fahk-tist) adv in effect, actually, as a matter of fact, really

faktor (*fahk*-tor) *c* factor

faktum (*fahk*-tewm) *nt* (pl fakta) fact

faktura (fahk-*tew*-rah) *c* invoice

fakturera (fahk-tew-*rāy*rah) *v* bill

fakultet (fah-kewl-*tāyt*) *c* faculty

falk (fahlk) *c* hawk

fall (fahl) *nt* fall; case, instance; **i var-je ~ at** any rate; anyway

*falla (*fahl*-ah) *v* *fall

fallenhet (*fahl*-ern-*hāyt*) *c* faculty

fallfärdig (*fahl*-fæær-di) *adj* ram-shackle

falsk (fahlsk) *adj* false

familj (fah-*milY*) *c* family

familjär (fah-mil-*Yæær*) *adj* familiar

fanatisk (fah-*naa*-tisk) *adj* fanatical

fantasi (fahn-tah-*see*) *c* imagination, fantasy

fantasilös (fahn-tah-*see*-lūrss) *adj* un-imaginative

fantastisk (fahn-*tahss*-tisk) *adj* fan-tastic

fantom (fahn-*tōam*) *c* phantom

far (faar) *c* (pl fäder) father

fara (*faa*-rah) *c* peril, risk, danger

*fara (*faa*-rah) *v* *go away; **~ runt om** by-pass

farbror (*fahr*-brōor) *c* (pl -bröder) uncle

farfar (*fahr*-faar) *c* (pl -fäder) grand-father

farföräldrar (faar-furr-*ehld*-rahr) *pl* grandparents *pl*

farlig (*faar*-li) *adj* dangerous

farmakologi (fahr-mah-ko-loo-*gee*) *c* pharmacology

farmor (*fahr*-mōor) *c* (pl -mödrar) grandmother

fars (fahrs) *c* farce

fart (faart) *c* speed; rate

fartbegränsning (*faart*-bay-*grehns*-ning) *c* speed limit

fartyg (*faar*-tēwg) *nt* ship; vessel

fas (faass) *c* stage, phase

fasa (*faa*-sah) *c* horror

fasad (fah-*saad*) *c* façade

fasan (fah-*saan*) *c* pheasant

fascinera (fah-shi-*nāy*-rah) *v* fascinate

fascism (fah-*shism*) *c* fascism

fascist (fah-*shist*) *c* fascist

fascistisk (fah-*shiss*-tisk) *adj* fascist

fast (fahst) *adj* fixed; firm; perma-nent; *adv* tight

faster (*fahss*-terr) *c* (pl -trar) aunt

fastighet (fahss-ti-*hāyt*) *c* house, property; premises *pl*

fastighetsmäklare (*fahss*-ti-hāyts-maik-lah-rer) *c* (pl ~) house agent

fastland (*fahst*-lahnd) *nt* mainland

fastställa (*fahst*-steh-lah) *v* establish; determine, ascertain, state

fastän (*fahst*-ehn) *conj* though, al-though

fat (faat) *nt* dish; barrel

fatal (fah-*taal*) *adj* fatal

fatta (*fah*-tah) *v* conceive; *take

fattas (*fah*-tahss) *v* fail

fattig (*fah*-ti) *adj* poor

fattigdom (*fah*-ti-*doom*) *c* poverty

favorit (fan-vōo-*reet*) *c* favourite

fax (fahgs) *nt* fax; **sticka ett ~ send** a fax

fe (fāy) *c* fairy

feber (*fāy*-berr) *c* fever

febrig (*fāyb*-ri) *adj* feverish

februari (fayb-rew-*aa*-ri) February

federation (fay-day-rah-*shōon*) *c* fed-eration

feg (fāyg) *adj* cowardly

fel (fāyl) *nt* mistake, error, fault; *adj* false, wrong; ***ha ~ *be** wrong; ***ta ~** err

felaktig (*fāyl*-ahk-ti) *adj* incorrect; mistaken

felfri (*fāyl*-free) *adj* faultless

felsteg (*fāyl*-stāyg) *nt* slip

fem (fehm) *num* five

feminin (*fāy*-mi-neen) *adj* feminine

femte (*fehm*-ter) *num* fifth

femtio (*fehm*-ti) *num* fifty

femton (fehm-ton) *num* fifteen

femtonde (*fehm*-ton-der) *num* fifteenth

feodal (fay-o-*daal*) *adj* feudal

ferieläger (*fāy*-ri-er-lai-gerr) *nt* holiday camp

fernissa (fær-*nee*-sah) *c* varnish; *v* varnish

fest (fehst) *c* party; feast

festival (fayss-ti-*vaal*) *c* festival

festlig (*fayst*-li) *adj* festive

fet (fāyt) *adj* fatty; fat; corpulent

fetma (*feht*-mah) *c* fatness

fett (fayt) *nt* fat, grease

fiber (*fee*-berr) *c* fibre

ficka (*fi*-kah) *c* pocket

fickalmanacka (*fik*-ahl-mah-nah-kah) *c* diary

fickkam (*fik*-kahm) *c* (pl ~mar) pocket-comb

fickkniv (*fik*-kneev) *c* pocket-knife

ficklampa (*fik*-lahm-pah) *c* torch; flash-light

fickur (*fik*-ēwr) *nt* pocket-watch

fiende (*fee*-ayn-der) *c* enemy

fientlig (fi-*ehnt*-li) *adj* hostile

figur (fi-*gēwr*) *c* figure

fikon (*fee*-kon) *nt* fig

fiktion (fik-*shōōn*) *c* fiction

fil (feel) *c* file; row; lane

filial (fil-i-*aal*) *c* branch

filippinare (fi-li-*pee*-nah-rer) *c* (pl ~) Filipino

Filippinerna (fi-li-*pee*-nerr-nah) Philippines *pl*

filippinsk (fi-li-*peensk*) *adj* Philippine

film (film) *c* film; movie; **tecknad ~** cartoon

filma (*fil*-mah) *v* film

filmduk (*film*-dēwk) *c* screen

filmkamera (*film*-kaa-mer-rah) *c* film camera

filosof (fi-lo-*sōāf*) *c* philosopher

filosofi (fi-lo-so-*fee*) *c* philosophy

filt (filt) *c* blanket; felt

filter (*fil*-terr) *nt* filter

fin (feen) *adj* fine; delicate; **fint!** all right!; okay!

finanser (fi-*nahng*-serr) *pl* finances *pl*

finansiell (fi-nahng-si-*ayl*) *adj* financial

finansiera (fi-nahng-*si*-āy-rah) *v* finance

finger (*fing*-err) *nt* (pl fingrar) finger

fingeravtryck (*fing*-err-aav-trewk) *nt* fingerprint

fingerborg (*fing*-er-bor^v) *c* thimble

finhacka (*feen*-hah-kah) *v* mince

Finland (*fin*-lahnd) Finland

finländare (*fin*-lehn-der-rer) *c* (pl ~) Finn

finmala (*feen*-maa-lah) *v* *grind

*finna (*fi*-nah) *v* *find

finne (*fi*-ner) *c* pimple; **finnar** acne

finsk (finsk) *adj* Finnish

fiol (fi-*ōōl*) *c* violin

fira (*fee*-rah) *v* celebrate

firande (fee-rahn-der) *nt* celebration

firma (*feer*-mah) *c* firm; company

fisk (fisk) *c* fish

fiska (*fiss*-kah) *v* fish

fiskaffär (*fisk*-ah-fæær) *c* fish shop

fiskare (*fiss*-kah-rer) *c* (pl ~) fisherman

fiskben (*fisk*-bāyn) *nt* fishbone; bone

fiskedon (*fiss*-ker-dōōn) *nt* fishing tackle

fiskekort (*fiss*-ker-kōōrt) *nt* fishing licence

fiskerinäring (fiss-ker-*ree*-næ-ring) *c* fishing industry

fiskmås (*fisk*-mōāss) *c* seagull

fisknät (*fisk*-nait) *nt* fishing net

fiskredskap (*fisk*-rāyd-skaap) *nt* fishing gear

fiskrom (*fisk*-rom) *c* roe

fjord (*fYoård*) *c* fjord

fjorton (*fYoor*-ton) *num* fourteen

fjortonde (*fYoor*-ton-der) *num* fourteenth

fjäder (*fYai*-derr) *c* (pl -drar) feather; spring

fjäderfä (*fYai*-derr-fai) *nt* poultry; fowl

fjädring (*fYaid*-ring) *c* suspension

fjäll (*fYehl*) *nt* scale; mountain

fjälla (*fYeh*-lah) *v* peel

fjärde (*fYæær*-der) *num* fourth

fjäril (*fYææ*-ril) *c* butterfly

fjärilsim (*fYææ*-ril-sim) *nt* butterfly stroke

flagga (*flah*-gah) *c* flag

flamingo (*flahm*-ing-goo) *c* flamingo

flanell (*flah*-nayl) *c* flannel

flanera (*flah*-*nāy*-rah) *v* stroll

flanör (*flah*-*nūrr*) *c* stroller

flaska (*flahss*-kah) *c* bottle

flaskhals (*flahsk*-hahls) *c* bottleneck

flasköppnare (*flahsk*-urp-nah-rer) *c* (pl ~) bottle opener

flat (*flaat*) *adj* flat

fler (*flāyr*) *adj* more; **(de) flesta** most; **flera** several

flicka (*fli*-kah) *c* girl

flicknamn (*flik*-nahmn) *nt* maiden name; girl's name

flickscout (*flik*-skout) *c* girl guide

flin (*fleen*) *nt* grin

flina (*flee*-nah) *v* grin

flintskallig (*flint*-skah-li) *adj* bald

flintsten (*flint*-*stāyn*) *c* flint

flisa (*flee*-sah) *c* chip

flit (*fleet*) *c* diligence

flitig (*flee*-ti) *adj* industrious, diligent

flod (*flōōd*) *c* river; flood

flodbank (*flōōd*-bahngk) *c* bank

flodmynning (*flōōd*-mew-ning) *c* river mouth, estuary

flodstrand (*flōōd*-strahnd) *c* (pl -stränder) riverside; river bank

flotta (*flo*-tah) *c* navy; fleet; **flott-** naval

flotte (*flo*-ter) *c* raft

flottig (*flo*-ti) *adj* greasy

flottör (*flo*-*tūrr*) *c* float

fluga (*flew*-gah) *c* fly; bow tie

fly (*flēw*) *v* escape

flyg (*flēwg*) *nt* flight

*flyga (*flēw*-gah) *v* *fly

flygbolag (*flēwg*-bōō-laag) *nt* airline

flygel (*flēw*-gerl) *c* (pl -glar) grand piano

flygfält (*flēwg*-fehlt) *nt* airfield

flygkapten (*flēwg*-kahp-*tāyn*) *c* captain

flygmaskin (*flēwg*-mah-*sheen*) *c* aircraft

flygolycka (*flēwg*-oo-*lew*-kah) *c* plane crash

flygplan (*flēwg*-plaan) *nt* aeroplane, aircraft, plane; airplane *nAm*

flygplats (*flēwg*-plahts) *c* airport

flygpost (*flēwg*-post) *c* airmail

flygresa (*flēwg*-*rāy*-sah) *c* flight

flygsjuka (*flēwg*-shēw-kah) *c* air-sickness

flygvärdinna (*flēwg*-vær-*di*-nah) *c* stewardess

flykt (*flewkt*) *c* escape

flyktig (*flewk*-ti) *adj* passing; volatile

flykting (*flewk*-ting) *c* refugee

*flyta (*flēw*-tah) *v* flow; float

flytande (*flēw*-tahn-der) *adj* fluent; liquid, fluid

flytta (*flewt*-ah) *v* move

flyttbar (*flewt*-baar) *adj* movable

flyttning (*flewt*-ning) *c* move

flytväst (*flēwt*-vehst) *c* life-jacket

fläck (*flehk*) *c* stain, spot; speck, blot; **fläcka ned** stain

fläckborttagningsmedel (*flehk*-boart-taag-nings-*māy*-dayl) *nt* stain remover

fläckfri (*flehk*-free) *adj* spotless, stain-

less
fläckig (*fleh*-ki) *adj* spotted
fläkt (flehkt) *c* breath of air, breeze;
fan
fläktrem (*flehkt*-rehm) *c* (pl ~mar)
fan belt
flämta (*flehm*-tah) *v* pant
flöjt (flurϒt) *c* flute
fnittra (*fnit*-rah) *v* giggle
foajé (foo-ah-ϒay) *c* lobby, foyer
fock (fok) *c* foresail
foder (f$\overline{oo}$-derr) *nt* lining; forage
foderbehållare (f$\overline{oo}$-derr-bay-*ho*-lah-
rer) *c* (pl ~) manger
fodral (foo-*draal*) *nt* case; cover
fogde (*foog*-der) *c* bailiff
folk (folk) *nt* folk, nation, people; *pl*
people *pl*; **folk-** national, popular
folkdans (*folk*-dahns) *c* folk-dance
folklore (*folk*-l$\overline{oo}$ar) *c* folklore
folkmassa (*folk*-mah-sah) *c* crowd
folkrik (*folk*-reek) *adj* populous
folkvisa (*folk*-vee-sah) *c* folk song
fond (fond) *c* fund
fondbörs (*fond*-burrs) *c* stock ex-
change
fondmarknad (*fond*-mahrk-nahd) *c*
stock market
fonetisk (fo-*nay*-tisk) *adj* phonetic
fontän (fon-*tain*) *c* fountain
forcera (for-*say*-rah) *v* force
fordon (f$\overline{oo}$-doon) *nt* vehicle
fordra (f$\overline{oo}$d-rah) *v* demand; claim
fordran (f$\overline{oo}$d-rahn) *c* (pl -ringar)
claim
fordringsägare (f$\overline{oo}$d-rings-ai-gah-rer)
c (pl ~) creditor
forell (fo-*rayl*) *c* trout
form (form) *c* form; shape
forma (*for*-mah) *v* form; model, shape
formalitet (for-mah-li-*tayt*) *c* formality
format (for-*maat*) *nt* format; size
formel (*for*-merl) *c* (pl -mler) formula
formell (for-*mehl*) *adj* formal

formulär (for-m$\overline{ew}$-*læær*) *nt* form
forntida (*foorn*-tee-dah) *adj* ancient
forskning (*forsk*-ning) *c* research
fort[1] (foort) *adv* in a hurry
fort[2] (fort) *nt* fort
*****fortgå** (*foort*-g$\overline{oa}$) *v* continue
fortkörning (*foort*-tϒ$\overline{u}$rr-ning) *c* speed-
ing
*****fortsätta** (*foort*-seh-tah) *v* *keep on;
continue; *go on, *go ahead, carry
on; proceed
fortsättning (*foort*-seht-ning) *c* contin-
uation
fosterföräldrar (*fooss*-terr-furr-*ehld*-
rahr) *pl* foster-parents *pl*
fosterland (*fooss*-terr-lahnd) *nt* (pl
-länder) fatherland, native country
fot (f$\overline{oo}$t) *c* (pl fötter) foot; **till fots**
on foot; walking
fotboll (*f$\overline{oo}$t*-bol) *c* football; soccer
fotbollslag (*f$\overline{oo}$t*-bols-laag) *nt* soccer
team
fotbollsmatch (*f$\overline{oo}$t*-bols-mahch) *c*
football match
fotbroms (*f$\overline{oo}$t*-broms) *c* foot-brake
fotgängare (*f$\overline{oo}$t*-ϒehng-ah-rer) *c* (pl
~) pedestrian
fotnot (*f$\overline{oo}$t*-n$\overline{oo}$t) *c* note
foto (*f$\overline{oo}$t*-too) *nt* photo
fotoaffär (*f$\overline{oo}$*-too-ah-*fæær*) *c* camera
shop
fotogen (fo-to-*shayn*) *c* paraffin;
kerosene
fotograf (foo-too-*graaf*) *c* photo-
grapher
fotografera (foo-too-grah-*fay*-rah) *v*
photograph
fotografering (foo-too-grah-*fay*-ring) *c*
photography
fotografi (foo-too-grah-*fee*) *nt* photo-
graph
fotostatkopia (*foo*-too-*staat*-koo-*pee*-
ah) *c* photostat
fotpuder (*f$\overline{oo}$t*-p$\overline{ew}$-derr) *nt* foot pow-

der

fotspecialist (*fōōt-spay-si-ah-list*) *c* chiropodist

fotvård (*fōōt-vord*) *c* pedicure

frakt (frahkt) *c* freight

fram (frahm) *adv* forward

framför (*frahm-fūrr*) *prep* before; in front of; *adv* ahead

framföra (*frahm-fūr-rah*) *v* present, state

***framgå** (*frahm-goa*) *v* appear

framgång (*frahm-gong*) *c* prosperity

framgångsrik (*frahm-gongs-reek*) *adj* successful

framkalla (*frahm-kah-lah*) *v* develop

***framlägga** (*frahm-lehg-ah*) *v* present

framsida (*frahm-see-dah*) *c* front; face

framsteg (*frahm-stāyg*) *nt* progress; advance; ***göra** ~ advance, *make progress; *get on

framstegsvänlig (*frahm-stāygs-vehn-li*) *adj* progressive

framstående (*frahm-stōa-ayn-der*) *adj* prominent; distinguished

framställa (*frahm-steh-lah*) *v* produce, represent

framtid (*frahm-teed*) *c* future

framtida (*frahm-tee-dah*) *adj* future

framträda (*frahm-trai-dah*) *v* appear

framträdande (*frahm-treh-dahn-der*) *nt* appearance

framvisa (*frahm-vee-sah*) *v* *show

framåt (*frahm-ōat*) *adv* onwards, forward, ahead

framåtsträvande (*frahm-ōat-strai-vahn-der*) *adj* progressive

frankera (*frahng-kāy-rah*) *v* stamp

franko (*frahng-koo*) *adj* post-paid

Frankrike (*frahngk-ri-ker*) France

frans (frahns) *c* fringe

fransa sig (frahn-sah) fray

fransk (trahnsk) *adj* French

fransman (*frahns-mahn*) *m* (pl -män) Frenchman

fras (fraass) *c* phrase

frasig (*fraa-si*) *adj* crisp

fred (frāyd) *c* peace

fredag (*frāy-daag*) *c* Friday

frekvens (frer-*kvehns*) *c* frequency

fresta (*frayss-tah*) *v* tempt

frestelse (*frayss-tayl-ser*) *c* temptation

fri (free) *adj* free

fribiljett (*free-bil-ᵞaytt*) *c* free ticket

frid (freed) *c* peace

fridfull (*freed-fewl*) *adj* peaceful; serene

***frige** (fri-ᵞāy) *v* release

frigivande (*free-ᵞee-vahn-der*) *nt* liberation

frigörelse (*free-ᵞūr-rerl-ser*) *c* emancipation, liberation

frihet (*free-hāyt*) *c* liberty, freedom

friidrott (*free-ee-drot*) *c* athletics *pl*

frikalla (*free-kah-lah*) *v* exempt

frikostig (*free-koss-ti*) *adj* liberal

friktion (frik-*shōōn*) *c* friction

frikännande (*free-t*ᵞ*eh-nahn-der*) *nt* acquittal

frimärke (*free-mær-ker*) *nt* postage stamp

frimärksautomat (*free-mærks-ou-too-maat*) *c* stamp machine

frisk (frisk) *adj* well, healthy

friskintyg (*frisk-in-tēwg*) *nt* health certificate

frisyr (fri-*sēwr*) *c* hair-do

***frita** (*free-taa*) *v* exempt; ~ **från** discharge of

fritid (*free-teed*) *c* spare time

fritidscenter (*free-teeds-sehn-terr*) *nt* recreation centre

frivillig¹ (*free-vi-li*) *c* (pl ~a) volunteer

frivillig² (*free-vi-li*) *adj* voluntary

frivol (fri-*vol*) *adj* frivolous

from (froom) *adj* pious

frost (frost) *c* frost

frostknöl (froast-knurl) c chilblain

frostskyddsvätska (frost-shewds-vehts-kah) c antifreeze

frotté (fro-tay) c terry cloth

fru (frew) c madam

frukost (frew-kost) c breakfast

frukt (frewkt) c fruit

frukta (frewk-tah) v dread, fear

fruktan (frewk-tahn) c dread, fright

fruktansvärd (frewk-tahns-væærd) adj awful

fruktbar (frewkt-baar) adj fertile

fruktsaft (frewkt-sahft) c squash, juice

fruktträdgård (frewkt-trai-goard) c orchard

frusen (frew-sern) adj frozen, cold

frys (frewss) c deep-freeze

*frysa (frew-sah) v *be cold; *freeze

fryspunkt (frewss-pewngkt) c freezing-point

fråga (froa-gah) c question; matter, issue; v ask

frågesport (froa-ger-sport) c quiz

frågetecken (froa-ger-tay-kern) nt question mark

frågvis (froag-veess) adj inquisitive

från (froan) prep from; off, as from, out of; ~ och med from; as from

frånstötande (froan-stur-tahn-der) adj repellent; repulsive

frånvarande (froan-vaa-rahn-der) adj absent

frånvaro (froan-vaa-roo) c absence

fräck (frehk) adj impertinent, insolent; bold

fräckhet (frehk-hayt) c nerve

frälsa (frehl-sah) v redeem; deliver

frälsning (frehls-ning) c delivery

främling (frehm-ling) c stranger; alien

främmande (frehm-ahn-der) adj strange; foreign

frö (frur) nt seed

fröjd (frurᵞd) c joy

fröken (frur-kayn) c miss; spinster

fukt (fewkt) c damp

fukta (fewk-tah) v moisten; damp

fuktig (fewk-ti) adj damp; humid, moist

fuktighet (fewk-ti-hayt) c humidity, moisture

ful (fewl) adj ugly

full (fewl) adj full; drunk

fullblods- (fewl-bloods) thoroughbred

fullborda (fewl-boor-dah) v accomplish; finish

*fullgöra (fewl-ᵞur-rah) v fulfill; perform

fullkomlig (fewl-kom-li) adj complete; perfect; fullkomligt completely; entirely

fullkomlighet (fewl-kom-li-hayt) c perfection

fullkornsbröd (fewl-koorns-brurd) nt wholemeal bread

fullpackad (fewl-pahk-ahd) adj chock-full; crowded

fullsatt (fewl-saht) adj full up

fullständig (fewl-stehn-di) adj complete, total, utter; fullständigt completely

fullända (fewl-ehn-dah) v complete

fundera på (fewn-day-rah) *think over, ponder upon

fungera (fewng-gay-rah) v work; operate

funktion (fewngk-shoon) c function; working, operation

funktionsoduglig (fewngk-shoons-oo-dewg-li) adj out of order

fuska (fewss-kah) v cheat

fy! (few) shame!

fylla (few-lah) v fill; ~ i fill in; fill out Am

fylld (fewld) adj stuffed

fyllning (fewl-ning) c filling; stuffing

fynd (fewnd) nt discovery, find; bargain

fyr (fewr) c lighthouse

fyra (few-rah) num four

fyrtio (furr-ti) num forty

fysik (few-seek) c physics

fysiker (few-si-kerr) c (pl ~) physicist

fysiologi (few-si-o-lo-gee) c physiology

fysisk (few-sisk) adj physical

få (foa) adj few

*få (foa) v *get; *may, *have, *be allowed to

fåfänglig (foa-fehng-li) adj vain

fågel (foa-gerl) c (pl fåglar) bird

fåll (fol) c hem

fånga (fong-ah) v *catch

fånge (fong-er) c prisoner

fångenskap (fong-ayn-skaap) c imprisonment

fångvaktare (fong-vahk-tah-rer) c (pl ~) jailer

får (foar) nt sheep

fåra (foa-rah) c furrow, groove

fårkött (foar-tᵞurt) nt mutton

*få tag i (faw taag ee) *come across

fåtölj (foa-turlᵞ) c armchair; easy chair

fäkta (fehk-tah) v fence

fälg (fehlᵞ) c rim

fälla (fehl-ah) c trap

fält (fehlt) nt field

fältkikare (fehlt-tᵞee-kah-rer) c (pl ~) field glasses

fältsäng (fehlt-sehng) c camp-bed

fängelse (fehng-ayl-ser) nt prison; gaol, jail

fängsla (fehngs-lah) v imprison, captivate

färdig (fæær-di) adj finished; ready

färg (færᵞ) c colour; dye

färga (fær-ᵞah) v dye

färgad (fær-ᵞahd) adj coloured, dyed

färgblind (færᵞ-blind) adj colour-blind

färgfilm (færᵞ-film) c colour film

färglåda (færᵞ-loā-dah) c paint-box

färgrik (færᵞ-reek) adj richly coloured, vivid

färgstark (færᵞ-stahrk) adj colourful

färgäkta (færᵞ-ehk-tah) adj fast-dyed

färgämne (færᵞ-ehm-ner) nt colourant

färja (fær-ᵞah) c ferry-boat

färsk (færsk) adj fresh

fästa (fehss-tah) v attach, fasten; *stick; ~ med nål pin; fäst vid attached to

fästman (fehst-mahn) c (pl -män) fiancé

fästmö (fehst-mūr) c fiancée

fästning (fehst-ning) c fortress; stronghold

föda (fūr-dah) c food

född (furd) adj born

födelse (fūr-dayl-ser) c birth

födelsedag (fūr-dayl-ser-daag) c birthday

födelseort (fūr-dayl-ser-oort) c place of birth

födsel (furd-serl) c (pl -slar) birth

föga (fūr-gah) adj little

följa (furl-ᵞah) v accompany; follow; ~ efter follow

följaktligen (furlᵞ-ahkt-li-gayn) adv consequently

följande (furl-ᵞahn-der) adj following; next, subsequent

följd (furlᵞd) c consequence; result; succession

följeslagare (furl-ᵞer-slaa-gah-rer) c (pl ~) companion

följetong (furl-ᵞer-tong) c serial

fönster (furns-terr) nt window

fönsterbräde (furn-sterr-braider) nt window-sill

fönstergaller (furns-terr-gahl-err) nt bar

fönsterlucka (furns-terr-lew-kah) c shutter

för (fūrr) prep for, conj for; ~ att to

föra (*fūr*-rah) v convey, carry

förakt (furr-*ahkt*) nt scorn, contempt

förakta (furr-*ahk*-tah) v despise; scorn

förare (*fūr*-rah-rer) c (pl ~) driver

förarga (furr-*ahr*-Yah) v annoy; displease

förargelse (furr-*ahr*-Yerl-ser) c annoyance

förarglig (furr-*ahr*Y-li) adj annoying

förband (furr-*bahnd*) nt bandage

förbandslåda (furr-*bahnds*-lōā-dah) c first-aid kit

förbanna (furr-*bahn*-ah) v curse

förbehåll (*fūrr*-ber-hol) nt reservation; qualification; **utan** ~ unconditionally

förbereda (*fūrr*-ber-*rāy*-dah) v prepare

förberedelse (*fūrr*-ber-*rāy*-dayl-ser) c preparation

förbi (furr-*bee*) prep past; *gå ~ pass by

*förbinda** (furr-*bin*-dah) v connect; join; dress

förbindelse (furr-*bin*-dehl-ser) c connection

förbipasserande (furr-*bee*-pah-*sāy*-rahn-der) c (pl ~) passer-by

*förbise** (furr-bi-*sāy*) v overlook

förbiseende (*fūrr*-bi-*sāy*-ayn-der) nt oversight

*förbjuda** (furr-b*Yew*-dah) v *forbid; prohibit

förbjuden (furr-b*Yew*-dayn) adj prohibited

*förbli** (furr-*blee*) v remain; stay

förbluffa (furr-*blew*-fah) v amaze

förbruka (furr-*brew*-kah) v consume; *spend; use up

förbrukning (furr-*brewk*-ning) c consumption

förbryllande (furr-*brew*-lahn-der) adj puzzling

förbrytare (furr-*brew*-tah-rer) c (pl ~) criminal

förbud (furr-*bewd*) nt prohibition

förbund (furr-*bewnd*) nt league; **förbunds-** federal

förbundsstat (furr-*bewnd*-staat) c federation

förbättra (furr-*beht*-rah) v improve

förbättring (furr-*beht*-ring) c improvement

fördel (*fūrr*-dāyl) c advantage; profit

fördelaktig (*fūrr*-dāyl-ahk-ti) adj advantageous; attractive

fördom (*fūrr*-doom) c prejudice

*fördriva** (furr-*dree*-vah) v expel, chase

fördröja (furr-*drur*-Yah) v delay; slow down

fördämning (furr-*dehm*-ning) c dike

fördärva (furr-*dær*-vah) v *spoil

före (*fūr*-rer) prep before; ahead of; ~ detta former

förebrå (*fūr*-rer-brōā) v reproach; blame

förebråelse (*fūr*-rer-brōā-ayl-ser) c reproach

förebygga (*fūr*-rer-bewg-ah) v prevent

förebyggande (*fūr*-rer-bew-gahn-der) adj preventive

*föredra** (*fūr*-rer-draa) v prefer

föredrag (*fūr*-rer-draag) nt lecture, talk

*föregripa** (*fūr*-rer-gree-pah) v anticipate

*föregå** (fur-rer-*gōā*) v precede

föregående (*fūr*-rer-gōā-ern-der) adj previous; preceding; prior

föregångare (*fūr*-rer-gong-ah-rer) c (pl ~) predecessor

*förekomma** (*fūr*-rer-ko-mah) v occur; anticipate

förekomst (*fūr*-rer-komst) c frequency

föreläsning (*fūr*-rer-laiss-ning) c lecture

föremål (*fūr*-rer-mōal) nt object

förena (furr-*āy*-nah) v join, unite

förenad (furr-*āy*-nahd) *adj* united, combined, joint

förening (furr-*āy*-ning) *c* association; society, club; union

Förenta Staterna (fur-*rayn*-tah-*staa*-terr-nah) United States; the States

****föreslå** (*fūr*-rer-slōā) *v* propose; suggest

förespråkare (*fūr*-rer-sprōā-kah-ray) *c* (pl ~) spokesman, advocate

förestående (*fūr*-rer-stōā-ayn-der) *adj* oncoming

föreståndarinna (*fūr*-rer-ston-dah-*ri*-nah) *c* matron; manageress

föreställa (*fūr*-rer-stehl-ah) *v* introduce; represent; ~ **sig** imagine; fancy

föreställning (*fūr*-rer-stehl-ning) *c* idea; performance, show

****företa** (*fūr*-rer-tah) *v* *undertake

företag (*fūr*-rer-taag) *nt* enterprise; undertaking; concern, company

företräde (*fūr*-rer-trai-der) *nt* priority

förevisa (*fūr*-rer-vee-sah) *v* exhibit

förevändning (*fūr*-rer-vehnd-ning) *c* pretence

förfader (*fürr*-faa-derr) *c* (pl -fäder) ancestor

förfall (furr-*fahl*) *nt* decay

****förfalla** (furr-*fah*-lah) *v* deteriorate; expire

förfallen (furr-*fahl*-ern) *adj* dilapidated; ~ **till betalning** overdue

förfallodag (furr-*fah*-lo-daag) *c* due date, day of maturity, expiry

förfalska (furr-*fahls*-kah) *v* forge; counterfeit

förfalskning (furr-*fahlsk*-ning) *c* fake, falsification

förfaringssätt (furr-*faa*-rings-seht) *nt* method

författare (furr-*fah*-tah-rer) *c* (pl ~) author; writer

förfluten (furr-*flēw*-tayn) *adj* past; **det**

förflutna the past

****förflyta** (furr-*flēw*-tah) *v* pass

förflyttning (furr-*flewt*-ning) *c* transfer

förfogande (furr-*fōōg*-ahn-der) *nt* disposal

förfriskning (furr-*frisk*-ning) *c* refreshment

förfråga sig (furr-*frōag*-ah) inquire

förfrågan (furr-*frōā*-gahn) *c* (pl -gningar) request, inquiry; query

förfärlig (furr-*fæær*-li) *adj* terrible; dreadful, frightful

förfölja (furr-*furl*-ʸah) *v* pursue; chase

förföra (furr-*fūr*-rah) *v* seduce

förförisk (furr-*fūr*-risk) *adj* seductive

förgasare (furr-*gaa*-sah-rer) *c* (pl ~) carburettor

förgifta (furr-*ʸif*-tah) *v* poison

förgrenas (furr-*grāy*-nahss) *v* fork, ramify

förgrund (*fürr*-grewnd) *c* foreground

förgylld (furr-*ʸewld*) *adj* gilt

****förgå sig** (furr-*gōā*) offend

förgäves (furr-*ʸaiv*-erss) *adv* in vain

på förhand (pōā *fürr*-hahnd) in advance

förhandla (furr-*hahnd*-lah) *v* negotiate

förhandling (furr-*hahnd*-ling) *c* negotiation

förhastad (furr-*hahss*-tahd) *adj* rash; premature

förhindra (furr-*hin*-drah) *v* prevent

förhoppning (furr-*hop*-ning) *c* hope

förhållande (furr-*hol*-ahn-der) *nt* relation; affair

förhäxa (furr-*hehk*-sah) *v* bewitch

förhör (furr-*hürr*) *nt* interrogation; examination

förhöra (furr-*hūr*-rah) *v* interrogate; ~ **sig** inquire; enquire

förkasta (furr-*kahss*-tah) *v* reject; turn down

förklara (furr-*klaa*-rah) *v* explain; declare; ~ **skyldig** convict

förklaring (furr-*klaa*-ring) *c* explanation; declaration

förklarlig (furr-*klaar*-li) *adj* accountable

förklä sig (furr-*klai*) disguise

förkläde (furr-klai-der) *nt* apron

förklädnad (furr-*klaid*-nahd) *c* disguise

förkorta (furr-*kor*-tah) *v* shorten

förkortning (furr-*kort*-ning) *c* abbreviation

förkylning (furr-t$\sqrt{}$*ewl*-ning) *c* cold;
　bli förkyld *catch a cold

förkämpe (*furr*-t$\sqrt{}$ehm-per) *c* advocate, champion

förkärlek (*furr*-t$\sqrt{}$æær-la$\overline{y}$k) *c* preference

förkörsrätt (*furr*-t$\sqrt{}$u$\overline{rs}$-reht) *c* right of way

förlag (furr-*laag*) *nt* publishing house

förlamad (furr-*laa*-mahd) *adj* paralyzed; lame

förlikning (furr-*leek*-ning) *c* settlement

förlopp (furr-*lop*) *nt* process

förlora (furr-*l$\overline{oo}$*-rah) *v* *lose

förlossning (furr-*loss*-ning) *c* delivery; redemption

förlovad (furr-*l$\overline{oa}$*-vahd) *adj* engaged

förlovning (furr-*l$\overline{oa}$v*-ning) *c* engagement

förlovningsring (furr-*l$\overline{oa}$v*-nings-ring) *c* engagement ring

förlust (furr-*lewst*) *c* loss

***förlåta** (furr-*l$\overline{oa}$*-tah) *v* *forgive; **förlåt!** sorry!

förlåtelse (furr-*l$\overline{oa}$*-tayl-ser) *c* pardon

förlägen (furr-*lai*-gern) *adj* embarrassed; *göra ~ embarrass

***förlägga** (furr-*leh*-gah) *v* place; *mislay

förläggare (furr-*leh*-gah-rer) *c* (pl ~) publisher

förlänga (furr-*lehng*-ah) *v* lengthen; extend; renew

förlängning (furr-*lehng*-ning) *c* exten-

sion

förlängningssladd (furr-*lehng*-nings-slahd) *c* extension cord

förlöjliga (furr-*lur*$\sqrt{}$-li-gah) *v* ridicule

förman (*furr*-mahn) *c* (pl -män) foreman

förmedlare (furr-*ma$\overline{y}$d*-lah-rer) *c* (pl ~) intermediary

förmiddag (*furr*-mi-daag) *c* morning

förminska (furr-*mins*-kah) *v* lessen, reduce

förmoda (furr-*m$\overline{oo}$d*-ah) *v* suppose; guess, reckon, assume

förmodan (furr-*m$\overline{oo}$d*-ahn) *c* (pl ~den) supposition

förmyndare (*furr*-mewn-dah-rer) *c* (pl ~) tutor; guardian

förmynderskap (*furr*-mewn-derr-skaap) *nt* custody, guardianship

förmå att (furr-*m$\overline{oa}$*) *be able to; cause to

förmåga (furr-*m$\overline{oa}$*-gah) *c* ability; faculty, capacity

förmån (*furr*-m$\overline{oa}$n) *c* benefit; **till ~ för** in favour of ...

förmånlig (*furr*-m$\overline{oa}$n-li) *adj* advantageous

förmögen (furr-*m$\overline{ur}$*-gern) *adj* wealthy

förmögenhet (furr-*m$\overline{ur}$*-gern-ha$\overline{y}$t) *c* fortune

förmörkelse (furr-*murr*-kehl-ser) *c* eclipse

förnamn (*furr*-nahmn) *nt* first name; Christian name

förneka (furr-*na$\overline{y}$*-kah) *v* deny

***förnimma** (furr-*nim*-ah) *v* sense, perceive; apprehend

förnimmelse (furr-*nim*-erl-ser) *c* sensation; perception

förnuft (furr-*newft*) *nt* reason; sense

förnuftig (furr-*newf*-ti) *adj* reasonable, sensible

förnya (furr-*ne$\overline{w}$*-ah) *v* renew

förnämst (furr-*naimst*) *adj* leading,

foremost, greatest

förolämpa (fúrr-ōō-lehm-pah) *v* insult

förolämpning (furr-ōō-lehmp-ning) *c* insult

förorda (fúrr-ōōr-dah) *v* recommend

förorening (fúrr-oo-rāy-ning) *c* pollution

förorsaka (fúrr-oor-saa-kah) *v* cause

förort (furr-oort) *c* suburb

förpackning (furr-*pahk*-ning) *c* packing; package

förpliktelse (furr-*plik*-terl-ser) *c* obligation; engagement

förr (furr) *adv* formerly

förra (*furr*-ah) *adj* last; past

förresten (furr-*rehss*-tayn) *adv* by the way; besides

i förrgår (ee furr-gōar) the day before yesterday

förråd (furr-rōad) *nt* supply

förråda (furr-rōad-ah) *v* betray; *give away

förrådsbyggnad (fur-rōads-bewg-nahd) *c* warehouse

förrädare (furr-*rai*-dah-rer) *c* traitor

förräderi (furr-aid-er-*ree*) *nt* treason

förrätt (furr-reht) *c* hors-d'œuvre; first course

församling (furr-*sahm*-ling) *c* assembly; parish, congregation

***förse** (furr-sāy) *v* supply, furnish

förseelse (furr-sāy-ayl-ser) *c* offence

försena (furr-sāy-nah) *v* delay; **försenad** late; delayed; overdue

försening (furr-sāy-ning) *c* delay

försiktig (furr-*sik*-ti) *adj* cautious, careful

försiktighet (furr-*sik*-ti-hāyt) *c* caution; precaution

försiktighetsåtgärd (furr-*sik*-ti-hayts-ōāt-Yæærd) *c* precaution

förskott (fúrr-skot) *nt* advance; **betald i ~** prepaid

förskottera (fúrr-sko-tāy-rah) *v* advance

förskräcka (furr-*skreh*-kah) *v* terrify; ***bli förskräckt** *be frightened

förskräcklig (furr-*skrehk*-li) *adj* frightful; dreadful, terrible, horrible

förslag (furr-*slaag*) *nt* proposal; suggestion, proposition

försoning (furr-sōōn-ing) *c* reconciliation

***försova sig** (furr-sōā-vah) *oversleep

försprång (fúrr-sprong) *nt* lead, start

först (furrst) *adv* at first

första (furrs-tah) *num* first; *adj* foremost, initial, earliest, original

förstad (fúrr-staad) *c* (pl -städer) suburb; **förstads-** suburban

förstavelse (fúrr-staa-vayl-ser) *c* prefix

förstklassig (furrst-klahss-i) *adj* first-class; first-rate

förstoppad (furr-sto-pahd) *adj* constipated

förstoppning (furr-*stop*-ning) *c* constipation

förstora (furr-stōō-rah) *v* enlarge

förstoring (furr-stōō-ring) *c* enlargement

förstoringsglas (furr-stōō-rings-glaass) *nt* magnifying glass

förströelse (furr-strū-ayl-ser) *c* amusement; diversion

***förstå** (furr-stōā) *v* *understand; *see; comprehend

förståelse (furr-stōā-ayl-ser) *c* understanding

förstående (furr-stōā-ern-der) *adj* understanding

förstånd (furr-stond) *nt* intellect; reason, brain

förstöra (furr-*stū*-rah) *v* damage, destroy

förstörelse (furr-*stū*-rayl-ser) *c* destruction

försumlig (furr-*sewm*-li) *adj* neglectful

försumma (furr-*sewm*-ah) v neglect; fail

försvar (furr-*svaar*) nt defence

försvara (furr-*svaa*-rah) v defend, justify

*försvinna (furr-*svi*-nah) v disappear; vanish

försvunnen (furr-*svew*-nayn) adj lost; missing

försäkra (furr-*saik*-rah) v assure; insure

försäkring (furr-*saik*-ring) c insurance

försäkringsbrev (furr-*saik*-rings-brāyv) nt insurance policy; policy

försäkringspremie (furr-*saik*-rings-prāy-mi-ay) c premium

försäljare (furr-*sehl*-Yah-rer) c (pl ∼) salesman

försäljerska (furr-*sehl*-Yerrs-kah) c salesgirl

försäljning (furr-*sehl*Y-ning) c sale

försändelse (furr-*sehn*-dayl-ser) c consignment; item of mail

försök (furr-*sūrk*) nt attempt; experiment, try

försöka (furr-*sūr*-kah) v try; attempt

förtal (furr-*taal*) nt slander, calumny

förteckning (furr-*tayk*-ning) c index, list

förtjusande (furr-t*Yēwss*-ahn-der) adj delightful; lovely

förtjusning (furr-t*Yēwss*-ning) c delight

förtjust (furr-t*Yēwst*) adj delighted; joyful

förtjäna (furr-t*Yai*-nah) v merit, deserve; earn

förtjänst (furr-t*Yehnst*) c gain; merit

förtret (furr-*trāyt*) c annoyance

förtroende (furr-*trōō*-ern-der) nt confidence; trust

förtrolig (furr-*trōō*-li) adj intimate

förtrollande (furr-*trol*-ahn-der) adj enchanting; glamorous

förtrycka (furr-*trew*-kah) v oppress

förträfflig (furr-*trehf*-li) adj excellent

förtulla (furr-*tew*-ler) v declare

förtunna (furr-*tewn*-ah) v dilute

förtvivla (furr-*tveev*-lah) v despair

förtvivlan (furr-*tveev*-lahn) c despair

förundran (furr-*ewnd*-rahn) c wonder

förundra sig (furr-*ewnd*-rah) wonder

förut (fūrr-ēwt) adv before; formerly

förutsatt att (furr-ēwt-saht aht) provided that

*förutse (fūrr-ēwt-sāy) v anticipate

förutspå (fūrr-ēwt-spōā) v predict

*förutsäga (fūrr-ēwt-seh-Yah) v forecast

förutsägelse (fūrr-ēwt-sayayl-ser) c forecast

förutvarande (fūr-rēwt-vaa-rahn-der) adj former

förvaltande (fūrr-vahl-tahn-der) adj administrative

förvaltare (furr-*vahl*-tah-rer) c (pl ∼) administrator; trustee

förvaltning (furr-*vahlt*-ning) c administration

förvaltningsrätt (furr-*vahlt*-nings-reht) c administrative law

förvandla (furr-*vahnd*-lah) v transform; **förvandlas till** turn into

förvaring (furr-*vaa*-ring) c custody

förvaringsrum (furr-*vaa*-rings-rewm) nt depository

förverkliga (furr-*værk*-li-gah) v realize

förvirra (furr-*vi*-rah) v confuse; muddle

förvirrad (furr-*vi*-rahd) adj confused

förvirring (furr-*vi*-ring) c confusion

förvissa sig om (furr-*viss*-ah) ascertain

förvåna (furr-*vōān*-ah) v astonish; surprise; amaze

förvånansvärd (furr-*vōā*-nahns-væærd) adj astonishing

förvåning (furr-*vōāning*) c astonishment; amazement

i förväg (ee *furr*-vaig) in advance

förväntan (furr-*vehn*-tahn) c (pl -tningar) expectation

förvänta sig (furr-*vehn*-tah) expect

förvärv (furr-*værv*) nt acquisition

förväxla (furr-*vehks*-lah) v *mistake, confuse, mix up

föråldrad (furr-*old*-rahd) adj antiquated, out-of-date

föräldrar (furr-*ehld*-rahr) pl parents pl

förälskad (furr-*ehls*-kahd) adj in love

förändra (furr-*ehnd*-rah) v change; alter

förändring (furr-*ehnd*-ring) c change, variation, alteration

föröva (furr-*ūrv*-ah) v commit

G

gaffel (*gah*-fayl) c (pl -flar) fork

gagnlös (*gahngn*-lūrss) adj futile, useless, fruitless

galen (*gaa*-lern) adj crazy

galge (*gahl*-ᵞer) c coat-hanger; gallows pl

galla (*gahl*-ah) c bile; gall

gallblåsa (*gahl*-blōass-ah) c gall bladder

galleri (gah-ler-*ree*) nt gallery

gallsten (*gahl*-stäyn) c gallstone

galopp (gah-*lop*) c gallop

gam (gaam) c vulture

gammal (*gahm*-ahl) adj old; ancient, aged; stale

gammaldags (*gahm*-ahl-dahks) adj old-fashioned; quaint

gammalmodig (*gahm*-ahl-mōō-di) adj old-fashioned, outmoded

ganska (*gahns*-kah) adv fairly; pretty, rather, quite

gap (gaap) nt jaws pl, mouth

gapa (*gaapah*) v open one's mouth

garage (gah-*raash*) nt garage

garantera (gah-rahn-*tāy*-rah) v guarantee

garanti (gah-rahn-*tee*) c guarantee

garderob (gahr-der-*rōab*) c wardrobe; closet nAm; checkroom nAm

gardin (gahr-*deen*) c curtain

garn (gaarn) nt (pl ~er) yarn

gas (gaass) c gas

gaskök (*gaass*-tᵞūrk) nt gas cooker

gaspedal (*gaass*-pay-*daal*) c accelerator

gasspis (*gaass*-speess) c gas cooker

gastronom (gahst-ro-*nōam*) c gourmet

gasverk (*gaass*-værk) nt gasworks

gasväv (*gaass*-vaiv) c gauze

gata (*gaa*-tah) c street; road

gatubeläggning (*gaa*-tew-bay-lehg-ning) c pavement

gatukorsning (*gaatew*-kors-ning) c crossroads

gavel (*gaa*-vayl) c (pl gavlar) gable

***ge** (ᵞāy) v *give; pass; ~ **efter** *give in; indulge; ~ **sig** surrender; ~ **sig av** *set out, *leave; ~ **upp** *give up; quit; ~ **ut** publish

gedigen (ᵞay-*dee*-gern) adj solid

gelé (shay-*lāy*) c jelly

gemen (ᵞay-*māyn*) adj mean, foul

gemensam (ᵞay-*māyn*-sahm) adj common; joint, mutual; **gemensamt** jointly; in common

gemenskap (ᵞay-*māyn*-skaap) c community, fellowship

genast (*ᵞāy*-nahst) adv immediately, at once, straight away

genera (shay-*nāy*-rah) v embarrass

general (ᵞay-nay-*raal*) c general

generation (ᵞay-nay-rah-*shōon*) c generation

generator (ᵞay-nay-*raa*-tor) c generator

generös (shay-nay-*rürss*) *adj* generous

geni (*Yay*-nee) *nt* (pl ~er) genius

genljud (*Yayn*-Yewd) *nt* echo

genom (*Yay*-nom) *prep* through

genomborra (*Yay*-nom-bo-rah) *v* pierce

genomföra (*Yay*-nom-*für*-rah) *v* carry out

*genomgå (*Yay*-nom-*goa*) *v* *go through

genomresa (*Yay*-nom-*ray*-sah) *c* passage, transit

genomskinlig (*Yay*-nom-sheen-li) *adj* transparent; sheer

genomsnitt (*Yay*-nom-snit) *nt* average; mean; **i** ~ on the average

genomsnittlig (*Yay*-nom-snit-li) *adj* average; medium

genomsöka (*Yay*-nom-*sür*-kah) *v* search, ransack

genomtränga (*Yay*-nom-*trehng*-ah) *v* penetrate

gentemot (*Yaynt*-ay-*moot*) *prep* towards

genus (*gay*-newss) *nt* gender

geografi (*Yay*-o-grah-*fee*) *c* geography

geologi (*Yay*-o-lo-*gee*) *c* geology

geometri (*Yay*-o-mayt-*ree*) *c* geometry

gest (shehst) *c* gesture

gestikulera (shehss-ti-kew-*layr*-ah) *v* gesticulate

get (*Yayt*) *c* (pl ~ter) goat; **geta-bock** billy goat

geting (*Yay*-ting) *c* wasp

getskinn (*Yayt*-shin) *nt* kid

gevär (Yer-*væær*) *nt* rifle; gun

gift (Yift) *nt* poison

gifta sig (*Yif*-tah) marry

giftig (*Yif*-ti) *adj* poisonous; toxic

gikt (Yikt) *c* gout

gilla (*Yi*-lah) *v* like; approve

gillande (*Yi*-lahn-der) *nt* approval

giltig (*Yil*-ti) *adj* valid

gips (Yips) *c* plaster

gissa (*Yi*-sah) *v* guess

gisslan (*Yiss*-lahn) *c* hostage

gitarr (Yi-*tahr*) *c* guitar

givetvis (*Yee*-vert-veess) *adv* of course

givmild (*Yeev*-mild) *adj* generous; liberal

givmildhet (*Yeev*-mild-*hayt*) *c* generosity

*gjuta (*Yew*-tah) *v* *cast

gjutjärn (*Yewt*-Yærn) *nt* cast iron

glaciär (glah-si-*Yæær*) *c* glacier

glad (glaad) *adj* glad; cheerful, joyful

gladlynt (*glaad*-lewnt) *adj* good-humoured

glans (glahns) *c* gloss

glas (glaass) *nt* glass; **färgat** ~ stained glass; **glas-** glass

glasera (glah-*say*-rah) *v* glaze

glass (glahss) *c* ice-cream

glasögon (*glaass*-*ür*-gon) *pl* glasses; spectacles

*glida (*glee*-dah) *v* *slide; glide

glidning (*gleed*-ning) *c* slide

glimt (glimt) *c* glimpse; flash

glob (gloob) *c* globe

glupsk (glewpsk) *adj* greedy

*glädja (*glaid*-Yah) *v* please, delight

glädje (*glaid*-Yer) *c* joy, pleasure; gaiety, gladness; **med** ~ gladly

glänsa (*glehn*-sah) *v* *shine

glänsande (*glehn*-sahn-der) *adj* shining, lustrous

glänta (*glehn*-tah) *c* glade

glöd (glürd) *c* embers *pl*; glow

glöda (*glür*-dah) *v* glow

glödlampa (*glürd*-lahm-pah) *c* light bulb

glödlampshållare (*glürd*-lahmps-*ho*-lah-rer) *c* (pl ~) socket

glömma (*glur*-mah) *v* *forget

glömsk (glurmsk) *adj* forgetful

*gnida (*gneed*-ah) *v* rub

gnissla (*gniss*-lah) *v* creak

gnista (*gniss*-tah) *c* spark

gnistra (*gnist*-rah) v sparkle

gnistrande (*gnist*-rahn-der) adj sparkling

gobeläng (goo-ber-*lehng*) c tapestry

god (gōōd) adj nice; good; kind; var ~ please; var så ~ here you are

goddag! (gōō-daa) hello!

godis (gōōd-iss) nt candy nAm

godkänna (gōōd-tYehn-ah) v approve of

godlynt (gōōd-lewnt) adj good-tempered

godmodig (gōōd-mōō-di) adj good-natured

gods (goods) nt estate

godståg (goods-tōāg) nt goods train; freight-train nAm

godsvagn (goods-vahngn) c waggon

godtrogen (gōōd-trōō-gern) adj credulous

godtycklig (gōōd-tewk-li) adj arbitrary, fortuitous

golf (golf) c golf

golfbana (golf-baa-ner) c golf-course; golf-links

golv (golv) nt floor

gondol (gon-*dōāl*) c gondola

gosse (goss-er) c lad

gottaffär (got-ah-*fæær*) c sweetshop; candy store Am

gotter (got-err) pl sweets

*gottgöra (got-Yūrr-ah) v *make good, indemnify

gottgörelse (got-Yūr-rerl-ser) c indemnity

grabb (grahb) c chap

grace (graass) c grace

graciös (grah-si-*ūrss*) adj graceful

grad (graad) c degree; grade; till den ~ so

gradvis (graad-veess) adj gradual

grafisk (graa-fisk) adj graphic; ~ framställning diagram

gram (grahm) nt gram

grammatik (grah-mah-*teek*) c grammar

grammatisk (grah-*mah*-tisk) adj grammatical

grammofon (grah-mo-*fōān*) c record-player; gramophone

grammofonskiva (grah-mo-*fōān*-shee-vah) c record; disc

gran (graan) c fir-tree

granit (grah-*neet*) c granite

granne (*grah*-ner) c neighbour

grannskap (*grahn*-skaap) nt neighbourhood

grapefrukt (graip-frewkt) c grapefruit

gratis (*graa*-tiss) adj free; gratis

gratulation (grah-tew-lah-*shōōn*) c congratulation

gratulera (grah-tew-*lāy*-rah) v compliment, congratulate

grav (graav) c grave; tomb

gravera (grah-*vāy*-rah) v engrave

gravid (grah-*veed*) adj pregnant

gravsten (*graav*-stāyn) c gravestone; tombstone

gravsättning (*graav*-seht-ning) c burial

gravyr (grah-*vēwr*) c engraving

gravör (grah-*vūrr*) c engraver

grej (gray) c gadget

grek (grāyk) c Greek

grekisk (*grāy*-kisk) adj Greek

Grekland (*grāyk*-lahnd) Greece

gren (grāyn) c branch; bough

grepp (grayp) nt grasp; clutch, grip

greve (*grāy*-ver) c count; earl

grevinna (gray-*vi*-nah) c countess

grevskap (*grāyv*-skaap) nt county

griffeltavla (*gri*-ferl-taav-lah) c slate

grilla (*gri*-lah) v grill; roast

grillrestaurang (*gril*-rayss-tew-*rahng*) c grill-room

grind (grind) c gate

*gripa (*greep*-ah) v grasp; *take, grip, seize, *catch

gripbar (*greep*-baar) *adj* tangible

gris (greess) *c* pig

griskött (*greess*-tᵛurt) *nt* pork

groda (*grōō*-dah) *c* frog

grodd (grood) *c* germ

grop (grōōp) *c* pit

gropig (*grōō*-pɪ) *adj* bumpy, rough

gross (gross) *nt* gross

grossist (gro-*sist*) *c* wholesale dealer

grotta (*gro*-tah) *c* grotto; cave

grov (grōōv) *adj* coarse; gross

grund (grewnd) *c* cause; ground; *adj*
shallow; **på ~ av** because of; on
account of, for

grunda (*grewn*-dah) *v* found; base,
ground

grundlag (*grewnd*-laag) *c* constitu-
tional law

grundlig (*grewnd*-li) *adj* thorough

grundläggande (*grewnd*-leh-gahn-der)
adj fundamental; basic

grundprincip (*grewnd*-prin-*seep*) *c*
basis

grundsats (*grewnd*-sahts) *c* funda-
mental principle

grundval (*grewnd*-vaal) *c* base, foun-
dation

grupp (grewp) *c* group; set

grus (grēwss) *nt* gravel; grit

grusväg (*grēwss*-vaig) *c* gravelled
road

gruva (*grew*-vah) *c* mine; pit

gruvarbetare (*grēwv*-ahr-*bāy*-tah-rer) *c*
(pl ~) miner

gruvdrift (*grēwv*-drift) *c* mining

grym (grewm) *adj* cruel; harsh

gryning (*grēw*-ning) *c* dawn

gryta (*grēw*-tah) *c* pot, casserole

grå (grōa) *adj* grey

*gråta (*grōa*-tah) *v* cry; *weep

grädde (*greh*-der) *c* cream

gräddfärgad (*grehd*-fær-ᵛahd) *adj*
cream

gräl (grail) *nt* quarrel; dispute

gräla (*grai*-lah) *v* argue, quarrel; ~
på scold

gränd (grehnd) *c* alley; lane

gräns (grehns) *c* frontier, border; lim-
it, bound

gränslinje (*grehns*-lin-ᵛer) *c* boundary

gräs (graiss) *nt* grass

gräshoppa (*graiss*-ho-pah) *c* grasshop-
per

gräslig (*graiss*-li) *adj* horrible

gräslök (*graiss*-lūrk) *c* chives *pl*

gräsmatta (*graiss*-mah-tah) *c* lawn

grässtrå (*graiss*-strōa) *nt* blade of
grass

gräva (*grai*-vah) *v* *dig; ~ **ut** exca-
vate

grön (grūrn) *adj* green

grönsak (*grūrn*-saak) *c* vegetable

grönsakshandlare (*grūrn*-saaks-*hahnd*-
lah-rer) *c* (pl ~) greengrocer; veg-
etable merchant

grönsallad (*grūrn*-sahl-ahd) *c* lettuce

gud (gēwd) *c* god

gudfar (*gēwd*-faar) *c* (pl -fäder) god-
father

gudinna (gew-*din*-ah) *c* goddess

gudomlig (gew-*doom*-li) *adj* divine

gudstjänst (*gewds*-tᵛehnst) *c* worship,
divine service

guide (gighd) *c* guide

gul (gēwl) *adj* yellow

guld (gewld) *nt* gold

guldgruva (*gewld*-grēw-vah) *c* gold-
mine

guldsmed (*gewld*-smāyd) *c* goldsmith

gulsot (*gēwl*-sōōt) *c* jaundice

gummi (*gew*-mi) *nt* rubber; gum

gummiband (*gew*-mi-bahnd) *nt* rubber
band

gunga (*gewng*-ah) *c* swing; *v* rock,
*swing

gungbräda (*gewng*-brai-dah) *c* seesaw

gunstling (*gewnst*-ling) *c* favourite

gurgla (*gewrg*-lah) *v* gargle

gurka (*gewr*-kah) *c* cucumber
guvernant (*gēw*-verr-*nahnt*) *c* governess
guvernör (*gēw*-verr-*nūrr*) *c* governor
gylf (*Yewlf*) *c* fly
gyllene (*Yewl*-ler-ner) *adj* golden
gymnast (*Yewm*-*nahst*) *c* gymnast
gymnastik (*Yewm*-nah-*steek*) *c* gymnastics *pl*
gymnastikbyxor (*Yewm*-nah-*steek*-bewk-serr) *pl* trunks *pl*
gymnastiksal (*Yewm*-nah-*steek*-saal) *c* gymnasium
gymnastikskor (*Yewm*-nah-*steek*-skōōr) *pl* gym shoes; plimsolls *pl*; sneakers *plAm*
gynekolog (*Yew*-nay-ko-*lōag*) *c* gynaecologist
gynna (*Yewn*-ah) *v* favour
gynnsam (*Yewn*-sahm) *adj* favourable
gyttja (*Yewt*-Yah) *c* mud
***gå** (gōa) *v* *go; walk; ~ **förbi** pass by; ~ **igenom** pass through; ~ **i land** land; ~ **in** enter; ~ **med på** consent to; ~ **ombord** embark; ~ **upp** *rise; ~ **ut** *go out
gång (gong) *c* time; gait; passage, corridor, aisle; **en ~** once; some time; **en ~ till** once more; **gång på gång** again and again; **någon ~** some day; **två gånger** twice
gångart (*gong*-aart) *c* gait
gångbana (*gong*-baan-ah) *c* sidewalk *nAm*
gångjärn (*gong*-Yæærn) *nt* hinge
gångstig (*gong*-steeg) *c* footpath
gård (gōārd) *c* farm; yard
gås (gōāss) *c* (pl gäss) goose
gåshud (*gōāss*-hēwd) *c* goose-flesh
gåta (*gōā*-tah) *c* riddle; enigma
gåtfull (*gōāt*-fewl) *adj* mysterious
gåva (*gōā*-vah) *c* gift; present
gädda (*Yeh*-dah) *c* pike
gäl (*Yail*) *c* gill

gäll (*Yehl*) *adj* loud
gälla (*Yehl*-ah) *v* apply
gällande (*Yehl*-ahn-der) *adj* current, valid
gäng (*Yehng*) *nt* gang
gärna (*Yæær*-nah) *adv* gladly, willingly
gärning (*Yæær*-ning) *c* deed, act
gäspa (*Yehss*-pah) *v* yawn
gäst (*Yehst*) *c* guest
gästfri (*Yehst*-free) *adj* hospitable
gästfrihet (*Yehst*-free-hāyt) *c* hospitality
gästrum (*Yehst*-rewm) *nt* guest-room; spare room
gödsel (*Yur*-serl) *c* manure
gödselstack (*Yur*-serl-stahk) *c* dunghill
gök (*Yūrk*) *c* cuckoo
gömma (*Yur*-mah) *v* *hide
***göra** (*Yūr*-rah) *v* *do; *make; ~ **illa** harm; ~ **upp** settle; *make up
gördel (*Yūrr*-dayl) *c* (pl -dlar) girdle

H

***ha** (haa) *v* *have
habegär (haa-bay-*Yæær*) *nt* greed
hacka (*hahk*-ah) *c* hoe, pick-axe; *v* hoe, chop
hagalen (haa-gaa-lern) *adj* greedy
hagel (*haa*-gerl) *nt* hail
haj (high) *c* shark
haka (*haa*-kah) *c* chin
hal (haal) *adj* slippery
halka (*hahl*-kah) *v* slip
hall (hahl) *c* hall
hallon (*hah*-lon) *nt* raspberry
halm (hahlm) *c* straw
halmtak (*hahlm*-taak) *nt* thatched roof
hals (hahls) *c* throat; neck

halsband (*hahls*-bahnd) *nt* necklace;
collar

halsbränna (*hahls*-breh-nah) *c* heart-
burn

halsduk (*hahls*-dēwk) *c* scarf

halsfluss (*hahls*-flewss) *c* tonsilitis

halsmandlar (*hahls*-mahnd-lahr) *pl*
tonsils *pl*

halsont (*hahls*-oont) *nt* sore throat

halstra (*hahl*-strah) *v* roast

halt (hahlt) *adj* lame

halta (*hahl*-tah) *v* limp

halv (hahlv) *adj* half

halvcirkel (hahlv-seer-kerl) *c* (pl -klar)
semicircle

halvera (hahl-*vāy*-rah) *v* halve

halvlek (hahlv-*lāy*k) *c* half-time

halvpension (hahlv-pahng-*shōōn*) *c*
half board

halvvägs (*hahl*-vaigs) *adv* halfway

halvö (hahlv-*ūr*) *c* peninsula

hammare (*hah*-mah-rer) *c* (pl ~)
hammer

hamn (hahmn) *c* port, harbour

hamnarbetare (hahmn-ahr-*bāy*-tah-rer)
c (pl ~) docker

hamnpir (hahmn-peer) *c* jetty

hamnstad (hahmn-staad) *c* (pl -stä-
der) seaport

hampa (*hahm*-pah) *c* hemp

han (hahn) *pron* he

han- (haan) *pref* male

hand (hahnd) *c* (pl händer) hand;
hand- manual; *ta ~ om look af-
ter; *take care of, attend to

handarbete (*hahnd*-ahr-*bāyt*-er) *nt*
needlework

handbagage (*hahnd*-bah-*gaash*) *nt*
hand luggage; hand baggage *Am*

handbojor (hahnd-bo-ʸor) *pl* hand-
cuffs *pl*

handbok (*hahnd*-bōōk) *c* (pl -böcker)
handbook

handbroms (*hahnd*-broms) *c* hand-
brake

handduk (*hahnd*-dēwk) *c* towel

handel (*hahn*-derl) *c* trade; business,
commerce; *driva ~ trade; **han-
dels-** commercial

handelsman (*hahn*-derls-mahn) *c* (pl
-män) tradesman

handelsrätt (*hahn*-derls-reht) *c* com-
mercial law

handelsvara (*hahn*-derls-vaa-rah) *c*
merchandise

handfat (*hahnd*-faat) *nt* wash-basin

handflata (*hahnd*-flaa-tah) *c* palm

handfull (*hahnd*-fewl) *c* handful

handgjord (*hahnd*-ʸōord) *adj* hand-
made

handikappad (*hahn*-di-kahp-ahd) *adj*
handicapped, disabled

handkräm (*hahnd*-kraim) *c* hand
cream

handla (*hahnd*-lah) *v* shop; act

-handlare (*hahnd*-lah-rer) dealer

handled (*hahnd*-lāyd) *c* wrist

handling (*hahnd*-ling) *c* action; act,
plot, deed; certificate; **handlingar**
documents *pl*

handpenning (*hahnd*-pay-ning) *c* down
payment, deposit

handske (*hahnd*-sker) *c* glove

handslag (*hahnd*-slaag) *nt* handshake

handstil (*hahnd*-steel) *c* handwriting

handtag (*hahnd*-taag) *nt* knob, handle

handväska (*hahnd*-vehss-kah) *c* hand-
bag; bag

hans (hahns) *pron* his

hantera (hahn-*tāy*-rah) *v* handle

hanterlig (hahn-*tāyr*-li) *adj* manage-
able

hantverk (*hahnt*-værk) *nt* handicraft

hare (haa-rer) *c* hare

harmoni (hahr-mo-*nee*) *c* harmony

harpa (*hahr*-pah) *c* harp

hasselnöt (*hahss*-erl-*nūrt*) *c* (pl ~ter)
hazelnut

hast (hahst) c haste
hastig (hahss-ti) adj fast, rapid; hasty
hastighet (hahss-ti-hāyt) c speed
hastighetsbegränsning (hahss-ti-hāyts-ber-grehns-ning) c speed limit
hastighetsmätare (hahss-ti-hāyts-mai-tah-rer) c (pl ~) speedometer
hat (haat) nt hatred, hate
hata (haa-tah) v hate
hatt (haht) c hat
hatthylla (haht-hew-lah) c hat rack
hav (haav) nt sea
havande (haa-vahn-der) adj pregnant
havre (haav-rer) c oats pl
havsstrand (hahvs-strahnd) c (pl -stränder) seashore
havsvatten (hahvs-vah-tern) nt sea-water
hebreiska (hay-brāy-iss-kah) c He-brew
hed (hāyd) c moor, heath
heder (hāy-derr) c honour
hederlig (hāy-derr-li) adj honest, straight
hederskänsla (hāy-derrs-tᵛehns-lah) c sense of honour
hedning (hāyd-ning) c pagan, heathen
hednisk (hāyd-nisk) adj heathen; pagan
hedra (hāyd-rah) v honour
hej! (hay) hello!
hel (hāyl) adj entire; whole
helgdag (hehlᵛ-daag) c holiday
helgedom (hehl-ger-doom) c shrine, sanctuary
helgeflundra (hehl-ᵛer-flewnd-rah) c halibut
helgerån (hehl-ᵛeh-rōan) nt sacrilege
helgon (hehl-gon) nt saint
helhet (hāyl-hāyt) c whole
helig (hāy-li) adj holy; sacred
hellre (hehl-rer) adv rather; sooner
helpension (hāyl-pahng-shōon) c full board; bed and board; board and lodging
helt (hāylt) adv entirely; quite; ~ och hållet wholly; altogether
helvete (hehl-vāy-ter) nt hell
hem (hehm) nt home; adv home; *gå ~ *go home; **hem-** domestic
hembiträde (hehm-bee-trai-der) nt housemaid
hemgjord (hehm-ᵛōord) adj home-made
hemland (hehm-lahnd) nt (pl -länder) native country
hemlig (hehm-li) adj secret
hemlighet (hehm-li-hāyt) c secret
hemlängtan (hehm-lehng-tahn) c homesickness
hemma (hehm-ah) adv at home; home
hemmafru (heh-mah-frew) c house-wife
hemorrojder (heh-mo-roi-derr) pl haemorrhoids pl; piles pl
hemort (hehm-oort) c domicile
hemsk (hehmsk) adj terrible
hemtrevlig (hehm-trāyv-li) adj cosy
henne (hehn-er) pron her
hennes (hehn-erss) pron her
herde (hāyr-der) c shepherd
herr (hær) mister
herravälde (hær-ah-vehl-der) nt domination; dominion
herre (hær-er) c gentleman; **min ~** sir
herrfrisör (hær-fri-sūrr) c barber
herrgård (hær-gōard) c manor-house
herrtoalett (hær-tōō-ah-layt) c men's room
hertig (hær-tig) c duke
hertiginna (hær-ti-gin-ah) c duchess
hes (hāyss) adj hoarse
het (hāyt) adj hot
heta (hāy-tah) v *be called
heterosexuell (heh-ter-ro-sehk-sew-ayl) adj heterosexual

hetlevrad (hāȳt-lāȳv-rahd) *adj* hot-tempered

hetta (hay-tah) *c* heat

hicka (hi-kah) *c* hiccup

hierarki (hi-err-ahr-kee) *c* hierarchy

himmel (him-erl) *c* (pl -mlar) sky; heaven

hinder (hin-derr) *nt* obstacle; impediment

hindra (hind-rah) *v* hinder; impede; embarrass

hink (hingk) *c* bucket

hinna (hin-ah) *c* membrane

***hinna** (hin-ah) *v* *catch; *find time

hiss (hiss) *c* lift; elevator *nAm*

hissa (hiss-ah) *v* hoist

historia (hiss-tōō-ri-ah) *c* history; story

historiker (hiss-tōō-ri-kerr) *c* (pl ~) historian

historisk (hiss-tōō-risk) *adj* historic; historical

hitta (hit-ah) *v* *find

hittegods (hi-ter-goods) *nt* lost and found

hittegodsmagasin (hi-ter-goods-mah-gah-seen) *nt* lost property office

hittills (heet-tils) *adv* so far

hjord (Yōōrd) *c* herd; flock

hjort (Yoort) *c* deer

hjortdjurshorn (Yoort-Yēwrs-hōōrn) *nt* antlers *pl*

hjortkalv (Yoort-kahlv) *c* fawn

hjul (Yēwl) *nt* wheel

hjulaxel (Yēwl-ahk-serl) *c* (pl -axlar) axle

hjälm (Yehlm) *c* helmet

hjälp (Yehlp) *c* help; aid, assistance; relief; helper; **första hjälpen** first-aid

hjälpa (Yehl-pah) *v* help; aid, assist

hjälpsam (Yehlp-sahm) *adj* helpful

hjälpstation (Yehlp-stah-shōōn) *c* first-aid post

hjälte (Yehl-ter) *c* hero

hjärna (Yææer-nah) *c* brain

hjärnskakning (Yææern-skaak-ning) *c* concussion

hjärta (Yær-tah) *nt* heart

hjärtattack (Yært-ah-tahk) *c* heart attack

hjärtklappning (Yært-klahp-ning) *c* palpitation

hjärtlig (Yært-li) *adj* cordial; hearty

hjärtlös (Yært-lūrss) *adj* heartless

hobby (ho-bi) *c* (pl -bies, ~er) hobby

hockey (ho-ki) *c* hockey

Holland (ho-lahnd) Holland

holländare (ho-lehn-dah-rer) *c* (pl ~) Dutchman

holländsk (ho-lehndsk) *adj* Dutch

homosexuell (ho-moo-sehk-sew-ayl) *adj* homosexual

hon (hoon) *pron* she

hon- (hōōn) *pref* female

honom (ho-nom) *pron* him

honung (hōā-newng) *c* honey

hop (hōōp) *c* crowd; bunch

hopp (hop) *nt* hope; jump, leap, hop

hoppa (ho-pah) *v* jump; *leap, hop; ~ över** skip, jump over

hoppas (ho-pahss) *v* hope

hoppfull (hop-fewl) *adj* hopeful, confident

hopplös (hop-lūrss) *adj* hopeless

hora (hōō-rah) *c* whore

horisont (ho-ri-sont) *c* horizon

horisontal (ho-ri-son-taal) *adj* horizontal

horn (hoorn) *nt* horn

hos (hooss) *prep* at

hosta (hooss-tah) *v* cough; *c* cough

hot (hōōt) *nt* threat

hota (hōō-tah) *v* threaten

hotande (hōō-tahn-der) *adj* threatening

hotell (ho-tayl) *nt* hotel

hov¹ (hōāv) *nt* court

hov² (hōōv) *c* hoof

hovmästare (hōāv-mehss-tah-rer) *c* (pl ~) head-waiter

hud (hēwd) *c* skin

hudkräm (hēwd-krehm) *c* skin cream

hudutslag (hēwd-ēwt-slaag) *nt* rash

*****hugga** (hew-gah) *v* *hew

humle (hewm-lay) *nt* hop

hummer (hew-merr) *c* (pl -mrar) lobster

humor (hēw-mor) *c* humour

humoristisk (hēw-mo-*riss*-tisk) *adj* humorous

humör (hēw-*mürr*) *nt* mood; temper, temperament

hund (hewnd) *c* dog

hundkoja (hewnd-ko-ʸah) *c* kennel

hundra (hewnd-rah) *num* hundred

hunger (hewng-err) *c* hunger

hungrig (hewng-ri) *adj* hungry

hur (hēwr) *adv* how; ~ **mycket** how much; ~ **många** how many; ~ **som helst** anyhow; any way

hus (hēwss) *nt* house; home

husblock (hēwss-blok) *nt* house block *Am*

husbåt (hewss-bōāt) *c* houseboat

hushåll (hēwss-hol) *nt* household

hushållerska (hēwss-ho-lerrs-kah) *c* housekeeper

hushållning (hēwss-hol-ning) *c* housekeeping; economy

hushållsarbete (hēwss-hols-*ahr*-bāy-ter) *nt* housework

hushållssysslor (hēwss-hols-sewss-lor) *pl* housekeeping

husmor (hēwss-mōōr) *c* (pl -mödrar) mistress

husrum (hēwss-rewm) *nt* accommodation; lodging

hustru (hewst-rew) *c* wife

husvagn (hēwss-vahngn) *c* caravan; trailer *nAm*

huttra (hewt-rah) *v* shiver

huttrande (hewt-rahn-der) *adj* shivery

huvud (hēwv-er) *nt* (pl ~, ~en) head; **huvud-** main; chief, cardinal, principal, capital, primary

huvudbry (hēw-verd-brēw) *nt* puzzle

huvudgata (hēw-verd-gaa-tah) *c* main street; thoroughfare

huvudkudde (hēw-verd-kew-der) *c* pillow

huvudledning (hēw-verd-*lāyd*-ning) *c* mains *pl*

huvudlinje (hēw-verd-*lin*-ʸer) *c* main line

huvudrätt (hēw-verd-reht) *c* main course

huvudsaklig (hēw-verd-*saak*-li) *adj* cardinal, capital; **huvudsakligen** mainly

huvudstad (hēw-verd-staad) *c* (pl -städer) capital

huvudväg (hēw-verd-vaig) *c* main road; thoroughfare

huvudvärk (hēw-verd-værk) *c* headache

hy (hēw) *c* complexion, skin

hycklande (hewk-lahn-der) *adj* hypocritical

hycklare (hewk-lah-rer) *c* (pl ~) hypocrite

hyckleri (hewk-ler-*ree*) *nt* (pl ~er) hypocrisy

hydda (hew-dah) *c* hut; cabin

hygien (hew-gi-*āyn*) *c* hygiene

hygienisk (hew-gi-*āy*-nisk) *adj* hygienic

hylla (hew-lah) *v* congratulate, honour; *c* shelf, rack

hyllning (hewl-ning) *c* tribute; homage; congratulations *pl*

hymn (hewmn) *c* hymn, anthem

hypotek (hew-po-*tāyk*) *nt* mortgage

hyra (hēw-rah) *v* rent, hire; lease; *c* rent; ~ **ut** *let

hyresgäst (hēw-rerss-ʸehst) *c* tenant

hyreshus (*hēw-rerss-hēwss*) *nt* block of flats; apartment house *Am*

hyreskontrakt (*hēw-rerss-kon-trahkt*) *nt* lease

hyresvärd (*hēw-rerss-væærd*) *c* landlord

hyresvärdinna (*hēw-rerss-vær-di-nah*) *c* landlady

hysterisk (hewss-*tāy*-risk) *adj* hysterical

hytt (hewt) *c* cabin; booth

hyttventil (*hewt*-vehn-*teel*) *c* porthole

hågkomst (*hōag*-komst) *c* remembrance

hål (hōal) *nt* hole; ***göra** ~ pierce

håla (*hōal*-ah) *c* cavern

hålighet (*hōal*-i-*hāyt*) *c* cavity, hollow

håll (hol) *nt* way; stitch

*hålla (*ho*-lah) *v* *hold; *keep; ~ **av** love; ~ **fast** *hold; ~ **tillbaka** restrain; ~ **uppe** support; *hold up; ~ **upp med** stop; ~ **ut** *keep up

hållning (*hol*-ning) *c* gait, carriage; attitude

hållplats (*hol*-plahts) *c* stop, halt

hån (hōan) *nt* scorn; mockery, derision

håna (*hōa*-nah) *v* mock, deride

hår (hōar) *nt* hair; ~ **gelé** *nt* hair gel

hårborste (*hōar*-bors-ter) *c* hairbrush

hård (hōard) *adj* hard

hårdnackad (*hōard*-nahk-ahd) *adj* obstinate, stubborn

hårig (*hōar*-i) *adj* hairy

hårklippning (*hōar*-klip-ning) *c* haircut

hårklämma (*hōar*-kleh-mah) *c* bobby pin *Am*

hårkräm (*hōar*-kraim) *c* hair cream

hårnål (*hōar*-nōal) *c* hairpin

hårnät (*hōar*-nait) *nt* hair-net

hårolja (*hōar*-ol-ʸah) *c* hair-oil

hårrullar (*hōar*-rew-lahr) *pl* hair rollers

hårspray (*hōar*-spray) *nt* hair-spray

hårspänne (*hōar*-speh-nay) *nt* hairgrip

hårtork (*hōar*-tork) *c* hair-dryer

hårvatten (*hōar*-vah-tern) *nt* hair tonic

häck (hehk) *c* hedge

hädanefter (*hai*-dahn-*ehf*-terr) *adv* henceforth

häftig (*hehf*-ti) *adj* violent, severe; intense, fierce

häftklammer (*hehft*-klah-merr) *c* (pl ~, -mrar) staple

häftplåster (*hehft*-ploss-terr) *nt* sticking-plaster

häftstift (*hehft*-stift) *nt* drawing-pin; thumbtack *nAm*

häger (*hai*-gerr) *c* heron

häkte (hehk-ter) *nt* custody

häl (hail) *c* heel

hälft (hehlft) *c* half; **till hälften** half

hälla (*heh*-lah) *v* pour

hälsa (*hehl*-sah) *v* greet; salute; *c* health

hälsning (*hehls*-ning) *c* greeting

hälsosam (*hehl*-soo-sahm) *adj* wholesome, salubrious

hälsovårdscentral (*hehl*-soo-*vōards*-sehn-*traal*) *c* health centre

hämnd (hehmnd) *c* revenge

hämta (*hehm*-tah) *v* fetch; *get, collect, pick up

hända (*hehn*-dah) *v* happen; occur

händelse (*hehn*-dayl-ser) *c* event, happening; incident; **i** ~ **av** in case of

händig (*hehn*-di) *adj* skilful

hänga (*hehng*-ah) *v* *hang; ~ **med** *keep up with

hängare (*hehng*-ah-rer) *c* (pl ~) peg, hook, hanger

hängbro (*hehng*-brōo) *c* suspension bridge

hänglås (*hehng*-lōass) *nt* padlock

hängmatta (*hehng*-mah-tah) *c* hammock

hängslen (*hehngs*-lern) *pl* braces *pl*; suspenders *plAm*

hängsmycke (*hehng*-smew-ker) *nt* pendant

hänsyn (*hain*-sēwn) *c* regard; med ~ till considering; as regards; *ta ~ till consider

hänsynsfull (*hain*-sewns-fewl) *adj* considerate

hänsynsfullhet (*hain*-sewns-fewl/-hāyt) *c* consideration

hänvisa till (*hain*-vee-sah) refer to

hänvisning (*hain*-veess-ning) *c* reference

här (hæær) *adv* here

härbärge (*hæær*-bær-Yah) *nt* hostel

härbärgera (hæer-bær-Yāy-rah) *v* accommodate

härkomst (*hæær*-komst) *c* origin

härleda (*hæær*-lāyd-ah) *v* deduce

härlig (*hæær*-li) *adj* wonderful; delightful; fine

häromdagen (*hæær*-om-daa-gern) *adv* recently

härskare (*hærs*-kah-rer) *c* (pl ~) ruler; sovereign

härsken (*hærs*-kayn) *adj* rancid

härstamning (*hæær*-stahm-ning) *c* origin

häst (hehst) *c* horse

hästkapplöpning (*hehst*-kahp-lūrp-ning) *c* horserace

hästkapplöpningsbana (*hehst*-kahp-lūrp-nings-baa-nah) *c* race-course

hästkraft (*hehst*-krahft) *c* horsepower

hästsko (*hehst*-skōō) *c* horseshoe

hävarm (*haiv*-ahrm) *c* lever

hävstång (*haiv*-stong) *c* (pl -stänger) lever

häxa (*hehk*-sah) *c* witch

hö (hūr) *nt* hay

höft (hurft) *c* hip

höfthållare (*hurft*-ho-lah-rer) *c* (pl ~) girdle

hög (hūrg) *c* lot, heap, pile; *adj* high; tall

högdragen (*hūrg*-draa-gern) *adj* haughty

höger (*hūr*-gerr) *adj* right, right-hand; på ~ hand on the right-hand side; till ~ to the right

högkvarter (*hūrg*-kvahr-tair) *nt* headquarters *pl*

högland (*hūrg*-lahnd) *nt* (pl -länder) uplands *pl*

högljudd (*hūrg*-Yewd) *adj* loud

högmodig (*hūrg*-mōō-di) *adj* haughty

högskola (*hūrg*-skōō-lah) *c* college

högsäsong (*hūrg*-seh-song) *c* peak season; high season

högt (hurkt) *adv* aloud

högtalare (*hūrg*-taa-lah-rer) *c* loudspeaker

högtidlig (*hūrg*-teed-li) *adj* solemn, ceremonious

högvatten (*hūrg*-vah-tern) *nt* high tide

höja (hurY-ah) *v* raise; lift

höjd (hurYd) *c* height; altitude; på sin ~ at most

höjdpunkt (*hurYd*-pewngt) *c* height; peak, climax

hök (hūrk) *c* hawk

höna (*hūr*-nah) *c* hen

höra (*hūr*-rah) *v* *hear

hörbar (*hūrr*-baar) *adj* audible

hörn (hūrrn) *nt* corner

hörsal (*hūrr*-saal) *c* auditorium

hörsel (*hurr*-sayl) *c* hearing

hösnuva (*hūr*-snew-vah) *c* hay fever

höst (hurst) *c* autumn; fall *nAm*

hövding (*hurv*-ding) *c* chieftain

hövlig (*hūrv*-li) *adj* polite, civil

I

i (ee) *prep* in; at, for, to

*iaktta (ee-ahkt-taa) v observe; watch

iakttagelse (eeahkt-taa-gerl-ser) c observation

ibland (i-blahnd) adv sometimes; prep among

idag (i-daag) adv today

idé (i-dāy) c idea

ideal (i-day-aal) nt ideal

idealisk (i-day-aal-isk) adj ideal

identifiera (i-dayn-ti-fi-āyr-ah) v identify

identifiering (i-dayn-ti-fi-āy-ring) c identification

identisk (i-dayn-tisk) adj identical

identitet (i-dayn-ti-tāyt) c identity

identitetskort (i-dayn-ti-tāyts-koort) nt identity card

idiom (i-di-ōam) nt idiom

idiomatisk (i-di-o-maa-tisk) adj idiomatic

idiot (i-di-ōot) c idiot

idiotisk (i-di-ōot-isk) adj idiotic

idol (i-dōal) c idol

idrottsman (eed-rots-mahn) c (pl -män) sportsman

ifall (i-fahl) conj if; in case

igelkott (ee-gerl-kot) c hedgehog

igen (i-ᵞehn) adv again

igenvuxen (i-ᵞn-vewk-sern) adj overgrown

ignorera (ing-noa-rāy-rah) v ignore

igår (i-gōar) adv yesterday

ihålig (ee-hōa-li) adj hollow

ihärdig (ee-hæær-di) adj persevering, tenacious

ikon (i-kōan) c icon

illaluktande (i-lah-lewk-tahn-der) adj smelly

illamående (i-lah-mōa-ayn-der) nt nausea, sickness; adj sick

illegal (il-er-gaal) adj illegal

illtjut (i-t ᵞēwt) nt shriek

illusion (il-ew-shōon) c illusion

illustration (i-lew-strah-shōon) c illus-

tration; picture

illustrera (i-lew-strāy-rah) v illustrate

illvillig (il-vi-li) adj spiteful, malicious

ilska (ils-kah) c anger

imitation (i-mi-tah-shōon) c imitation

imitera (i-mi-tāy-rah) v imitate

immigrera (i-mi-grāy-rah) v immigrate

immunisera (i-mēw-ni-sāy-rah) v immunize

immunitet (i-mēw-ni-tāyt) c immunity

imperium (im-pāy-ri-ewm) nt empire; imperial- imperial

imponera (im-po-nāy-rah) v impress

imponerande (im-po-nāyr-ahn-der) adj impressive; imposing

impopulär (im-po-pew-læær) adj unpopular

import (im-port) c import

importera (im-por-tāy-rah) v import

importtull (im-port-tewl) c import duty

importvara (im-port-vaa-rah) c import

importör (im-por-tūrr) c importer

impotens (im-po-tayns) c impotence

impotent (im-po-taynt) adj impotent

impregnerad (im-prayng-nāy-rahd) adj rainproof, impregnated

improvisera (im-pro-vi-sāyr-ah) v improvise

impuls (im-pewls) c impulse

impulsiv (im-pewl-seev) adj impulsive

in (in) adv in; *gå ~ *go in; ~ i into; inside

inackordering (in-ahk-or-dāyr-ing) c boarder; lodger

inandas (in-ahn-dahss) v inhale

*inbegripa (in-ber-gree-pah) v comprise

inberäknad (in-ber-raik-nahd) adj included

inbetalning (in-ber-taal-ning) c payment, deposit

inbillad (in-bi-lahd) adj imaginary

inbilla sig (in-bi-lah) imagine

inbillning (*in*-bil-ning) *c* imagination

*inbjuda (*in*-b^ye͞w-dah) *v* invite; ask

inbjudan (*in*-b^ye͞w-dahn) *c* invitation

inblanda (*in*-blahn-dah) *v* involve

inblandad (*in*-blahn-dahd) *adj* involved; concerned

inblandning (*in*-blahnd-ning) *c* interference

inbrott (*in*-brot) *nt* burglary; ***göra ~ burgle**

inbrottstjuv (*in*-brots-t^ye͞wv) *c* burglar

inbördes (*in*-bürr-derss) *adj* mutual

indela (*in*-dāyl-ah) *v* divide; classify

indian (in-di-*aan*) *c* Indian

indiansk (in-di-*aansk*) *adj* Indian

Indien (*in*-di-ayn) India

indier (*in*-di-^yerr) *c* (pl ~) Indian

indignation (in-ding-nah-*shoon*) *c* indignation

indirekt (*in*-di-raykt) *adj* indirect

indisk (*in*-disk) *adj* Indian

individ (in-di-*veed*) *c* individual

individuell (in-di-vee-dew-*ayl*) *adj* individual

indones (in-doo-*nāyss*) *c* Indonesian

Indonesien (in-doo-*nāy*-si-^yern) Indonesia

indonesisk (in-doo-*nāyss*-isk) *adj* Indonesian

industri (in-dewss-*tree*) *c* industry

industriell (in-dewss-tri-*ayl*) *adj* industrial

industriområde (in-dew-*stree*-om-*rōa*-der) *nt* industrial area

ineffektiv (*in*-ay-fehk-teev) *adj* ineffective; inefficient

infall (*in*-fahl) *nt* whim; idea

infanteri (in-fahn-ter-*ree*) *nt* infantry

infektion (in-fehk-*shoon*) *c* infection

infinitiv (*in*-fi-ni-teev) *c* infinitive

inflammation (in-flah-mah-*shoon*) *c* inflammation; ***bli inflammerad** *become septic

inflation (in-flah-*shoon*) *c* inflation

influensa (in-flew-*ayn*-sah) *c* flu; influenza

inflytelserik (in-*flew*-tayl-say-reek) *adj* influential

infoga (in-*foo*-gah) *v* insert

informator (in-for-*maa*-tor) *c* tutor

informell (in-for-*mayl*) *adj* informal; casual

informera (in-for-*māyr*-ah) *v* inform

infraröd (*in*-frah-rürd) *adj* infra-red

infödd (*in*-furd) *adj* native

inföding (in-*fūr*-ding) *c* native

införa (*in*-fürr-ah) *v* import; introduce

införsel (*in*-fürr-serl) *c* (pl -slar) import

ingefära (*i*-nger-fæær-ah) *c* ginger

ingen (*ing*-ayn) *pron* nobody; none, no one; no

ingendera (*i*-ngayn-dāy-rah) *pron* neither

ingenjör (in-shayn-^yürr) *c* engineer

ingenstans (*ing*-ayn-stahns) *adv* nowhere

ingenting (*ing*-ayn-ting) *pron* nothing; nil

ingrediens (ing-gray-di-*ayns*) *c* ingredient

*ingripa (*in*-gree-pah) *v* interfere; intervene

ingång (*in*-gong) *c* entrance; way in, entry

inhemsk (*in*-haymsk) *adj* domestic

initial (i-ni-tsi-*aal*) *c* initial

initiativ (i-nit-si-ah-*teev*) *nt* initiative

injektion (in-^yayk-*shoon*) *c* injection

injektionsspruta (in-^yehk-*shoons*-sprēw-tah) *c* syringe

inkassera (*in*-kah-*sāy*-rah) *v* cash

inklusive (ing-klew-*see*-ver) *adj* inclusive; **allt inkluderat** all included, all in

inkompetent (in-kom-per-*tehnt*) *adj* incompetent

inkomst (*in*-komst) *c* income; revenue; **inkomster** earnings *pl*

inkomstskatt (*in*-komst-skaht) *c* income-tax

inkräkta (*in*-krehk-tah) *v* trespass

inkräktare (*in*-krehk-tah-rer) *c* (pl ~) trespasser

inkvartera (*in*-kvahr-*tay*-rah) *v* lodge

inkvartering (*in*-kvahr-*tay*-ring) *c* lodgings *pl*

inköpspris (*in*-tᵛurps-preess) *nt* cost price

inledande (*in*-layd-ahn-der) *adj* preliminary

inledning (*in*-layd-ning) *c* introduction

innan (*i*-nahn) *conj* before; *adv* before

innanför (*in*-ahn-furr) *prep* inside

innanmäte (*in*-ahn-mait-er) *nt* entrails, pulp

inne (*i*-ner) *adv* inside, indoors

*innebära (*i*-ner-bæær-ah) *v* imply

innefatta (*i*-ner-fah-tah) *v* include

innehavare (*i*-ner-haa-vah-rer) *c* (pl ~) owner; occupant

innehåll (*i*-ner-hol) *nt* contents *pl*

*innehålla (*i*-ner-ho-lah) *v* contain

innehållsförteckning (*i*-ner-hols-furr-tayk-ning) *c* table of contents

innerslang (*in*-err-slahng) *c* inner tube

innersta (*i*-ayrs-tah) *nt* heart

innertak (*i*-nerr-taak) *nt* ceiling

*innesluta (*i*-ner-slewt-ah) *v* encircle; enclose

inofficiell (*in*-o-fi-si-*ayl*) *adj* unofficial

inom (*in*-om) *prep* within; ~ **kort** soon; shortly

inomhus (*in*-om-hewss) *adj* indoor; *adv* indoors

inre (*in*-rer) *adj* inner; internal, inside

inringa (*in*-ring-ah) *v* encircle

inrätta (*in*-reh-tah) *v* institute, establish

insats (*in*-sahts) *c* bet, inset; contribution

*inse (*in*-say) *v* realize; *see

insekt (*in*-sehkt) *c* insect; bug *nAm*

insektsgift (*in*-sehkts-ᵛift) *nt* insecticide

insektsmedel (*in*-sehkts-may-dayl) *nt* insect repellent

insida (*in*-seed-ah) *c* inside; interior

insikt (*in*-sikt) *c* insight

insistera (in-si-*stay*-rah) *v* insist

inskription (in-skrip-*shoon*) *c* inscription

*inskriva (*in*-skree-vah) *v* list, enter, inscribe; ~ **sig** register

inskrivningsblankett (*in*-skreev-nings-blahng-*kayt*) *c* registration form

inskränkning (*in*-skrehngk-ning) *c* restriction, limitation

inskränkt (*in*-skrehngkt) *adj* restricted; limited; narrow-minded

inspektera (in-spayk-*tay*-rah) *v* inspect

inspektion (in-spayk-*shoon*) *c* inspection

inspektör (in-spayk-*turr*) *c* inspector

inspelning (*in*-spayl-ning) *c* recording

inspirera (in-spi-*ray*-rah) *v* inspire

inspruta (*in*-sprew-tah) *v* inject

instabil (in-stah-*beel*) *adj* unstable

installation (in-stah-lah-*shoon*) *c* installation

installera (in-stah-*lay*-rah) *v* install; induct

instinkt (*in*-stingt) *c* instinct

institut (in-sti-*tewt*) *nt* institute

institution (in-sti-tew-*shoon*) *c* institution

instruera (in-strew-*ay*-rah) *v* instruct

instruktion (in-strewk-*shoon*) *c* direction

instruktör (in-strewk-*turr*) *c* instructor

instrument (in-strew-*maynt*) *nt* instrument

instrumentbräda (in-strew-*maynt*-brai-dah) *c* dashboard

inställning (*in*-stehl-ning) *c* attitude;

position

instämma (*in*-stehm-ah) *v* agree

•**inta** (*in*-taa) *v* capture, take

intagning (*in*-taag-ning) *c* admission

intakt (in-*tahkt*) *adj* unbroken; intact

inte (*in*-ter) *adv* not; ~ **alls** by no means; ~ **desto mindre** nevertheless; ~ **ens** not even; ~ **längre** no longer

inteckning (*in*-tayk-ning) *c* mortgage

intellekt (in-ter-*laykt*) *nt* intellect

intellektuell (in-ter-layk-tew-*ayl*) *adj* intellectual

intelligens (in-ter-li-*gayns*) *c* intelligence

intelligent (in-ter-li-*gaynt*) *adj* intelligent; clever

intendent (in-tern-*daynt*) *c* superintendent, curator, controller

intensiv (in-tayn-*seev*) *adj* intense

intern (in-*tæærn*) *c* prisoner

internationell (in-terr-naht-shoo-*nayl*) *adj* international

internatskola (in-terr-*naat*-skōō-lah) *c* boarding-school

interrogativ (in-ter-ro-gahteev) *adj* interrogative

intervall (in-terr-*vahl*) *c* interval

intervju (in-terr-*vУew*) *c* interview

intet (in-*tert*) *nt* nothing

intetsägande (*in*-tert-sai-gahn-der) *adj* insignificant

intressant (in-tray-*sahnt*) *adj* interesting

intresse (in-*treh*-ser) *nt* interest

intressera (in-trer-*sāУ*-rah) *v* interest

intresserad (in-trer-*sāУ*-rahd) *adj* interested

introducera (in-tro-dew-*sāУr*-ah) *v* introduce

intryck (*in*-trewk) *nt* impression; •**göra** ~ **på** impress

inträde (*in*-trai-der) *nt* entrance; admission

inträdesavgift (*in*-traiderss-aav-Уift) *c* entrance-fee

intyg (*in*-teУg) *nt* certificate; document; testimonial

intäkter (*in*-tehk-terr) *pl* earnings *pl*

inuti (*in*-eУ-ti) *adv* within, inside

invadera (in-vah-*dāУ*-rah) *v* invade

invalid (in-vah-*leed*) *c* invalid

invalidiserad (in-vah-li-di-*sāУ*-rahd) *adj* crippled; invalid, disabled

invand (*in*-vaand) *adj* habitual

invandrare (*in*-vahnd-rah-rer) *c* (pl ~) immigrant

invandring (*in*-vahnd-ring) *c* immigration

invasion (in-vah-*shōōn*) *c* invasion

invecklad (*in*-vayk-lahd) *adj* complicated; complex, involved

inventering (in-vayn-*tāУ*-ring) *c* inventory

investera (in-vayss-*tāУ*-rah) *v* invest

investering (in-vayss-*tāУ*-ring) *c* investment

invånare (*in*-vōa-nah-rer) *c* (pl ~) inhabitant; resident

invända (*in*-vehn-dah) *v* object

invändig (*in*-vehn-di) *adj* internal, inside

invändning (*in*-vehnd-ning) *c* objection

inåt (*in*-ōat) *adv* inwards

inälvor (*in*-ehl-vor) *pl* bowels *pl;* intestines *pl*

Irak (i-*raak*) Iraq

irakier (i-*raa*-ki-err) *c* (pl ~) Iraqi

irakisk (i-*raak*-isk) *adj* Iraqi

Iran (i-*raan*) Iran

iranier (i-*raan*-i-err) *c* (pl ~) Iranian

iransk (i-*raansk*) *adj* Iranian

Irland (*eer*-lahnd) Ireland

irländare (*eer*-lehn-dah-rer) *c* (pl ~) Irishman

irländsk (*eer*-lehnsk) *adj* Irish

ironi (i-roo-*nee*) *c* irony

ironisk (i-*rōōn*-isk) *adj* ironical

irra (eer-ah) v err

irritera (eer-i-*tayr*-ah) v irritate; annoy

is (eess) c ice

isblåsa (*eess*-blōa-sah) c ice-bag

iskall (*eess*-kahl) adj freezing

Island (*eess*-lahnd) Iceland

isländsk (*eess*-lehnsk) adj Icelandic

islänning (*eess*-lehn-ing) c Icelander

isolator (i-soo-laa-*tor*) c insulator, insulant

isolera (i-soo-*lay*-rah) v isolate; insulate

isolerad (i-soo-*lay*-rahd) adj isolated

isolering (i-soo-*lay*-ring) c isolation; insulation

Israel (*eess*-rah-ayl) Israel

israelier (iss-rah-$\overline{ay}$-li-err) c (pl ~) Israeli

israelisk (iss-rah-$\overline{ay}$-lisk) adj Israeli

isvatten (*eess*-vah-tern) nt iced water

isär (i-*sæær*) adv apart

Italien (i-*taal*-ʸayn) Italy

italienare (i-tahl-ʸ*ay*-nah-rer) c (pl ~) Italian

italiensk (i-tahl-ʸ*aynsk*) adj Italian

iver (*ee*-verr) c zeal; eagerness

ivrig (*eev*-ri) adj eager; anxious

iväg (i-*vaig*) adv off

J

ja (ʸaa) yes; ja ja! well!

jacka (ʸ*ah*-kah) c jacket

jade (ʸ*aa*-der) c jade

jag (ʸaa) pron I

jaga (ʸ*aa*-gah) v hunt; ~ bort chase; ~ efter hunt for

jakande (ʸ*aa*-kahn-der) adj affirmative

jakt (ʸahkt) c hunt; chase

jaktstuga (ʸ*ahkt*-stēwg-ah) c lodge

januari (ʸah-new-*aa*-ri) January

Japan (ʸ*aa*-pahn) Japan

japan (ʸah-*paan*) c Japanese

japansk (ʸah-*paansk*) adj Japanese

jeans (djiins) pl jeans

jerseytyg (ʸ*urr*-si-tēwg) nt jersey

jetplan (ʸ*eht*-plaan) nt jet

jobb (ʸob) nt job

jockey (djo-ki) c jockey

jod (ʸod) c iodine

jolle (ʸ*o*-ler) c dinghy

jord (ʸōord) c earth; soil

Jordanien (ʸōōr-*daa*-ni-ern) Jordan

jordanier (ʸōōr-*daa*-ni-err) c (pl ~) Jordanian

jordansk (ʸōōr-*daansk*) adj Jordanian

jordbruk (ʸ*ōōrd*-brēwk) nt agriculture

jordbävning (ʸ*ōōrd*-behv-ning) c earthquake

jordgubbe (ʸ*ōōrd*-gew-ber) c strawberry

jordisk (ʸ*ōōr*-disk) adj earthly

jordklot (ʸ*ōōrd*-klōōt) nt globe

jordlott (ʸ*ōōrd*-lot) c allotment, plot

jordmån (ʸ*ōōrd*-mōan) c soil

jordnöt (ʸ*ōōrd*-nūrt) c (pl ~ter) peanut

jordvall (ʸ*ōōrd*-vahl) c dam

journalfilm (shoor-*naal*-film) c newsreel

journalism (shoor-nah-*lism*) c journalism

journalist (shoor-nah-*list*) c journalist

jubileum (ʸew-bi-*lay*-ewm) nt (pl -leer) jubilee

jude (ʸ*ew*-der) c Jew

judisk (ʸ*ew*-disk) adj Jewish

juice (ʸ*ōōss*) c juice

jul (ʸ*ewl*) c Christmas; Xmas; god ~! Merry Christmas!; ~ gåva c Christmas present

juli (ʸ*ew*-li) July

jumper (ʸ*ewm*-perr) c (pl -prar) jumper

jungfru (Yewng-frew) c virgin

juni (Yew-ni) June

junior (Yew-ni-or) adj junior

juridik (Yew-ri-deek) c law

juridisk (Yew-ree-disk) adj juridical, legal

jurist (Yew-rist) c lawyer

jury (Yewr-i) c jury

just¹ (Yewst) adv just

just² (shewst) adj fair

justera (shew-stāy-rah) v adjust

juvel (Yew-vāyl) c gem; **juveler** jewellery

juvelerare (Yew-ver-lāy-rah-rer) c (pl ~) jeweller

jägare (Yai-gah-rer) c (pl ~) hunter

jämföra (Yehm-fūr-rah) v compare

jämförelse (Yehm-fūr-rayl-say) c comparison

jämlikhet (Yehm-leek-hāyt) c equality

jämlöpande (Yehm-lūr-pahn-der) adj parallel

jämn (Yehmn) adj even; smooth; level

jämna (Yehm-nah) v level

jämra sig (Yehm-rah) moan

jämvikt (Yehm-vikt) c balance

järn (Yæærn) nt iron; **järn-** iron

järnhandel (Yæærn-hahn-dayl) c hardware store

järnvaror (Yæærn-vaa-ror) pl hardware

järnverk (Yæærn-væærk) nt ironworks

järnväg (Yæærn-vaig) c railway; railroad nAm

järnvägsspår (Yæærn-vaig-spoār) nt track

järnvägsstation (Yæærn-vaig-stah-shoōn) c station

järnvägsvagn (Yæærn-vaigs-vahngn) c carriage; passenger car Am

järnvägsövergång (Yæærn-vaigs-ūr-verr-gong) c railway crossing, level crossing

jäsa (Yaiss-ah) v ferment

jäst (Yehst) c yeast

jätte (Yeht-er) c giant

jättestor (Yeh-ter-stoōr) adj huge

K

kabaré (kah-bah-rāy) c cabaret

kabel (kaab-erl) c (pl kablar) cable

kabin (kah-been) c cabin

kabinett (kah-bi-nayt) nt cabinet

kafé (kah-fāy) nt (pl ~er) café

kafeteria (kah-fer-tāy-ri-ah) c cafeteria

kaffe (kah-fay) nt coffee

kaffebryggare (kah-fay-brew-gah-rer) c (pl ~) percolator

kagge (kah-ger) c keg, cask

kaj (kigh) c quay; dock

kajuta (kah-Yew-tah) c cabin

kaka (kaa-kah) c cake

kakel (kaa-kerl) nt tile

kaki (kaa-ki) c khaki

kal (kaal) adj bare, naked

kalas (kah-laass) nt party

kalcium (kahl-si-ewm) nt calcium

kalender (kah-layn-derr) c (pl -drar) calendar

kalk (kahlk) c lime

kalkon (kahl-koōn) c turkey

kall (kahl) adj cold

kalla (kahl-ah) v call; **så kallad** so-called

kalori (kah-loo-ree) c calorie

kalsonger (kahl-song-err) pl drawers; briefs pl; shorts plAm; underpants plAm

kalv (kahlv) c calf

kalvinism (kahl-vi-nism) c Calvinism

kalvkött (kahlv-tYurt) nt veal

kalvskinn (kahlv-shin) nt calf skin

kam (kahm) c (pl ~mar) comb

kamaxel (kahm-ahks-erl) c (pl -axlar) camshaft

kamé (kah-*māy*) *c* cameo
kamel (kah-*māyl*) *c* camel
kamera (*kaa*-mer-rah) *c* camera
kamgarn (*kahm*-gaarn) *nt* worsted
kamin (kah-*meen*) *c* heater, stove
kamma (*kah*-mah) *v* comb
kammare (*kah*-mah-rer) *c* (pl ~, kamrar) chamber
kammartjänare (*kahm*-ahr-t*Yai*-nah-rer) *c* (pl ~) valet
kamp (kahmp) *c* fight; struggle, combat, battle
kampa (*kahm*-pah) *v* camp
kampanj (kahm-*pahnY*) *c* campaign
kampare (*kahm*-pah-rer) *c* (pl ~) camper
kampingplats (*kahm*-ping-plahts) *c* camping site
kamrat (kahm-*raat*) *c* comrade
Kanada (*kah*-nah-dah) Canada
kanadensare (kah-nah-*dayn*-sah-rer) *c* (pl ~) Canadian
kanadensisk (kah-nah-*dayn*-sisk) *adj* Canadian
kanal (kah-*naal*) *c* canal; channel
kanariefågel (kah-*naa*-ri-er-f*ōa*-gerl) *c* (pl -glar) canary
kandelaber (kahn-der-*laa*-berr) *c* (pl -brar) candelabrum
kandidat (kahn-di-*daat*) *c* candidate
kanel (kah-*nāyl*) *c* cinnamon
kanhända (kahn-*hehn*-dah) *adv* perhaps
kanin (kah-*neen*) *c* rabbit
kanon (kah-*nōōn*) *c* gun
kanot (kah-*nōōt*) *c* canoe
kanske (*kahn*-sher) *adv* perhaps; maybe
kant (kahnt) *c* edge; border; verge, rim
kantin (kahn-*teen*) *c* canteen
kaos (*kaa*-oss) *nt* chaos
kaotisk (kah-*ōā*-tisk) *adj* chaotic
kapa (*kaa*-pah) *v* hijack

kapabel (kah-*paa*-berl) *adj* capable
kapacitet (kah-pah-si-*tāyt*) *c* capacity
kapare (*kaa*-pah-rer) *c* (pl ~) hijacker
kapell (kah-*payl*) *nt* chapel
kapital (kah-pi-*taal*) *nt* capital
kapitalism (kah-pi-tah-*lism*) *c* capitalism
kapitalplacering (kah-pi-*taal*-plah-*sāy*-ring) *c* investment
kapitulation (kah-pi-tew-lah-*shōōn*) *c* capitulation, surrender
kaplan (kah-*plaan*) *c* chaplain
kappa (*kah*-pah) *c* coat
kapplöpning (*kahp*-lūrp-ning) *c* race
kapplöpningshäst (*kahp*-lūrp-nings-hehst) *c* race-horse
kapprum (*kahp*-rewm) *nt* cloakroom
kappsegling (*kahp*-sāyg-ling) *c* regatta
kappsäck (*kahp*-sehk) *c* suitcase, grip
kapsyl (kahp-*sēwl*) *c* capsule
kapten (kahp-*tāyn*) *c* captain
kapuschong (kah-pew-*shong*) *c* hood
karaff (kah-*rahf*) *c* carafe
karakterisera (kah-rahk-ter-ri-*sāy*-rah) *v* characterize
karakteristisk (kah-rahk-ter-*riss*-tisk) *adj* characteristic; typical
karaktär (kah-rahk-*tæær*) *c* character
karaktärsdrag (kah-rahk-*tæærs*-draag) *nt* characteristic
karamell (kah-rah-*mayl*) *c* caramel, sweet; candy *nAm*
karantän (kah-rahn-*tain*) *c* quarantine
karat (kah-*raat*) *c* (pl ~) carat
karbonkopia (kahr-*bōān*-koo-*pee*-ah) *c* carbon copy
karbonpapper (kahr-*bōān*-pah-perr) *nt* carbon paper
kardinal (kahr-di-*naal*) *c* cardinal
karg (kahrY) *adj* bare
karl (kaar) *c* guy; chap, fellow
karmosinröd (kahr-mo-*seen*-rūrd) *adj* crimson

karneval (kahr-nay-*vaal*) c carnival
kaross (kah-*ross*) c coach
karosseri (kah-ro-ser-*ree*) nt (pl ~er) coachwork; motor body Am
karp (kahrp) c carp
karriär (kah-ri-*ææær*) c career
karta (*kaar*-tah) c map
kartong (kahr-*tong*) c carton
karusell (kah-rew-*sayl*) c merry-go-round
kaschmir (kahsh-*meer*) c cashmere
kasern (kah-*sæærn*) c barracks pl
kasino (kah-*see*-no) nt casino
kassa (*kah*-sah) c cash, fund; pay-desk
kassaskåp (*kah*-sah-skōāp) nt safe
kassavalv (*kah*-sah-vahlv) nt vault
kasse (*kah*-ser) c shopping bag
kassera (kah-*sāy*-rah) v discard
kassör (kah-*sūrr*) c cashier
kassörska (kah-*sūrrs*-kah) c cashier
kast (kahst) nt throw; cast
kasta (*kahss*-tah) v *throw; toss, *cast; *overcast
kastanj (kahss-*tahnⱽ*) c chestnut
kastanjebrun (kah-*stahn*-ⱽer-brēwn) adj auburn
kastby (*kahst*-bēw) c gust
kastrull (kahst-*rewl*) c saucepan
katakomb (kah-tah-*komb*) c catacomb
katalog (kah-tah-*lōāg*) c catalogue
katarr (kah-*tahr*) c catarrh
katastrof (kah-tah-*strōāf*) c catastrophe; disaster; calamity
katastrofal (kah-tah-stro-*faal*) adj disastrous
katedral (kah-ter-*draal*) c cathedral
kategori (kah-ter-gōā-*ree*) c category
katolsk (kah-*tōōlsk*) adj catholic; romersk ~ Roman Catholic
katrinplommon (kaht-*reen*-ploo-mon) nt prune
katt (kaht) c cat
kavaj (kah-*vigh*) c jacket

kaviar (*kah*-vi-ⱽahr) c caviar
kedja (tⱽ*ayd*-ⱽah) c chain
kejsardöme (tⱽay-sahr-*dūr*-mer) nt empire
kejsare (tⱽay-sah-rer) c (pl ~) emperor
kejsarinna (tⱽay-sah-*ri*-nah) c empress
kejserlig (tⱽay-*serr*-li) adj imperial
kelgris (tⱽ*ayl*-greess) c pet
kemi (tⱽay-*mee*) c chemistry
kemikalieaffär (tⱽay-mi-*kaa*-li-ay-ah-fær) c chemist's; drugstore nAm
kemisk (tⱽ*ay*-misk) adj chemical
kemtvätt (tⱽ*aym*-tveht) c dry-cleaner's
kemtvätta (tⱽ*aym*-tveh-tah) v dry-clean
kennel (*keh*-nerl) c (pl nlar) kennel
Kenya (*kāy*n-i-ah) Kenya
keramik (tⱽay-rah-*meek*) c ceramics pl; pottery
kex (kayks) nt biscuit; cookie nAm; cracker nAm
kika (tⱽ*ee*-kah) v peep
kikare (tⱽ*ee*-kah-rer) c (pl ~) binoculars pl
kikhosta (tⱽ*eek*-hooss-tah) c whooping-cough
kil (tⱽeel) c wedge, gusset
kilo (tⱽ*ee*-loo) nt kilogram
kilometer (tⱽee-loo-*māy*-terr) c (pl ~) kilometre
Kina (tⱽ*ee*-nah) China
kind (tⱽind) c cheek
kindben (tⱽ*ind*-bāyn) nt cheek-bone
kindtand (tⱽ*ind*-tahnd) c (pl -tänder) molar
kines (tⱽi-*nāyss*) c Chinese
kinesisk (tⱽi-*nāy*-sisk) adj Chinese
kinin (tⱽi-*neen*) nt quinine
kinkig (tⱽ*ing*-ki) adj difficult
kiosk (tⱽi-*osk*) c kiosk
kirurg (tⱽi-*rewrg*) c surgeon
kissekatt (ki-ser-*kaht*) c pussy-cat

kista (t*Y*iss-tah) *c* chest; coffin
kittel (t*Y*i-terl) *c* (pl -tlar) kettle
kittla (t*Y*it-lah) *v* tickle
kiv (t*Y*eev) *nt* strife, quarrelling
kivas (t*Y*eev-ahss) *v* quarrel
kjol (t*Y*ōōl) *c* skirt
klack (klahk) *c* heel
klaga (klaa-gah) *v* complain
klagomål (klaa-goo-mōal) *nt* complaint
klander (klahn-derr) *nt* blame
klandra (klahn-drah) *v* blame
klang (klahng) *c* tone
klar (klaar) *adj* ready; clear, serene
klara sig (klaa-rah) manage; get along; pass; **klara sig med** *make do with
*klargöra (klaar-*Y*ūr-rah) *v* clarify
*klarlägga (klaar-lehg-ah) *v* elucidate
klass (klahss) *c* class; form
klassificera (klah-si-fi-sāy-rah) *v* classify, grade
klassisk (klah-sisk) *adj* classical
klasskamrat (klahss-kahm-raat) *c* class-mate
klassrum (klahss-rewm) *nt* classroom
klatsch (klahch) *c* smack
klausul (klahew-sēwl) *c* clause
klenod (klay-nōōd) *c* gem
klia (klee-ah) *v* itch
klibbig (kli-bi) *adj* sticky
klient (kli-*aynt*) *c* client; customer
klimat (kli-maat) *nt* climate
klimpig (klim-pi) *adj* lumpy
klinik (kli-neek) *c* clinic
klippa[1] (kli-pah) *v* *cut; ∼ **av** *cut off
klippa[2] (kli-pah) *c* rock; cliff
klippbok (klip-bōōk) *c* (pl -böcker) scrap-book
klippig (kli-pi) *adj* rocky
klipsk (klipsk) *adj* smart, shrewd
klister (kliss-terr) *nt* gum
klisterremsa (kliss-terr-raym-sah) *c* adhesive tape

klistra (kliss-trah) *v* paste; *stick
klo (klōō) *c* claw
kloak (kloo-aak) *c* sewer
klocka (klo-kah) *c* watch; bell; **klockan ...** at ... o'clock; **klockan tolv** noon
klockarmband (klok-ahrm-bahnd) *nt* watch-strap
klockspel (klok-spāyl) *nt* chimes *pl*
klok (klōōk) *adj* clever
klor (klōar) *c* chlorine
kloss (kloss) *c* block
kloster (kloss-terr) *nt* cloister; convent, monastery
klot (klōōt) *nt* sphere
klubb (klewb) *c* club
klubba (klew-bah) *c* club; mallet; lollipop
klump (klewmp) *c* lump
klumpig (klewm-pi) *adj* clumsy; awkward
klumpsumma (klewmp-sewm-ah) *c* lump sum
klyfta (klewf-tah) *c* cleft; cleavage; segment
*klyva (klēw-vah) *v* *split
klåda (klōa-dah) *c* itch
klä (klai) *v* *become; clothe; cover; ∼ **av sig** undress; ∼ **om sig** change; ∼ **på** dress; ∼ **på sig** *put on; ∼ **sig** dress; *vara klädd i *wear
klädborste (klaid-bors-ter) *c* clothes-brush
kläder (klai-derr) *pl* clothes *pl*
klädhängare (klehd-hehng-ah-rer) *c* (pl ∼) hanger
klädskåp (klaid-skōap) *nt* wardrobe
klämma (klehm-ah) *c* clamp
klänning (klehn-ing) *c* dress; frock, gown
klättra (kleht-rah) *v* climb
klättring (kleht-ring) *c* climb
klösa (klēūr-sah) *v* scratch
klöver (klēūr-verr) *c* clover

knacka (*knah*-kah) v knock; tap

knackning (*knahk*-ning) c knock

knapp[1] (knahp) c button

knapp[2] (knahp) adj scarce; **knappast**
scarcely; **knappt** adv hardly

knapphet (*knahp*-hāyt) c scarcity

knapphål (*knahp*-hōāl) nt buttonhole

knappnål (*knahp*-nōāl) c pin

knaprig (*knaap*-ri) adj crisp

knekt (knehkt) c knave

knep (knāyp) nt artifice

*knipa (*knee*-pah) v pinch

kniptång (*kneep*-tong) c (pl -tänger)
pincers pl

kniv (kneev) c knife

knivblad (*kneev*-blaad) nt blade

knoge (kn*ōō*-ger) c knuckle

knopp (knop) c bud

knorra (*kno*-rah) v grumble

knubbig (*knewb*-i) adj plump

knuff (knewf) c push

knut (knēwt) c knot

knutpunkt (*knēwt*-pewngkt) c junc-
tion

*knyta (*knēw*-tah) v tie; knot; ~ **upp**
untie

knytnäve (*knēwt*-nai-ver) c fist

knytnävsslag (*knēwt*-naivs-slaag) nt
punch

knä (knai) nt knee

knäböja (*knai*-bur-Yah) v *kneel

knäppa (*knehp*-ah) v button; ~ **upp**
unbutton

knäskål (*knai*-skōāl) c kneecap

ko (kōō) c cow

koagulera (ko-ah-gew-*lāy*-rah) v co-
agulate

kock (kok) c cook

kod (kōād) c code

koffein (ko-fer-*een*) nt caffeine

koffeinfri (ko-fer-*een*-free) adj decaf-
feinated

koffert (*ko*-ferrt) c trunk

kofta (*kof*-tah) c cardigan

kofångare (k*ōō*-fong-ah-rer) c (pl ~)
bumper

koj (koi) c berth; bunk

koka (k*ōō*-kah) v boil

kokain (ko-kah-*een*) nt cocaine

kokbok (k*ōō*k-b*ōō*k) c (pl -böcker)
cookery-book; cookbook nAm

kokosnöt (*ko*-kooss-nūrt) c (pl
~ter) coconut

kol (kōāl) nt coal

kola (k*ōā*-lah) c toffee

kolja (*kol*-Yah) c haddock

kolla (*kol*-ah) v check

kollapsa (ko-*lahp*-sah) v collapse

kollega (ko-*lāy*-gah) c colleague

kollektiv (ko-lehk-teev) adj collective

kollidera (ko-li-*dāy*-rah) v collide;
crash

kollision (ko-li-*shōōn*) c collision;
crash

koloni (ko-lo-*nee*) c colony

kolonn (ko-*lon*) c column

kolossal (ko-lo-*saal*) adj huge

koltrast (*kōāl*-trahst) c blackbird

kolumn (ko-*lewmn*) c column

kolv (kolv) c piston

kolvring (*kolv*-ring) c piston ring

kolvstång (*kolv*-stong) c (pl -stänger)
piston-rod

koma (k*ōā*-mah) c coma

kombination (kom-bi-nah-*shōōn*) c
combination

kombinera (koam-bi-*nāy*-rah) v com-
bine

komedi (ko-may-*dee*) c comedy; mu-
sikalisk ~ musical comedy

komfort (kom-*fort*) c comfort

komfortabel (kom-for-*taa*-berl) adj
comfortable

komiker (k*ōō*-mi-kerr) c (pl ~) com-
edian

komisk (k*ōō*-misk) adj comic

*komma (*ko*-mah) v *come; ~ **ihåg**
remember; ~ **tillbaka** return; *get

back

kommatecken (*ko*-mah-tay-kern) *nt* comma

kommentar (ko-mayn-*taar*) *c* comment

kommentera (ko-mayn-*tāy*-rah) *v* comment

kommersiell (ko-mær-si-*ayl*) *adj* commercial

kommission (ko-mi-*shōōn*) *c* commission

kommitté (ko-mi-*tāy*) *c* committee

kommun (ko-*mēwn*) *c* municipality; commune; **kommunal-** municipal

kommunfullmäktige (ko-*mēwn*-fewl-mehk-ti-ger) *pl* municipality council

kommunikation (ko-mew-ni-kah-*shōōn*) *c* communication

kommuniké (ko-mew-ni-*kāy*) *c* communiqué

kommunism (ko-mew-*nism*) *c* communism

kommunist (ko-mew-*nist*) *c* communist

kompakt (kom-*pahkt*) *adj* compact

kompanjon (koam-pahn-*ȳoon*) *c* partner; associate

kompass (kom-*pahss*) *c* compass

kompensation (kom-payn-sah-*shōōn*) *c* compensation

kompensera (kom-pern-*sāy*-rah) *v* compensate

kompetent (koam-pay-*taynt*) *adj* qualified

komplett (kom-*playt*) *adj* complete

komplex (kom-*plehks*) *nt* complex

komplicerad (kom-pli-*sāyr*-ahd) *adj* complicated

komplimang (kom-pli-*mahng*) *c* compliment

komplimentera (kom-pli-mern-*tāyr*-ah) *v* compliment

komplott (kom-*plot*) *c* plot; conspiracy

komponera (kom-poo-*nāy*-rah) *v* compose

komposition (kom-po-si-*shōōn*) *c* composition

kompositör (kom-po-si-*tūrr*) *c* composer

kompromiss (kom-pro-*miss*) *c* compromise

koncentration (kon-sayn-trah-*shōōn*) *c* concentration

koncentrera (kon-sayn-*trāy*-rah) *v* concentrate

koncern (kon-*surrn*) *c* concern

koncession (kon-ser-*shōōn*) *c* concession

koncis (kon-*seess*) *adj* concise

kondition (kon-di-*shōōn*) *c* condition

konditor (kon-*dee*-toar) *c* confectioner

konditori (kon-di-too-*ree*) *nt* (pl ~er) pastry shop

kondom (kon-*dōam*) *c* condom

konduktör (kon-dewk-*tūrr*) *c* ticket collector

konfektionssydd (kon-fayk-*shōōn*-sewd) *adj* ready-made

konferens (kon-fer-*rayns*) *c* conference

konfidentiell (kon-fi-dayn-tsi-*ayl*) *adj* confidential

konfiskera (kon-fi-*skāyr*-ah) *v* confiscate

konflikt (kon-*flikt*) *c* conflict

konfrontera (kon-fron-*tāy*-rah) *v* confront, face

kongregation (kon-gray-gah-*shōōn*) *c* congregation

kongress (kong-*rayss*) *c* congress

konjak (*kon*-ȳahk) *c* cognac

konkret (kon-*krāyt*) *adj* concrete

konkurrens (kon-kew-*rayns*) *c* competition

konkurrent (kon-kew-*raynt*) *c* competitor

konkurrera (kon-kew-*rāyr*-ah) *v* compete

konkursmässig (kon-*kewrs*-meh-si) *adj* bankrupt

konsekvens (kon-ser-*kvayns*) *c* consequence; issue

konsert (kon-*sæær*) *c* concert

konsertsal (kon-*sær*-saal) *c* concert hall

konservativ (kon-sær-vah-*teev*) *adj* conservative

konservatorium (kon-*sær*-vah-*tōō*-ri-ewm) *nt* (pl -rier) music academy

konservburk (kon-*særv*-bewrk) *c* can, tin

konserver (kon-*særv*-err) *pl* tinned food

konservera (kon-sær-*vāy*-rah) *v* preserve

konservering (kon-sær-*vāy*-ring) *c* preservation

konservöppnare (kon-*særv*-urp-nah-rer) *c* (pl ~) can opener, tin-opener

konst (konst) *c* art; **de sköna konsterna** fine arts

konstakademi (*konst*-ah-kah-day-*mee*) *c* art school

konstatera (kons-tah-*tāyr*-ah) *v* ascertain, establish; diagnose

konstgalleri (*konst*-gah-ler-*ri*) *nt* (pl ~er) art gallery; gallery

konstgjord (*konst*-Yōōrd) *adj* artificial

konsthantverk (*konst*-hahnt-værk) *nt* handicraft

konsthistoria (*konst*-hiss-tōō-ri-ah) *c* art history

konstig (*kons*-ti) *adj* funny, odd; queer

konstindustri (*konst*-in-dew-*stree*) *c* arts and crafts

konstnär (*konst*-næær) *c* artist

konstnärinna (*konst*-næ-*ri*-nah) *c* artist

konstnärlig (konst-*næær*-li) *adj* artistic

konstruera (kon-strew-*āyr*-ah) *v* construct

konstruktion (kon-strewk-*shōōn*) *c* construction

konstsamling (*konst*-sahm-ling) *c* art collection

konstsiden (*konst*-see-dern) *c* rayon

konststycke (*konst*-stew-ker) *nt* trick

konstutställning (*konst*-ēwt-stehl-ning) *c* art exhibition

konstverk (*konst*-værk) *nt* work of art

konsul (*kon*-sewl) *c* consul

konsulat (kon-sew-*laat*) *nt* consulate

konsultation (kon-sewl-tah-*shōōn*) *c* consultation

konsument (kon-sew-*maynt*) *c* consumer

kontakt (kon-*tahkt*) *c* contact

kontakta (kon-*tahk*-tah) *v* contact

kontaktlinser (kon-*tahkt*-lin-serr) *pl* contact lenses

kontanter (kon-*tahn*-terr) *pl* cash

kontinent (kon-ti-*naynt*) *c* continent

kontinental (kon-ti-nayn-*taal*) *adj* continental

kontinuerlig (kon-ti-new-*āyr*-li) *adj* continuous

konto (*kon*-too) *nt* account

kontor (kon-*tōōr*) *nt* office

kontorist (kon-too-*rist*) *c* clerk

kontorsartiklar (kon-*tōōrs*-ahr-tik-lahr) *pl* stationery

kontorstid (kon-*tōōrs*-teed) *c* office hours; business hours

kontra (*kont*-rah) *prep* versus

kontrakt (kon-*trahkt*) *nt* contract; agreement

kontrast (kon-*trahst*) *c* contrast

kontroll (kon-*trol*) *c* control; inspection; supervision

kontrollera (kon-tro-*lāy*-rah) *v* control; check, inspect, supervise

kontur (kon-*tewr*) *c* contour

konversation (kon-vær-sah-*shoon*) *c* conversation

kooperation (koo-o-per-rah-*shoon*) *c* co-operative

kooperativ (koo-o-per-rah-*teev*) *adj* co-operative

kopia (ko-*pee*-ah) *c* copy

kopiera (koo-pi-*āyr*-ah) *v* copy

kopp (kop) *c* cup

koppar (*ko*-pahr) *c* copper

koppel (*ko*-payl) *nt* leash; lead

koppla (*kop*-lah) *v* connect; ~ **av** relax; ~ **på** switch on; ~ **till** connect; ~ **ur** disconnect; declutch

koppling (*kop*-ling) *c* clutch

kopplingsbord (*kop*-lings-boord) *nt* switchboard

korall (ko-*rahl*) *c* coral

korg (kory) *c* basket; hamper

korint (ko-*rint*) *c* currant

kork (kork) *c* cork

korka upp (*kor*-kah) uncork

korkskruv (*kork*-skrewv) *c* corkscrew

korn (koorn) *nt* grain; corn, barley

korp (korp) *c* raven

korpulent (kor-pew-*laynt*) *adj* corpulent; stout

korrekt (ko-*raykt*) *adj* correct

korrespondens (ko-ray-spon-*dahngs*) *c* correspondence

korrespondent (ko-rayss-pon-*daynt*) *c* correspondent

korrespondera (ko-rayss-pon-*dāy*-rah) *v* correspond

korridor (ko-ri-*door*) *c* corridor

korrumpera (ko-rewm-*pāy*-rah) *v* corrupt

korrumperad (ko-rewm-*pāy*-rahd) *adj* corrupt

korruption (ko-rewp-*shoon*) *c* corruption

kors (kors) *nt* cross

korsett (kor-*sayt*) *c* corset

korsfästa (*kors*-fehss-tah) *v* crucify

korsfästelse (*kors*-fehss-tayl-ser) *c* crucifixion

korsning (*kors*-ning) *c* crossing

korståg (*kors*-tōag) *nt* crusade

kort¹ (kort) *adj* short; brief

kort² (koort) *nt* card; snapshot; **grönt** ~ green card

kortfattad (*kort*-faht-ahd) *adj* brief; concise

kortslutning (*kort*-slewt-ning) *c* short circuit

korv (korv) *c* sausage

kosmetika (koss-*māy*-ti-kah) *pl* cosmetics *pl*

kost (kost) *c* fare

kosta (*koss*-tah) *v* *cost

kostnad (*kost*-nahd) *c* cost

kostnadsfri (*kost*-nahds-free) *adj* free of charge

kostsam (*kost*-sahm) *adj* expensive

kostym (koss-*tewm*) *c* suit

kotlett (kot-*leht*) *c* chop; cutlet

krabba (*krah*-bah) *c* crab

kraft (krahft) *c* force; energy, strength, power

kraftig (*krahf*-ti) *adj* strong, powerful; robust

kraftverk (*krahft*-værk) *nt* power-station

krage (*kraa*-gay) *c* collar

kragknapp (*kraag*-knahp) *c* collar stud

kram (kraam) *c* hug

krama (*kraam*-ah) *v* cuddle, embrace

kramp (krahmp) *c* cramp; convulsion

krampa (*krahm*-pah) *c* clamp

kran (kraan) *c* tap

krasslig (*krahss*-li) *adj* unwell

krater (*kraa*-terr) *c* (pl -trar) crater

kratta (*krah*-tah) *c* rake

krav (kraav) *nt* requirement

kredit (kray-*deet*) *c* credit

kreditera (kray-di-*tāy*-rah) *v* credit

kreditiv (kray-*di*-teev) *nt* letter of credit

kreditkort (kray-*deet*-koort) *nt* credit card; charge plate *Am*

kremera (kray-*māyr*-ah) *v* cremate

kremering (kray-*māy*-ring) *c* cremation

krets (krayts) *c* circuit; circle

kretslopp (*krayts*-lop) *nt* circulation, orbit, cycle

kricket (*kri*-kayt) *nt* cricket

krig (kreeg) *nt* war

krigsfånge (*kriks*-fong-er) *c* prisoner of war

krigsmakt (*kriks*-mahkt) *c* military force

kriminell (kri-mi-*nayl*) *adj* criminal

kringliggande (*kring*-li-gahn-der) *adj* surrounding

kris (kreess) *c* crisis

kristall (kriss-*tahl*) *c* crystal; **kristall-** crystal

kristen[1] (*kriss*-tern) *c* (pl -tna) Christian

kristen[2] (*kriss*-tern) *adj* Christian

Kristus (*kriss*-tewss) Christ

krita (*kreet*-ah) *c* chalk

kritik (kri-*teek*) *c* criticism

kritiker (*kree*-ti-kerr) *c* (pl ~) critic

kritisera (kri-ti-*sāy*-rah) *v* criticize

kritisk (*kree*-tisk) *adj* critical

krog (kroog) *c* restaurant

krok (krook) *c* hook

krokig (*krook*-i) *adj* crooked, curved, bent

krokodil (kroo-koo-*deel*) *c* crocodile

krom (kroām) *c* chromium

krona (*kroo*-nah) *c* crown

kronblad (*kroon*-blaad) *nt* petal

kronisk (*kroo*-nisk) *adj* chronic

kronologisk (kroo-noo-*lōāg*-isk) *adj* chronological

kronärtskocka (*kroon*-ærts-ko-kah) *c* artichoke

kropp (krop) *c* body; **fast ~** solid

krucifix (krew-si-*fiks*) *nt* crucifix

kruka (*krēw*-kah) *c* jar

krus (krēwss) *nt* pitcher

krusa (*krēw*-sah) *v* curl

krusbär (*krēwss*-bæær) *nt* gooseberry

krut (krēwt) *nt* gunpowder

krycka (*krew*-kah) *c* crutch

krydda (*krew*-dah) *c* spice; *v* flavour

kryddad (*krew*-dahd) *adj* spiced; spicy

krympa (*krewm*-pah) *v* *shrink

krympfri (*krewmp*-free) *adj* shrinkproof

***krypa** (*krēwp*-ah) *v* *creep; crawl

kryssning (*krewss*-ning) *c* cruise

kråka (*krōāk*-ah) *c* crow

kräfta (*krehf*-tah) *c* crayfish

kräkas (*krai*-kahss) *v* vomit

kräldjur (*krail*-Yēwr) *nt* reptile

kräm (kraim) *c* cream

krämpa (*krehm*-pah) *c* ailment

kränka (*krehng*-kah) *v* offend

kränkande (*krehng*-kahn-der) *adj* offensive

kränkning (*krehngk*-ning) *c* offence; violation

kräsen (*krai*-sern) *adj* choosy, fastidious, particular

kräva (*krai*-vah) *v* demand; require, claim

krök (krūrk) *c* bend

kröna (*krūr*-nah) *v* crown

kub (kēwb) *c* cube

Kuba (*kēw*-bah) Cuba

kuban (kew-*baan*) *c* Cuban

kubansk (kew-*baansk*) *adj* Cuban

kudde (*kew*-day) *c* cushion; pillow

kuggas (*kewg*-ahss) *v* fail

kula (*kēw*-lah) *c* bullet

kull (kewl) *c* litter

kulle (*kew*-lay) *c* hill; mound

kullkasta (*kewl*-kahss-tah) *v* *upset

kulspetspenna (*kēwl*-spayts-pay-nah) *c* ballpoint-pen

kultiverad (kewl-ti-*vāy*-rahd) *adj* cultured, refined

kultur (kewl-*tēwr*) *c* culture

kund (kewnd) *c* customer; client

kung (kewng) *c* king

kungarike (*kewng*-ah-ree-ker) *nt* kingdom

kunglig (*kewng*-li) *adj* royal

*kungöra (kewn-ᵞ*ūrr*-ah) *v* proclaim

kungörelse (kewn-ᵞ*ūr*-rayl-ser) *c* announcement; proclamation, notice

*kunna (kewn-ah) *v* *can; *may, *be able to

kunskap (*kewn*-skaap) *c* knowledge

kupé (kēw-*pāy*) *c* compartment

kuperad (kēw-*pāy*-rahd) *adj* hilly

kupol (kēw-*pōal*) *c* dome

kupong (kēw-*pong*) *c* coupon; voucher

kur (kēwr) *c* cure

kurort (*kēwr*-oort) *c* spa

kurs (kewrs) *c* course

kursivering (kewr-si-*vāyr*-ing) *c* italics *pl*

kurva (*kewr*-vah) *c* curve, turning, bend

kusin (kew-*seen*) *c* cousin

kuslig (*kēwss*-li) *adj* creepy

kust (kewst) *c* coast; sea-coast, seaside

kuvert (kew-*væær*) *nt* envelope

kuvertavgift (kēw-*væær*-aav-ᵞift) *c* cover charge

kvacksalvare (*kvahk*-sahl-vah-rer) *c* (pl ~) quack

kvadrat (kvah-*draat*) *c* square

kvadratisk (kvah-*draa*-tisk) *adj* square

kvalificera sig (kvah-li-fi-*sāyr*-ah) qualify

kvalificerad (kvah-li-fi-*sāyr*-ahd) *adj* qualified

kvalifikation (kvah-li-fi-kah-*shōōn*) *c* qualification

kvalitet (kvah-li-*tāyt*) *c* quality

kvantitet (kvahn-ti-*tāyt*) *c* quantity

kvar (kvaar) *adv* left

kvarleva (*kvaar*-lāy-vah) *c* remnant

kvarn (kvaarn) *c* mill

kvart (kvahrt) *c* quarter of an hour; quarter

kvartal (kvahr-*taal*) *nt* quarter; kvartals- quarterly

kvarter (kvahr-*tāyr*) *nt* block

kvast (kvahst) *c* broom

kvav (kvaav) *adj* stuffy

kvick (kvik) *adj* quick

kvicksilver (*kvik*-sil-vehr) *nt* mercury

kvicktänkt (*kvik*-tehngkt) *adj* bright

kvinna (*kvi*-nah) *c* woman

kvinnlig (*kvin*-li) *adj* feminine

kvist (kvist) *c* twig

kvitto (*kvi*-too) *nt* receipt

kvot (kvōōt) *c* quota

kväll (kvehl) *c* evening; night; i ~ tonight

kvällsmat (*kvehls*-maat) *c* supper

kväva (kvai-vah) *v* choke

kvävas (*kvai*-vahss) *v* choke

kväve (*kvai*-ver) *nt* nitrogen

kyckling (tᵞewk-ling) *c* chicken

kyla (tᵞ*ēw*-lah) *c* cold

kylig (tᵞ*ēw*-li) *adj* cool; chilly

kylskåp (tᵞ*ēwl*-skōap) *nt* fridge, refrigerator

kylsystem (tᵞ*ēwl*-sew-*stāym*) *nt* cooling system

kypare (tᵞ*ēw*-pah-rer) *c* (pl ~) waiter

kyrka (tᵞewr-kah) *c* church

kyrkogård (tᵞewr-koo-gōārd) *c* churchyard; cemetery

kyrktorn (tᵞewrk-toorn) *nt* church tower

kyrkvaktmästare (tᵞewrk-vahkt-mehss-tah-rer) *c* (pl ~) sexton

kysk (tᵞewsk) *adj* chaste

kyss (tᵞewss) *c* kiss

kyssa (tᵞew-sah) *v* kiss

kåda (*kōād*-ah) *c* resin

kål (kōăl) c cabbage
käck (t ᵛehk) adj plucky
käft (t ᵛehft) c mouth
kägelspel (t ᵛai-gerl-spāyl) nt bowling
käke (t ᵛai-ker) c jaw
kälkborgerlig (t ᵛehlk-bor-ᵛerr-li) adj bourgeois
kälke (t ᵛehl-ker) c sleigh, sledge
källa (t ᵛehl-ah) c spring; source, fountain
källare (t ᵛeh-lah-rer) c (pl ~) cellar
källarvåning (t ᵛeh-lahr-vōā-ning) c basement
kämpa (t ᵛehm-pah) v *fight; struggle, combat, battle
känd (t ᵛehnd) adj famous, known, noted
känguru (t ᵛehng-gew-rew) c kangaroo
känna (t ᵛehn-ah) v *feel; *know; ~ igen recognize
kännare (t ᵛeh-nah-rer) c (pl ~) connoisseur
kännbar (t ᵛehn-baar) adj perceptible, noticeable
kännedom (t ᵛehn-er-doom) c knowledge
kännemärke (t ᵛehn-er-mær-ker) nt feature
kännetecken (t ᵛeh-ner-tay-kern) nt characteristic
känsel (t ᵛehn-serl) c touch; feeling; utan ~ numb
känsla (t ᵛehns-lah) c emotion, sensation
känslig (t ᵛehns-li) adj sensitive; delicate
känslolös (t ᵛayns-loo-ūrss) adj insensitive
käpp (t ᵛehp) c cane; stick
käpphäst (t ᵛehp-hehst) c hobby-horse
kär (t ᵛæær) adj dear
kärl (t ᵛæærl) nt vessel
kärlek (t ᵛæær-lāyk) c love
kärleksaffär (t ᵛæær-lāyks-ah-fæær) c affair

kärleksfull (t ᵛæær-lāyks-fewl) adj affectionate
kärlekshistoria (t ᵛæær-lāyks-hiss-tōō-ri-ah) c love-story
kärn- (t ᵛæærn) nuclear; atomic
kärna (t ᵛær-nah) c stone, pip; core, essence; nucleus
kärnhus (t ᵛæærn-hēwss) nt core
kärnkraft (t ᵛæærn-krahft) c nuclear energy
kärra (t ᵛæ-rah) c cart; barrow
kö (kūr) c queue
köa (kūr-ah) v queue; stand in line Am
kök (t ᵛūrk) nt kitchen
kökschef (t ᵛurks-shāyf) c chef
kökshandduk (t ᵛurks-hahn-dēwk) c tea-cloth
köksredskap (t ᵛurks-rāyd-skaap) nt utensil
köksspis (t ᵛurk-speess) c stove, cooker
köksträdgård (t ᵛurks-trai-gōārd) c kitchen garden
köl (t ᵛūrl) c keel
kön (t ᵛūrn) nt sex; köns- genital
könssjukdom (t ᵛūrns-shēwk-doom) c venereal disease
köp (t ᵛūrp) nt purchase
köpa (t ᵛūr-pah) v *buy; purchase
köpare (t ᵛūr-pah-rer) c (pl ~) buyer; purchaser
köpesumma (t ᵛūr-per-sew-mah) c purchase price
köpman (t ᵛūrp-mahn) c (pl -män) merchant; trader
*köpslå (t ᵛūrp-slōā) v bargain
kör (kūr) c choir
köra (t ᵛūr-rah) v *drive; ~ för fort *speed; ~ om *overtake; pass vAm
körbana (t ᵛūrr-baan-ah) c carriageway; roadway nAm

körfil (tᵛurr-feel) c lane
körkort (tᵛurr-koort) nt driving licence
körriktningsvisare (tᵛurr-rikt-nings-vee-sah-rer) c (pl ~) trafficator; directional signal Am
körsbär (tᵛurrs-bæær) nt cherry
körsnär (tᵛurrs-næær) c furrier
körtel (tᵛurr-terl) c (pl -tlar) gland
kött (tᵛurt) nt flesh; meat

L

laboratorium (lah-bo-rah-tōō-ri-ewm) nt (pl -rier) laboratory
labyrint (lah-bew-rint) c labyrinth; maze
lack (lahk) nt lacquer; varnish
lada (laa-dah) c barn
laddning (lahd-ning) c charge; cargo
lag (laag) c law; nt team
laga (laa-gah) v fix; mend
lager (laa-gerr) nt store, stock; layer
laglig (laag-li) adj legal; lawful
lagra (laag-rah) v store; stock
lagring (laag-ring) c storage
lagun (lah-gēwn) c lagoon
lakan (laa-kahn) nt sheet
lakrits (laa-krits) c liquorice
lamm (lahm) nt lamb
lammkött (lahm-tᵛurt) nt lamb
lampa (lahm-pah) c lamp
lampskärm (lahmp-shærm) c lampshade
land (lahnd) nt (pl länder) land; country; *gå i ~ land, disembark; i ~ ashore
landa (lahn-dah) v land
landgräns (lahnd-grehns) c boundary
landgång (lahnd-gong) c gangway
landmärke (lahnd-mær-ker) nt landmark

landsbygd (lahnds-bewgd) c countryside; country
landsflykt (lahnds-flewkt) c exile
landsflykting (lahnds-flewk-ting) c exile
landskap (lahnd-skaap) nt province, landscape; scenery
landsman (lahnds-mahn) c (pl -män) countryman
***landstiga** (lahnd-steeg-ah) v disembark
landsväg (lahnds-vaig) c highway
lantbruk (lahnt-brēwk) nt farm; **lantbruks-** agrarian
lantbrukare (lahnt-brēw-kah-rer) c (pl ~) farmer
lantegendom (lahnt-āy-gayn-doom) c estate
lantlig (lahnt-li) adj rural
lantställe (lahnt-steh-ler) nt country house
lappa (lahp-ah) v patch
larma (lahr-mah) v alarm; clamour
lasarett (lah-sah-reht) nt hospital
last (lahst) c cargo; load, freight; vice
lasta (lahss-tah) v load; charge; ~ av unload
lastbil (lahst-beel) c lorry; truck nAm
lastkaj (lahst-kigh) c wharf
lastrum (lahst-rewm) nt hold
lat (laat) adj lazy; idle
Latinamerika (lah-teen-ah-māy-ri-kah) Latin America
latinamerikansk (lah-teen-ah-may-ri-kaansk) adj Latin-American
lavin (lah-veen) c avalanche
lax (lahks) c salmon
***le** (lāy) v smile
led (lāyd) c joint; **ur** ~ dislocated
leda (lāyd-ah) v *lead; head, direct
ledande (lāy-dahn-der) adj leading
ledare (lāy-dah-rer) c (pl ~) leader
ledarhund (lāyd-ahr-hewnd) c guide-dog

ledarskap (*lāyd*-ahr-skaap) *nt* leadership

ledig (*lāy*-di) *adj* vacant; unoccupied

ledighet (*lāy*-di-hāyt) *c* leave; leisure

ledning (*lāyd*-ning) *c* lead, guidance; management

ledsaga (*lāyd*-saag-ah) *v* accompany; conduct

ledsen (*lay*-sayn) *adj* sad, sorry

ledstång (*lāyd*-stong) *c* (pl -stänger) rail, banister

leende (*lāy*-ern-der) *nt* smile

legal (lay-*gaal*) *adj* legal

legalisering (lay-gah-li-*sāy*r-ing) *c* legalization

legat (lay-*gaat*) *nt* legacy

legation (lay-gah-*shōōn*) *c* legation

legitimation (*lay*-gi-ti-mah-*shōōn*) *c* identification

lejon (*lay*-on) *nt* lion

lek (lāyk) *c* play

leka (*lāy*k-ah) *v* play

lekman (*lāy*k-mahn) *c* (pl -män) layman

lekplats (*lāy*k-plahts) *c* playground

leksak (*lāy*k-saak) *c* toy

leksaksaffär (*lāy*k-sahks-ah-*fææ*r) *c* toyshop

lekskola (*lāy*k-skōōl-ah) *c* kindergarten

lektion (lehk-*shōōn*) *c* lesson

lektor (*lehk*-tor) *c* lecturer, senior master

lem (laym) *c* (pl ~mar) limb

len (lāyn) *adj* soft, smooth

lera (*lāy*-rah) *c* clay

lergods (*lair*-goods) *nt* pottery, ceramics *pl*; crockery

lerig (*lāy*-ri) *adj* muddy

leta efter (*lāy*-tah) look for

leva (*lāy*-vah) *v* live

levande (*lāy*-vahn-der) *adj* alive; live

lever (*lāy*-verr) *c* (pl levrar) liver

leverans (lay-vay-*rahns*) *c* delivery; supply

leverera (lay-vay-*rāy*-rah) *v* deliver; furnish

levnadsstandard (*lāy*v-nahds-stahn-dahrd) *c* standard of living

libanes (li-bah-*nāy*ss) *c* Lebanese

libanesisk (li-bah-*nāy*ss-isk) *adj* Lebanese

Libanon (*lee*-bah-non) Lebanon

liberal (li-bay-*raal*) *adj* liberal

Liberia (li-*bāy*ri-ah) Liberia

liberian (li-bay-ri-*aan*) *c* Liberian

liberiansk (li-bay-ri-*aan*sk) *adj* Liberian

licens (li-*sayn*s) *c* licence

*****lida** (*lee*-dah) *v* suffer

lidande (*leed*-ahn-der) *nt* suffering; ailment, affliction

lidelse (*leed*-erl-ser) *c* passion

lidelsefull (*leed*-erl-ser-fewl) *adj* passionate

lifta (*lif*-tah) *v* hitchhike

liftare (*lif*-tah-rer) *c* (pl ~) hitchhiker

*****ligga** (*li*-gah) *v* *lie; *be situated

lik (leek) *nt* corpse; *adj* alike, like

lika (*lee*-kah) *adj* equal; even; *adv* equally, as;. ~ **mycket** as much

likadan (*lee*-kah-*daan*) *adj* alike

likaledes (*lee*-kah-*lāy*d-erss) *adv* likewise

likasinnad (*lee*-kah-*sin*-ahd) *adj* like-minded

likaså (*lee*-kah-*sōa*) *adv* likewise; as well, as much

likformig (*leek*-for-mi) *adj* uniform, homogeneous

likgiltig (*leek*-Yil-ti) *adj* indifferent

likhet (*leek*-hāyt) *c* resemblance; similarity

likna (*leek*-nah) *v* resemble

liknande (*leek*-nahn-der) *adj* similar, such

liksom (*lik*-som) *conj* as

likström (*leek*-strurm) *c* direct current

liktorn (*leek*-tōārn) *c* corn
likväl (*leek*-*vail*) *adv* yet; however, still
likvärdig (*leek*-vær-di) *adj* equivalent; •vara ~ equal
likör (li-*kūrr*) *c* liqueur
lilja (*lil*-Yah) *c* lily
lillfinger (*lil*-fing-ayr) *nt* (pl -fingrar) little finger
lim (lim) *nt* glue
limpa (*lim*-pah) *c* loaf; carton of cigarettes
lina (*leen*-ah) *c* cord, line
lind (lind) *c* lime; limetree
linda (*lin*-dah) *v* •wind
lindra (*lind*-rah) *v* relieve, mitigate, soothe
linjal (lin-*Yaal*) *c* ruler
linje (*lin*-Yer) *c* line
linjefartyg (*leen*-Yer-faar-tēwg) *nt* liner
linjerederi (*lin*-Yer-ray-day-ree) *nt* (pl ~er) shipping line
linne (*li*-ner) *nt* linen
lins (lins) *c* lens; lentil
list (list) *c* ruse; artifice; border
lista (*liss*-tah) *c* list
listig (*liss*-ti) *adj* cunning
lita på (*lee*-tah) trust; rely on
liten (*lee*-tern) *adj* (pl små) minor, small; little; petty; short; **ytterst** ~ minute
liter (*lee*-terr) *c* litre
litteratur (li-ter-rah-*tewr*) *c* literature; litteratur- literary
litterär (li-ter-*rǣr*) *adj* literary
liv (leev) *nt* life
livbälte (*leev*-behl-ter) *nt* lifebelt
livfull (*leev*-fewl) *adj* lively
livförsäkring (*liv*-furr-*saik*-ring) *c* life insurance
livlig (*leev*-li) *adj* vivid; busy
livmoder (*leev*-mōōd-err) *c* (pl -drar) womb
livräddare (*leev*-reh-dah-rer) *c* (pl ~)

life-saver
livsfarlig (*lifs*-faar-li) *adj* perilous
livsmedel (*lifs*-māy-derl) *nt* food
livsmedelsbutik (*lifs*-māy-derls-bew-teek) *c* grocer's
livstid (*lifs*-teed) *c* lifetime
livsviktig (*lifs*-vik-ti) *adj* vital
livvakt (*leev*-vakt) *c* bodyguard
ljud (Yēwd) *nt* sound
•ljuda (Yēw-dah) *v* sound
ljudband (Yēwd-bahnd) *nt* tape
ljuddämpare (Yēwd-dehm-pah-rer) *c* (pl ~) silencer; muffler *nAm*
ljudisolerad (Yēwd-i-soo-lāy-rahd) *adj* soundproof
•ljuga (Yēw-gah) *v* lie
ljum (Yewm) *adj* lukewarm, tepid
ljumske (Yewms-ker) *c* groin
ljung (Yewng) *c* heather
ljunghed (Yewng-hāyd) *c* moor
ljus (Yēwss) *adj* light; *nt* light
ljushårig (Yēwss-hōā-ri) *adj* fair
ljuvlig (Yēwv-li) *adj* lovely
lock (lok) *nt* cover, lid, top; *c* curl
locka (*lok*-ah) *v* curl; entice, tempt
lockelse (*lo*-kayl-ser) *c* attraction
lockig (*lo*-ki) *adj* curly
locktång (*lok*-tong) *c* (pl -tänger) curling-tongs *pl*
lodrät (*lōōd*-rait) *adj* vertical; perpendicular
logera (lo-*shāy*-rah) *v* accommodate
logi (lo-*shee*) *nt* (pl ~er, ~n) accommodation
logik (loo-*geek*) *c* logic
logisk (*lawg*-isk) *adj* logical
lojal (lo-*Yaal*) *adj* loyal
lok (lōōk) *nt* locomotive
lokal (loo-*kaal*) *adj* local; lokal- local
lokalisera (loo-kah-li-*sāy*-rah) *v* locate
lokalsamtal (loo-*kaal*-sahm-taal) *nt* local call
lokaltåg (loo-*kaal*-tōāg) *nt* local train
lokomotiv (loo-koo-moo-*teev*) *nt* en-

gine
longitud (*long*-gi-tewd) *c* longitude
lopp (lop) *nt* race; course
lort (loort) *c* dirt, filth
lortig (*loort*-i) *adj* filthy, dirty
lossa (*loss*-ah) *v* loosen; unfasten;
discharge
lots (loots) *c* pilot
lott (lot) *c* lot; lottery ticket
lotteri (lo-ter-*ree*) *nt* lottery
lov (lōāv) *nt* vacation; permission
lova (*lōā*-vah) *v* promise
LP-skiva (ayl-pay-*shee*-vah) *c* long-
playing record
lucka (*lew*-kah) *c* hatch
luffare (*lewf*-ah-rer) *c* (pl ~) tramp
luft (lewft) *c* air; sky; **luft-** air-; pneu-
matic
lufta (*lewf*-tah) *v* air, ventilate
luftfilter (*lewft*-fil-terr) *nt* (pl ~,
-trer) air-filter
luftig (*lewf*-ti) *adj* airy
luftkonditionerad (*lewft*-kon-di-shoo-
nāy-rahd) *adj* air-conditioned
luftkonditionering (*lewft*-kon-di-shoo-
nāyr-ing) *c* air-conditioning
luftrörskatarr (*lewft*-rūrrs-kah-*tahr*) *c*
bronchitis
lufttryck (*lewft*-trewk) *nt* atmospheric
pressure
lufttät (*lewft*-tait) *adj* airtight
lugn (lewngn) *adj* calm; quiet, tran-
quil; sedate, restful
lugna (*lewng*-nah) *v* calm down; re-
assure; ~ **sig** calm down
lukt (lewkt) *c* smell; odour
lukta (*lewk*-tah) *v* *smell
lunch (lewnsh) *c* lunch; luncheon
lunga (*lewng*-ah) *c* lung
lunginflammation (*lewng*-in-flah-mah-
shōōn) *c* pneumonia
lura (*lewr*-ah) *v* cheat
lus (lewss) *c* (pl löss) louse
lust (lewst) *c* desire; zest; ***ha** ~ **att**

*feel like; fancy
lustig (*lewss*-ti) *adj* funny; amusing,
jolly, humorous
lustjakt (*lewst*-ʸahkt) *c* yacht
lustspel (*lewst*-spāyl) *nt* comedy
luta (*lēw*-tah) *v* *lean; ~ **sig** *lean
lutande (*lēw*-tahn-der) *adj* slanting
lutning (*lēwt*-ning) *c* inclination
luxuös (lewk-sew-*ūrss*) *adj* luxurious
lya (*lēw*-ah) *c* den
lycka (*lewk*-ah) *c* happiness; fortune,
luck
lyckas (*lewk*-ahss) *v* manage, succeed
lycklig (*lewk*-li) *adj* happy; fortunate
lyckosam (*lew*-ko-sahm) *adj* lucky
lyckönska (*lewk*-urns-kah) *v* congratu-
late
lyckönskning (*lewk*-urnsk-ning) *c* con-
gratulation
lyda (*lēwd*-ah) *v* obey
lydig (*lēw*-di) *adj* obedient
lydnad (*lēwd*-nahd) *c* obedience
lyfta (*lewf*-tah) *v* lift; *take off
lyftkran (*lewft*-kraan) *c* crane
lykta (*lewk*-tah) *c* lantern
lyktstolpe (*lewkt*-stol-per) *c* lamp-
post
lymmel (*lew*-merl) *c* (pl -mlar) rascal
lysande (*lēw*-sahn-der) *adj* luminous
lysa upp (*lēw*-sah) illuminate, light
up; brighten
lyssna (*lewss*-nah) *v* listen
lyssnare (*lewss*-nah-rer) *c* (pl ~) lis-
tener
lyx (lewks) *c* luxury
låda (*lōā*-dah) *c* drawer
låg (lōāg) *adj* low
låga (*lōā*-gah) *c* flame
lågland (*lōāg*-lahnd) *nt* (pl -länder)
lowlands *pl*
lågsäsong (*lōāg*-seh-*song*) *c* low seas-
on; off season
lågtryck (*lōāg*-trewk) *nt* depression
lågvatten (*lōāg*-vaht-ern) *nt* low tide

lån (lōān) *nt* loan
låna (lōā-nah) *v* borrow; ~ **ut** *lend
lång (long) *adj* long; tall
långbyxor (*long*-bewks-err) *pl* trousers *pl*; slacks *pl*
långsam (*long*-sahm) *adj* slow
långt (longt) *adv* far; ~ **bort** far-away; **längre bort** further away; **längst bort** furthest; **på** ~ **när** by far
långtråkig (*long*-trōā-ki) *adj* boring; dull
långvarig (*long*-vaar-i) *adj* long, lengthy
lår (lōār) *nt* thigh
lås (lōāss) *nt* lock
låsa (lōā-sah) *v* lock; ~ **in** lock up; ~ **upp** unlock
***låta** (lōā-tah) *v* sound; allow to, *let; *leave
låtsa (lot-sah) *v* simulate, pretend
läcka (leh-kah) *c* leak; *v* leak
läcker (lehk-err) *adj* delicious
läder (leh-derr) *nt* leather; **läder-** leather
läge (lai-ger) *nt* location; position; situation, site
lägenhet (lai-gern-hāyt) *c* flat; apartment *nAm*
läger (lai-gerr) *nt* camp
***lägga** (lehg-ah) *v* *put; *lay; ~ **på** *put on; apply; add; ~ **sig** *lie down; ~ **till** add
läggningsvätska (lehg-nings-vehts-kah) *c* setting lotion
läka (lai-kah) *v* heal
läkare (lai-kah-rer) *c* (pl ~) doctor; physician; **allmänpraktiserande** ~ general practitioner
läkarmottagning (lai-kahr-moot taag-ning) *c* surgery
läkarvetenskap (lai-kahr-vāy-tern-skaap) *c* medicine
läkemedel (lai-ker-māy-dayl) *nt* rem-

edy
läktare (lehk-tah-rer) *c* (pl ~) stand
lämna (lehm-nah) *v* *leave; check out; ~ **i sticket** *let down
lämplig (lehmp-li) *adj* appropriate; proper, fit, convenient
län (lain) *nt* province
längd (lehngd) *c* length; **på längden** lengthways
längs (lehngs) *prep* along; past
längta (lehng-tah) *v* desire; ~ **efter** long for
längtan (lehng-tahn) *c* longing; wish
länk (lehngk) *c* link
läpp (lehp) *c* lip
läppstift (lehp-stift) *nt* lipstick
lära (læær-ah) *c* teachings *pl*; *v* *teach; ~ **sig** *learn; ~ **sig utan-till** memorize
lärare (læær-ah-rer) *c* (pl ~) teacher; master, schoolmaster, schoolteach-er
lärarinna (læær-ah-*rin*-ah) *c* teacher
lärd (læærd) *c* scholar
lärka (lær-kah) *c* lark
lärobok (lææ-roo-bōōk) *c* (pl -böcker) textbook
lärorik (lææ-roo-reek) *adj* instructive
läroverk (lææ-roo-værk) *nt* secondary school
läsa (lai-sah) *v* *read
läsesal (lai-ser-saal) *c* reading-room
läskedryck (lehss-ker-drewk) *c* lemon-ade
läskpapper (lehsk-pahp-err) *nt* blot-ting paper
läslampa (laiss-lahm-pah) *c* reading-lamp
läslig (laiss-li) *adj* legible
läsning (laiss-ning) *c* reading
lätt (leht) *adj* easy; light, slight
lätta (leht-ah) *v* relieve; lighten, ease
lätthanterlig (leht-hahn-tayr-li) *adj* easy to handle

lätthet (*leht*-hāyt) *c* facility, ease
lättnad (*leht*-nahd) *c* relief
lättretad (*leht*-rāy-tahd) *adj* irritable
lättretlig (*leht*-rāyt-li) *adj* irascible, touchy; quick-tempered
lättsmält (*leht*-smehlt) *adj* digestible
läxa (*lehks*-ah) *c* homework, lesson
löda (*lūrd*-ah) *v* solder
lödder (*lur*-derr) *nt* lather
lödkolv (*lūrd*-kolv) *c* soldering-iron
löfte (*lurf*-ter) *nt* promise; vow
lögn (lurngn) *c* lie
löjeväckande (*lur*-Yer-veh-kahn-der) *adj* ludicrous
löjlig (*lur*Y-li) *adj* ridiculous; ludicrous, foolish
lök (lūrk) *c* onion
lön (lūrn) *c* salary; wages *pl*, pay
löna sig (*lūrn*-ah) *v* *pay
lönande (*lūrn*-ahn-der) *adj* paying
löneförhöjning (*lūrn*-er-furr-hur*Y*-ning) *c* rise; raise *nAm*
lönlös (*lūrn*-lürss) *adj* useless, futile
lönn (lurn) *c* maple
lönsam (*lūrn*-sahm) *adj* profitable
löntagare (*lūrn*-taa-gah-rer) *c* (pl ∼) employee
lördag (*lūrr*-daag) *c* Saturday
lös (lūrss) *adj* loose
lösa (*lūr*-sah) *v* solve; ∼ **in** cash; ∼ **upp** *undo
lösdriveri (*lūrss*-dree-ver-*ree*) *nt* vagrancy
lösen (*lūr*-sern) *c* ransom
lösenord (*lūrss*-ern-ōōrd) *nt* password
löshår (*lūrss*-hōar) *nt* hair piece
löslig (*lūrss*-li) *adj* soluble
lösning (*lūrss*-ning) *c* solution
löständer (*lūrss*-tehn-derr) *pl* false teeth
löv (lūrv) *nt* leaf

M

madrass (mah-*drahss*) *c* mattress
magasin (mah-gah-*seen*) *nt* storehouse; warehouse
mage (*maa*-ger) *c* stomach; **mag-** gastric
mager (*maa*-gerr) *adj* thin; lean
magisk (*maag*-isk) *adj* magic
magnetapparat (mahng-*nāyt*-ah-pah-raat) *c* magneto
magnetisk (mahng-*nāy*-tisk) *adj* magnetic
magnifik (mahng-ni-*feek*) *adj* magnificent
magont (*maag*-oont) *nt* stomach-ache
magplågor (*maag*-plōag-or) *pl* stomach-ache
magra (*maag*-rah) *v* slim
magsår (*maag*-sōar) *nt* gastric ulcer
maj (migh) May
major (mah-Yōōr) *c* major
majoritet (mah-Yoo-ri-*tāyt*) *c* majority
majs (mighss) *c* maize
majskolv (*mighss*-kolv) *c* corn on the cob
maka (*maak*-ah) *c* wife
make (*maak*-er) *c* husband
makrill (*mahk*-ril) *c* mackerel
makt (mahkt) *c* power; might, force; rule
maktbefogenhet (*mahkt*-bay-fōō-gern-hāyt) *c* authority
maktlös (*mahkt*-lūrss) *adj* powerless
mal (maal) *c* moth
mala (*maa*-lah) *v* *grind
malaria (mah-*laa*-ri-Yah) *c* malaria
Malaysia (mah-*ligh*-si-ah) Malaysia
malaysier (mah-*ligh*-si-err) *c* (pl ∼) Malay
malaysisk (mah-*ligh*-sisk) *adj* Malaysian
mallig (*mahl*-i) *adj* cocky

malm (mahlm) *c* ore
malplacerad (mahl-plah-*sayr*-ahd) *adj* misplaced
mammut (*mahm*-ewt) *c* mammoth
man¹ (mahn) *pron* one
man² (mahn) *c* (pl män) man
manchester (mahn-*shayss*-terr) *c* corduroy
mandarin (mahn-dah-*reen*) *c* mandarin; tangerine
mandat (mahn-*daat*) *nt* mandate
mandel (*mahn*-dayl) *c* (pl -dlar) almond
manet (mah-*nayt*) *c* jelly-fish
mani (mah-*nee*) *c* craze
manikyr (mah-ni-*kewr*) *c* manicure
manikyrera (mah-ni-kew-*ray*-rah) *v* manicure
manlig (*mahn*-li) *adj* masculine
mannekäng (mah-ner-*kehng*) *c* model
manschett (mahn-*shayt*) *c* cuff
manschettknappar (mahn-*shayt*-knah-pahr) *pl* cuff-links *pl*
manuskript (mahn-new-*skript*) *nt* manuscript
mardröm (*maar*-drurm) *c* (pl ~mar) nightmare
margarin (mahr-gah-*reen*) *nt* margarine
marginal (mahr-Yi-*naal*) *c* margin
marinmålning (mah-*reen*-moal-ning) *c* seascape
maritim (mah-ri-*teem*) *adj* maritime
mark (mahrk) *c* ground, earth; grounds
markant (mahr-*kahnt*) *adj* striking
markera (mahr-*kay*-rah) *v* mark
markis (mahr-*keess*) *c* awning; marquis
marknad (*mahrk*-nahd) *c* fair
marmelad (mahr-may-*laad*) *c* marmalade
marmor (*mahr*-moor) *c* marble
marockan (mah-ro-*kaan*) *c* Moroccan

marockansk (mah-ro-*kaansk*) *adj* Moroccan
Marocko (mah-*rok*-o) Morocco
mars (mahrs) March
marsch (mahrsh) *c* march
marschera (mahr-*shay*-rah) *v* march
marschfart (*mahrsh*-faart) *c* cruising speed
marsvin (*maar*-sveen) *nt* guinea-pig
martyr (mahr-*tewr*) *c* martyr
mask (mahsk) *c* worm; mask
maska (*mahss*-kah) *c* mesh; ladder
maskara (mahss-*kaa*-rah) *c* mascara
maskin (mah-*sheen*) *c* engine; machine; *skriva ~ type
maskineri (mah-shi-ner-*ree*) *nt* (pl ~er) machinery
maskinskriven (mah-*sheen*-skree-vern) *adj* typewritten
maskinskriverska (mah-*sheen*-skree-vayrs-kah) *c* typist
maskros (*mahsk*-rōōss) *c* dandelion
massa (*mahss*-ah) *c* mass; bulk
massage (mah-*saash*) *c* massage
massera (mah-*say*-rah) *v* massage
massiv (mah-*seev*) *adj* solid; massive
massmöte (*mahss*-mūr-ter) *nt* rally
massproduktion (*mahss*-pro-dewk-*shōōn*) *c* mass production
massör (mah-*surr*) *c* masseur
mast (mahst) *c* mast
mat (maat) *c* food; fare; djupfryst ~ frozen food; laga ~ cook; ~ och logi bed and board; room and board, board and lodging; smälta maten digest
mata (*maa*-tah) *v* *feed
match (mahch) *c* match
matematik (mah-tay-mah-*teek*) *c* mathematics
matematisk (mah-tay-*maat*-isk) *adj* mathematical
materia (mah-*tay*-ri-ah) *c* matter
material (mah-teh-ri-*aal*) *nt* material

materiell (mah-teh-ri-*ayl*) *adj* material

matförgiftning (*maat*-furr-*Yift*-ning) *c* food poisoning

matlust (*maat*-lewst) *c* appetite

matros (mah-*trōōss*) *c* seaman

maträtt (*maat*-reht) *c* dish

matsal (*maat*-saal) *c* dining-room

matsedel (*maat*-*sāy*-derl) *c* menu

matservis (*maat*-sehr-*veess*) *c* dinner-service

matsked (*maat*-shāyd) *c* tablespoon

matsmältning (*maat*-smehlt-ning) *c* digestion

matsmältningsbesvär (*maat*-smehlt-nings-bay-svæær) *nt* indigestion

matt (maht) *adj* dim, mat; dull

matta (*mah*-tah) *c* carpet; mat

matvaror (*maat*-vaa-roor) *pl* foodstuffs *pl*

mausoleum (mou-so-*lāy*-ewm) *nt* (pl -leer) mausoleum

med (māyd) *prep* with; by; *ha ~ sig *bring

medalj (may-*dahlY*) *c* medal

medan (*māy*-dahn) *conj* while; whilst

medarbetare (*māyd*-ahr-bāy-tah-rer) *c* (pl ~) colleague

medborgare (*māyd*-bor-*Yah*-rer) *c* (pl ~) citizen; medborgar- civic

medborgarskap (*māyd*-bor-*Yahr*-skaap) *nt* citizenship

medborgerlig (*māyd*-bor-*Yayr*-li) *adj* civil

medbrottsling (*māyd*-brots-ling) *c* accessary

meddela (*māyd*-dāy-lah) *v* inform; report, communicate, notify

meddelande (*māyd*-dāy-lahn-day) *nt* message; information, communication

medel (*māy*-derl) *nt* means; antiseptiskt ~ antiseptic; lugnande ~ sedative; tranquillizer; smärtstillande ~ analgesic; stärkande ~ tonic

medel- (*māy*-derl) medium

Medelhavet (*māy*-derl-haa-vert) Mediterranean

medelklass (*māy*-derl-klahss) *c* middle class

medelmåttig (*māyd*-erl-mot-i) *adj* moderate; medium

medelpunkt (*māyd*-erl-pewngt) *c* centre

medeltida (*māy*-derl-tee-dah) *adj* mediaeval

Medeltiden (*māy*-derl-tee-dern) Middle Ages

medfödd (*māyd*-furd) *adj* inborn

medföra (*māyd*-fūr-rah) *v* *bring

*medge (*māyd*-*Yāy*) *v* admit; grant

medhjälpare (*māyd*-Yehl-pah-rer) *c* (pl ~) assistant

medicin (may-di-*seen*) *c* medicine; drug

medicinsk (may-di-*seensk*) *adj* medical

meditera (may-di-*tāyr*-ah) *v* meditate

medkänsla (*māyd*-tYehns-lah) *c* sympathy

medla (*māyd*-lah) *v* mediate

medlare (*māyd*-lah-rer) *c* (pl ~) mediator

medlem (*māyd*-laym) *c* (pl ~mar) member; associate

medlemskap (*māyd*-laym-skaap) *nt* membership

medlidande (*māyd*-lee-dahn-der) *nt* pity; *ha ~ med pity

medräkna (*māyd*-raik-nah) *v* count, include

medströms (*māyd*-strurms) *adv* downstream

medtävlare (*māyd*-taiv-lah-rer) *c* (pl ~) competitor

medvetande (*māyd*-vāy-tahn-der) *nt* consciousness

medveten (*māyd*-vāy-tern) *adj* conscious; aware

medvetslös (*māyd-vāyts*-lurss) *adj* unconscious

mejeri (may-Yay-ree) *nt* (pl ∼er) dairy

mejsel (*may*-sayl) *c* (pl -slar) chisel

mekaniker (may-*kaa*-ni-kerr) *c* (pl ∼) mechanic

mekanisk (may-*kaa*-nisk) *adj* mechanical

mekanism (may-kah-*nism*) *c* mechanism

mellan (*may*-lahn) *prep* between; among

mellanmål (*may*-lahn-mōal) *nt* snack

mellanrum (*may*-lahn-rewm) *nt* space

mellanspel (*may*-lahn-spāyl) *nt* interlude

mellantid (*may*-lahn-teed) *c* interim

mellanvåning (*may*-lahn-vōa-ning) *c* mezzanine

mellersta (*may*-lerrs-tah) *adj* middle

melodi (may-lo-*dee*) *c* melody; tune

melodisk (mer-lōod-isk) *adj* melodious

melodrama (may-loo-*draam*-ah) *nt* (pl -mer) melodrama

melon (may-lōon) *c* melon

memorandum (may-moo-*rahn*-dewm) *nt* (pl -da) memo

men (mayn) *conj* but; only

mena (*māyn*-ah) *v* *mean

mened (*māyn*-āyd) *c* perjury

mening (*māy*-ning) *c* sentence; sense; meaning

meningslös (*māy*-nings-lūrss) *adj* meaningless

menstruation (mayn-strew-ah-*shōōn*) *c* menstruation

mental (mayn-*taal*) *adj* mental

mentalsjukhus (mehn-*taal*-shewk-hēwss) *nt* asylum

meny (mer-*nēw*) *c* menu; **fast** ∼ set menu

mer (māyr) *adv* more; **lite** ∼ some more

mest av allt (mayst aav ahlt) most of all

för det mesta (furr day *mayss*-tah) mostly

meta (*māyt*-ah) *v* fish; angle

metall (may-*tahl*) *c* metal; **metall-** metal

meter (*māy*-terr) *c* (pl ∼) metre

metkrok (*māyt*-krōōk) *c* fishing hook

metod (may-*tōōd*) *c* method

metodisk (may-*tōō*-disk) *adj* methodical

metrev (*māyt*-rāyv) *c* fishing line

metrisk (*māyt*-risk) *adj* metric

metspö (*māyt*-spur) *nt* fishing rod

mexikanare (mayks-i-*kaa*-nah-rer) *c* (pl ∼) Mexican

mexikansk (mayks-i-*kaansk*) *adj* Mexican

Mexiko (*mayks*-i-koo) Mexico

middag (*mi*-dah) *c* dinner; ***äta** ∼ dine

midja (*meed*-Yah) *c* waist

midnatt (*meed*-naht) *c* midnight

midsommar (*mid*-so-mahr) *c* midsummer

mig (may) *pron* me; myself

migrän (mi-*grain*) *c* migraine

mikrofon (mik-ro-*fōan*) *c* microphone

mil (meel) *c* ten kilometres

mild (mild) *adj* mild; gentle

miljon (mil-Yōōn) *c* million

miljonär (mil-Yoo-*næær*) *c* millionaire

miljö (mil-*Yūr*) *c* environment; milieu

milstolpe (*meel*-stol-per) *c* milestone

min (min) *pron* (nt mitt, pl mina) my

mindervärdig (*min*-derr-væær-di) *adj* inferior

minderårig (*min*-derr-ōa-ri) *adj* under age; *c* minor

mindre (*mind*-rer) *adv* less; *adj* minor

mineral (mi-ner-*raal*) *nt* mineral

mineralvatten (mi-ner-*raal*-vah-tern) *nt*

mineral water; soda-water

miniatyr (mi-ni-ah-*tewr*) c miniature

minimum (*mee*-ni-mewm) nt (pl ~, -ma) minimum

minister (mi-*niss*-terr) c (pl -trar) minister

mink (mingk) c mink

minnas (*min*-ahss) v remember, recollect

minne (*minah*) nt memory; remembrance

minnesfest (*mi*-nayss-fehst) c commemoration

minnesmärke (*mi*-nayss-mær-ker) nt memorial; monument

minnesvärd (*mi*-nayss-væærd) adj memorable

minoritet (mi-noo-ri-*tayt*) c minority

minska (*mins*-kah) v decrease; subtract; lower

minskning (*minsk*-ning) c decrease, reduction

minst (minst) adj least

minus (*mee*-newss) prep minus

minut (mi-*newt*) c minute

mirakel (mi-*raa*-kayl) nt (pl -kler) miracle

missa (*miss*-ah) v miss

missbelåten (*miss*-ber-*loa*-tern) adj discontented

missbruk (*miss*-brewk) nt abuse; misuse

missbruka (*miss*-brewkah) v abuse

missfall (*miss*-fahl) nt miscarriage

missfärgad (*miss*-fær-Yahd) adj discoloured

***missförstå** (*miss*-furr-*stoa*) v *misunderstand

missförstånd (*miss*-furr-*stond*) nt misunderstanding

misshaga (*miss*-haa-gah) v displease

misslyckad (*miss*-lew-kahd) adj unsuccessful

misslyckande (*miss*-lew-kahn-der) nt failure

misslyckas (*miss*-lew-kahss) v fail

missnöjd (*miss*-nur Yd) adj dissatisfied

***missta** (*miss*-taa) *be mistaken; err

misstag (*miss*-taag) nt mistake; error

misstanke (*miss*-tahng-ker) c suspicion

misstro (*miss*-troo) v mistrust; c distrust

misstrogen (*miss*-troo-gern) adj distrustful

misstänka (*miss*-tehng-kah) v suspect

misstänksam (*miss*-tehngk-sahm) adj suspicious

misstänksamhet (*miss*-tayngk-sahm-hayt) c suspicion

misstänkt[1] (*miss*-tehngt) c (pl ~a) suspect

misstänkt[2] (*miss*-tehngt) adj suspicious, suspected

missunna (*miss*-ewn-ah) v grudge

mista (*miss*-tah) v *lose

mitt (mit) c middle; midst; ~ i amid; ~ ibland amid

mittemellan (*mit*-ay-may-lahn) adv in between

mittemot (mit-ay-*moot*) prep opposite; facing

mixer (*miks*-err) c (pl ~) mixer

mjuk (m Yewk) adj soft; smooth; supple

mjuka upp (m Yew-kah) soften

mjäll (m Yehl) nt dandruff; adj tender

mjöl (m Yurl) nt flour

mjölk (m Yurlk) c milk

mjölkbud (m Yurlk-bewd) nt milkman

mjölkig (m Yurl-ki) adj milky

mjölnare (m Yurl-nah-rer) c (pl ~) miller

mockaskinn (mo-kah-shin) nt suede

mod (mood) nt courage; guts

mode (moo-der) nt fashion

modell (moo-dayl) c model

modellera (moo-day-layr-ah) v model

moderat (moo-der-*raat*) *adj* moderate

modern (moo-*dæærn*) *adj* modern; fashionable

modersmål (*mōō*-derrs-*mōāl*) *nt* mother tongue; native language

modig (*mōō*-di) *adj* brave, courageous

modist (moo-*dist*) *c* milliner

mogen (*mōō*-gayn) *adj* mature; ripe

mognad (*mōōg*-nahd) *c* maturity

mohair (moo-*hæær*) *c* mohair

moln (*mōāln*) *nt* cloud

molnig (*mōāl*-ni) *adj* cloudy

monark (moo-*nahrk*) *c* monarch

monarki (moo-nahr-*kee*) *c* monarchy

monetär (mo-ner-*tæær*) *adj* monetary

monolog (mo-noo-*lōāg*) *c* monologue

monopol (mo-no-*pōāl*) *nt* monopoly

monoton (mo-no-*tōān*) *adj* monotonous

monter (*mon*-terr) *c* (pl -trar) showcase

montera (mon-*tāy*-rah) *v* assemble

montering (mon-*tāy*-ring) *c* assembly

montör (mon-*tūrr*) *c* fitter, assembler

monument (mo-new-*mehnt*) *nt* monument

moped (moo-*pāyd*) *c* moped; motorbike *nAm*

mor (*mōōr*) *c* (pl mödrar) mother

moral (moo-*raal*) *c* moral

moralisk (moo-*raa*-lisk) *adj* moral

morallära (moo-*raal*-læ*æ*-rah) *c* morality

morbror (*moor*-broor) *c* (pl -bröder) uncle

mord (mōōrd) *nt* murder; assassination

morfar (*moor*-fahr) *c* (pl -fäder) grandfather

morfin (mor-*feen*) *nt* morphine; morphia

morgon (*mor*-on) *c* (pl -gnar) morning; **i ~** tomorrow

morgonrock (*mo*-ron-rok) *c* dressing-gown

morgontidning (*mo*-ron-teed-ning) *c* morning paper

morgonupplaga (*mor*-on-ewp-laag-ah) *c* morning edition

mormor (*moor*-moor) *c* (pl -mödrar) grandmother

morot (*mōō*-rōōt) *c* (pl morötter) carrot

morra (*mor*-ah) *v* growl

i morse (ee *mor*-ser) this morning

mosa (*mōōss*-ah) *v* mash

mosaik (moo-sah-*eek*) *c* mosaic

moské (moss-*kāy*) *c* mosque

moskit (mo-*skeet*) *c* mosquito

mossa (*moss*-ah) *c* moss

moster (*mooss*-terr) *c* (pl -trar) aunt

mot (mōōt) *prep* against; towards

motbjudande (*mōōt*-b^vew-dahn-day) *adj* revolting

motell (moo-*tayl*) *nt* motel

motgång (*mōōt*-gong) *c* adversity

motion (mot-*shōōn*) *c* exercise; motion

motiv (moo-*teev*) *nt* motive

motor (*mōō*-tor) *c* engine, motor

motorbåt (*mōō*-tor-bōāt) *c* motorboat

motorcykel (*mōō*-tor-sew-kerl) *c* (pl -klar) motor-cycle

motorfartyg (*mōō*-tor-faar-tewg) *nt* motor vessel

motorhuv (*mōō*-tor-hewv) *c* bonnet; hood *nAm*

motorskada (*mōō*-tor-skaa-dah) *c* engine failure

motorstopp (*mōō*-tor-stop) *nt* breakdown

motorväg (*mōō*-tor-vaig) *c* motorway; highway *nAm*

motsats (*mōōt*-sahts) *c* contrary; reverse

motsatt (*mōōt*-saht) *adj* opposite;

contrary

motstående (*mōōt*-stōa-ayn-der) *adj* opposite

motstånd (*mōōt*-stond) *nt* resistance; resistor

motståndare (*mōōt*-ston-dah-rer) *c* (pl ~) opponent

motsvara (*mōōt*-svaar-ah) *v* correspond to

motsvarande (*mōōt*-svaar-ahn-der) *adj* equivalent

motsvarighet (*mōōt*-svaa-ri-hāyt) *c* equivalence

*motsäga (*mōōt*-say-ah) *v* contradict

motsägande (*mōōt*-say-ahn-der) *adj* contradictory

*motta (*mōōt*-taa) *v* receive; accept

mottagande (*mōōt*-taag-ahn-der) *nt* reception; receipt

mottagning (*mōōt*-taag-ning) *c* reception; **mottagningstid** consultation hours

mottagningsbevis (*mōōt*-taag-nings-ber-veess) *nt* receipt

motto (*mot*-oo) *nt* motto

motvilja (*mōōt*-vil-ᴌah) *c* antipathy; dislike; aversion

mousserande (moo-*sāy*-rahn-der) *adj* sparkling

mugg (mewg) *c* mug

mulen (*mēwl*-ern) *adj* overcast, cloudy

mullbär (*mewl*-bæær) *nt* mulberry

multe (*mewl*-ter) *c* mullet

multiplicera (mewl-ti-pli-*sāy*-rah) *v* multiply

multiplikation (mewl-ti-pli-kah-*shōōn*) *c* multiplication

mulåsna (*mēwl*-ōass-nah) *c* mule

mun (mewn) *c* (pl ~nar) mouth

munk (mewngk) *c* monk

munsbit (*mewns*-beet) *c* bite

munstycke (*mewn*-stew-ker) *nt* nozzle

munter (*mewn*-terr) *adj* merry; gay, cheerful

munterhet (*mewn*-terr-hāyt) *c* gaiety

muntlig (*mewnt*-li) *adj* oral; verbal

muntra upp (*mewnt*-rah) cheer up

munvatten (*mewn*-vah-tern) *nt* mouthwash

mur (mēwr) *c* wall

mura (*mēwr*-ah) *v* *lay bricks

murare (*mēw*-rah-rer) *c* (pl ~) bricklayer

murgröna (*mēwr*-grür-nah) *c* ivy

mus (mēwss) *c* (pl möss) mouse

museum (mew-*sāy*-ewm) *nt* (pl muse-er) museum

musik (mēw-seek) *c* music

musikal (mēw-si-*kaal*) *c* musical

musikalisk (mēw-si-*kaa*-lisk) *adj* musical

musiker (*mēw*-si-kerr) *c* (pl ~) musician

musikinstrument (mēw-*seek*-in-strēw-*mehnt*) *nt* musical instrument

muskel (*mewss*-kerl) *c* muscle

muskotnöt (*mewss*-kot-nürt) *c* (pl ~ter) nutmeg

muskulös (mewss-kew-lürss) *adj* muscular

muslin (mewss-*leen*) *nt* muslin

mustasch (mewss-*taash*) *c* moustache

muta (*mēwt*-ah) *v* bribe

mutning (*mēwt*-ning) *c* bribery

mutter (*mew*-terr) *c* (pl -trar) nut

mycket (*mew*-ker) *adv* very; much, far

mygga (*mewg*-ah) *c* mosquito

myggnät (*mewg*-nait) *nt* mosquito-net

myndig (*mewn*-di) *adj* of age

myndigheter (*mewn*-di-*hāy*-terr) *pl* authorities *pl*

mynning (*mewn*-ing) *c* mouth

mynt (mewnt) *nt* coin

mynta (*mewn*-tah) *c* mint

myntenhet (*mewnt*-āyn-*hāyt*) *c* monetary unit

myntöppning (*mewnt*-urp-ning) *c* slot

myra (*mew*-rah) *c* ant

mysig (*mew*-si) *adj* cosy

mysterium (mewss-*tāy*-ri-ewm) *nt* (pl -rier) mystery

mystisk (mewss-tisk) *adj* mysterious

myt (mewt) *c* myth

myteri (mew-ter-*ree*) *nt* (pl ~er) mutiny

må (mōā) *v* *feel

mål (mōāl) *nt* goal; meal

måla (*mōā*-lah) *v* paint

målare (*mōā*-lah-rer) *c* (pl ~) painter

målarfärg (*mōā*-lahr-færᵛ) *c* paint

mållinje (*mōā*-lin-ᵛer) *c* finish, finishing line

mållös (*mōā*-lūrss) *adj* speechless

målning (*mōā*-ning) *c* painting

målsättning (*mōā*-seht-ning) *c* objective, aim

måltavla (*mōā*l-taav-lah) *c* target

måltid (*mōā*l-teed) *c* meal

målvakt (*mōā*l-vahkt) *c* goalkeeper

månad (*mōā*-nahd) *c* month

månadstidning (*mōā*-nahds-*teed*-ning) *c* monthly magazine

månatlig (*mōā*-naht-li) *adj* monthly

måndag (*mon*-daag) *c* Monday

måne (*mōā*-ner) *c* moon

många (*mong*-ah) *adj* many; much

mångsidig (*mong*-see-di) *adj* all-round

månsken (*mōān*-shāyn) *nt* moonlight

mås (mōāss) *c* gull

***måste** (*moss*-ter) *v* *must; *be obliged to, *have to, need to; *be bound to

mått (mot) *nt* measure

måttband (*mot*-bahnd) *nt* tape-measure

måttlig (*mot*-li) *adj* moderate

mäklare (*maik*-lah-rer) *c* (pl ~) broker

mäktig (*mehk*-ti) *adj* powerful; mighty

mängd (mehngd) *c* amount; lot

människa (*meh*-ni-shah) *c* human being; man

mänsklig (*mehnsk*-li) *adj* human

mänsklighet (*mehn*-skli-hāyt) *c* humanity; mankind

märg (mæærᵛ) *c* marrow

märka (*mæær*-kah) *v* notice, sense; mark

märkbar (*mærk*-baar) *adj* noticeable; perceptible

märke (*mær*-ker) *nt* mark; brand; *lägga ~ till notice

märkvärdig (*mærk*-væær-di) *adj* curious

mässa (*meh*-sah) *c* Mass

mässing (*meh*-sing) *c* brass

mässingsorkester (*mehss*-ings-or-*kehss*-terr) *c* (pl -trar) brass band

mässling (*mehss*-ling) *c* measles

mästare (*mayss*-tah-rer) *c* (pl ~) master; champion

mästerverk (*mehss*-terr-værk) *nt* masterpiece

mäta (*mai*-tah) *v* measure

mätare (*mait*-ah-rer) *c* (pl ~) meter; gauge

möbelben (*mūr*-berl-*bāyn*) *nt* leg

möbler (*mūrb*-lerr) *pl* furniture

möblera (*mūr*-*blāy*-rah) *v* furnish

möda (*mūrdah*) *c* pains, trouble

mögel (*mūr*-gerl) *nt* mildew

möglig (*mūrg*-li) *adj* mouldy

möjlig (*murᵛ*-li) *adj* possible

***möjliggöra** (*murᵛ*-li-*ᵛūr*-rah) *v* *make possible; enable

möjlighet (*murᵛ*-li-hāyt) *c* possibility

mönster (*murns*-terr) *nt* pattern

mör (mūrr) *adj* tender

mörda (*mūrr*-dah) *v* murder

mördare (*mūrr*-dah-rer) *c* (pl ~) murderer

mörk (murrk) *adj* dark; obscure

mörker (*murr*-kerr) *nt* dark; darkness
mört (murrt) *c* roach
mössa (*mur*-sah) *c* cap
möta (*mūr*-tah) *v* *meet; encounter
mötande (*mūr*-tahn-der) *adj* oncoming
möte (*mūrt*-er) *nt* meeting; **avtalat ~** appointment; engagement
mötesplats (*mūr*-tayss-plahts) *c* meeting-place

N

nackdel (*nahk*-dāyl) *c* disadvantage
nacke (*nahk*-er) *c* nape of the neck
nagel (*naa*-gayl) *c* (pl naglar) nail
nagelborste (*naa*-gayl-bors-ter) *c* nail-brush
nagelfil (*naa*-gayl-feel) *c* nail-file
nagellack (*naa*-gayl-lahk) *nt* nail-polish
nagelsax (*naa*-gayl-sahks) *c* nail-scissors *pl*
naiv (nah-*eev*) *adj* naïve
naken (*naa*-kern) *adj* naked; nude, bare
nakenstudie (*naa*-kern-*stēw*-di-er) *c* nude
namn (nahmn) *nt* name; **i ... namn** in the name of
narkos (nahr-*kōass*) *c* narcosis
narkotika (nahr-*kōa*-ti-kah) *c* narcotic
nation (naht-*shōōn*) *c* nation
nationaldräkt (naht-shoo-*naal*-drehkt) *c* national dress
nationalisera (naht-shoo-nah-li-*sāyr*-ah) *v* nationalize
nationalitet (naht-shoo-nah-li-*tāyt*) *c* nationality
nationalpark (naht-shoo-*naal*-pahrk) *c* national park
nationalsång (naht-shoo-*naal*-song) *c* national anthem

nationell (naht-shoo-*nayl*) *adj* national
natt (naht) *c* (pl nätter) night; **i ~** tonight; **om natten** by night; **över natten** overnight
nattaxa (*naht*-tahk-sah) *c* night rate
nattflyg (*naht*-flēwg) *nt* night flight
nattklubb (*naht*-klewb) *c* nightclub; cabaret
nattkräm (*naht*-kraim) *c* night-cream
nattlig (*naht*-li) *adj* nightly
nattlinne (*naht*-li-ner) *nt* nightdress
nattåg (*naht*-tōag) *nt* night train
natur (nah-*tēwr*) *c* nature
naturlig (nah-*tēwr*-li) *adj* natural
naturligtvis (nah-*tēwr*-lit-*veess*) *adv* of course; naturally
naturskön (nah-*tēwr*-shūrn) *adj* scenic
naturvetenskap (nah-*tēwr*-vāyt-ern-*skaap*) *c* physics
navel (*naav*-erl) *c* (pl navlar) navel
navigation (nah-vi-gah-*shōōn*) *c* navigation
navigera (nah-vi-*gāy*-rah) *v* navigate
necessär (nay-ser-*sær*) *c* toilet case
ned (nāyd) *adv* down
nedan (*nāy*-dahn) *adv* beneath, below
nedanför (*nāy*-dahn-fürr) *prep* below; under
nederbörd (*nāyd*-err-*būrrd*) *c* precipitation
nederlag (*nāyd*-err-laag) *nt* defeat
nederländare (*nāy*-derr-lehn-dah-rer) *c* (pl ~) Dutchman
Nederländerna (*nāy*-derr-lehn-derr-nah) the Netherlands
nederländsk (*nāy*-dayr-lehnsk) *adj* Dutch
nedersta (*nāy*-derr-stah) *adj* bottom, lowest
nedre (*nāyd*-rer) *adj* inferior
nedslående (*nāyd*-slōa-ayn-der) *adj* depressing
nedsmutsad (*nāyd*-smewt-sahd) *adj*

soiled

nedstigning (*nāyd*-steeg-ning) *c* descent

nedstämd (*nāyd*-stehmd) *adj* low; down, down-hearted

nedåt (*nāyd*-ot) *adv* down; downwards

negativ (*nay*-gah-teev) *adj* negative; *nt* negative

neger (*nāy*-gerr) *c* (pl negrer) Negro

negligé (nay-gli-*shāy*) *c* negligee

nej (nay) no

neka (*nāyk*-ah) *v* deny

nekande (*nāyk*-ahn-der) *adj* negative

neon (nay-*ōan*) *nt* neon

ner (*nāyr*) *adv* down, downstairs

nerv (nærv) *c* nerve

nervös (nær-*vūrss*) *adj* nervous

netto- (*nayt*-oo) net

neuralgi (nayv-rahl-*gee*) *c* neuralgia

neuros (nayv-*rōass*) *c* neurosis

neutral (nay*ew*-traal) *adj* neutral

neutrum (*nāy*-ewt-rewm) *nt* neuter

Ni (nee) *pron* you

ni (nee) *pron* you

nick (nik) *c* nod

nicka (*nik*-ah) *v* nod

nickel (*nik*-erl) *c* nickel

*****niga** (*nee*-gah) *v* curtsy

Nigeria (ni-*gāyr*-i-ah) Nigeria

nigerian (ni-gay-ri-*aan*) *c* Nigerian

nigeriansk (ni-gay-ri-*aansk*) *adj* Nigerian

nikotin (ni-koo-*teen*) *nt* nicotine

nio (*neeoo*) *num* nine

nionde (*nee*-on-der) *num* ninth

nit (neet) *nt* zeal, ardour

nittio (*nit*-i) *num* ninety

nitton (*nit*-on) *num* nineteen

nittonde (*nit*-on-der) *num* nineteenth

nivå (ni-*voa*) *c* level

njure (n*Yew*-rer) *c* kidney

*****njuta** (n*Yew*-tah) *v* enjoy

njutning (n*Yewt*-ning) *c* delight

nog (nōōg) *adv* enough; probably

noga (*nōō*-gah) *adj* precise

noggrann (*nōōg*-rahn) *adj* accurate, precise

nolla (*no*-lah) *c* zero; nought

nominell (noo-mi-*nayl*) *adj* nominal

nominera (noo-mi-*nāyr*-ah) *v* nominate

nominering (noo-mi-*nāyr*-ing) *c* nomination

nord (nōōrd) *c* north

nordlig (*nōōrd*-li) *adj* northern; northerly, north

nordost (nōōrd-*oost*) *c* north-east

Nordpolen (*nōōrd*-pōō-lern) North Pole

nordväst (nōōrd-*vehst*) *c* north-west

Norge (*nor*-Yer) Norway

norm (norm) *c* norm, standard

normal (nor-*maal*) *adj* normal; regular

norrman (*nor*-mahn) *c* (pl -män) Norwegian

norsk (norsk) *adj* Norwegian

nos (nōōss) *c* snout

noshörning (*nōōss*-hūrr-ning) *c* rhinoceros

nota (*nōōt*-ah) *c* bill; check *nAm*

notera (noo-*tāyr*-ah) *v* note

nougat (noo-*gaat*) *c* nougat

novell (noo-*vehl*) *c* short story

november (noo-*vehm*-berr) November

nu (new) *adv* now

nudistbadstrand (new-*dist*-baad-strahnd) *c* (pl -stränder) nudist beach

nuförtiden (*nēw*-furr-*tee*-dayn) *adv* nowadays

nummer (*newm*-err) *nt* number; act

nummerplåt (*new*-merr-plōat) *c* registration plate; licence plate *Am*

nunna (*newn*-ah) *c* nun

nunnekloster (*newn*-er-*kloss*-terr) *nt* nunnery

nutid (*new*-teed) c present

nutida (*new*-tee-dah) *adj* contemporary

nuvarande (*new*-vaa-rahn-der) *adj* present; current

ny (new) *adj* new; recent; **splitter ~** brand-new

nyans (new-*ahngs*) c nuance; shade

Nya Zeeland (*new*ah *say*-lahnd) New Zealand

nybörjare (*new*-burr-Yah-rer) c (pl ~) beginner; learner

nyck (newk) c whim; fancy

nyckel (*new*-kerl) c (pl -klar) key

nyckelben (*new*-kerl-bāyn) *nt* collarbone

nyckelhål (*new*-kerl-hōal) *nt* keyhole

nyfiken (*new*-fee-kern) *adj* curious

nyfikenhet (*new*-fee-kern-hāyt) c curiosity

nyhet (*new*-hāyt) c news

nyheter (*new*-hāy-terr) *pl* news; tidings *pl*

nykter (newk-terr) *adj* sober

nyligen (*new*-li-gayn) *adv* recently; lately

nylon (new-*lōan*) *nt* nylon

nynna (newn-ah) v hum

*nypa (*new*-pah) v pinch

*nysa (*new*-sah) v sneeze

nyss (newss) *adv* a moment ago

nytta (new-tah) c use; benefit; profit; *ha ~ av** benefit by, profit by

nyttig (new-ti) *adj* useful

nyttighet (new-ti-hāyt) c utility

nyttja (newt-Yah) v use, employ

nyår (*new*-ōar) *nt* New Year

nå (nōa) v reach

nåd (nōad) c grace; mercy

någon (*nōa*-gon) *pron* somebody; any, someone

någonsin (*nōa*-gon-*sin*) *adv* ever

någonstans (*nōa*-gon-stahns) *adv* somewhere

någorlunda (*nōa*-goor-lewn-dah) *adv* quite; rather

något (*nōa*-got) *pron* something, some

några (*nōag*-rah) *pron* some; *adj* some

nål (nōal) c needle

näbb (nehb) c beak

näktergal (*nehk*-terr-*gaal*) c nightingale

nämligen (*nehm*-li-gern) *adv* namely

nämna (*nehm*-nah) v mention

när (næær) *adv* when; *conj* when

nära (*næær*-ah) *adj* near; close

närande (*næær*-ahn-der) *adj* nourishing; nutritious

närapå (*næær*-rah-poa) *adv* nearly

närbelägen (*næær*-bay-*laig*-ern) *adj* near

närgången (*næær*-gong-ern) *adj* inquisitive

närhelst (*næær*-hehlst) *conj* whenever

närhet (*næær*-hāyt) c vicinity

närliggande (*næær*-li-gahn-der) *adj* nearby

närma sig (*nær*-mah) approach

närmast (*nær*-mahst) *adv* closest; nearest

närsynt (*næær*-sēwnt) *adj* short-sighted

närvarande (*næær*-vaa-rahn-der) *adj* present; *vara ~ vid** attend, assist at

närvaro (*næær*-vaa-roo) c presence

näs (naiss) *nt* isthmus

näsa (*nai*-sah) c nose

näsblod (naiss-blōod) *nt* nosebleed

näsborre (naiss-bo-rer) c nostril

näsduk (naiss-dēwk) c handkerchief

nästa (nehss-tah) *adj* following, next

nästan (nehss-tahn) *adv* practically; almost; nearly

näsvis (naiss-veess) *adj* impertinent

näsvishet (naiss-veess-hāyt) c impertinence

nät (nait) *nt* net

näthinna (*nait*-hin-ah) *c* retina

nätverk (*nait*-værk) *nt* network

nöd (nūrd) *c* misery; distress

nödläge (*nūrd*-lai-ger) *nt* emergency

nödsignal (*nūrd*-sing-*naal*) *c* distress signal

nödsituation (*nūrd*-si-tew-ah-*shōōn*) *c* emergency

nödtvång (*nūrd*-tvong) *nt* urgency

nödutgång (*nūrd*-ēwt-gong) *c* emergency exit

nödvändig (*nūrd*-vehn-di) *adj* necessary

nödvändighet (*nūrd*-vehn-di-hāyt) *c* necessity; need

nöja sig (nur-Yah) content oneself

nöjd (nur Yd) *adj* content; pleased

nöje (nur Y-er) *nt* pleasure; enjoyment, fun, amusement

nöt (nūrt) *c* (pl ∼ter) nut

nötknäppare (*nūrt*-knehp-ah-rer) *c* (pl ∼) nutcrackers *pl*

nötskal (*nūrt*-skaal) *nt* nutshell

O

oaktat (ōō-ahk-taht) *prep* in spite of

oanad (ōō-aan-ahd) *adj* unexpected

oangenäm (ōō-ahn-Yer-*naim*) *adj* unpleasant

oansenlig (ōō-ahn-*sāyn*-li) *adj* insignificant; inconspicuous

oanständig (ōō-ahn-stehn-di) *adj* obscene

oantagbar (ōō-ahn-taag-baar) *adj* unacceptable

oas (oo-*aass*) *c* oasis

oavbruten (ōō-aav-brēw-tern) *adj* continuous; uninterrupted

oavsiktlig (ōō-aav-sikt-li) *adj* unintentional

obduktion (ob-dewk-*shōōn*) *c* autopsy

obebodd (ōō-ber-*bood*) *adj* uninhabited

obeboelig (ōō-ber-*boo*-ay-li) *adj* uninhabitable

obegriplig (ōō-ber-greep-li) *adj* incomprehensible

obegränsad (ōō-ber-*grehn*-sahd) *adj* unlimited

obehaglig (ōō-ber-*haag*-li) *adj* unpleasant; disagreeable

obekant (ōō-ber-*kahnt*) *adj* unfamiliar

obekväm (ōō-ber-*kvaim*) *adj* uncomfortable, inconvenient

oberoende (ōō-ber-*rōō*-ayn-der) *adj* independent

oberättigad (ōō-ber-*reh*-ti-gahd) *adj* unauthorized

obestämd (ōō-ber-*stehmd*) *adj* indefinite

obesvarad (ōō-ber-*svaa*-rahd) *adj* unanswered

obetydlig (ōō-ber-*tēwd*-li) *adj* insignificant; petty

obetänksam (ōō-ber-*tehngk*-sahm) *adj* thoughtless, rash

obildad (ōō-bil-dahd) *adj* uneducated

objekt (ob-Yaykt) *nt* object

objektiv (ob-Yerk-teev) *adj* objective

obligation (ob-li-gah-*shōōn*) *c* bond

obligatorisk (ob-li-gah-tōō-risk) *adj* compulsory; obligatory

oblyg (ōō-blēwg) *adj* immodest

obotlig (ōō-bōōt-li) *adj* incurable

observation (ob-serr-vah-*shōōn*) *c* observation

observatorium (ob-serr-vah-*tōō*-ri-ewm) *nt* (pl -rier) observatory

observera (ob-serr-*vāyr*-ah) *v* observe; note

och (o) *conj* and

också (ok-*sōā*) *adv* also; too

ockupation (o-kew-pah-*shōōn*) *c* occupation

ockupera (o-kew-*pay*-rah) v occupy

odla ($\overline{oo}$d-lah) v cultivate; *grow, raise

oduglig ($\overline{oo}$-*dewg*-li) adj incapable, incompetent

odygdig ($\overline{oo}$-dewg-di) adj mischievous, naughty

*vara **oenig** (vaa-rah $\overline{oo}$-*ay*-ni) disagree

*vara **oense** (vaa-rah $\overline{oo}$-ayn-say) disagree

oerfaren ($\overline{oo}$-*ayr*-faa-rern) adj inexperienced

oerhörd ($\overline{oo}$-ayr-*hurrd*) adj immense; tremendous

ofantlig (oo-*fahnt*-li) adj vast

ofarlig ($\overline{oo}$-*faar*-li) adj harmless

ofattbar ($\overline{oo}$-*faht*-baar) adj incomprehensible, inconceivable

offensiv (of-ern-seev) adj offensive; c offensive

offentlig (o-*faynt*-li) adj public

*offentliggöra (o-*faynt*-li-*Yur*-rah) v announce; publish

offentliggörande (o-*faynt*-li-*Yur*-rahn-der) nt publication

offer (o-ferr) nt sacrifice; victim; casualty

officer (o-fi-*say*r) c officer

officiell (o-fi-si-*ayl*) adj official

offra (*of*-rah) v sacrifice

ofog ($\overline{oo}$-*foog*) nt mischief

oframkomlig ($\overline{oo}$-frahm-kom-li) adj impassable

ofta (*of*-tah) adv often; frequently

ofullkomlig ($\overline{oo}$-fewl-kom-li) adj imperfect

ofullständig ($\overline{oo}$-fewl-stehn-di) adj incomplete

ofärdig ($\overline{oo}$-fæær-di) adj crippled, disabled

oförarglig ($\overline{oo}$-furr-ahr^Y-li) adj harmless

oförklarlig ($\overline{oo}$-furr-*klaar*-li) adj inexplicable, unaccountable

oförmodad ($\overline{oo}$-furr-*moo*-dahd) adj unexpected, casual

oförmögen ($\overline{oo}$-furr-*mur*-gern) adj incapable, unable

oförskämd ($\overline{oo}$-furr-*shehmd*) adj impertinent; insolent, impudent

oförskämdhet ($\overline{oo}$-furr-*shehmd*-hayt) c insolence

oförståndig ($\overline{oo}$-furr-*ston*-di) adj unwise

oförtjänt ($\overline{oo}$-furr-t^{Y}aint) adj unearned

ogift ($\overline{oo}$-Yift) adj single

ogilla ($\overline{oo}$-Yi-lah) v disapprove of, dislike

ogiltig ($\overline{oo}$-Yil-ti) adj invalid; expired, void

ogräs ($\overline{oo}$-graiss) nt weed

ogynnsam ($\overline{oo}$-Yewn-sahm) adj unfavourable

ohälsosam ($\overline{oo}$-hehl-soo-sahm) adj unhealthy

ohövlig ($\overline{oo}$-hurv-li) adj impolite; rude

ojust ($\overline{oo}$-shewst) adj unfair

ojämn ($\overline{oo}$-Yehmn) adj uneven; rough

ok ($\overline{oo}$k) nt yoke

oklanderlig (oo-*klahn*-derr-li) adj faultless

oklar ($\overline{oo}$-klaar) adj dim; obscure

okonstlad ($\overline{oo}$-konst-lahd) adj simple, ingenious

okrossbar ($\overline{oo}$-kross-baar) adj unbreakable

oktober (ok-*too*-berr) October

okunnig ($\overline{oo}$-kew-ni) adj ignorant

okvalificerad ($\overline{oo}$-kvah-li-fi-*say*-rahd) adj unqualified

okänd ($\overline{oo}$-t^{Y}ehnd) adj unknown

olaglig ($\overline{oo}$-laag-li) adj unlawful; illegal

olik ($\overline{oo}$-leek) adj different; distinct, unlike; *vara ~ differ; vary

olika ($\overline{oo}$-lee-kah) adj different; unequal; various

oliv (o-*leev*) c olive
olivolja (o-*leev*-ol-Yah) c olive oil
olja (ol-Yah) c oil; v lubricate
oljebyte (ol-Yer-bew-ter) nt oil-change
oljefilter (ol-Yer-*fil*-terr) nt (pl -trer,
~) oil filter
oljefyndighet (ol-Yer-fewn-di-hāyt) c
oil-well
oljekälla (ol-Yer-tYeh-lah) c oil-well
oljemålning (ol-Yer-mōāl-ning) c oil-
painting
oljeraffinaderi (ol-Yer-rah-fi-nah-der-
ree) nt (pl ~er) oil-refinery
oljetryck (ol-Yer-trewk) nt oil pressure
oljig (ol-Yi) adj oily; greasy
oljud (ōō-Yewd) nt noise
olustig (ōō-lewss-ti) adj uneasy; out
of spirits
olycka (ōō-lew-kah) c accident; mis-
fortune, calamity, disaster
olycklig (ōō-lewk-li) adj unhappy;
miserable, unfortunate
olycksbådande (ōō-lewks-bōād-ahn-
der) adj ominous; sinister
olycksfall (ōō-lewks-*fahl*) nt accident
olägenhet (ōō-leh-gern-hāyt) c incon-
venience
olämplig (ōō-lehmp-li) adj inconven-
ient; inappropriate
oläslig (ōō-laiss-li) adj illegible
om (om) conj if; whether; prep
about, in; runt ~ round
ombord (om-bōord) adv aboard; *gå
~ embark
ombordläggning (om-bōord-lehg-ning)
c collision
omdirigering (om-di-ri-shāy-ring) c di-
version, detour
omdöme (om-dur-mer) nt judgement
omdömesgill (om-dur-merss-Yil) adj
judicous
omedelbar (ōō-māy-dayl-baar) adj im-
mediate; spontaneous; omedelbart
instantly, immediately, straight

away
omedveten (ōō-māyd-vāy-tern) adj
unaware
omelett (o-mer-*layt*) c omelette
omfamna (om-fahm-nah) v embrace;
hug
omfamning (om-fahm-ning) c embrace
omfartsled (om-faarts-lāyd) c by-pass
omfatta (om-fah-tah) v comprise; in-
clude
omfattande (om-faht-ahn-der) adj ex-
tensive; comprehensive
omfång (om-fong) nt extent
omfångsrik (om-fongs-*reek*) adj
bulky, big; extensive
*omge (om-gāy) v surround; circle
omgivning (om-Yeev-ning) c setting;
environment
omgående (om-gōa-ayn-der) adj
prompt
*omkomma (om-kom-ah) v perish
omkostnader (om-kost-nah-derr) pl
expenses pl
omkring (om-*kring*) prep round;
around; adv about
omkull (om-*kewl*) adv down, over;
*slå ~ knock down
omkörning förbjuden (om-tYurr-ning
furr-bYew-dayn) no overtaking; no
passing Am
omlopp (om-lop) nt circulation
omnämna (om-nehm-nah) v mention
omnämnande (om-nehm-nahn-der) nt
mention
omodern (ōō-moo-dæærn) adj out of
date
omringa (om-ring-ah) v surround; en-
circle
område (om-rōad-er) nt district; re-
gion, area, zone
omräkna (om-raik-nah) v convert
omräkningstabell (om-raik-nings-tah-
bayl) c conversion chart
omslagspapper (om-slaags-pah-perr)

nt wrapping paper

*omsluta (*om*-slew-tah) *v* surround; encircle

omsorgsfull (*om*-sorᵛs-fewl) *adj* thorough, careful

omstridd (*om*-strid) *adj* controversial

omständighet (*om*-stehn-di-h$\overline{ay}$t) *c* circumstance

omsvängning (*om*-svehng-ning) *c* sudden change

omsättning (*om*-seht-ning) *c* turnover

omtvistad (*om*-tviss-tahd) *adj* controversial

omtänksam (*om*-tehngk-sahm) *adj* considerate, thoughtful

omtänksamhet (*om*-tehngk-sahm-h$\overline{ay}$t) *c* thoughtfulness

omvandla (*om*-vahnd-lah) *v* transform

omväg (*om*-vaig) *c* detour

omvänd (*om*-vehnd) *adj* inverted; converted

omvända (*om*-vehn-dah) *v* convert

omväxlande (*om*-vehks-lahn-der) *adj* varied

omväxling (*om*-vehks-ling) *c* change; variety

omåttlighet ($\overline{oo}$-mot-li-h$\overline{ay}$t) *c* immoderation

omöblerad ($\overline{oo}$-murb-l$\overline{ay}$-rahd) *adj* unfurnished

omöjlig ($\overline{oo}$-murᵛ-li) *adj* impossible

ond (oond) *adj* evil; wicked

ondska (oonds-kah) *c* evil

ondskefull (oond-skay-fewl) *adj* vicious; spiteful

onsdag (oons-daag) *c* Wednesday

ont (oont) *nt* harm

onyx ($\overline{oa}$-newks) *c* onyx

onödig ($\overline{oo}$-n$\overline{ur}$-di) *adj* unnecessary

oordentlig ($\overline{oo}$-or-daynt-li) *adj* untidy; sloppy

oordning ($\overline{oo}$-oard-ning) *c* mess

opal (oo-*paal*) *c* opal

opartisk ($\overline{oo}$-paart-isk) *adj* impartial

opassande ($\overline{oo}$-pah-sahn-der) *adj* improper; indecent, unsuitable

opera ($\overline{oo}$-per-rah) *c* opera

operahus ($\overline{oo}$-per-rah-hewss) *nt* opera house

operation (o-per-rah-*shoon*) *c* operation

operera (o-per-*rayr*-ah) *v* operate

operett (oo-per-*rayt*) *c* operetta

opersonlig ($\overline{oo}$-pehr-*soon*-li) *adj* impersonal

opponera sig (o-po-*nay*-rah) oppose

opposition (o-po-si-*shoon*) *c* opposition

optiker (*op*-ti-kerr) *c* (pl ~) optician

optimism (op-ti-*mism*) *c* optimism

optimist (op-ti-*mist*) *c* optimist

optimistisk (op-ti-*miss*-tisk) *adj* optimistic

opålitlig ($\overline{oo}$-p$\overline{oa}$-leet-li) *adj* unreliable; untrustworthy

ord ($\overline{oo}$rd) *nt* word

ordbok ($\overline{oo}$rd-b$\overline{oo}$k) *c* (pl -böcker) dictionary

ordentlig (or-*dehnt*-li) *adj* thorough

order ($\overline{oa}$r-derr) *c* (pl ~) order

orderblankett ($\overline{oa}$r-derr-blahng-*keht*) *c* order-form

ordförande ($\overline{oo}$rd-f$\overline{ur}$-rahn-der) *c* (pl ~) chairman; president

ordförråd ($\overline{oo}$rd-furr-*r$\overline{oa}$d*) *nt* vocabulary

ordinera ($\overline{oa}$r-di-*n$\overline{ay}$*-rah) *v* prescribe

ordinär ($\overline{oa}$r-di-*nær*) *adj* ordinary, common

ordlista ($\overline{oo}$rd-liss-tah) *c* vocabulary, wordbook

ordna ($\overline{oa}$rd-nah) *v* arrange; settle; sort

ordning ($\overline{oa}$rd-ning) *c* order; method; tidiness; ***göra i** ~ prepare; **i** ~ in order

ordningsföljd (awrd-nings-furlᵛd) *c* order; sequence

ordspråk (ōōrd-sprōāk) *nt* proverb

ordväxling (ōōrd-vehks-ling) *c* argument

oreda (ōō-rāyd-ah) *c* disorder; mess, muddle

oregelbunden (ōō-rāy-gayl-bewn-dayn) *adj* irregular

oren (ōō-rāyn) *adj* unclean

organ (or-*gaan*) *nt* organ

organisation (or-gah-ni-sah-*shōōn*) *c* organization

organisera (or-gah-ni-*sāy*-rah) *v* organize

organisk (or-*gaa*-nisk) *adj* organic

orgel (or-*Yerl*) *c* (pl orglar) organ

orientalisk (o-ri-ayn-*taa*-lisk) *adj* oriental

Orienten (o-ri-*ayn*-tayn) the Orient

orientera sig (o-ri-ayn-*tāy*-rah) orientate oneself

originell (or-gi-*nayl*) *adj* original

oriktig (ōō-rik-ti) *adj* incorrect; inaccurate

orimlig (ōō-rim-li) *adj* unreasonable; absurd

orkan (or-*kaan*) *c* hurricane

orkester (or-*kayss*-terr) *c* (pl -trar) orchestra

orm (oorm) *c* snake

oro (ōō-rōō) *c* concern; disturbance, fear, worry; unrest

oroa (ōō-rōō-ah) *v* alarm; ~ **sig** worry

orolig (ōō-roo-li) *adj* anxious

oroväckande (ōō-rōō-veh-kahn-der) *adj* alarming

orsak (ōōr-saak) *c* cause; reason

orsaka (ōōr-saa-kah) *v* cause

ort (oort) *c* place

ortodox (or-to-*doks*) *adj* orthodox

orubblig (ōō-rewb-li) *adj* steadfast

orätt (ōō-reht) *c* wrong; *adj* wrong; *°göra ~ wrong

orättvis (ōō-reht-veess) *adj* unfair, unjust

orättvisa (ōō-reht-veesah) *c* injustice

osann (ōō-sahn) *adj* untrue

osannolik (ōō-sah-noo-leek) *adj* unlikely

osjälvisk (ōō-shehl-visk) *adj* unselfish

oskadad (ōō-skaa-dahd) *adj* unhurt; whole

oskuld (ōō-skewld) *c* innocence; virgin; virginity

oskyddad (ōō-shew-dahd) *adj* unprotected

oskyldig (ōō-shewl-di) *adj* innocent, harmless

osnygg (ōō-snewg) *adj* slovenly, foul

oss (oss) *pron* us; ourselves

ost (oost) *c* cheese

ostadig (ōō-staa-di) *adj* unsteady

ostlig (*oost*-li) *adj* easterly, eastern

ostron (*oost*-ron) *nt* oyster

osund (ōō-sewnd) *adj* unsound

osympatisk (ōō-sewm-*paat*-isk) *adj* disagreeable

osynlig (ōō-sēwn-li) *adj* invisible

osäker (ōō-sai-kerr) *adj* uncertain

osäkerhet (ōō-sai-kerr-hāyt) *c* insecurity; incertainty

otacksam (ōō-tahk-sahm) *adj* ungrateful

otillfredsställande (ōō-til-frāyds-*steh*-lahn-der) *adj* unsatisfactory

otillgänglig (ōō-til-Yehng-li) *adj* inaccessible

otillräcklig (ōō-til-rehk-li) *adj* insufficient; inadequate

otrevlig (ōō-trāyv-li) *adj* unpleasant

otrogen (ōō-trōō-gayn) *adj* unfaithful

otrolig (ōō-trōō-li) *adj* incredible; improbable

otur (ōō-tēwr) *c* bad luck; misfortune

oturlig (ōō-tēwr-li) *adj* unlucky

otvivelaktigt (ōō-tveev-erl-ahk-tit) *adv* undoubtedly

otålig (ōō-tōāl-i) *adj* impatient; eager

otäck (ōō-tehk) *adj* nasty

otät (ōō-tait) *adj* leaky

oumbärlig (ōō-ewm-bæær-li) *adj* indispensable

oundviklig (ōō-ewnd-veek-li) *adj* unavoidable, inevitable

oupphörligen (ōō-ewp-hūrr-li-ern) *adv* continually

ouppodlad (ōō-ewp-ōōd-lahd) *adj* uncultivated

outhärdlig (ōō-ēwt-hæærd-li) *adj* unbearable, intolerable

ouvertyr (oo-vær-*tēwr*) *c* overture

oval (oo-*vaal*) *adj* oval

ovan¹ (*ōā*-vahn) *adv* above; overhead

ovan² (*ōō*-vaan) *adj* unaccustomed

ovanför (*ōā*-vahn-fūrr) *prep* over; above

ovanlig (ōō-*vaan*-li) *adj* unusual; uncommon; exceptional

ovanpå (*ōā*-vahn-pōā) *prep* on top of

overall (*ōā*-ver-*rōāl*) *c* overalls *pl*

overklig (ōō-*værk*-li) *adj* unreal

overksam (ōō-*værk*-sahm) *adj* idle

oviktig (*ōō*-vik-ti) *adj* unimportant; insignificant

ovillig (*ōō*-vi-li) *adj* unwilling

ovillkorlig (ōō-vil-*kōār*-li) *adj* unconditional

oviss (*ōō*-viss) *adj* uncertain; vague

oväder (ōō-vai-derr) *nt* tempest

ovälkommen (ōō-verl-ko-mern) *adj* unwelcome, undesirable

ovänlig (ōō-vehn-li) *adj* unkind; unfriendly

oväntad (*ōō*-vehn-tahd) *adj* unexpected

ovärderlig (ōō-vær-*dāyr*-li) *adj* priceless

oväsen (*ōō*-vai-sayn) *nt* noise; racket

oväsentlig (ōō-vai-*sehnt*-li) *adj* petty

oxe (*ooks*-er) *c* ox

oxkött (*ooks*-tᵁurt) *nt* beef

oåterkallelig (*ōō*-ōāt-err-*kahl*-er-li) *adj* irrevocable

oäkta (ōō-ehk-tah) *adj* false

oändlig (ōō-*ehnd*-li) *adj* infinite, endless; immense

oärlig (ōō-æær-li) *adj* dishonest; crooked

oätbar (ōō-ait-baar) *adj* inedible

oöverkomlig (ōō-ūr-verr-kom-li) *adj* insurmountable; prohibitive

oöverträffad (ōō-ūrv-err-trehf-ahd) *adj* unsurpassed

P

pacifism (pah-si-*fism*) *c* pacifism

pacifist (pah-si-*fist*) *c* pacifist

pacifistisk (pah-si-*fiss*-tisk) *adj* pacifist

packa (*pah*-kah) *v* pack; ~ in pack; ~ upp unpack

packning (-*pahk*-ning) *c* pack; packing

padda (*pahd*-ah) *c* toad

paddel (*pah*-dayl) *c* (pl -dlar) paddle

paket (pah-*kāyt*) *nt* packet; parcel, package

Pakistan (pah-ki-*staan*) Pakistan

pakistanier (pah-ki-*staa*-ni-err) *c* (pl ~) Pakistani

pakistansk (pah-ki-*staansk*) *adj* Pakistani

palats (pah-*lahts*) *nt* palace

palm (pahlm) *c* palm

panel (pah-*nāyl*) *c* panel; panelling

panik (pah-*neek*) *c* panic

pank (pahngk) *adj* broke

panna (*pahn*-ah) *c* forehead; pan

pant (pahnt) *c* pledge; security

pantlånare (*pahnt*-lōā-nah-ray) *c* (pl ~) pawnbroker

*pantsätta (*pahnt*-seh-tah) *v* pawn

papegoja (pah-per-*goi*-ah) *c* parakeet, parrot

papiljott (pah-pil-*Y*ot) *c* curler

papp (pahp) *c* cardboard; **papp-cardboard**

pappa (*pah*-pah) *c* daddy

papper (*pah*-perr) *nt* paper; **pappers-paper**

pappershandel (*pah*-perrs-hahn-dayl) *c* (pl -dlar) stationer's

papperskniv (*pah*-perrs-kneev) *c* paper-knife

papperskorg (*pah*-perrs-kor*Y*) *c* wastepaper-basket

pappersnäsduk (*pah*-perrs-naiss-dewk) *c* paper hanky, tissue

papperspåse (*pah*-perrs-poa-ser) *c* paper bag

pappersservett (*pah*-perrs-sær-vayt) *c* paper napkin

par (paar) *nt* pair; couple; **äkta ~** married couple

parad (pah-*raad*) *c* parade

parafera (pah-rah-*fay*-rah) *v* initial

paragraf (pah-rah-*graaf*) *c* paragraph

parallell (pah-rah-*layl*) *c* parallel, *adj* parallel

paralysera (pah-rah-lew-*say*-rah) *v* paralise

paraply (pah-rah-*plew*) *nt* umbrella

parfym (pahr-*fewm*) *c* perfume

park (pahrk) *c* park; **offentlig ~** public garden

parkera (pahr-*kay*-rah) *v* park

parkering (pahr-*kay*-ring) *c* parking; **~ förbjuden** no parking

parkeringsavgift (pahr-*kay*-rings-aav-*Y*ift) *c* parking fee

parkeringsljus (pahr-*kay*-rings-*Y*ewss) *nt* parking light

parkeringsmätare (pahr-*kay*-rings-mai-tah-rer) *c* (pl ~) parking meter

parkeringsplats (pahr-*kay*-rings-plahts) *c* car park; parking lot *Am*

parkeringszon (pahr-*kay*-rings-soon) *c* parking zone

parkett (pahr-*kayt*) *c* parquet; stall; orchestra seat *Am*

parlament (pahr-lah-*maynt*) *nt* parliament

parlamentarisk (pahr-lah-mayn-*taar*-isk) *adj* parliamentary

parlör (pahr-*lurr*) *c* phrase-book

parti (pahr-*tee*) *nt* (pl ~er) party; side

partisk (*paar*-tisk) *adj* partial

partner (*paart*-nerr) *c* (pl ~) partner

pass (pahss) *nt* passport; pass

passa (*pahss*-ah) *v* fit; suit; look after, match

passage (pah-*saash*) *c* passage

passagerare (pah-sah-*shay*-rah-rer) *c* (pl ~) passenger

passande (*pahss*-ahn-der) *adj* proper, suitable; convenient, adequate

passera (pah-*sayr*-ah) *v* pass

passfoto (*pahss*-foo-too) *nt* passport photograph

passion (pah-*shoon*) *c* passion

passiv (*pah*-seev) *adj* passive

passkontroll (*pahss*-kon-*trol*) *c* passport control

patent (pah-*taynt*) *nt* patent

patentbrev (pah-*taynt*-brayv) *nt* patent

pater (*paa*-terr) *c* (pl patrar) father

patient (pah-si-*ehnt*) *c* patient

patricierhus (paht-*ree*-si-err-hewss) *nt* mansion

patriot (paht-ri-*oot*) *c* patriot

patron (paht-*roon*) *c* cartridge

patrull (paht-*rewl*) *c* patrol

patrullera (pah-trew-*layr*-ah) *v* patrol

paus (pouss) *c* pause; intermission, interval; ***göra ~** pause

paviljong (pah-vil-*Y*ong) *c* pavilion

pedal (pay-*daal*) *c* pedal

peka (*payk*-ah) *v* point

pekfinger (*payk*-fing-err) *nt* (pl -grar) index finger

pelare (*pāyl*-ah-rer) *c* (pl ~) column; pillar

pelargång (*pāy*-lahr-gong) *c* arcade

pelikan (pay-li-*kaan*) *c* pelican

pendlare (*pehnd*-lah-rer) *c* (pl ~) commuter

pengar (*payng*-ahr) *pl* money; **placera ~** invest

penicillin (pay-ni-si-*leen*) *nt* penicillin

penna (*peh*-nah) *c* pen

penningförsändelse (*payn*-ing-furr-*sehn*-dayl-ser) *c* remittance

pennkniv (*pehn*-kneev) *c* penknife

pennvässare (*pehn*-veh-sah-rer) *c* (pl ~) pencil-sharpener

pensel (*pehn*-serl) *c* (pl -slar) paint-brush

pension (pahng-*shōōn*) *c* pension; board

pensionat (pahng-shoo-*naat*) *nt* boarding-house; pension; guest-house

pensionerad (pahng-shoo-*nāy*-rahd) *adj* retired

peppar (*pay*-pahr) *c* pepper

pepparmint (*pay*-pahr-mint) *nt* pep-permint

pepparrot (*pay*-pahr-rōōt) *c* horse-radish

perfekt (pær-*faykt*) *adj* perfect

period (pay-ri-*ōōd*) *c* period; term

periodisk (pay-ri-*ōō*-disk) *adj* period-ical

permanent (pær-mah-*naynt*) *c* perma-nent wave

permanentveck (pær-mah-*naynt*-vayk) permanent press

perrong (pæ-*rong*) *c* platform

perrongbiljett (pæ-*rong*-bil-*Yayt*) *c* platform ticket

perser (*pær*-serr) *c* (pl ~) Persian

Persien (*pær*-si-ern) Persia

persienn (pær-si-*æn*) *c* blind; shutter

persika (*pær*-si-kah) *c* peach

persilja (pær-*sil*-Yah) *c* parsley

persisk (*pær*-sisk) *adj* Persian

person (pær-*sōōn*) *c* person; **enskild ~** individual; **per ~** per person

personal (pær-soo-*naal*) *c* staff; per-sonnel

personbil (pær-*sōōn*-beel) *c* car

personlig (pær-*sōōn*-li) *adj* personal; private

personlighet (pær-*sōōn*-li-hāyt) *c* per-sonality

persontåg (pær-*sōōn*-tōāg) *nt* slow train

perspektiv (pær-spayk-*teev*) *nt* per-spective

peruk (per-*rēwk*) *c* wig

pessimism (pay-si-*mism*) *c* pessimism

pessimist (pay-si-*mist*) *c* pessimist

pessimistisk (pay-si-*miss*-tisk) *adj* pessimistic

petition (pay-ti-*shōōn*) *c* petition

pianist (pi-ah-*nist*) *c* pianist

piano (pi-*aa*-noo) *nt* piano

pickels (*pik*-erls) *pl* pickles *pl*

picknick (*pik*-nik) *c* picnic

picknicka (*pik*-ni-kah) *v* picnic

pigg (pig) *adj* brisk; alert

piggsvin (*pig*-sveen) *nt* porcupine

pikant (pi-*kahnt*) *adj* spicy

pil (peel) *c* arrow; willow

pilgrim (*peel*-grim) *c* pilgrim

pilgrimsfärd (*peel*-grims-fæærd) *c* pil-grimage

piller (*pi*-lerr) *nt* pill

pilot (pi-*lōōt*) *c* pilot

pimpsten (*pimp*-stāyn) *c* pumice stone

pina (*pee*-nah) *c* torment

pincett (pin-*sayt*) *c* tweezers *pl*

pingst (pingst) *c* Whitsun

pingvin (ping-*veen*) *c* penguin

pinsam (*peen*-sahm) *adj* embarrass-ing

pionjär (pi-on-*Yæær*) *c* pioneer

pipa (*pee*-pah) *c* pipe

***pipa** (*pee*-pah) *v* chirp

piprensare (*peep*-rayn-sah-rer) *c* (pl ~) pipe cleaner

piptobak (*peep*-too-bahk) *c* pipe tobacco

pir (peer) *c* pier

piska (*piss*-kah) *c* whip

pistol (piss-*tool*) *c* pistol

pittoresk (pi-to-*raysk*) *adj* picturesque

pjäs (p^yaiss) *c* play

pjäxor (p^yehks-or) *pl* ski boots

placera (plah-*sayr*-ah) *v* place; *lay, *put

plakat (plah-*kaat*) *nt* placard

plan (plaan) *c* plan; project, scheme, map; *nt* level; *adj* even, level, plane

planera (plah-*nay*-rah) *v* plan

planet (plah-*nayt*) *c* planet

planetarium (plah-nay-*taa*-ri-ewm) *nt* (pl -rier) planetarium

planka (*plahng*-kah) *c* plank

***planlägga** (*plaan*-leh-gah) *v* plan, design

planta (*plahn*-tah) *c* plant

plantage (plahn-*taash*) *c* plantation

plantera (plahn-*tay*-rah) *v* plant

plantskola (*plahnt*-skool-ah) *c* nursery

plast (plahst) *c* plastic; **plast-** plastic

platina (plah-*tee*-nah) *c* platinum

plats (plahts) *c* place; spot; seat; room; job; **ställa på ~** *put away; **öppen ~** square

platsbiljett (*plahts*-bil-^yeht) seat reservation

platt (plaht) *adj* flat

platta (*plaht*-ah) *c* plate

plattform (*plaht*-form) *c* platform

platå (plah-*toa*) *c* plateau

plikt (plikt) *c* duty

plocka (*plok*-ah) *v* pick; ~ **upp** pick up

plog (ploog) *c* plough

plomb (plomb) *c* filling

plommon (*ploom*-on) *nt* plum

plural (*plew*-raal) *c* plural

plus (plewss) *prep* plus

plåga (*ploag*-ah) *c* plague; *v* torment

plånbok (*ploan*-book) *c* (pl -böcker) wallet; pocket-book

plåster (*ploss*-terr) *nt* plaster

plåt (ploat) *c* sheet metal; plate

plåtburk (*ploat*-bewrk) *c* tin, can

plädera (pleh-*dayr*-ah) *v* plead

plöja (plur^y-ah) *v* plough

plötslig (*plurts*-li) *adj* sudden; **plötsligt** suddenly

pocketbok (*po*-kert-book) *c* (pl -böcker) paperback

poesi (poo-ay-*see*) *c* poetry

pojke (*poi*-ker) *c* boy

pokal (poo-*kaal*) *c* cup

polack (poo-*lahk*) *c* Pole

Polen (*poa*-lern) Poland

polera (poo-*lay*-rah) *v* polish

polio (*poo*-li-oo) *c* polio

polis (poo-*leess*) *c* police *pl;* policeman

poliskonstapel (poo-*leess*-kon-staa-perl) *c* (pl -plar) policeman

polisonger (po-li-*song*-err) *pl* whiskers *pl;* sideburns *pl*

polisstation (poo-*leess*-stah-*shoon*) *c* police-station

politik (poo-li-*teek*) *c* politics; policy

politiker (poo-*lee*-ti-kerr) *c* (pl ~) politician

politisk (poo-*lee*-tisk) *adj* political

pollett (po-*layt*) *c* token

polsk (*poalsk*) *adj* Polish

pommes frites (pom-*frit*) chips

ponny (*po*-new) *c* (pl -nies, ~er) pony

poplin (pop-*leen*) *nt* poplin

popmusik (*pop*-mew-*seek*) *c* pop music

populär (po-pew-*læær*) *adj* popular

porslin (pors-*leen*) *nt* china; crockery, porcelain

port (pōōrt) *c* front door, gate

portfölj (port-*furl*ᵞ) *c* briefcase

portier (port-ᵞ*ay*) *c* hall porter, receptionist

portion (port-*shōōn*) *c* portion; helping

portmonnä (port-mo-*nai*) *c* purse

portnyckel (*poort*-new-kerl) *c* (pl -klar) latchkey

porto (*por*-too) *nt* postage

portofri (*por*-too-free) *adj* postage paid

porträtt (poort-*reht*) *nt* portrait

Portugal (*por*-tew-gahl) Portugal

portugis (por-tew-*geess*) *c* Portuguese

portugisisk (por-tew-*gee*-sisk) *adj* Portuguese

portvakt (*poort*-vahkt) *c* janitor, concierge

position (po-si-*shōōn*) *c* position; station

positiv¹ (*poo*-si-teev) *adj* positive

positiv² (poo-si-*teev*) *nt* street-organ

post (post) *c* item; mail; post

posta (*poss*-tah) *v* mail; post

postanvisning (*post*-ahn-veess-ning) *c* postal order; money order; mail order *Am*

poste restante (post rer-*stahnt*) poste restante

postkontor (*post*-kon-tōōr) *nt* post-office

postnummer (*post*-new-merr) *nt* zip code *Am*

postväsen (*post*-vai-sern) *nt* postal service

potatis (poo-*taa*-tiss) *c* potato

poäng (po-*ehng*) *c* point; *få ~ score

poängsumma (po-*ehng*-sew-mah) *c* score

prakt (prahkt) *c* splendour

praktfull (*prahkt*-fewl) *adj* splendid;

magnificent, glorious, gorgeous

praktik (prahk-*teek*) *c* practice

praktisera (prahk-ti-*say*-rah) *v* practise

praktisk (*prahk*-tisk) *adj* practical

prat (praat) *nt* chat

prata (*praat*-ah) *v* chat; talk; ~ **strunt** talk rubbish

pratmakare (*praat*-maa-kah-rer) *c* (pl ~) chatterbox

pratsam (*praat*-sahm) *adj* talkative

pratstund (*praat*-stewnd) *c* chat

precis (pray-*seess*) *adj* exact, precise; *adv* exactly, just

predika (pray-*deek*-ah) *v* preach

predikan (pray-*deek*-ahn) *c* sermon

predikstol (*pray*-dik-stōōl) *c* pulpit

preliminär (pray-li-mi-*næær*) *adj* preliminary

premiärminister (pray-mi-*æær*-mi-niss-terr) *c* (pl -trar) premier

prenumerant (pray-new-mer-*rahnt*) *c* subscriber

preposition (pray-po-si-*shōōn*) *c* preposition

presenning (pray-*say*-ning) *c* tarpaulin

present (pray-*saynt*) *c* present

presentation (pray-sayn-tah-*shōōn*) *c* introduction

presentera (pray-sayn-*tay*-rah) *v* introduce; present

president (pray-si-*daynt*) *c* president

pressa (*prayss*-ah) *v* press

presskonferens (*prayss*-kon-fer-*rayns*) *c* press conference

prestation (prayss-tah-*shōōn*) *c* achievement; feat

prestera (pray-*stay*-rah) *v* achieve

prestige (pray-*steesh*) *c* prestige

preventivmedel (pray-vayn-*teev*-may-dayl) *nt* contraceptive

pricka av (*prik*-ah) tick off

prickskytt (*prik*-shewt) *c* sniper

primär (pri-*mæær*) *adj* primary

princip (prin-*seep*) *c* principle

prins (prins) *c* prince

prinsessa (prin-*say*-sah) *c* princess

prioritet (pri-o-ri-*tāyt*) *c* priority

pris (preess) *nt* (pl ~,~er) price; cost, rate; award, prize

prisfall (*preess*-fahl) *nt* fall in prices; break; slump

prislista (*preess*-liss-tah) *c* price-list

prisnedsättning (*preess*-nāyd-seht-ning) *c* reduction

*prissätta (*preess*-seh-tah) *v* price

privat (pri-*vaat*) *adj* private

privatliv (pri-*vaat*-leev) *nt* privacy

privilegiera (pri-vi-lay-gi-*āyr*-ah) *v* privilege, favour

privilegium (pri-vi-*lāy*-gi-ewm) *nt* (pl -gier) privilege

problem (proo-*blāym*) *nt* problem; question

procedur (proo-ser-*dēwr*) *c* procedure

procent (proo-*saynt*) *c* (pl ~) percent

procentsats (proo-*saynt*-sahts) *c* percentage

process (proo-*sayss*) *c* process; lawsuit

procession (proo-seh-*shōōn*) *c* procession

producent (proo-dēw-*sehnt*) *c* producer

produkt (proo-*dewkt*) *c* produce; product

produktion (proo-dewk-*shōōn*) *c* production; output

professor (pro-*fay*-sor) *c* professor

profet (pro-*fāyt*) *c* prophet

program (proo-*grahm*) *nt* programme

projekt (pro-*shaykt*) *nt* project

proklamera (prok-lah-*māy*-rah) *v* proclaim

promenad (pro-mer-*naad*) *c* walk; promenade, stroll

promenadkäpp (pro-mer-*naad*-tᵞehp) *c* walking-stick

promenera (pro-mer-*nāy*-rah) *v* walk

pronomen (pro-*nōa*-mayn) *nt* pronoun

propaganda (pro-pah-*gahn*-dah) *c* propaganda

propeller (pro-*pay*-lerr) *c* (pl -lrar) propeller

proportion (pro-por-*shōōn*) *c* proportion

proportionell (pro-por-shōō-*nayl*) *adj* proportional

propp (prop) *c* stopper; fuse

proppfull (*prop*-fewl) *adj* chock-full

prospekt (proo-*spaykt*) *nt* prospectus

prostituerad (pross-ti-tēw-*āy*-rahd) *c* (pl ~e) prostitute

protein (proo-tay-*een*) *nt* protein

protest (proo-*tayst*) *c* protest

protestantisk (proo-tay-*stahn*-tisk) *adj* Protestant

protestera (proo-tay-*stāy*-rah) *v* protest; object; ~ **mot** object to

protokoll (pro-to-*kol*) *nt* record; minutes

prov (proov) *nt* test; trial; proof; sample; **skriftligt** ~ written test; exercise

prova (*prōō*-vah) *v* try on

proviant (proo-vi-*ahnt*) *c* provisions *pl*

provinsiell (proo-vin-si-*ayl*) *adj* provincial

provisorisk (proo-vi-*sōōr*-isk) *adj* temporary; provisional

provrum (*prōōv*-rewm) *nt* fitting room

pruta (*prēw*-tah) *v* bargain

prydlig (*prēwd*-li) *adj* neat

präst (prehst) *c* clergyman; parson, minister, rector; **katolsk** ~ priest

prästgård (*prehst*-gōārd) *c* vicarage; rectory, parsonage

pröva (*prūr*-vah) *v* attempt; test

prövning (*prūrv*-ning) *c* test

psalm (sahlm) *c* hymn

psykiater (psew-ki-*aa*-terr) c (pl ∼) psychiatrist

psykisk (*psēw*-kisk) adj mental, psychic

psykoanalytiker (psew-ko-ah-nah-*lēw*-ti-kerr) c (pl ∼) analyst; psychoanalyst

psykolog (psew-ko-*lōāg*) c psychologist

psykologi (psew-ko-lo-*gee*) c psychology

psykologisk (psew-ko-*lōā*-gisk) adj psychological

publicera (pewb-li-*sāy*-rah) v publish

publicitet (pewb-li-si-*tāyt*) c publicity

publik (pew-*bleek*) c audience; public

puder (*pēw*-derr) nt powder

puderdosa (*pēw*-derr-dōō-sah) c powder compact

pudervippa (*pēw*-derr-vi-pah) c powder-puff

pullover (pew-*lōāv*-err) c pullover

puls (pewls) c pulse

pulsåder (*pewls*-ōā-derr) c (pl -dror) artery

pump (pewmp) c pump

pumpa (*pewm*-pah) v pump

pund (pewnd) nt pound

pung (pewng) c pouch

punkt (pewngkt) c point; item; full stop, period

punkterad (pewngk-*tāy*-rahd) adj punctured

punktering (pewngk-*tāy*-ring) c puncture; flat tyre, blow-out

punktlig (*pewngkt*-li) adj punctual

pur (pewr) adj sheer

purpur (*pewr*-pewr) adj purple

puss (pewss) c kiss

pussel (*pewss*-erl) nt jigsaw puzzle; puzzle

pyjamas (pew-*ʸaa*-mahss) c (pl ∼, ∼ar) pyjamas pl

pytteliten (*pew*-ter-lee-tern) adj tiny

på (pōā) prep on; upon; at; in

påfallande (pōā-fahl-ahn-der) adj striking

påfrestning (pōā-frayst-ning) c strain

påfyllningsförpackning (pōā-fewl-nings-furr-*pahk*-ning) c refill

påfågel (pōā-fōāg-erl) c (pl -glar) peacock

*pågå (pōā-gōā) v *be in progress

påhitt (pōā-hit) nt idea, invention

påk (pōāk) c cudgel

påklädningsrum (pōā-klaid-nings-rewm) nt dressing-room

påle (pōā-ler) c pole

pålitlig (pōā-leet-li) adj reliable; sound, trustworthy

*pålägga (pōā-leh-gah) v impose, inflict

påminna (pōā-mi-nah) v remind

påpeka (pōā-pāy-kah) v remark; indicate

påringning (pōā-ring-ning) c call

påse (pōā-ser) c bag

till påseende (til pōā-sāy-ayn-der) on approval

påsk (posk) c Easter

påsklilja (posk-lil-Yah) c daffodil

påssjuka (pōāss-shēw-kah) c mumps

*påstå (pōā-stōā) v claim

påstående (pōā-stōā-ayn-der) nt statement

påtryckning (pōā-trewk-ning) c pressure

påve (pōā-ver) c pope

påverka (pōā-vær-kah) v affect; influence

påverkan (pōā-vær-kahn) c (pl -kning-ar) influence

päls (pehls) c fur coat; fur

pälsverk (*pehls*-værk) nt furs

pärla (*pæær*-lah) c pearl; bead

pärlemor (pæær-ler-mōōr) c mother-of-pearl

pärlhalsband (*pæærl*-hahls-bahnd) nt

pearl necklace, beads *pl*
pärm (pærm) *c* cover
päron (pææ-ron) *nt* pear
pöl (pūrl) *c* puddle

R

rabarber (rah-*bahr*-berr) *c* rhubarb
rabatt (rah-*baht*) *c* discount; rebate; flowerbed
rabies (*raa*-bi-erss) *c* rabies
racket (*rah*-kayt) *c* racquet
rad (raad) *c* row; line, file, rank
radband (*raad*-bahnd) *nt* rosary; beads *pl*
radergummi (rah-*dāyr*-gew-mi) *nt* eraser
radie (*raa*-di-ᵞer) *c* radius
radikal (rah-di-*kaal*) *adj* radical
radio (*raa*-di-oo) *c* radio; wireless
raffinaderi (rah-fi-nah-der-*ree*) *nt* (pl ~er) refinery
rak (raak) *adj* straight
raka sig (*raa*-kah) shave
rakapparat (*raak*-ah-pah-*raat*) *c* electric razor; shaver
rakblad (*raak*-blaad) *nt* razor-blade
rakborste (*raak*-bors-ter) *c* shaving-brush
raket (rah-*kāyt*) *c* rocket
rakhyvel (*raak*-hēw-verl) *c* (pl-vlar) safety-razor
rakkniv (*raak*-kneev) *c* razor
rakkräm (*raak*-kraim) *c* shaving-cream
rakt (raakt) *adv* straight; ~ fram straight ahead; straight on
raktvål (*raak*-tvōal) *c* shaving-soap
rakvatten (*raak*-vah-tern) *nt* after-shave lotion
ram (raam) *c* frame
ramp (rahmp) *c* ramp

rand (rahnd) *c* (pl ränder) stripe
randig (*rahn*-di) *adj* striped
rang (rahng) *c* rank
ranson (rahn-*sōōn*) *c* ration
rapphöna (*rahp*-hūrn-ah) *c* partridge
rappning (*rahp*-ning) *c* plaster
rapport (rah-*port*) *c* report
rapportera (rah-por-*tāy*-rah) *v* report
raring (*raa*-ring) *c* sweetheart
raritet (rah-ri-*tāyt*) *c* curio
ras (raass) *c* breed, race; *nt* landslide; **ras-** racial
rasa (*raass*-ah) *v* collapse; rage
rasande (*raass*-ahn-der) *adj* furious; mad; ***vara** ~ rage
raseri (raa-say-*ree*) *nt* fury, rage
rask (rahsk) *adj* swift
rast (rahst) *c* break
rastlös (*rahst*-lūrss) *adj* restless
rastlöshet (*rahst*-lūrss-hāyt) *c* unrest
ratt (raht) *c* steering-wheel
rattstång (*raht*-stong) *c* (pl -stänger) steering-column
reagera (ray-ah-*gāy*-rah) *v* react
reaktion (ray-ahk-*shōōn*) *c* reaction
realisation (ray-ah-li-sah-*shōōn*) *c* sales; clearance sale
realisera (ray-ah-li-*sāyr*-ah) *v* realize
recension (ray-sayn-*shōōn*) *c* review
recept (ray-*saypt*) *nt* prescription; recipe
reception (ray-sayp-*shōōn*) *c* reception office
receptionist (ray-sayp-shoo-*nist*) *c* receptionist
redaktör (ray-dahk-*tūrr*) *c* editor
redan (*rāy*-dahn) *adv* already
redigera (ray-di-*shāy*-rah) *v* edit; ***write, **draw up
redogörelse (*rāy*-doo-ᵞūr-rayl-ser) *c* report; account
redovisa (*rāy*-doo-vee-sah) *v* account for
redskap (*rāyd*-skaap) *nt* tool; imple-

ment, utensil

reducera (ray-dew-_sāy_-rah) _v_ reduce

reduktion (ray-dewk-_shōōn_) _c_ reduction

referens (ray-fer-_rayns_) _c_ reference

reflektera (ray-flayk-_tāy_-rah) _v_ reflect

reflektor (ray-_flayk_-tor) _c_ reflector

reflex (rayf-_lehks_) _c_ reflection

Reformationen (ray-for-mah-_shōō_-nern) reformation

regel[1] (_rāy_-gerl) _c_ rule; regulation;
som ~ as a rule

regel[2] (_rāy_-gerl) _c_ bolt

regelbunden (_rāy_-gerl-bewn-dayn) _adj_ regular

regelmässig (_rāy_-gerl-mehss-i) _adj_ regular

regent (ray-_Yehnt_) _c_ ruler

regera (ray-_Yāy_-rah) _v_ rule; govern, reign

regering (ray-_Yāy_-ring) _c_ government; rule

regeringstid (ray-_Yāy_-rings-teed) _c_ reign

regi (ray-_shee_) _c_ direction

regim (ray-_sheem_) _c_ régime

region (ray-gi-_ōōn_) _c_ region

regional (ray-gi-oo-_naal_) _adj_ regional

regissera (rer-shi-_sāyr_-ah) _v_ direct

regissör (ray-shi-_surr_) _c_ director

register (ray-_Yiss_-terr) _nt_ index

registrering (ray-_Y_i-_strāy_-ring) _c_ registration

registreringsnummer (ray-_Y_i-_strāy_-rings-newm-err) _nt_ registration number; licence number _Am_

reglemente (rayg-ler-_mayn_-ter) _nt_ regulation

reglera (ray-_glāy_-rah) _v_ regulate

reglering (ray-_glāy_-ring) _c_ regulation

regn (rehngn) _nt_ rain

regna (_rehng_-nah) _v_ rain

regnbåge (_rehngn_-bōa-ger) _c_ rainbow

regnig (_rehng_-ni) _adj_ rainy

regnrock (_rehng_-rok) _c_ mackintosh; raincoat

regnskur (_rehngn_-skewr) _c_ shower

reguljär (ray-gewl-_Yæær_) _adj_ regular

rehabilitering (ray-hah-bi-li-_tāy_-ring) _c_ rehabilitation

reklam (rayk-_laam_) _c_ advertising

reklamationsbok (rayk-lah-mah-_shōōns_-bōōk) _c_ (pl ~ böcker) complaints book

reklamsändning (rayk-_laam_-sehnd-ning) _c_ commercial

rekommendation (ray-ko-mayn-dah-_shōōn_) _c_ recommendation

rekommendationsbrev (ray-ko-mayn-dah-_shōōns_-brāyv) _nt_ letter of recommendation

rekommendera (ray-ko-mayn-_dāy_-rah) _v_ recommend; register

rekord (rer-_kord_) _nt_ record

rekreation (rayk-rāy-ah-_shōōn_) _c_ recreation

rekryt (ray-_krēwt_) _c_ recruit

rektangel (rayk-_tahng_-erl) _c_ (pl -glar) rectangle; oblong

rektangulär (rayk-tahng-gew-_læær_) _adj_ rectangular

rektor (_rayk_-tor) _c_ headmaster; principal

relatera (ray-lah-_tāy_-rah) _v_ relate

relation (ray-lah-_shōōn_) _c_ relation

relativ (_ray_-lahteev) _adj_ relative; comparative

relief (ray-li-_ayf_) _c_ relief

religion (ray-li-_Yōōn_) _c_ religion

religiös (ray-li-_shūrss_) _adj_ religious

relik (ray-_leek_) _c_ relic

relikskrin (ray-_leek_-skreen) _nt_ shrine

rem (raym) _c_ strap

remsa (_raym_-sah) _c_ strip

ren[1] (_rāyn_) _c_ reindeer

ren[2] (_rāyn_) _adj_ pure, neat, clean; sheer

*****rengöra** (_rāyn_-_Yūr_-rah) _v_ clean

rengöring (*rayn*-Yur-ring) *c* cleaning

rengöringsmedel (*rayn*-Yur-rings-*may*-dayl) *nt* cleaning fluid; detergent

renommé (rer-no-*may*) *nt* reputation

rep (rayp) *nt* rope; cord

repa (*rayp*-ah) *c* scratch

reparation (rer-pah-rah-*shoon*) *c* repair; reparation

reparera (rer-pah-*rayr*-ah) *v* repair; mend

repertoar (ray-pær-too-*aar*) *c* repertory

repetera (ray-pay-*tayr*-ah) *v* rehearse

repetition (ray-pay-ti-*shoon*) *c* rehearsal; repetition; revision

reporter (ray-*poar*-terr) *c* (pl -trar) reporter

representant (rer-pray-sayn-*tahnt*) *c* representative, agent

representation (rer-pray-sayn-tah-*shoon*) *c* representation

representativ (rer-pray-sayn-tah-*teev*) *adj* representative

representera (rer-pray-sayn-*tay*-rah) *v* represent

reproducera (rer-pro-dew-*say*-rah) *v* reproduce

reproduktion (rer-pro-dewk-*shoon*) *c* reproduction

republik (rer-pew-*bleek*) *c* republic

republikansk (rer-pewb-li-*kaansk*) *adj* republican

resa (*ray*-sah) *c* journey; voyage, trip; *v* travel; ~ **bort** *leave; ~ **sig** *get up

resebyrå (*ray*-ser-bew-*roa*) *c* travel agency

resecheck (*ray*-ser-t Yayk) *c* traveller's cheque

reseförsäkring (*ray*-ser-furr-*saik*-ring) *c* travel insurance

resehandbok (*ray*-ser-hahnd-*book*) *c* (pl -böcker) guidebook

resekostnader (*ray*-ser-kost-nah-derr) *pl* travelling expenses

reseledare (*ray*-ser-*lay*-dah-rer) *c* (pl ~) guide, tour leader

resenär (*ray*-ser-*næær*) *c* traveller

reserv (rer-*særv*) *c* reserve; **reserv-spare**

reservation (rer-sær-vah-*shoon*) *c* reservation; booking

reservdel (rer-*særv*-dayl) *c* spare part

reservdäck (rer-*særv*-dehk) *nt* spare tyre

reservera (rer-sær-*vayr*-ah) *v* reserve; book

reserverad (rer-sær-*vay*-rahd) *adj* reserved

reservhjul (rer-*særv*-Yewl) *nt* spare wheel

reservoar (rer-sær-voo-*aar*) *c* reservoir

reservoarpenna (rer-sær-voo-*aar*-pay-nah) *c* fountain-pen

resgodsfinka (*rayss*-goots-*fin*-kah) *c* luggage van

resolut (rer-so-*lewt*) *adj* resolute

resonera (rer-so-*nay*-rah) *v* reason

respekt (rer-*spaykt*) *c* respect; esteem

respektabel (rer-spayk-*taa*-berl) *adj* respectable

respektera (rer-spayk-*tay*-rah) *v* respect

respektfull (rer-*spaykt*-fewl) *adj* respectful

respektive (rayss-payk-teev-er) *adj* respective

resplan (*rayss*-plaan) *c* itinerary

resrutt (*rayss*-rewt) *c* itinerary

rest (rayst) *c* rest; remnant, remainder

restaurang (rayss-to-*rahng*) *c* restaurant

restaurangvagn (rayss-to-*rahng*-vahngn) *c* dining-car

resterande (ray-*stayr*-ahn-der) *adj* remaining

restriktion (rayst-rik-*shōōn*) *c* restriction

resultat (ray-sewl-*taat*) *nt* result; outcome; issue

resultera (rer-sewl-*tāy*-rah) *v* result

resväska (*rāyss*-vehss-kah) *c* suitcase; case, bag

resårband (ray-*sōar*-bahnd) *nt* elastic band

reta (*rāyt*-ah) *v* tease; annoy, irritate

retsam (*rāyt*-sahm) *adj* teasing, annoying

returflyg (ray-tewr-flēwg) *nt* return flight

returnera (ray-tewr-*nāy*-rah) *v* *send back

reumatism (ray-ew-mah-*tism*) *c* rheumatism

rev (rāyv) *nt* reef

reva (*rāy*-vah) *c* tear

revben (*rāyv*-bāyn) *nt* rib

revidera (rer-vi-*dāy*-rah) *v* revise

revision (rer-vi-*shōōn*) *c* revision

revolt (rer-*volt*) *c* revolt

revolution (rer-vo-lew-*shōōn*) *c* revolution

revolutionär (rer-vo-lew-shoo-*næær*) *adj* revolutionary

revolver (rer-*vol*-verr) *c* revolver

revy (rer-*vēw*) *c* revue

revyteater (rer-*vēw*-tay-aa-terr) *c* (pl -trar) music-hall

*rida (*reed*-ah) *v* *ride

riddare (*rid*-ah-rer) *c* (pl ~) knight

ridning (*reed*-ning) *c* riding

ridskola (*reed*-skōōl-ah) *c* riding-school

ridå (ri-*dōa*) *c* curtain

rik (reek) *adj* rich

rike (*reek*-er) *nt* country; kingdom; empire

rikedom (*ree*-ker-doom) *c* wealth; riches *pl*

riklig (*reek*-li) *adj* abundant; plentiful

riklighet (*reek*-li-hāyt) *c* plenty

riksdagsman (*riks*-dahks-mahn) *c* (pl -män) Member of Parliament

rikssamtal (*riks*-sahm-taal) *nt* trunk-call

riksväg (*riks*-vaig) *c* trunk road

rikta (*rik*-tah) *v* direct

riktig (*rik*-ti) *adj* right; just, correct, proper

riktighet (*rik*-ti-hāyt) *c* correctness

riktning (*rikt*-ning) *c* direction; way

riktnummer (*rikt*-new-merr) *nt* area code

rim (rim) *nt* rhyme

rimlig (*rim*-li) *adj* reasonable

ring (ring) *c* ring

ringa (*ring*-ah) *v* call; *ring; ~ **upp** phone, ring up; call up *Am*

ringaktning (*ring*-ahkt-ning) *c* contempt

ringklocka (*ring*-klo-kah) *c* bell

*rinna (*ri*-nah) *v* *run

ris (reess) *nt* rice

risk (risk) *c* risk; hazard, chance

riskabel (riss-*kaa*-berl) *adj* unsafe

riskera (ri-*skāyr*-ah) *v* risk

riskfylld (*risk*-fewld) *adj* risky

rispa (*riss*-pah) *v* scratch

rita (*ree*-tah) *v* *draw

*riva (*ree*-vah) *v* *tear, demolish; grate

rival (ri-*vaal*) *c* rival

rivalitet (ri-vah-li-*tāyt*) *c* rivalry

rivjärn (*reev*-Yæærn) *nt* grater

rivning (*reev*-ning) *c* demolition

ro (rōō) *c* quiet; *v* row

roa (*rōō*-ah) *v* amuse; entertain

roande (*rōō*-ahn-der) *adj* entertaining

robust (ro-*bewst*) *adj* robust

rock (rok) *c* coat

rockslag (*rok*-slaag) *nt* lapel

roddbåt (*rood*-bōat) *c* rowing-boat

roder (*rōō*-derr) *nt* rudder

rodna (*rōad*-nah) *v* blush

rolig (rōō-li) adj funny; enjoyable

rom (rom) c roe

roman (roo-maan) c novel

romanförfattare (roo-maan-furr-fah-tah-rer) c (pl ~) novelist

romans (roo-mahns) c romance

romantisk (roo-mahn-tisk) adj romantic

rond (rond) c round

rondell (ron-dayl) c roundabout

rop (rōōp) nt call; cry

ropa (rōō-pah) v call; cry

rorkult (rōōr-kewlt) c helm

rorsman (rōōrs-mahn) c (pl -män) steersman; helmsman

ros (rōōss) c rose

rosa (rōa-sah) adj rose, pink

rost (rost) c rust

rostig (ross-ti) adj rusty

rot (rōōt) c (pl rötter) root

rotting (rot-ing) c rattan

rouge (rōōsh) c rouge

rovdjur (rōōv-Yewr) nt beast of prey

rubin (rew-been) c ruby

rubrik (rew-breek) c headline, heading

ruin (rew-een) c ruins

ruinera (rew-ee-nāy-rah) v ruin

rulett (rew-layt) c roulette

rulla (rewl-ah) v roll

rulle (rewl-er) c roll

rullgardin (rewl-gahr-deen) c blind

rullskridskoåkning (rewl-skri-skoo-ōak-ning) c roller-skating

rullstol (rewl-stōōl) c wheelchair

rulltrappa (rewl-trah-pah) c escalator

rum (rewm) nt room; space; ~ med frukost bed and breakfast

rumsbetjäning (rewms-ber-tYai-ning) c room service

rumstemperatur (rewms-taym-per-rah-tēwr) c room temperature

rumän (rew-main) c Rumanian

Rumänien (rew-mai-ni-ern) Rumania

rumänsk (rew-mainsk) adj Rumanian

rund (rewnd) adj round

rundad (rewn-dahd) adj rounded

rundhänt (rewnd-hehnt) adj liberal

rundresa (rewnd-rāy-sah) c tour

runt (rewnt) adv around

rusa (rēwss-ah) v rush; dash

rusningstid (rēwss-nings-teed) c rush-hour; peak hour

russin (rewss-in) nt raisin

rustik (rew-steek) adj rustic

rustning (rewst-ning) c armour

ruta (rēwt-ah) c square; pane

rutig (rēwt-i) adj chequered

rutin (rew-teen) c routine

rutschbana (rewch-baan-ah) c slide

rutt (rewt) c route

rutten (rewt-ern) adj rotten

ryck (rewk) nt tug; wrench

rygg (rewg) c back

ryggrad (rewg-raad) c backbone; spine

ryggskott (rewg-skot) nt lumbago

ryggsäck (rewg-sehk) c rucksack; knapsack

ryggvärk (rewg-værk) c backache

*ryka (rēw-kah) v smoke

ryktbarhet (rewkt-baar-hāyt) c fame

rykte (rewk-ter) nt rumour; reputation; renown

rymd (rewmd) c space

rymlig (rewm-li) adj spacious; roomy, large

rymling (rewm-ling) c runaway

rymma (rewm-ah) v *run away; contain

rynka (rewng-kah) c wrinkle

rysk (rewsk) adj Russian

ryslig (rēwss-li) adj horrible; awful

rysning (rēwss-ning) c shiver; shudder, nt chill

ryss (rewss) c Russian

Ryssland (rewss-lahnd) Russia

*ryta (rēw-tah) v roar

rytm (rewtm) c rhythm

ryttare (rewt-ah-rer) c (pl ~) rider; horseman

rå (roa) adj raw

råd (road) nt advice; *ha ~ med afford

råda (roa-dah) v advise

rådfråga (road-froa-gah) v consult

*rådgiva (road-Yee-vah) v advise

rådgivare (road-Yee-vah-rer) c (pl ~) counsellor

rådjurskalv (roa-Yewrs-kahlv) c fawn

rådman (road-mahn) c (pl -män) magistrate

rådsförsamling (roads-furr-sahm-ling) c council

rådsmedlem (roads-mayd-lehm) c (pl ~mar) councillor

råmaterial (roa-mah-tay-ri-aal) nt raw material

rån¹ (roan) nt robbery; väpnat ~ hold-up

rån² (roan) nt wafer

råna (roa-nah) v rob

rånare (roa-nah-reh) c (pl ~) robber

råolja (roa-ol-Yah) c petroleum

råtta (ro-tah) c rat

räcka (rehk-ah) v suffice

räcke (rehk-er) nt rail; railing

räckhåll (rehk-hol) nt reach

räckvidd (rehk-vid) c range

räd (raid) c raid

rädd (rehd) adj afraid

rädda (rehd-ah) v save; rescue

räddning (rehd-ning) c rescue

rädisa (rai-di-sah) c radish

rädsla (raids-lah) c fear

räka (rai-kah) c shrimp; prawn

räkna (raik-nah) v reckon, count; ~ ut calculate

räknemaskin (raik-ner-mah-sheen) c adding-machine

räkneord (raik-ner-oord) nt numeral

räkning (raik-ning) c bill; arithmetic

rännsten (rehn-stayn) c gutter

ränsel (rehn-sayl) c (pl -slar) haversack

ränta (rehn-tah) c interest

rätt¹ (reht) c course

rätt² (reht) adj appropriate, right, correct; adv rather; c justice; *ha ~ * be right; med rätta rightly

rätta (reht-ah) v correct; ~ till correct, adjust

rättegång (reh-ter-gong) c trial; lawsuit

rättelse (reht-terl-ser) c correction

rättfärdig (reht-fæær-di) adj righteous

rättighet (reh-ti-hayt) c right

rättmätig (reht-mai-ti) adj legitimate

rättskaffens (reht-skahf-erns) adj honourable

rättskrivning (reht-skreev-ning) c dictation

rättvis (reht-veess) adj just; fair, right

rättvisa (reht-vee-sah) c justice

räv (raiv) c fox

röd (rurd) adj red

rödbeta (rurd-bay-tah) c beetroot

rödhake (rurd-haa-ker) c robin

rödlila (rurd-lee-lah) adj mauve

rödspätta (rurd-speh-tah) c plaice

rök (rurk) c smoke

röka (rur-kah) v smoke

rökare (rur-kah-rer) c (pl ~) smoker

rökelse (rurk-erl-ser) c incense

rökkupé (rurk-kew-pay) c smoker, smoking-compartment

rökning förbjuden (rurk-ning furr-bYew-dern) no smoking

rökrum (rurk-rewm) nt smoking-room

röntga (rurnt-kah) v X-ray

röntgenbild (rurnt-kern-bild) c X-ray

rör (rurr) nt pipe; tube; cane

röra¹ (rurr-ah) v touch; move; ~ om stir; ~ sig move

röra² (rurr-ah) c muddle

rörande (*rūrr*-ahn-der) *adj* touching;
prep regarding
rörelse (*rūrr*-erl-ser) *c* motion, move-
ment; emotion; ***sätta i ~** move
rörlig (*rūrr*-li) *adj* mobile
rörmokare (*rūrr*-moo-kah-rer) *c* (pl ~)
plumber
röst (rurst) *c* voice; vote
rösta (*rurss*-tah) *v* vote
röstning (*rurst*-ning) *c* vote
rösträtt (*rurst*-reht) *c* franchise; suf-
frage

S

sackarin (sah-kah-*reen*) *nt* saccharin
sadel (*saa*-dayl) *c* (pl sadlar) saddle
safir (sah-*feer*) *c* sapphire
saft (sahft) *c* syrup
saftig (*sahf*-ti) *adj* juicy
saga (*saa*-gah) *c* fairytale; tale
sak (saak) *c* thing; matter, affair
sakkunnig (*saak*-kewn-i) *adj* expert
saklig (*saak*-li) *adj* matter-of-fact
sakna (*saak*-nah) *v* lack, miss
saknad (*saak*-nahd) *c* lack
sakta ned (*sahk*-tah) slow down
sal (saal) *c* hall
saldo (*sahl*-doo) *nt* balance
saliv (sah-*leev*) *c* saliva, spit
sallad (*sahl*-ahd) *c* salad
salladsolja (*sah*-lahds-ol-ʸah) *c* salad-
oil
salong (sah-*long*) *c* drawing-room;
salon
salt (sahlt) *nt* salt; *adj* salty
saltkar (*sahlt*-kaar) *nt* salt-cellar
till salu (til *saa*-lew) for sale
saluhall (*saa*-lew-hahl) *c* market
salva (*sahl*-vah) *c* ointment; salve
samarbete (*sahm*-ahr-bāy̆-ter) *nt* co-
operation

samarbetsvillig (*sahm*-ahr-bāy̆ts-vi-li)
adj co-operative
samband (*sahm*-bahnd) *nt* relation
samfund (*sahm*-fewnd) *nt* society
samhälle (*sahm*-heh-ler) *nt* commun-
ity; locality; **samhälls-** social
samhällsbevarande (*sahm*-hehls-ber-
vaa-rahn-der) *adj* conservative
samla (*sahm*-lah) *v* gather; assemble,
collect; **~ ihop** compile; **~ in** col-
lect
samlag (*sahm*-laag) *nt* sexual inter-
course
samlare (*sahm*-lah-rer) *c* (pl ~) col-
lector
samlas (*sahm*-lahss) *v* gather
samling (*sahm*-ling) *c* collection
samma (*sahm*-ah) *adj* same
*sammanbinda (*sah*-mahn-bin-dah) *v*
link
sammandrag (*sah*-mahn-draag) *nt*
summary
*sammanfalla (*sahm*-ahn-fahl-ah) *v*
coincide
sammanfatta (*sahm*-ahn-fah-tah) *v*
summarize
sammanfattning (*sah*-mahn-faht-ning)
c summary, résumé
sammanfoga (*sahm*-ahn-*fōōg*-ah) *v*
join, *put together
sammanhang (*sahm*-ahn-hahng) *nt*
connection; coherence, reference
sammankomst (*sahm*-ahn-komst) *c*
meeting; assembly
sammanlagd (*sahm*-ahn-lahgd) *adj*
overall, total
sammanslagning (*sahm*-ahn-slaag-
ning) *c* merger
sammanslutning (*sah*-mahn-slĕwt-
ning) *c* society; association
sammanställa (*sahm*-ahn-stehl-ah) *v*
compose; compile
sammanstöta (*sahm*-ahn-stūr-tah) *v*
bump

sammanstötning (*sahm*-ahn-stürt-ning) *c* collision

*****sammansvärja sig** (*sahm*-ahn-*svær*-Yah) conspire

sammansvärjning (*sahm*-ahn-*svær*Y-ning) *c* conspiracy, plot

sammansättning (*sahm*-ahn-seht-ning) *c* composition

sammanträde (*sahm*-ahn-traid-er) *nt* meeting

sammanträffande (*sahm*-ahn-trehf-ahn-der) *nt* concurrence; encounter

sammet (*sah*-mayt) *c* velvet

samordna (*sahm*-ord-nah) *v* co-ordinate

samordning (*sahm*-ord-ning) *c* co-ordination

samtal (*sahm*-taal) *nt* conversation; talk, discussion

samtalsämne (*sahm*-taals-aim-ner) *nt* topic

samtida (*sahm*-tee-dah) *adj* contemporary

samtidig (*sahm*-tee-di) *adj* simultaneous

samtycka (*sahm*-tew-kah) *v* consent

samtycke (*sahm*-tew-ker) *nt* consent

samverkan (*sahm*-vær-kahn) *c* co-operation

samvete (*sahm*-vāy-ter) *nt* conscience

sanatorium (sah-nah-*tōō*-ri-ewm) *nt* (pl -rier) sanatorium

sand (sahnd) *c* sand

sandal (sahn-*daal*) *c* sandal

sandig (*sahn*-di) *adj* sandy

sandpapper (*sahnd*-pahp-err) *nt* sandpaper

sanitär (sah-ni-*tæær*) *adj* sanitary

sann (sahn) *adj* very, true

sannfärdig (sahn-*fæær*-di) *adj* truthful

sanning (*sah*-ning) *c* truth

sannolik (*sahn*-oo-leek) *adj* likely; probable

sansad (*sahns*-ahd) *adj* sober

sardin (sahr-*deen*) *c* sardine

satellit (sah-tay-*leet*) *c* satellite

satäng (sah-*tehng*) *c* satin

Saudiarabien (*sou*-di-ah-*raa*-bi-ern) Saudi Arabia

saudiarabisk (*sou*-di-ah-*raab*-isk) *adj* Saudi Arabian

sax (sahks) *c* scissors *pl*

scen (sāyn) *c* scene, stage

schack (shahk) *nt* chess; **schack!** check!

schackbräde (*shahk*-brai-der) *nt* checkerboard *nAm*

schal (shaal) *c* shawl

schampo (*shahm*-pōō) *nt* shampoo

scharlakansfeber (shahr-*laa*-kahns-*fāy*-berr) *c* scarlet fever

scharlakansröd (shahr-*laa*-kahns-rürd) *adj* scarlet

schema (*shāy*-mah) *nt* scheme

schlager (*shlaa*-gerr) *c* (pl ~, -rar) hit

Schweiz (shvayts) Switzerland

schweizare (*shvay*-tsah-rer) *c* (pl ~) Swiss

schweizisk (*shvay*-tsisk) *adj* Swiss

scout (skout) *c* boy scout

*****se** (sāy) *v* *see; notice; ~ **på** look at; ~ **till** attend to; ~ **upp** look out; watch out; ~ **ut** look

sebra (*sāyb*-rah) *c* zebra

sedan (*sāy*-dahn) *adv* then; afterwards; *conj* since, after; *prep* since; **för ...** ~ ago; ~ **dess** since

sedel (*sāy*-dayl) *c* (pl sedlar) banknote

seder (*sāy*-derr) *pl* customs *pl*

sediment (say-di-*maynt*) *nt* deposit

sedlig (*sāyd*-li) *adj* moral

sedvanlig (*sāyd*-vaan-li) *adj* customary

sedvänja (*sāyd*-vehn-Yah) *c* usage

seg (sāyg) *adj* tough

segel (*sāy*-gerl) *nt* sail

segelbar (*sāy*-gerl-baar) *adj* navigable

segelbåt (*sāy*-gerl-bōat) *c* sailing-boat

segelflygplan (*sāy*-gerl-flēwg-plaan) *nt* glider

segelsport (*sāy*-gerl-sport) *c* yachting

segelsällskap (*sāy*-gerl-sehl-skaap) *nt* yacht-club

seger (*sāy*-gerr) *c* (pl segrar) victory

segerrik (*sāy*-gerr-reek) *adj* triumphant

segla (*sāy*g-lah) *v* sail; navigate

segra (*sāy*g-rah) *v* *win

segrare (*sāy*g-rah-ray) *c* (pl ~) winner, victor

sekreterare (sayk-ray-*tāy*-rah-rer) *c* (pl ~) secretary; clerk

sektion (sehk-*shōon*) *c* section

sekund (ser-*kewnd*) *c* second

sekundär (ser-kewn-*dæær*) *adj* secondary

selleri (say-ler-*ree*) *nt* celery

semester (say-*mayss*-terr) *c* holiday

semesterort (say-*mayss*-terr-oort) *c* holiday resort

semikolon (say-mi-*kōo*-lon) *nt* semicolon

sen (*sāy*n) *adj* late; för sent too late

sena (*sāy*n-ah) *c* sinew; tendon

senap (*sāy*-nahp) *c* mustard

senat (ser-*naat*) *c* senate

senator (ser-*naa*-tor) *c* senator

senil (say-*neel*) *adj* senile

sensation (sayn-sah-*shōon*) *c* sensation

sensationell (sayn-sah-shoo-*nayl*) *adj* sensational

sentimental (sayn-ti-mayn-*taal*) *adj* sentimental

separat (say-pah-*raat*) *adv* separately

september (sayp-*taym*-berr) September

septisk (*sayp*-tisk) *adj* septic

serie (*sāy*-ri-er) *c* series; tecknad ~ comics *pl*

seriös (say-ri-*ūrss*) *adj* serious

serum (*sāy*-rewm) *nt* serum

servera (sær-*vāy*-rah) *v* serve

serveringsfat (sær-*vāy*-rings-faat) *nt* dish

servett (sær-*vayt*) *c* napkin; serviette

servitris (sær-vi-*reess*) *c* waitress

servitör (sær-vi-*tūrr*) *c* waiter

session (say-*shōon*) *c* session

sevärdhet (*sāy*-væærd-hāyt) *c* sight

sex (sayks) *num* six

sextio (*sayks*-ti) *num* sixty

sexton (*sayks*-ton) *num* sixteen

sextonde (*sayks*-ton-der) *num* sixteenth

sexualitet (sayk-sew-ah-li-*tāyt*) *c* sexuality

sexuell (sayk-sew-*ayl*) *adj* sexual

Siam (see-ahm) Siam

siames (see-ah-*māyss*) *c* Siamese

siamesisk (see-ah-*māyss*-isk) *adj* Siamese

sida (see-dah) *c* side; page; på andra sidan across; på andra sidan om beyond; åt sidan aside; sideways

siden (see-dayn) *nt* silk; siden- silken

sidogata (see-doo-*gaat*-ah) *c* side-street

sidoljus (see-doo-*yewss*) *nt* sidelight

sidoskepp (see-doo-shayp) *nt* aisle

siffra (*sif*-rah) *c* figure; digit

sifon (si-*fōan*) *c* siphon, syphon

sig (say) *pron* himself, herself; themselves

sigill (si-*yil*) *nt* seal

signal (sing-*naal*) *c* signal

signalement (sing-nah-lay-*maynt*) *nt* description

signalera (sing-nah-*lāyr*-ah) *v* signal

signalhorn (sing-*naal*-hōorn) *nt* hooter, horn

signatur (sing-nah-*tēwr*) *c* signature

sikt (sikt) *c* visibility

sikta¹ (*sik*-tah) *v* aim at; ~ **på** aim at

sikta² (*sik*-tah) *v* sift

sil (seel) *c* strainer

sila (*seel*-ah) *v* strain

sill (sil) *c* herring

silver (*sil*-verr) *nt* silver; silverware

silversmed (*sil*-verr-smāyd) *c* silver-smith

simbassäng (*sim*-bah-sehng) *c* swimming pool

simma (*sim*-ah) *v* *swim

simmare (*si*-mah-rer) *c* (pl ~) swimmer

simning (*sim*-ning) *c* swimming

simpel (*sim*-perl) *adj* common

simulera (si-mew-*lāyr*-ah) *v* pretend

sin (sin) *pron* (nt sitt, pl sina) his, her, its, one's, their

singularis (sing-gēw-laa-riss) *nt* singular

sinne (*si*-ner) *nt* sense

sinnesförvirrad (*si*-nerss-furr-*vi*-rahd) *adj* mad

sinnesrörelse (*si*-nerss-rūr-rayl-ser) *c* emotion

sinnessjuk¹ (*si*-nerss-shēwk) *adj* insane

sinnessjuk² (*si*-nerss-shēwk) *c* (pl ~a) lunatic

sinnesstämning (*si*-nerss-stehm-ning) *c* spirits

siren (si-*rāyn*) *c* siren

sist (sist) *adj* last; **till** ~ at last

sista (*siss*-tah) *adj* ultimate

*sitta (*sit*-ah) *v* *sit

sittplats (*sit*-plahts) *c* seat

situation (si-tew-ah-*shōōn*) *c* situation

sju (shew) *num* seven

sjuk (shēwk) *adj* ill; sick

sjukdom (*shēwk*-doom) *c* illness; sickness, disease

sjukhus (*shēwk*-hēwss) *nt* hospital

sjukledighet (*shēwk*-lāy-di-hāyt) *c* sick-leave

sjuksköterska (*shēwk*-shūrt-err-skah) *c* nurse

sjukvård (*shēwk*-vōard) *c* public health

sjukvårdsrum (*shēwk*-vōards-rewm) *nt* infirmary

sjunde (*shewn*-der) *num* seventh

*sjunga (*shewng*-ah) *v* *sing

*sjunka (*shewng*-kah) *v* *sink

sjuttio (*shewt*-i) *num* seventy

sjutton (*shewt*-on) *num* seventeen

sjuttonde (*shewt*-on-der) *num* seventeenth

själ (shail) *c* soul

själv (shehlv) *pron* myself, yourself, himself, herself, itself, oneself

själva (*shehl*-vah) *pron* ourselves, yourselves, themselves

självbetjäning (*shehlv*-ber-tᵞai-ning) *c* self-service

självgod (*shehlv*-gōōd) *adj* self-righteous

självisk (*shehl*-visk) *adj* selfish

självklar (*shehlv*-klaar) *adj* self-evident

självmord (*shehlv*-mōōrd) *nt* suicide

självservering (*shehlv*-sayr-vāy-ring) *c* self-service restaurant

självstyre (*shehlv*-stēw-rer) *nt* self-government

självständig (*shehlv*-stehn-di) *adj* independent

självständighet (*shehlv*-stehn-di-hāyt) *c* independence

självupptagen (*shehlv*-ewp-taag-ern) *adj* self-centred

sjätte (*sheh*-ter) *num* sixth

sjö (shūr) *c* lake

sjöborre (*shūr*-bo-rer) *c* sea-urchin

sjöfart (*shūr*-faart) *c* navigation; shipping

sjöfågel (*shūr*-fōa-gayl) *c* (pl -glar) sea-bird

sjöjungfru (*shūr*-ᵞewng-frew) *c* mer-

maid
sjökort (*shūr*-koort) *nt* nautical chart
sjöman (*shūr*-mahn) *c* (pl -män) sailor
sjörövare (*shūr*-rūr-vah-rer) *c* (pl ~)
   pirate
sjösjuk (*shūr*-shewk) *adj* seasick
sjösjuka (*shūr*-shew-kah) *c* seasickness
sjösättning (*shūr*-seht-ning) *c* launch-
   ing
sjötunga (*shūr*-tewng-ah) *c* sole
***ska** (skaa) *v* *shall; *will
skada (*skaa*-dah) *c* injury; damage,
   mischief, harm; *v* *hurt, injure,
   harm
skadad (*skaa*-dahd) *adj* injured
skadeersättning (*skaa*-der-āyr-seht-
   ning) *c* compensation; indemnity
skadlig (*skaad*-li) *adj* harmful; hurt-
   ful
skaffa (*skahf*-ah) *v* get, procure, pro-
   vide; ~ **sig** acquire, *v* acquire; ob-
   tain
skafferi (skah-fay-*ree*) *nt* (pl ~er)
   larder
skaft (skahft) *nt* handle
skaka (*skaa*-kah) *v* *shake
skal (skaal) *nt* skin, peel; shell
skala (*skaa*-lah) *c* scale; *v* peel
skalbagge (*skaal*-bahg-er) *c* beetle;
   bug
skald (skahld) *c* poet
skaldjur (*skaal*-Yēwr) *nt* shellfish
skalle (*skah*-ler) *c* skull
skam (skahm) *c* shame; disgrace
skamsen (*skahm*-sayn) *adj* ashamed
skandal (skahn-*daal*) *c* scandal
skandinav (skahn-di-*naav*) *c* Scandi-
   navian
Skandinavien (skahn-di-*naav*-i-ern)
   Scandinavia
skandinavisk (skahn-di-*naav*-isk) *adj*
   Scandinavian
skapa (*skaa*-pah) *v* create
skarp (skahrp) *adj* sharp; keen;

strong
skata (*skaa*-tah) *c* magpie
skatt (skaht) *c* tax; treasure
skattefri (*skah*-ter-free) *adj* tax-free
skattmästare (*skaht*-mehss-tah-rer) *c*
   (pl ~) treasurer
ske (shāy) *v* happen; occur
sked (shāyd) *c* spoon; spoonful
skelett (skay-*layt*) *nt* skeleton
skelögd (*shāyl*-ūrgd) *adj* cross-eyed
sken (shāyn) *nt* glare
skenhelig (*shāyn*-hāy-li) *adj* hypocriti-
   cal
skepp (shayp) *nt* boat
skeppa (*shayp*-ah) *v* ship
skeppsredare (*shayps*-rāy-dah-rer) *c*
   (pl ~) shipowner
skeppsvarv (*shayps*-vahrv) *nt* ship-
   yard
skicka (*shik*-ah) *v* *send; ~ **bort** dis-
   miss; ~ **efter** *send for; ~ **iväg**
   *send off; ~ **tillbaka** *send back
skicklig (*shik*-li) *adj* skilled, skilful;
   clever
skicklighet (*shik*-li-hāyt) *c* ability;
   skill
skida (*shee*-dah) *c* ski; **åka skidor** ski
skidbyxor (*sheed*-bewks-err) *pl* ski
   pants
skidlift (*sheed*-lift) *c* ski-lift
skidstavar (*sheed*-staa-vahr) *pl* ski
   sticks; ski poles *Am*
skidåkare (*sheed*-ōā-kah-rer) *c* (pl ~)
   skier
skidåkning (*sheed*-ōāk-ning) *c* skiing
skiffer (*shif*-err) *nt* slating
skift (shift) *nt* gang, shift
skiftnyckel (*shift*-new-kayl) *c* (pl
   -klar) spanner; wrench
skilja (*shil*-Yah) *v* separate; part; **skil-
   jas** divorce; ~ **sig** divorce
skiljevägg (*shil*-Yer-vehg) *c* partition
skillnad (*shil*-nahd) *c* difference; dis-
   tinction; ***göra** ~ distinguish

skilsmässa (*shils*-meh-sah) *c* divorce

*skina (*shee*-nah) *v* *shine

skinka (*shing*-kah) *c* ham; buttock

skinn (shin) *nt* hide; skinn- leather

skinna (*shi*-nah) *v* skin, fleece

skir (sheer) *adj* sheer

skiss (skiss) *c* sketch

skissbok (*skiss*-bōōk) *c* (pl -böcker) sketch-book

skissera (ski-*sāy*-rah) *v* sketch

skiva (*sheev*-ah) *c* slice; disc

skivspelare (*shiv*-spāy-lah-rer) *c* (pl ~) record-player

skjorta (*shoor*-tah) *c* shirt

skjul (shēwl) *nt* shed

*skjuta (*shēwt*-ah) *v* fire, *shoot; push

skjutdörr (*shēwt*-durr) *c* sliding door

sko (skōō) *c* shoe

skoaffär (*skōō*-ah-fæær) *c* shoe-shop

skog (skōōg) *c* forest; wood

skogig (*skōōg*-i) *adj* wooded

skogsdunge (*skoogs*-dew-nger) *c* grove

skogstrakt (*skoogs*-trahkt) *c* woodland

skogvaktare (*skōōg*-vahk-tah-rer) *c* (pl ~) forester

skoj (skoi) *nt* fun

skoja (*skoi*-ah) *v* joke, fool

skokräm (*skōō*-krehm) *c* shoe polish

skola (*skōōl*-ah) *c* school

skolbänk (*skōōl*-behngk) *c* desk

skolflicka (*skōōl*-fli-kah) *c* schoolgirl

skolka (*skol*-kah) *v* play truant

skollärare (*skōōl*-læær-ah-rer) *c* (pl ~) schoolmaster, schoolteacher

skolpojke (*skōōl*-poi-ker) *c* schoolboy

skolväska (*skōōl*-vehss-kah) *c* satchel

skomakare (*skōō*-maa-kah-rer) *c* (pl ~) shoemaker

skorpa (*skor*-pah) *c* crust; rusk

skorsten (*skors*-tāyn) *c* chimney

skosnöre (*skōō*-snūr-rer) *nt* shoe-lace

skotsk (skotsk) *adj* Scottish; Scotch

skott (skot) *nt* shot

skottavla (*skot*-taav-lah) *c* target

skotte (*sko*-ter) *c* Scot

skottkärra (*skot*-tᵛær-ah) *c* wheelbarrow

Skottland (*skot*-lahnd) Scotland

skottår (*skot*-ōār) *nt* leap-year

skovel (*skōā*-verl) *c* (pl -vlar) shovel

skrapa (*skraap*-ah) *v* scrape; scratch

skratt (skraht) *nt* laugh; laughter

skratta (*skrah*-tah) *v* laugh

skreva (*skrāy*-vah) *c* cleft

skri (skree) *nt* scream

skridsko (*skri*-skoo) *c* skate; **åka skridskor** skate

skridskobana (*skri*-skoo-baa-nah) *c* skating-rink

skridskoåkning (*skri*-skoo-ōāk-ning) *c* skating

skriftlig (*skrift*-li) *adj* written

skrik (skreek) *nt* cry; scream, shout

*skrika (*skree*-kah) *v* shriek; scream, shout; cry

*skriva (*skree*-vah) *v* *write; ~ **in** book; enter; ~ **in sig** check in; ~ **om** *rewrite; ~ **på** endorse; ~ **upp** *write down

skrivblock (*skreev*-blok) *nt* writing-pad

skrivbord (*skreev*-bōōrd) *nt* desk; bureau

skrivmaskin (*skreev*-mah-sheen) *c* typewriter

skrivmaskinspapper (*skreev*-mah-sheens*-pah-perr) *nt* typing paper

skrivpapper (*skreev*-pah-perr) *nt* note-paper

skrot (skrōōt) *nt* scrap-iron

skrovlig (*skrōāv*-li) *adj* hoarse

skrubbsår (*skrewb*-sōār) *nt* graze

skruv (skrēwv) *c* screw

skruva (*skrēw*-vah) *v* screw; ~ **av** unscrew; ~ **på** screw on, turn on

skruvmejsel (*skrēwv*-may-sayl) *c* (pl
-slar) screw-driver

skrymmande (*skrewm*-ahn-der) *adj*
bulky

skrynkla (*skrewngk*-lah) *c* crease; *v*
crease

*skryta (*skrēwt*-ah) *v* boast

skråma (*skrōa*-mah) *c* scratch

skräck (skrehk) *c* scare; fright; hor-
ror, terror

skräddare (*skreh*-dah-rer) *c* (pl ~)
tailor

skräddarsydd (*skreh*-dahr-sewd) *adj*
tailor-made

skrämd (skrehmd) *adj* frightened

skrämma (*skrehm*-ah) *v* frighten;
scare

skrämmande (*skrehm*-ahn-der) *adj*
terrifying

skräp (skraip) *nt* rubbish; refuse,
junk

skugga (*skewg*-ah) *c* shadow; shade

skuggig (*skewg*-i) *adj* shady

skuld (skewld) *c* guilt, fault; debt

skulptur (skewlp-*tēwr*) *c* sculpture

skulptör (skewlp-*tūrr*) *c* sculptor

skum (skewm) *nt* foam, froth; *adj* ob-
scure

skumgummi (*skewm*-gewm-i) *nt*
foam-rubber

skumma (*skewm*-ah) *v* foam

skura (*skēw*-rah) *v* scrub

skurk (skewrk) *c* villain

skutta (*skew*-tah) *v* skip; *leap

skvadron (skvah-*drōon*) *c* squadron

skvaller (*skvah*-lerr) *nt* gossip

skvallra (*skvahl*-rah) *v* gossip

sky (shēw) *c* sky, cloud; gravy

skydd (shewd) *nt* protection; shelter,
cover

skydda (*shewd*-ah) *v* protect; shelter

skyfall (*shēw*-fahl) *nt* cloud-burst

skygg (shewg) *adj* shy

skygghet (*shewg*-hāyt) *c* shyness

skyldig (*shewl*-di) *adj* guilty; *vara
~ owe

skyltdocka (*shewlt*-do-kah) *c* dummy,
mannequin

skyltfönster (*shewlt*-furns-terr) *nt*
shop-window

skymfa (*shewm*-fah) *v* call names

skymning (*shewm*-ning) *c* twilight;
dusk

skymt (shewmt) *c* glimpse

skymta (*shewm*-tah) *v* glimpse

skynda sig (*shewn*-dah) hurry; hasten

skyskrapa (*shēw*-skraa-pah) *c* sky-
scraper

skådespel (*skōa*-der-spāyl) *nt* spec-
tacle; drama

skådespelare (*skōa*-der-spāy-lah-rer) *c*
(pl ~) actor; comedian

skådespelerska (*skōa*-der-spāy-lerrs-
kah) *c* actress

skådespelsförfattare (*skōa*-der-
spāyls-furr-*fah*-tah-rer) *c* (pl ~) play-
wright

skål (skōal) *c* bowl; basin; toast

skåp (skōap) *nt* cupboard; closet

skåpvagn (*skōap*-vahngn) *c* pick-up
van

skägg (shehg) *nt* beard

skäl (shail) *nt* reason

källa (*shehl*-ah) *v* bark, bay; scold;
~ ut scold

skälm (shehlm) *c* rascal

skälva (*shehl*-vah) *v* shiver; tremble

skämma bort (*sheh*-mah bort) *spoil

skämmas (*shehm*-ahss) *v* *be
ashamed

skämt (shehmt) *nt* joke

skämtsam (*shehmt*-sahm) *adj* humor-
ous

skär (shæær) *adj* pink

*skära (*shææ*-rah) *v* *cut; carve; ~
av *cut off; ~ ned reduce, *cut
down; decrease

skärgård (*shæær*-gōard) *c* archipelago

skärm (shærm) c screen

skärmmössa (shærm-mur-sah) c cap

skärpt (shærpt) adj bright

skärsår (shæær-soar) nt cut

sköldpadda (shurld-pahd-ah) c turtle

skölja (shurl-Yah) v rinse

sköljmedel (shurlY-māy-derl) nt conditioner

sköljning (shurlY-ning) c rinse

skön (shūrn) adj beautiful, fine; comfortable

skönhet (shūrn-hāyt) c beauty

skönhetsmedel (shūrn-hāyts-māyd-ayl) pl cosmetics pl

skönhetssalong (shūrn-hāyts-sah-long) c beauty salon

skönhetsvård (shūrn-hāyts-vōard) c beauty treatment

skör (shūrr) adj fragile

skörd (shūrrd) c harvest; crop

skörda (shūrr-dah) v reap; harvest; gather

sköta (shūrt-ah) v look after; ~ om *take care of

sladd (slahd) c flex, electric cord; skid

slag¹ (slaag) nt a sort of, a kind of; all slags all sorts of

slag² (slaag) nt battle; blow, tap; bump

slaganfall (slaag-ahn-fahl) nt stroke

slagsmål (slahgs-mōal) nt fight

slaktare (slahk-tah-rer) c (pl ~) butcher

slangtryck (slahng-trewk) nt tyre pressure

slank (slahngk) adj slender; slim

slant (slahnt) c coin

slapp (slahp) adj limp

slappna av (slahp-nah) relax

slarv (slahrv) nt neglect

slarvig (slahr-vi) adj careless; slovenly

slav (slaav) c slave

slicka (slik-ah) v lick

slingra sig (sling-rah) *wind

slingrande (sling-rahn-der) adj winding

slipa (slee-pah) v sharpen

*slippa (sli-pah) v not *have to

slipprig (slip-ri) adj slippery

slips (slips) c necktie

slira (slee-rah) v skid; slip

*slita (slee-tah) v *tear; ~ ut wear out

sliten (sleet-ern) adj worn

slogan (slōa-gahn) c (pl ~) slogan

slott (slot) nt castle

slug (slēwg) adj sly

sluka (slēw-kah) v swallow

slump (slewmp) c chance, luck; av en ~ by chance

slumpartad (slewmp-ahr-tahd) adj accidental

sluss (slewss) c lock; sluice

slut (slēwt) nt end; finish

till slut at last

sluta (slēwt-ah) v end; discontinue, finish

*sluta (slēwt-ah) v close

slutbetala (slēwt-ber-taa-lah) v *pay off

sluten (slēwt-ern) adj closed; reserved

slutlig (slēwt-li) adj final; eventual

slutresultat (slēwt-ray-sewl-taat) nt final result

slutsats (slēwt-sahts) c conclusion

slutta (slewt-ah) v slope; slant

sluttande (slewt-ahn-der) adj slanting, sloping

sluttning (slewt-ning) c hillside, slope; incline

*slå (slōa) v *beat; *strike, *hit; slap, punch; ~ ifrån switch off; ~ igen slam; ~ ihjäl kill; ~ in wrap; ~ till *strike; ~ upp look up

slående (slōa-ayn-der) adj striking

*slåss (sloss) v struggle

släcka (slehk-ah) v *put out; extinguish

släde (*slai*-der) *c* sleigh, sledge

släkt (slehkt) *c* family

släkting (*slehk*-ting) *c* relative; relation

slänga (*slehng*-ah) *v* *throw

släpa (*slaip*-ah) *v* drag; haul

släppa in (*slehp*-ah) admit; *let in

släpvagn (*slaip*-vahngn) *c* trailer

slät (slait) *adj* smooth; level

slätt (sleht) *c* plain

slätvar (*slait*-vaar) *c* brill

slö (slūr) *adj* blunt, dull

slöja (slur-Yah) *c* veil

slösa bort (*slūr*-sah bort) waste

slösaktig (*slūrs*-ahk-ti) *adj* wasteful; lavish, extravagant

slöseri (slur-ser-*ree*) *nt* waste, wastefulness

smak (smaak) *c* taste; flavour

smaka (*smaa*-kah) *v* taste

smaklig (*smaak*-li) *adj* savoury

smaklös (*smaak*-lūrss) *adj* tasteless

smaksätta (*smaak*-say-tah) *v* flavour

smal (smaal) *adj* narrow

smaragd (smah-*rahgd*) *c* emerald

smed (smāyd) *c* blacksmith; smith

smekmånad (*smāyk*-mōa-nahd) *c* honeymoon

smeknamn (*smāyk*-nahmn) *nt* nickname

smet (smāyt) *c* batter

smidig (*smeed*-i) *adj* supple; flexible

smink (smingk) *c* make-up

*smita (*smee*-tah) *v* slip away

smitta (*smit*-ah) *v* infect

smittande (*smi*-tahn-der) *adj* contagious

smittkoppor (*smit*-ko-poor) *pl* smallpox

smittosam (*smi*-too-sahm) *adj* infectious; contagious

smoking (*smōa*-king) *c* dinner-jacket; tuxedo *nAm*

smuggla (*smewg*-lah) *v* smuggle

smula (*smew*-lah) *c* crumb; bit

smultron (*smewlt*-ron) *nt* wild strawberry

smuts (smewts) *c* dirt

smutsig (*smewt*-si) *adj* dirty; filthy

smycke (*smew*-ker) *nt* jewel; **smycken** jewellery

*smyga (*smēw*-gah) *v* sneak

småaktig (*smōa*-ahk-ti) *adj* stingy

småfranska (*smōa*-frahns-kah) *c* roll

småningom (*smōa*-ning-om) *adv* gradually

småpengar (*smōa*-payng-ahr) *pl* change

småprat (*smōa*-praat) *nt* chat

småprata (*smōa*-praat-ah) *v* chat

småskratta (*smōa*-skraht-ah) *v* chuckle

smäll (smehl) *c* spanking; crack

smälla (*smehl*-ah) *v* spank; crack

smälta (*smehl*-tah) *v* melt, thaw; digest

smärta (*smær*-tah) *c* pain

smärtfri (*smært*-free) *adj* painless

smärting (*smær*-ting) *c* canvas

smärtsam (*smært*-sahm) *adj* painful

smärtstillande (*smært*-sti-lahn-der) *adj* pain-relieving, analgesic

smör (smūrr) *nt* butter

smörgås (*smūrr*-gōass) *c* sandwich

smörja (smurr-Yah) *c* trash

*smörja (smurr-Yah) *v* grease, lubricate

smörjning (smurrY-ning) *c* lubrication

smörjolja (smurrY-ol-Yah) *c* lubrication oil

smörjsystem (smurrY-sew-*stāym*) *nt* lubrication system

snabb (snahb) *adj* rapid; fast

snabbgående (snahb-gōa-ayn-der) *adj* express, high-speed

snabbhet (*snahb*-hāyt) *c* rapidity, swiftness

snabbkurs (*snahb*-kewrs) *c* intensive

course

snabbköp (snahb-t ⱽürp) nt supermarket

snackbar (snahk-baar) c snack-bar

snarare (snaar-ah-rer) adv rather

snarka (snahr-kah) v snore

snart (snaart) adv soon; presently, shortly; **så ~ som** as soon as

snask (snahsk) nt candy nAm

sned (snāyd) adj slanting

snickare (snik-ah-rer) c (pl ~) carpenter

snida (snee-dah) v carve

snideri (snee-der-ree) nt carving

snideriarbete (snee-der-ree-ahr-bāy-ter) nt wood-carving

snigel (snee-gayl) c (pl -glar) snail

snilleblixt (sni-ler-blikst) c brain-wave

snitt (snit) nt cut

snodd (snood) c twine

snorkel (snor-kayl) c (pl -klar) snorkel

snubbla (snewb-lah) v stumble

snurra (snew-rah) v *spin

snygg (snewg) adj good-looking

***snyta sig** (snēw-tah) *blow one's nose

snål (snōal) adj avaricious

snäcka (sneh-kah) c sea-shell

snäckskal (snehk-skaal) nt shell

snäll (snehl) adj good; sweet, kind, nice

snälltåg (snehl-tōag) nt through train, express train

snäv (snaiv) adj narrow

snö (snūr) c snow

snöa (snūr-ah) v snow

snöig (snūr-i) adj snowy

snöre (snūr-rer) nt string; tape

snöslask (snūr-slahsk) nt slush

snöstorm (snūr-storm) c snowstorm; blizzard

social (soo-si-aal) adj social

socialism (soo-si-ah-lism) c socialism

socialist (soo-si-ah-list) c socialist

socialistisk (soo-siah-liss-tisk) adj socialist

socka (sok-ah) c sock

socker (so-kerr) nt sugar

sockerbit (so-kerr-beet) c lump of sugar

sockerlag (so-kerr-laag) c syrup

sockersjuk (so-kerr-shēwk) c (pl ~a) diabetic

sockersjuka (so-kerr-shēw-kah) c diabetes

sodavatten (sōo-dah-vah-tern) nt soda-water

soffa (so-fah) c sofa; couch

sol (sōol) c sun

solbada (sōol-baa-dah) v sunbathe

solbränd (sōol-brehnd) adj tanned

solbränna (sōol-breh-nah) c suntan

soldat (sol-daat) c soldier

solfjäder (sōol-fⱽeh-derr) c fan

solglasögon (sōol-glaass-ūr-goan) pl sun-glasses pl

solid (so-leed) adj firm

solig (sōo-li) adj sunny

solistframträdande (soo-list-frahm-trai-dahn-der) nt recital

solljus (sōol-ⱽewss) nt sunlight

solnedgång (sōol-nāyd-gong) c sunset

sololja (sōol-ol-ⱽah) c suntan oil

solparasoll (sōol-pah-rah-sol) nt sunshade

solsken (sōol-shāyn) nt sunshine

solsting (sōol-sting) nt sunstroke

soluppgång (sōol-ewp-gong) c sunrise

som (som) conj as; pron who, that, which; **~ om** as if

somliga (som-li-gah) pron some

sommar (so-mahr) c summer

sommartid (so-mahr-teed) c summer time

son (sōan) c (pl söner) son

sondotter (sōan-do-terr) c (pl -döttrar) granddaughter

sonson (sōān-sōan) c (pl -söner) grandson

sopa (sōō-pah) v *sweep

sophink (sōōp-hingk) c rubbish-bin

sopor (soo-por) pl garbage

soppa (sop-ah) c soup

soppsked (sop-shāyd) c soup-spoon

sopptallrik (sop-tahl-rik) c soup-plate

soptunna (sōōp-tewn-ah) c dustbin; trash can Am

sorg (sorᵛ) c sorrow; mourning, grief

sorgespel (sor-ᵛer-spāyl) nt tragedy

sorglös (sorᵛ-lürss) adj carefree

sorgsen (sorᵛ-sayn) adj sad

sort (sort) c kind; sort

sortera (sor-tāyr-ah) v sort; assort

sortiment (sor-ti-maynt) nt assortment

souvenir (soo-ver-neer) c souvenir

•sova (sōā-vah) v *sleep

sovande (sōāv-ahn-der) adj asleep

sovbrits (sōāv-brits) c berth

sovjetisk (sov-ᵛay-tisk) adj Soviet

sovkupé (sov-kew-pāy) c sleeping compartment

sovrum (sōāv-rewm) nt bedroom

sovsal (sōāv-saal) c dormitory

sovsäck (sōāv-sehk) c sleeping-bag

sovvagn (sōāv-vahngn) c sleeping-car; Pullman

spade (spaa-der) c spade

Spanien (spah-ni-ayn) Spain

spanjor (spahn-ᵛōōr) c Spaniard

spannmål (spahn-mōal) c corn, cereals pl

spansk (spahnsk) adj Spanish

spara (spaa-rah) v save; economize

sparbank (spaar-bahngk) c savings bank

spark (spahrk) c kick

sparka (spahr-kah) v kick

sparkcykel (spahrk-sew-kerl) c (pl -klar) scooter

sparris (spahr-iss) c asparagus

sparsam (spaar-sahm) adj economical

sparv (spahrv) c sparrow

speceriaffär (spay-say-ree-ah-fæær) c grocer's

specerier (spay-say-ree-err) pl groceries pl

specerihandlare (spay-say-ree-hahnd-lah-rer) c (pl ~) grocer

specialisera sig (spay-si-ah-li-sāy-rah) specialize

specialist (spay-si-ah-list) c specialist

specialitet (spay-si-ah-li-tāyt) c speciality

speciell (spay-si-ayl) adj special

specifik (spay-si-feek) adj specific

specimen (spāy-si-mern) nt specimen

spegel (spāy-gayl) c (pl -glar) mirror; looking-glass

spegelbild (spāy-gerl-bild) c reflected image, reflection

spekulera (spay-kew-lāyr-ah) v speculate

spel (spāyl) nt game

spela (spāyl-ah) v play; act

spelare (spāy-lah-rer) c (pl ~) player

spelkort (spāyl-koort) nt playing-card

spelkula (spāyl-kewl-ah) c marble

spelmark (spāyl-mahrk) c chip, counter

spenat (spay-naat) c spinach

spendera (spayn-dāyr-ah) v *spend

spets (spayts) c tip; point; lace

spetsig (spayt-si) adj pointed

spett (spayt) nt spit

spetälska (spāyt-ehls-kah) c leprosy

spik (speek) c nail

spikböld (speek-burld) c boil

spilla (spil-ah) v *spill

spindel (spin-dayl) c (pl -dlar) spider

spindelnät (spin-derl-nait) nt cobweb; spider's web

•spinna (spin-ah) v purr; *spin

spion (spi-ōōn) c spy

spira (spee-rah) c spire

spirituell (spi-ri-tew-ayl) adj witty

spis (speess) c cooker; **öppen** ~ fire-place

spisgaller (speess-gah-lerr) c grate

spjut (spYewt) nt spear

spjäla (spYai-lah) c lath; bar; splint

spjällåda (spYail-load-ah) c crate

splitter (spli-terr) nt splinter

splitterfri (spli-terr-free) adj shatter-proof

spole (spool-er) c spool

spoliera (spoo-li-ay-rah) v mess up

sporra (spo-rah) v incite

sport (sport) c sport

sportbil (sport-beel) c sports-car

sportjacka (sport-Yah-kah) c sports-jacket

sportkläder (sport-klai-derr) pl sports-wear

spott (spot) nt spit

spotta (spo-tah) v *spit

spratt (spraht) nt trick

spray (spray) c atomizer

sprayflaska (spray-flahss-kah) c atom-izer

spricka (sprik-ah) c chink, crack

*spricka (sprik-ah) v crack; *burst

*sprida (spreed-ah) v *spread; *shed

*springa (spring-ah) v *run

sprit (spreet) c liquor; **denaturerad** ~ methylated spirits

spritdrycker (spreet-drewk-err) pl spirits

spritkök (spreet-tYurk) nt spirit stove

spritvaror (spreet-vaa-ror) pl spirits

spruta (sprewt-ah) c shot

språk (sproak) nt language; speech

språklaboratorium (sproak-lah-bo-rah-too-ri-ewm) nt (pl -rier) language laboratory

språng (sprong) nt jump

spräcka (spreh-kah) v crack

sprängämne (sprehng-ehm-ner) nt ex-plosive

spy (spew) v vomit

spår (spoar) nt trace; trail

spåra (spoar-ah) v trace

spårvagn (spoar-vahngn) c tram; streetcar nAm

spädbarn (spaid-baarn) nt infant

spädgris (spaid-greess) c piglet

spänd (spehnd) adj tense

spänna fast (speh-nah) fasten

spännande (spehn-ahn-der) adj excit-ing

spänne (speh-ner) nt buckle; fastener

spänning (speh-ning) c excitement; voltage, tension

spärra (spæ-rah) v block

spöke (spur-ker) nt ghost; spook, spir-it

spörsmål (spurrs-moal) nt question, problem

stabil (stah-beel) adj stable

stad (staad) c (pl städer) city, town; **stads-** urban

stadig (staa-di) adj steady

stadigvarande (staa-di-vaa-rahn-der) adj permanent

stadion (staad-Yon) nt stadium

stadium (staa-dYewm) nt (pl -dier) stage

stadsbo (stahds-boo) c citizen

stadscentrum (stahds-saynt-rewm) nt town centre

stadsdel (stahds-dayl) c district

stadshus (stahds-hewss) nt town hall

staket (stah-kayt) nt fence

stall (stahl) nt stable

stam (stahm) c trunk; tribe

stamanställd (stahm-ahn-stehld) c (pl ~a) cadre, regular

stamma (stahm-ah) v falter

stampa (stahm-pah) v stamp

standard- (stahn-dahrd) standard

stanna (stahn-ah) v halt; pull up; ~ **kvar** stay

stapel (staa-perl) c (pl -plar) pile,

stack

stapla (*staap*-lah) *v* pile, stack

stare (*staar*-er) *c* starling

stark (stahrk) *adj* strong; powerful

start (staart) *c* take-off

starta (*staar*-tah) *v* start

startbana (*stahrt*-baa-nah) *c* runway

startmotor (*stahrt*-m$\overline{oo}$-tor) *c* starter motor

stat (staat) *c* state; **stats-** national

station (stah-*sh$\overline{oo}$n*) *c* depot *nAm*

stationsinspektor (stah-*sh$\overline{oo}$ns*-in-spayk-*t$\overline{oo}$r*) *c* station-master

statistik (stah-ti-*steek*) *c* statistics *pl*

statskassa (*stahts*-kah-sah) *c* treasury

statsman (*stahts*-mahn) *c* (pl -män) statesman

statsminister (*stahts*-mi-*niss*-terr) *c* (pl -trar) Prime Minister

statstjänsteman (*stahts*-t^{V}ehns-ter-mahn) *c* (pl -män) civil servant

statsöverhuvud (*stahts*-$\overline{ur}$-verr-h$\overline{ew}$-vewd) *nt* (pl ~, ~en) head of state

staty (stah-*t$\overline{ew}$*) *c* statue

stava (*staa*-vah) *v* *spell

stavelse (*staa*-vayl-ser) *c* syllable

stavning (*staav*-ning) *c* spelling

stearinljus (st$\overline{ay}$-ah-*reen*-Y$\overline{ew}$ss) *nt* candle

steg (st$\overline{ay}$g) *nt* step, move; pace

stege (*st$\overline{ay}$*-ger) *c* ladder

steka (*st$\overline{ay}$*-kah) *v* fry

stekpanna (*st$\overline{ay}$k*-pahn-ah) *c* frying-pan

stel (st$\overline{ay}$l) *adj* stiff

sten (st$\overline{ay}$n) *c* stone; **sten-** stone

stenblock (*st$\overline{ay}$n*-blok) *nt* boulder

stenbrott (*st$\overline{ay}$n*-brot) *nt* quarry

stengods (*st$\overline{ay}$n*-goods) *nt* stoneware

*stenlägga (*st$\overline{ay}$n*-leh-gah) *v* pave

stenograf (stay-noo-*graaf*) *c* stenographer

stenografi (stay-noo-grah-*fee*) *c* short-hand

steril (stay-*reel*) *adj* sterile

sterilisera (stay-ri-li-*s$\overline{ay}$*-rah) *v* sterilize

steward (st$^V\overline{oo}$-ahrd) *c* steward

stick (stik) *nt* sting

sticka (*stik*-ah) *v* *knit

*sticka (*stik*-ah) *v* *sting; prick; ~ **in** plug in

stickkontakt (*stik*-kon-tahkt) *c* plug, socket

stifta (*stif*-tah) *v* found; institute

stiftelse (*stif*-tayl-ser) *c* foundation

stig (steeg) *c* trail, path

*stiga (*steeg*-ah) *v* *rise; ascend; ~ **av** *get off; ~ **ned** descend; ~ **på** *get on; ~ **upp** *rise; *get up; ~ **uppåt** ascend

stigbygel (*steeg*-b$\overline{ew}$-gerl) *c* (pl -glar) stirrup

stigning (*steeg*-ning) *c* ascent

stil (steel) *c* style

stilla (*stil*-ah) *adj* quiet; calm, still

Stilla havet (*sti*-lah-*haa*-vert) Pacific Ocean

stillastående (*sti*-lah-st$\overline{oa}$-ayn-der) *adj* stationary, still

stillhet (*stil*-h$\overline{ay}$t) *c* quiet, stillness

stillsam (*stil*-sahm) *adj* calm, quiet

stimulans (*sti*-mew-lahngs) *c* stimulant; impulse

stimulera (sti-mew-*l$\overline{ay}$r*-ah) *v* stimulate

sting (sting) *nt* sting

*stinka (*sting*-kah) *v* *stink

stipendium (sti-*payn*-di-ewm) *nt* (pl --dier) grant, scholarship

stipulera (sti-p$\overline{ew}$-*l$\overline{ay}$*-rah) *v* stipulate

stirra (*sti*-rah) *v* gaze, stare

*stjäla (*shail*-ah) *v* *steal

stjälk (shehlk) *c* stem

stjärna (*shæær*-nah) *c* star

stjärt (shært) *c* bottom

sto (st$\overline{oo}$) *nt* mare

stol (st$\overline{oo}$l) *c* chair

stola (*stōal*-ah) c stole

stolpe (*stol*-per) c post; pillar

stolpiller (*stōōl*-pi-lerr) nt suppository

stolt (stolt) adj proud

stolthet (*stolt*-hāyt) c pride

stoppa (*stop*-ah) v stop; *put; darn; upholster; stopp! stop!

stoppgarn (*stop*-gaarn) nt (pl ~er) darning wool

stor (stōōr) adj large; great, big, major

storartad (*stōōr*-aar-tahd) adj magnificent, superb, terrific

Storbritannien (*stōōr*-bri-*tahn*-yayn) Great Britain

stork (stork) c stork

storlek (*stōōr*-lāyk) c size

storm (storm) c gale, storm

stormig (*stor*-mi) adj stormy; gusty

stormlykta (*storm*-lewk-tah) c hurricane lamp

storslagen (*stōōr*-slaa-gern) adj grand

straff (strahf) nt punishment; penalty

straffa (*strah*-fah) v punish

strafflag (*strahf*-laag) c criminal law

straffspark (*strahf*-spahrk) c penalty kick

stram (straam) adj tight

strama åt (*straa*-mah) tighten

strand (strahnd) c (pl stränder) beach; shore

strandsnäcka (*strahnd*-sneh-kah) c winkle

strandsten (*strahnd*-stāyn) c pebble

strax (strahks) adv presently

streberaktig (*strāy*-berr-ahk-ti) adj ambitious

streck (strayk) nt line

strejk (strayk) c strike

strejka (*stray*-kah) v *strike

stress (strayss) c stress

strid (streed) c fight; combat, strife, struggle

*strida (*streed*-ah) v *fight

strikt (strikt) adj strict

strof (strōāf) c stanza

struktur (strewk-*tewr*) c structure, fabric; texture

strumpa (*strewm*-pah) c stocking

strumpbyxor (*strewmp*-bewks-err) pl tights pl; panty-hose

strumpebandshållare (*strewm*-per-bahnds-ho-lah-rer) c (pl ~) suspender belt; garter belt Am

strunt (strewnt) nt rubbish

strupe (*strew*-per) c throat

strupkatarr (*strewp*-kah-tahr) c laryngitis

struts (strewts) c ostrich

*stryka (*strew*-kah) v iron; ~ under underline

strykfri (*strewk*-fri) adj drip-dry; wash and wear

strykjärn (*strewk*-ˠæærn) nt iron

*strypa (*strewp*-ah) v strangle; choke

strålande (*strōā*-lahn-der) adj splendid, bright

stråle (*strōāl*-er) c ray, beam; spout, jet, squirt

strålkastare (*strōāl*-kahss-tah-rer) c (pl ~) searchlight; spotlight, headlamp, headlight

sträcka (*streh*-kah) c stretch

sträng (strehng) adj severe; strict, harsh; c string

sträv (straiv) adj harsh

sträva (*straiv*-ah) v aspire; ~ efter aim at

strö (strūr) v scatter, strew; sprinkle

ström (strurm) c (pl ~mar) stream, current

strömbrytare (*strurm*-brēw-tah-rer) c (pl ~) switch

strömdrag (*strurm*-draag) nt rapids pl

strömfördelare (*strurm*-furr-*dāyl*-ah-rer) c (pl ~) distributor

strömma (*strurm*-ah) v stream; flow

ströva (*strūrv*-ah) v roam

stubintråd (stew-*been*-trōad) *c* fuse

student (stew-*daynt*) *c* student

studentska (stew-*daynt*-skah) *c* student

studera (stew-*dāȳr*-ah) *v* study

studerande (stew-dāȳ-rahn-der) *c* (pl ~) student

studium (stēw-di-ewm) *nt* (pl -dier) study

stuga (stēw-gah) *c* cottage

stuka (stēw-kah) *v* sprain

stukning (stēwk-ning) *c* sprain

stum (stewm) *adj* dumb; mute

stund (stewnd) *c* while

stup (stewp) *nt* precipice

stycke (stewk-er) *nt* piece; part, chunk

stygg (stewg) *adj* naughty; bad

stygn (stewngn) *nt* stitch

styra (stēw-rah) *v* manage; rule

styrbord (stēwr-bōord) starboard

styrelse (stēw-rayl-ser) *c* government; direction, management; commitee

styrelseordförande (stew-rayl-ser-ōōrd-fur-rahn-der) *c* (pl ~) chairman of the board

styrelsesätt (stēw-rayl-ser-seht) *nt* rule

styrka (stewr-kah) *c* strength, power; **beväpnade styrkor** armed forces

styvbarn (stēwv-baarn) *nt* stepchild

styvfar (stēwv-faar) *c* (pl -fäder) stepfather

styvmor (stēwv-mōor) *c* (pl -mödrar) stepmother

*****stå** (stōa) *v* *stand; ~ **ut med** endure

stål (stōal) *nt* steel; **rostfritt** ~ stainless steel

ståltråd (stōal-trōad) *c* wire

stånd (stond) *nt* stand; stall; ***vara i** ~ **till** *be able to

ståndpunkt (stond-poongkt) *c* standpoint

stång (stong) *c* (pl stänger) bar; rod

ståtlig (stōat-li) *adj* magnificent

städa (staid-ah) *v* clean; tidy up

städad (stai-dahd) *adj* tidy

städerska (stai-derr-skah) *c* chambermaid, cleaning-woman

ställa (steh-lah) *v* *put; ~ **in tune in;** ~ **ut** exhibit

ställe (steh-ler) *nt* place; spot

i stället för (ee steh-lert furr) instead of

ställföreträdare (stehl-fūr-rer-trai-dah-rer) *c* (pl ~) substitute; deputy

ställning (stehl-ning) *c* position

stämma överens (steh-mah ūrver-rayns) agree, tally

stämning (stehm-ning) *c* atmosphere; summons

stämpel (stehm-perl) *c* (pl -plar) stamp

ständig (stehn-di) *adj* constant; permanent, continual

stänga (stehng-ah) *v* *shut, close; fasten; ~ **av** turn off; *cut off; ~ **in** *shut in

stängd (stehngd) *adj* closed; shut

stängsel (stehng-serl) *nt* fence

stänka (stehng-kah) *v* splash

stänkskärm (stehngk-shærm) *c* mudguard

stärka (stær-kah) *v* starch

stärkelse (stær-kayl-ser) *c* starch

stöd (stūrd) *nt* support

stödja (stūrd-ȳah) *v* support

stödstrumpor (stūrd-strewm-por) *pl* support hose

stöld (sturld) *c* theft; robbery

stöna (stūrn-ah) *v* groan

störa (stūr-rah) *v* disturb; bother

störning (stūrr-ning) *c* disturbance

större (sturr-er) *adj* major, superior, bigger

störst (sturrst) *adj* major, main, biggest

störta (*sturr*-tah) *v* crash

störtregn (*sturrt*-rehngn) *nt* downpour

störtskur (*sturrt*-skēwr) *c* shower

stöt (stūrt) *c* bump, thrust

stöta (*stūrt*-ah) *v* bump; ~ **emot** knock against; ~ **på** *come across

stötdämpare (*stūrt*-dehm-pah-rer) *c* (pl ~) shock absorber

stötfångare (*stūrt*-fong-ah-rer) *c* (pl ~) fender

stötta (*stur*-tah) *v* *hold up, prop

stövel (*stur*-verl) *c* (pl -vlar) boot

subjekt (sewb-*yehkt*) *nt* subject

substans (sewb-*stahns*) *c* substance

substantiv (*sewb*-stahn-teev) *nt* noun

subtil (sewb-*teel*) *adj* subtle

succé (sewk-*sāy*) *c* success

suddgummi (*sewd*-gew-mi) *nt* eraser, rubber

*suga (*sēw*-gah) *v* suck

sula (*sēw*-lah) *c* sole

summa (*sewm*-ah) *c* sum; total, amount

sumpig (*sewm*-pi) *adj* marshy

sumpmark (*sewmp*-mahrk) *c* marsh

*supa (*sēw*-pah) *v* booze

superlativ (sew-*perr*-lah-teev) *adj* superlative; *c* superlative

sur (sēwr) *adj* sour

surfingbräda (*sewr*-fing-brai-dah) *c* surf-board

surrogat (sew-roo-*gaat*) *nt* substitute

suspendera (sewss-payn-*dāyr*-ah) *v* suspend

svag (svaag) *adj* weak; faint, slight, feeble

svaghet (*svaag*-hāyt) *c* weakness

svala (*svaal*-ah) *c* swallow

svalka (*svahl*-kah) *v* refresh

svamp (svahmp) *c* mushroom; toad-stool

svan (svaan) *c* swan

svans (svahns) *c* tail

svar (svaar) *nt* answer; reply

svara (*svaa*-rah) *v* answer; reply

svart (svahrt) *adj* black

svartsjuk (*svahrt*-shēwk) *adj* jealous

svartsjuka (*svahrt*-shēw-kah) *c* jealousy

svensk (svaynsk) *adj* Swedish; *c* Swede

svepskäl (*svāyp*-shail) *nt* pretext

Sverige (*svær*-Yer) Sweden

svetsa (*svayt*-sah) *v* weld

svetsfog (*svayts*-fōōg) *c* welding seam

svett (svayt) *c* sweat; perspiration

svettas (*svay*-tahss) *v* sweat, perspire

svettning (*svayt*-ning) *c* perspiration

*svika (*svee*-kah) *v* fail; betray

svimma (*svi*-mah) *v* faint

svindel (*svin*-derl) *c* vertigo; swindle

svindla (*svind*-lah) *v* swindle

svindlare (*svind*-lah-rer) *c* (pl ~) swindler

svinläder (*sveen*-lai-derr) *nt* pigskin

svit (sveet) *c* suite

svordom (*svōōr*-doom) *c* curse

svullnad (*svewl*-nahd) *c* swelling

svulst (svewlst) *c* tumour, growth

svåger (*svōā*-gerr) *c* (pl -grar) brother-in-law

svår (svōār) *adj* difficult, hard

svårighet (*svōā*-ri-hāyt) *c* difficulty

svägerska (*svai*-gayr-skah) *c* sister-in-law

*svälja (*svehl*-Yah) *v* swallow

svälla (*sveh*-lah) *v* *swell

svälta (*svehl*-tah) *v* starve

svänga (*svehng*-ah) *v* turn; *swing

svängdörr (*svehng*-durr) *c* revolving door

*svära (*svææ*-rah) *v* *swear, curse; vow

svärd (svæærd) *nt* sword

svärdotter (*svææ*r-do-terr) (pl -döttrar) daughter-in-law

svärfar (*svææ*r-faar) *c* (pl -fäder) father-in-law

svärföräldrar (svææær-furr-ehld-rahr) pl parents-in-law pl

svärmor (svææær-mōōr) c (pl -mödrar) mother-in-law

svärson (svææær-sōān) c (pl -söner) son-in-law

sväva (svai-vah) v float in the air

swahili (svah-hee-li) Swahili

sy (sew) v *sew; ~ **ihop** *sew up

sybehörsaffär (sēw-ber-hurrs-ah-fææær) c haberdashery

Sydafrika (sēwd-aaf-ri-kah) South Africa

sydlig (sēwd-li) adj southern; southerly

sydost (sēwd-oost) c south-east

Sydpolen (sēwd-pōō-lern) South Pole

sydväst (sēwd-vehst) c south-west

syfte (sewf-ter) nt aim; purpose, object

sylt (sewlt) c jam

symaskin (sēw-mah-sheen) c sewing-machine

symbol (sewm-bōāl) c symbol

symfoni (sewm-fo-nee) c symphony

sympati (sewm-pah-tee) c sympathy

sympatisk (sewm-paat-isk) adj nice

symptom (sewmp-tōām) nt symptom

syn (sēwn) c eyesight; sight; outlook.

synagoga (sew-nah-gōō-gah) c synagogue

synas (sēw-nahss) v seem; appear; **det syns att** it is obvious that

synbar (sēwn-baar) adj visible

synbarligen (sēwn-baar-li-ern) adv apparently

synd (sewnd) c sin; **så synd!** what a pity!

syndabock (sewn-dah-bok) c scapegoat

synhåll (sēwn-hol) nt sight

synlig (sēwn-li) adj visible

synnerligen (sew-nerr-li-ern) adj extremely

synonym (sew-noo-nēwm) c synonym

synpunkt (sēwn-pewngkt) c point of view

syntetisk (sewn-tāy-tisk) adj synthetic

syra (sēwr-ah) c acid

syre (sēw-rer) nt oxygen

Syrien (sēwr-i-ern) Syria

syrier (sēwr-i-err) c Syrian

syrisk (sēwr-isk) adj Syrian

syrsa (sewr-sah) c cricket

***sysselsätta** (sew-serl-seht-ah) v occupy, employ; ~ **sig** occupy oneself

sysselsättning (sew-sayl-seht-ning) c occupation; employment

syssla (sewss-lah) c work, task

system (sewss-tāym) nt system

systematisk (sewss-tay-maa-tisk) adj systematic

systembolag (sew-stāym-boo-laag) nt off-licence; liquor store

syster (sewss-terr) c (pl -trar) sister

systerdotter (sewss-terr-do-terr) c (pl -döttrar) niece

systerson (sewss-terr-soan) c (pl -söner) nephew

så[1] (sōā) adv how, so, such; conj so that, so; ~ **att** so that

så[2] (sōā) v *sow

sådan (sōā-dahn) adj such; ~ **som** such as

såg (sōāg) c saw

sågspån (sōāg-spōān) nt sawdust

sågverk (sōāg-værk) nt saw-mill

således (sōā-lāy-dayss) adv thus

sålla (sol-ah) v sift

sång (song) c song

sångare (song-ah-rer) c (pl ~) singer

sångerska (song-err-skah) c singer

sår (sōār) nt wound; ulcer, sore

såra (sōār-ah) v injure, wound; offend, *hurt

sårbar (sōar-baar) adj vulnerable

sås (sōass) c sauce

såsom (sōa-som) conj like

såväl som (sōa-vail som) as well as

säck (sehk) c sack

säd (said) c corn

sädesfält (sai-derss-fehlt) nt cornfield

sädeskorn (sai-derss-kōōrn) nt grain

*säga (seh-Yah) v *say

säker (sai-kerr) adj sure; certain; safe, secure; **helt säkert** without fail

säkerhet (sai-kerr-hāyt) c safety, security; guarantee

säkerhetsbälte (sai-kerr-hāyts-behl-ter) nt safety-belt; seat-belt

säkerhetsnål (sai-kerr-hāyts-nōal) c safety-pin

säkerligen (sai-kerr-li-ern) adv surely

säl (sail) c seal

*sälja (sehl-Yah) v *sell

säljbar (sehlY-baar) adj saleable

sällan (sehl-ahn) adv seldom, rarely

sällsam (sehl-sahm) adj strange, singular

sällskap (sehl-skaap) nt society; company, party

sällskaplig (sehl-skaap-li) adj sociable

sällskapsdjur (sehl-skaaps-Yēwr) nt pet

sällskapsrum (sehl-skaaps-rewm) nt lounge

sällsynt (sehl-sēwnt) adj rare; uncommon, infrequent

sämre (sehm-rer) adj worse; inferior

sända (sehn-dah) v *send; transmit

sändare (sehn-dah-rer) c (pl ~) transmitter

sändning (sehnd-ning) c transmission

säng (sehng) c bed

sängkläder (sehng-klai-derr) pl bedding

sängöverkast (sehng-ūr-verr-kahst) nt bedspread, counterpane

sänka (sehng-kah) v lower

säregen (sæær-āy-gern) adj peculiar; singular

särskild (sæær-shild) adj special; particular, separate; **särskilt** especially; in particular

säsong (seh-song) c season

säte (sai-ter) nt seat

sätt (seht) nt way; fashion, manner; **på samma ~** alike

*sätta (seht-ah) v place; *set; *lay; **~ ihop** assemble; **~ in bank;** **~ på** turn on; **~ sig** *sit down; **~ upp** *make up

säv (saiv) c rush

söder (sūr-derr) c south

söka (sūr-kah) v *seek; search

sökare (sūr-kah-rer) c (pl ~) view-finder

söm (surm) c (pl ~mar) seam

sömmerska (surm-err-skah) c seamstress; dressmaker

sömn (surmn) c sleep

sömnig (surm-ni) adj sleepy

sömnlös (surmn-lūrss) adj sleepless

sömnlöshet (surmn-lūrss-hāyt) c insomnia

sömntablett (surmn-tahb-layt) c sleeping-pill

söndag (surn-daag) c Sunday

sönder (surn-derr) adj broken; ***gå ~** *break down; ***riva ~** rip

sörja (surr-Yah) v grieve; **~ för** see to

söt (sūrt) adj sweet; nice, pretty, lovely

söta (sūr-tah) v sweeten

sötsaker (sūrt-saa-kerr) pl sweets

sötvatten (sūrt-vah-tern) nt fresh water

T

*ta (taa) *v* *take; ~ **bort** *take away; ~ **illa upp** resent; ~ **med** *bring; ~ **reda på** inquire; ~ **upp** *bring up; ~ **ut** *take out; *draw
tabell (tah-*bayl*) *c* table; chart
tablett (tahb-*layt*) *c* tablet
tabu (tah-*bew*) *nt* taboo
tack! (tahk) thank you!
tacka (*tahk*-ah) *v* thank; ***ha att ~ för** owe
tacksam (*tahk*-sahm) *adj* grateful; thankful
tacksamhet (*tahk*-sahm-hāyt) *c* gratitude
tagg (tahg) *c* thorn
tak (taak) *nt* roof
takräcke (*taak*-reh-ker) *nt* roof-rack
takt (tahkt) *c* tact; beat
taktik (tahk-*teek*) *c* tactics *pl*
tal (taal) *nt* speech; number
tala (*taa*-lah) *v* *speak; talk; ~ **om** talk about; *tell
talang (tah-*lahng*) *c* gift, talent; faculty
talarstol (*taa*-lahr-stōōl) *c* pulpit; desk
talförmåga (*taal*-furr-*mōa*-gah) *c* speech
talk (tahlk) *c* talc powder
tall (tahl) *c* pine
tallrik (*tahl*-rik) *c* plate; dish
talong (tah-*long*) *c* counterfoil; stub
talrik (*taal*-reek) *adj* numerous
tam (taam) *adj* tame
tampong (tahm-*pong*) *c* tampon
tand (tahnd) *c* (pl tänder) tooth
tandborste (*tahnd*-bors-ter) *c* toothbrush
tandkräm (*tahnd*-kraim) *c* toothpaste
tandkött (*tahnd*-tʸurt) *nt* gum
tandläkare (*tahnd*-lai-kah-rer) *c* (pl ~) dentist
tandpetare (*tahnd*-pāy-tah-rer) *c* (pl ~) toothpick
tandprotes (*tahnd*-proo-*tāyss*) *c* denture
tandpulver (*tahnd*-pewl-verr) *nt* toothpowder
tandvärk (*tahnd*-værk) *c* toothache
tank (tahngk) *c* tank
tanka (*tahng*-kah) *v* fill up
tanke (*tahng*-ker) *c* idea, thought
tankfartyg (*tahngk*-faar-tēwg) *nt* tanker
tankfull (*tahngk*-fewl) *adj* thoughtful
tanklös (*tahngk*-lūrss) *adj* scatter-brained
tankstreck (*tahngk*-strayk) *nt* dash
tant (tahnt) *c* aunt
tapet (tah-*pāyt*) *c* wallpaper
tappa (*tahp*-ah) *v* drop
tapper (*tahp*-err) *adj* courageous; brave
tapperhet (*tahp*-err-hāyt) *c* courage
tariff (tah-*rif*) *c* tariff
tarm (tahrm) *c* intestine; gut; **tarmar** bowels *pl*
tass (tahss) *c* paw
taverna (tah-*vær*-nah) *c* tavern
tavla (*taav*-lah) *c* picture; board
taxa (*tahk*-sah) *c* rate
taxameter (tahks-ah-*māy*-terr) *c* (pl -trar) taxi-meter
taxi (*tahk*-si) *c* (pl ~) taxi; cab
taxichaufför (*tahk*-si-sho-*fūrr*) *c* cabdriver; taxi-driver
taxistation (*tahks*-i-stah-*shōōn*) *c* taxi rank; taxi stand *Am*
te (tāy) *nt* tea
teater (tay-*aa*-terr) *c* (pl -trar) theatre
tecken (*tay*-kayn) *nt* sign, indication; token; signal
teckna (*tayk*-nah) *v* sketch
teckning (*tayk*-ning) *c* drawing; sketch

tefat (*tāy*-faat) *nt* saucer

tegelpanna (*tāy*-gerl-pah-nah) *c* tile

tegelsten (*tāy*-gerl-stāyn) *c* brick

tejp (tayp) *c* adhesive tape

tekanna (*tāy*-kah-nah) *c* teapot

teknik (tayk-*neek*) *c* technique

tekniker (*tayk*-ni-kerr) *c* (pl ~) technician

teknisk (*tayk*-nisk) *adj* technical

teknologi (tayk-no-lo-*gee*) *c* technology

tekopp (*tāy*-kop) *c* teacup

telefon (tay-lay-*fōan*) *c* telephone; phone

telefonera (tay-lay-foo-*nāyr*-ah) *v* phone

telefonhytt (tay-lay-*fōan*-hewt) *c* telephone booth

telefonkatalog (tay-lay-*fōan*-kah-tah-*lōag*) *c* telephone directory; telephone book *Am*

telefonsamtal (tay-lay-*fōan*-sahm-taal) *nt* telephone call

telefonsvarare (tay-lay-foan-svāa-rah-rer) *c* answering machine

telefonväxel (tay-lay-*fōan*-vehks-ayl) *c* (pl -xlar) telephone exchange, switchboard

telegrafera (tay-ler-grah-*fāy*-rah) *v* telegraph; cable

telegram (tay-ler-*grahm*) *nt* telegram; cable

teleobjektiv (*tāy*-ler-ob-ᵞayk-*teev*) *nt* telephoto lens

telepati (tay-ler-pah-*tee*) *c* telepathy

television (tay-ler-vi-*shōon*) *c* television; **kabel** ~ *c* cable TV; **satellit** ~ *c* satellite TV

televisionsapparat (tay-ler-vi-*shōons*-ah-pah-*raat*) *c* television set

telex (*tāy*-layks) *nt* telex

tema (*tāy*-mah) *nt* theme

tempel (*taym*-payl) *nt* temple

temperatur (taym-per-rah-*tēwr*) *c* temperature

tempo (*taym*-poo) *nt* pace

tendens (tayn-*dayns*) *c* tendency

tendera (tayn-*dāy*r-ah) *v* tend; ~ **åt** tend to

tenn (tayn) *nt* tin; pewter

tennis (*tayn*-iss) *c* tennis

tennisbana (*tayn*-iss-baa-nah) *c* tennis-court

tennisskor (*tayn*-iss-skōor) *pl* tennis shoes

teologi (tay-o-lo-*gee*) *c* theology

teoretisk (tay-o-*rāy*t-isk) *adj* theoretical

teori (tay-o-*ree*) *c* theory

terapi (tay-rah-*pee*) *c* therapy

term (tærm) *c* term

termin (tær-*meen*) *c* term

termometer (tær-moo-*māy*-terr) *c* (pl -trar) thermometer

termosflaska (*tær*-mooss-flahss-kah) *c* vacuum flask

termostat (tær-moo-*staat*) *c* thermostat

terpentin (tær-payn-*teen*) *nt* turpentine

terrass (tay-*rahss*) *c* terrace

territorium (tær-i-*tōo*-ri-ewm) *nt* (pl -rier) territory

terror (*teh*-ror) *c* terrorism

terrorism (teh-ro-*rism*) *c* terrorism

terrorist (teh-ro-*rist*) *c* terrorist

terräng (tær-*ehng*) *c* terrain

tes (*tāy*ss) *c* thesis

tesalong (*tāy*-sah-*loang*) *c* tea-shop

teservis (*tāy*-sær-*veess*) *c* tea-set

tesked (*tāy*-shāyd) *c* teaspoon; teaspoonful

testa (*tayss*-tah) *v* test

testamente (tayss-tah-*mayn*-tay) *nt* will

text (taykst) *c* text

textilier (tehk-*stee*-li-ayr) *pl* textiles *pl*

Thailand (*tigh*-lahnd) Thailand

thailändare (*tigh*-lehn-dah-rer) c (pl ~) Thai

thailändsk (*tigh*-lehndsk) *adj* Thai

tid (teed) c time; **hela tiden** all the time; **i** ~ in time; **på sista tiden** lately

tidig (*tee*-di) *adj* early

tidigare (*tee*-di-gah-rer) *adj* previous

tidning (*teed*-ning) c paper

tidningsbilaga (*teed*-nings-bi-*laa*-gah) c supplement

tidningsförsäljare (*teed*-nings-furr-sehl-Yah-rer) c (pl ~) newsagent

tidningskiosk (*teed*-nings-tYosk) c newsstand

tidningspress (*teed*-nings-prayss) c press

tidsbesparande (*teeds*-ber-*spaa*-rahn-der) *adj* time-saving

tidskrift (*teed*-skrift) c periodical; magazine, review, journal

tidsschema (*teeds*-shāy-mah) *nt* schedule

tidtabell (*teed*-tah-bayl) c schedule, timetable

tidvatten (*teed*-vah-tern) *nt* tide

***tiga** (*teeg*-ah) v *be silent; *keep quiet

tiger (*teeg*-err) c (pl tigrar) tiger

tigga (*tig*-ah) v beg

tiggare (*ti*-gah-rer) c (pl ~) beggar

tik (teek) c bitch

till (til) *prep* to; for, until, till; **en** ~ another; ~ **och med** even

tillaga (*til*-laag-ah) v cook

tillbaka (til-*baa*-kah) *adv* back; ***gå** ~ *go back

tillbakagång (til-*baa*-kah-gong) c recession; decline

tillbakaväg (til-*baa*-kah-vaig) c way back

tillbehör (*til*-bay-hūrr) *nt* accessory

tillbringa (*til*-bring-ah) v *spend

tillbringare (*til*-bring-ah-rer) c (pl ~) jug

tillbörlig (*til*-būrr-li) *adj* proper

tilldela (*til*-dāyl-ah) v allot; assign to, award

tilldragande (*til*-draag-ahn-der) *adj* attractive

tilldragelse (*til*-draag-ayl-ser) c event, occurrence

***tilldra sig** (*til*-draa) happen, occur; attract

tillfredsställa (*til*-fray-*stehl*-ah) v satisfy

tillfredsställd (*til*-fray-stehld) *adj* satisfied

tillfredsställelse (*til*-fray-*stehl*-ayl-ser) c satisfaction

tillfriskna (*til*-frisk-nah) v recover

tillfrisknande (*til*-frisk-nahn-der) *nt* recovery

***tillfångata** (til-*fo*-ngah-taa) v capture

tillfångatagande (til-*fong*-ah-taag-ahn-der) *nt* capture

tillfälle (*til*-fehl-er) *nt* opportunity; occasion

tillfällig (*til*-feh-li) *adj* temporary; incidental, momentary

tillfällighet (*til*-feh-li-hāyt) c coincidence, chance

tillgiven (*til*-Yeev-ern) *adj* affectionate

tillgivenhet (*til*-Yeev-ern-hāyt) c affection

tillgjord (*til*-Yōord) *adj* affected

tillgång (*til*-gong) c asset; access

tillgänglig (*til*-Yehng-li) *adj* accessible; available

tillhöra (*til*-hūr-rah) v belong to, belong

tillhörigheter (*til*-hūr-ri-hāy-terr) *pl* belongings *pl*

tillit (*til*-leet) c faith

tillitsfull (*til*-leets-fewl) *adj* confident

***tillkännage** (*til*-tYeh-nah-Yāy) v announce

tillkännagivande (*til*-t Yehn-ah-Yeev-ahn-der) *nt* announcement

tillmötesgående (*til*-mūr-terss-gōa-ayn-der) *adj* obliging

tillråda (*til*-rōa-dah) *v* recommend

tillräcklig (*til*-rehk-li) *adj* sufficient; adequate, enough

tillrättavisa (til-*reht*-ah-veess-ah) *v* reprimand

tills (tils) *prep* till; until

tillsammans (til-*sah*-mahns) *adv* together

tillstånd (*til*-stond) *nt* permission, permit; condition, state

tillståndsbevis (*til*-stonds-ber-*veess*) *nt* licence, permit, permission

*tillta (*til*-taa) *v* increase

tilltagande (*til*-taa-gahn-der) *adj* increasing, progressive

tillträde (*til*-trai-der) *nt* entrance; access, admittance, entry; ~ förbjudet no entry, no admittance

tillvaro (*til*-vaa-roo) *c* existence

tillverka (*til*-vær-kah) *v* manufacture

*gå tillväga (gōa til-*vai*-gah) proceed

tillvägagångssätt (til-*vai*-gah-gongs-seht) *nt* procedure

*tillåta (*til*-lōa-tah) *v* allow; permit; *vara tillåten *be allowed

tillåtelse (*til*-lōat-ayl-ser) *c* authorization; permission

tillägg (*til*-lehg) *nt* addition; surcharge

*tillägga (*til*-leh-gah) *v* add

tillämpa (*til*-lehm-pah) *v* apply

timjan (*tim*-Yahn) *c* thyme

timme (*tim*-er) *c* hour; varje ~ hourly

timmer (*tim*-err) *nt* timber

tinning (*tin*-ing) *c* temple

tio (*tee*-oo) *num* ten

tionde (*tee*-on-der) *num* tenth

tisdag (*teess*-daag) *c* Tuesday

tistel (*tiss*-terl) *c* (pl -tlar) thistle

titel (*ti*-tayl) *c* (pl titlar) title

titt (tit) *c* look, glance

titta (*tit*-ah) *v* look; ~ på look at

tjata (*tYaa*-tah) *v* nag

Tjeckiska republiken (tYeh-*kis*-kah rer-pew-*blee*-kayn) *c* Czech Republic

tjock (tYok) *adj* fat, big; corpulent, thick, stout; *göra ~ thicken

tjocklek (*tYok*-layk) *c* thickness

tjockna (*tYok*-nah) *v* thicken; swell; become wider

tjugo (*tYew*-goo) *num* twenty

tjugonde (*tYew*-gon-der) *num* twentieth

tjur (tYewr) *c* bull

tjurfäktning (*tYewr*-fehkt-ning) *c* bullfight

tjurfäktningsarena (t Yewr-fehkt-nings-ah-*ray*-nah) *c* bullring

tjurskallig (t Yewr-skahl-i) *adj* pigheaded

tjusa (tYew-sah) *v* charm, captivate, delight

tjusig (tYew-si) *adj* charming

tjusning (tYewss-ning) *c* charm

tjut (tYewt) *nt* yell

*tjuta (tYewt-ah) *v* yell; scream; roar

tjuv (tYewv) *c* thief

tjuvlyssna (tYewv-lewss-nah) *v* eavesdrop

*tjuvskjuta (tYewv-shewt-ah) *v* poach

tjäder (tYai-derr) *c* (pl -drar) capercailzie

tjäna (tYai-nah) *v* earn; *make; ~ till *be of use

tjänare (tYain-ah-rer) *c* (pl ~) domestic; boy

tjänst (tYehnst) *c* service, favour; post

tjära (tYæær-ah) *c* tar

tjärn (tYæærn) *nt* tarn

toalett (too-ah-*layt*) *c* toilet, bathroom, lavatory; washroom *nAm*

toalettartiklar (too-ah-*layt*-ahr-tik-lahr) *pl* toiletry

toalettbord (too-ah-*layt*-bōōrd) *nt* dressing-table

toalettpapper (too-ah-*layt*-pahp-err) *nt* toilet-paper

tobak (*too*-bahk) *c* tobacco

tobaksaffär (*too*-bahks-ah-*fæær*) *c* tobacconist's

tobakshandlare (*too*-bahks-*hahnd*-lah-rer) *c* (pl ~) tobacconist

tobakspung (*too*-bahks-*pewng*) *c* tobacco pouch

toffel (*to*-fayl) *c* (pl -flor) slipper

tofsvipa (*tofs*-veep-ah) *c* pewit

tokig (*tōō*-ki) *adj* mad; crazy

tolfte (*tolf*-ter) *num* twelfth

tolk (tolk) *c* interpreter

tolka (*tol*-kah) *v* interpret

tolv (tolv) *num* twelve

tom (toom) *adj* empty

tomat (too-*maat*) *c* tomato

tomt (tomt) *c* site

ton[1] (tōōn) *c* tone, note

ton[2] (ton) *nt* ton

tonfisk (*tōōn*-fisk) *c* tuna

tonskala (*tōōn*-skaa-lah) *c* scale

tonvikt (*tōōn*-vikt) *c* accent

tonåring (ton-*ōā*-ring) *c* teenager

topp (top) *c* top, peak; summit

topplock (*top*-lok) *nt* cylinder head

torg (torÝ) *nt* market-place; square

torka (*tor*-kah) *v* dry; *c* drought; ~ av wipe; ~ bort wipe

torktumlare (*tork*-tewm-lah-rer) *c* dryer

torn (tōōrn) *nt* tower

torr (tor) *adj* dry

*torrlägga** (*tor*-leh-gah) *v* drain

torsdag (*toors*-daag) *c* Thursday

torsk (torsk) *c* cod

tortera (tor-*tāyr*-ah) *v* torture

tortyr (tor-*tēwr*) *c* torture

total (too-*taal*) *adj* total; utter; **totalt** completely

totalisator (to-tah-li-*saa*-toar) *c* totalizator

totalitär (to-tah-li-*tæær*) *adj* totalitarian

tradition (trah-di-*shōōn*) *c* tradition

traditionell (trah-di-shoo-*nayl*) *adj* traditional

trafik (trah-*feek*) *c* traffic; **enkelriktad** ~ one-way traffic

trafikljus (trah-*feek*-Ýēwss) *nt* traffic light

trafikolycka (trah-*feek*-ōō-lew-kah) *c* traffic accident

trafikomläggning (trah-*feek*-om-lehg-ning) *c* diversion

trafikstockning (trah-*feek*-stok-ning) *c* traffic jam; jam

tragedi (trah-shay-*dee*) *c* tragedy

tragisk (*traa*-gisk) *adj* tragic

trakt (trahkt) *c* area

traktat (trahk-*taat*) *c* treaty

traktor (*trahk*-tor) *c* tractor

trampa (*trahm*-pah) *v* tread, tramp

trams (trahms) *nt* rubbish

transaktion (trahns-ahk-*shōōn*) *c* transaction

transatlantisk (trahns-aht-*lahn*-tisk) *adj* transatlantic

transformator (trahns-for-*maa*-tor) *c* transformer

transpiration (trahn-spi-rah-*shōōn*) *c* perspiration

transpirera (trahn-spi-*rāyr*-ah) *v* perspire

transport (trahns-*port*) *c* transportation; transport

transportbil (trahns-*port*-beel) *c* van

transportera (trahns-por-*tāy*-rah) *v* transport

trappa (*trah*-pah) *c* stairs *pl*; staircase

trappräcke (*trahp*-reh-ker) *nt* banisters *pl*

trasa (*traass*-ah) *c* rag; cloth

trasig (*traass*-i) *adj* broken

trast (trahst) *c* thrush

tratt (traht) *c* funnel
tre (trāy) *num* three
tredje (trāyd-ᵞay) *num* third
trekantig (trāy-kahn-ti) *adj* triangular
treklöver (trāy-klürv-err) *c* shamrock
trettio (tray-ti) *num* thirty
tretton (tray-ton) *num* thirteen
trettonde (tray-ton-der) *num* thirteenth
trevlig (trāyv-li) *adj* enjoyable, pleasant, nice
triangel (tri-*ahng*-erl) *c* (pl -glar) triangle
trick (trik) *nt* trick
trikåvaror (tri-*kōa*-vaa-ror) *pl* hosiery
trimma (*trim*-ah) *v* trim
tripp (trip) *c* trip
triumf (tri-*ewmf*) *c* triumph
triumfera (tri-ewm-*fāyr*-ah) *v* triumph
trivsam (*treev*-sahm) *adj* pleasant, comfortable, cosy
tro (trōō) *c* belief, faith; *v* believe
trofast (*trōō*-fahst) *adj* true
trogen (*trōō*-gern) *adj* faithful; true
trolig (*trōō*-li) *adj* presumable, probable
trolleri (tro-ler-*ree*) *nt* magic
trollkarl (*trol*-kaar) *c* magician
trollkonst (*trol*-konst) *c* magic
tron (trōōn) *c* throne
tropikerna (tro-*pee*-kerr-nah) *pl* tropics *pl*
tropisk (*trōa*-pisk) *adj* tropical
trosor (*trōō*-sor) *pl* panties *pl*; briefs *pl*
trots (trots) *prep* in spite of; despite
trottoar (troo-too-*aar*) *c* pavement; sidewalk *nAm*
trottoarkant (troo-too-*aar*-kahnt) *c* curb
trovärdig (*trōō*-væær-di) *adj* credible
trubbig (*trewb*-i) *adj* blunt
trumhinna (*trewm*-hin-ah) *c* ear-drum
trumma (*trewm*-ah) *c* drum

trumpet (trewm-*pāyt*) *c* trumpet
trupper (*trew*-perr) *pl* troops *pl*
tryck (trewk) *nt* pressure; print
trycka (*trewk*-ah) *v* press; print
tryckknapp (*trewk*-knahp) *c* press-stud; push-button
tryckkokare (*trewk*-kōō-kah-rer) *c* (pl ~) pressure-cooker
trycksak (*trewk*-saak) *c* printed matter
tråd (trōad) *c* thread
trådbuss (*trōad*-bewss) *c* trolley-bus
trådsliten (*trōad*-slee-tern) *adj* threadbare
tråka ut (*trōa*-kah) bore
tråkig (*trōak*-i) *adj* dull; boring
tråkmåns (*trōak*-mons) *c* bore
trång (trong) *adj* narrow; tight
trä (trai) *nt* wood; **trä-** wooden
trä upp (trai) thread
träd (traid) *nt* tree
trädgård (treh-gōard) *c* garden
trädgårdsmästare (treh-gōards-mehss-tah-rer) *c* (pl ~) gardener
trädgårdsodling (treh-gōards-ōōd-ling) *c* horticulture
träff (trehf) *c* hit; date; get-together
träffa (*trehf*-ah) *v* encounter, *meet; *hit
träkol (trai-kōal) *nt* charcoal
träna (*train*-ah) *v* train; drill
tränare (*trai*-nah-rer) *c* (pl ~) coach
tränga sig fram (*trehng*-ah) push one's way
trängande (*trehng*-ahn-der) *adj* pressing
träning (*trai*-ning) *c* training
träsk (trehsk) *nt* swamp; bog
träsko (*treh*-skōō) *c* clog, wooden shoe
trög (trürg) *adj* sluggish; inert
trögtänkt (*trürg*-tehngkt) *adj* slow
tröja (*trur*-ᵞah) *c* sweater
tröskel (*trürss*-kayl) *c* (pl -klar)

threshold
tröst (trurst) *c* comfort
trösta (trurss-tah) *v* comfort
tröstpris (trurst-preess) *nt* (pl~, ~er) consolation prize
trött (trurt) *adj* tired; weary; ~ **på** tired of
trötta (trurt-ah) *v* tire
tröttsam (trurt-sahm) *adj* tiring
tub (tēwb) *c* tube
tuberkulos (tew-behr-kēw-lōāss) *c* tuberculosis
tugga (tewg-ah) *v* chew
tuggummi (tewg-gew-mi) *nt* chewing-gum
tull (tewl) *c* Customs duty; Customs *pl*
tullavgift (tewl-aav-ᵞift) *c* Customs duty; duty
tullfri (tewl-free) *adj* duty-free
tullpliktig (tewl-plik-ti) *adj* dutiable
tulltjänsteman (tewl-tᵞehns-ter-mahn) *c* (pl -män) Customs officer
tulpan (tewl-paan) *c* tulip
tumme (tewm-er) *c* thumb
tumvantar (tewm-vahn-tahr) *pl* mittens *pl*
tumör (tew-mūrr) *c* tumour
tung (tewng) *adj* heavy
tunga (tewng-ah) *c* tongue
tunika (tēw-ni-kah) *c* tunic
Tunisien (tew-nee-si-ern) Tunisia
tunisier (tew-nee-si-err) *c* (pl ~) Tunisian
tunisisk (tew-nee-sisk) *adj* Tunisian
tunn (tewn) *adj* thin; weak, light
tunna (tewn-ah) *c* barrel; cask
tunnel (tew-nayl) *c* (pl -nlar) tunnel
tunnelbana (tew-nayl-baa-nah) *c* underground; subway *nAm*
tupp (tewp) *c* cock
tupplur (tewp-lēwr) *c* nap
tur (tēwr) *c* luck; turn; ~ **och retur** round trip *Am*

turbin (tewr-been) *c* turbine
turbojet (tewr-bo-ᵞeht) *c* turbojet
turism (tēw-rism) *c* tourism
turist (tēw-rist) *c* tourist
turistbyrå (tēw-rist-bēw-rōā) *c* tourist office
turistklass (tēw-rist-klahss) *c* tourist class
turistsäng (tēw-rist-sehng) *c* folding bed, cot *nAm*
turk (tewrk) *c* Turk
Turkiet (tewr-kee-ayt) Turkey
turkisk (tewr-kisk) *adj* Turkish; **turkiskt bad** Turkish bath
turnering (tewr-nāyr-ing) *c* tournament
tusen (tēw-sern) *num* thousand
tuta (tew-tah) *v* hoot; honk *vAm*, toot *vAm*
tveka (tvāy-kah) *v* hesitate
tvekan (tvāy-kahn) *c* hesitation
tvetydig (tvāy-tēwd-i) *adj* ambiguous
tvillingar (tvi-ling-ahr) *pl* twins *pl*
tvinga (tving-ah) *v* force; compel
tvist (tvist) *c* dispute
tvista (tviss-tah) *v* dispute
tvisteämne (tviss-ter-ehm-ner) *nt* controversial issue
tvivel (tveev-erl) *nt* doubt
tvivelaktig (tvee-verl-ahk-ti) *adj* doubtful
tvivla (tveev-lah) *v* doubt
två (tvōā) *num* two
tvådelad (tvōā-dāy-lahd) *adj* two-piece
tvål (tvōāl) *c* soap
tvåltvättmedel (tvōāl-tveht-māy-dayl) *nt* soap powder
tvång (tvong) *nt* compulsion; **med** ~ by force; ***vara tvungen att *be** obliged to
tvåspråkig (tvōā-sprōāk-i) *adj* bilingual
tvärtom (tvært-om) *adv* the other

way round, on the contrary

tvätt (tveht) c laundry; washing

tvätta (tveht-ah) v wash

tvättbar (tveht-baar) adj washable

tvättinrättning (tveht-in-reht-ning) c laundry

tvättmaskin (tveht-mah-sheen) c washing-machine

tvättmedel (tveht-mᾱȳ-dayl) nt washing-powder

tvättomat (tveh-too-maat) c launderette

tvättställ (tveht-stehl) nt wash-stand

tvättsvamp (tveht-svahmp) c sponge

tvättäkta (tveht-ehk-tah) adj washable, fast-dyed

tycka (tewk-ah) v *think; **inte ~ om** dislike; **~ illa om** dislike; **~ om** like; fancy, *be fond of

tyckas (tewk-ahss) v look; appear

tyda (tēw-dah) v decipher

tydlig (tēwd-li) adj clear; obvious, evident, apparent, distinct

tyfus (tēw-fewss) c typhoid

tyg (tēwg) nt cloth; fabric, material

tygla (tēwg-lah) v curb; restrain

tynga (tewng-ah) v oppress

tyngdkraft (tewngd-krahft) c gravity

typ (tēwp) c type

typisk (tēw-pisk) adj typical

tyrann (tew-rahn) c tyrant

tysk (tewsk) adj German; c German

Tyskland (tewsk-lahnd) Germany

tyst (tewst) adj silent

tysta (tewss-tah) v silence

tystnad (tewst-nahd) c silence

tyvärr (tew-vær) adv unfortunately

tå (tōā) c toe

tåg (tōāg) nt train

tågfärja (tōāg-fær-ᵞah) c train ferry

tåla (tōāl-ah) v *bear

tålamod (tōāl-ah-mood) nt patience

tålmodig (tōāl-mood-i) adj patient

tång (tong) c (pl tänger) tongs pl;

pliers pl

tår (tōār) c tear

tårta (tōār-tah) c cake

täcka (tehk-ah) v cover

täcke (tehk-er) nt quilt

tält (tehlt) nt tent

tältsäng (tehlt-sehng) c camp-bed

tämja (tehm-ᵞah) v tame

tämligen (tehm-li-ern) adv fairly, rather, pretty

tända (tehn-dah) v *light; turn on

tändare (tehn-dah-rer) c (pl ~) lighter

tändning (tehnd-ning) c ignition; lighting

tändspole (tehnd-spōōl-er) c ignition coil

tändsticka (tehnd-sti-kah) c match

tändsticksask (tehnd-stiks-ahsk) c match-box

tändstift (tehnd-stift) nt sparking-plug

tänja (tehn-ᵞah) v stretch

tänjbar (tehnᵞ-baar) adj elastic

tänka (tehng-kah) v *think; **~ på** *think of; **~ sig** imagine; fancy; **~ ut** conceive

tärning (tær-ning) c dice pl; cube; **spela ~** play dice

tät (tait) adj dense; thick

tätort (tait-oort) c built-up area

tävla (taiv-lah) v compete

tävlan (taiv-lahn) c (pl-lingar) competition

tävling (taiv-ling) c competition; contest

tävlingsbana (taiv-lings-baa-nah) c race-track

töa (tūr-ah) v thaw

tölp (turlp) c lout, bastard

tömma (tur-mah) v empty

törst (turrst) c thirst

törstig (turrs-ti) adj thirsty

töväder (tūr-vai-derr) nt thaw

U

udda (*ewd*-ah) *adj* odd

udde (*ewd*-er) *c* headland, cape

uggla (*ewg*-lah) *c* owl

ugn (ewngn) *c* stove; furnace, oven; **mikrovågs ~** *c* microwave oven

ull (ewl) *c* wool

ultraviolett (*ewlt*-rah-vi-ōō-*layt*) *adj* ultraviolet

*****umgås med** (*ewm*-gōass) mix with;

undanröjning (*ewn*-dahn-rur ᵞ-ning) *c* removal

undantag (*ewn*-dahn-taag) *nt* exception; **med ~ av** except

under¹ (*ewn*-derr) *prep* under; beneath, below; during; *adv* underneath; **~ tiden** meanwhile; in the meantime

under² (*ewn*-derr) *nt* wonder; marvel

underbar (*ewn*-derr-baar) *adj* wonderful; marvellous

underbyxor (*ewn*-derr-*bewks*-err) *pl* pants *pl*; knickers *pl*

undergång (*ewn*-derr-*gong*) *c* ruin; destruction

underhåll (*ewn*-derr-*hol*) *nt* allowance; alimony; maintenance, upkeep

*****underhålla** (*ewn*-derr-*hol*-ah) *v* entertain; amuse

underhållande (*ewn*-derr-*hol*-ahn-der) *adj* entertaining

underhållning (*ewn*-derr-*hol*-ning) *c* entertainment

underjordisk (*ewn*-derr-ᵞōor-disk) *adj* underground

underkasta sig (*ewn*-derr-*kahss*-tah) submit

underkläder (*ewn*-derr-klai-derr) *pl* underwear

underklänning (*ewn*-derr-kleh-ning) *c* slip

underkuva (*ewn*-derr-kēw-vah) *v* subdue, subjugate

underlagskräm (*ewn*-derr-laags-kraim) *c* foundation cream

underlig (*ewn*-derr-li) *adj* queer, odd

underlägsen (*ewn*-derr-laig-sern) *adj* inferior

undernäring (*ewn*-derr-næær-ing) *c* malnutrition

underordnad (*ewn*-derr-awrd-nahd) *adj* subordinate; minor

underrätta (*ewn*-derr-*reht*-ah) *v* inform; notify; **~ sig** enquire

underrättelse (*ewn*-derr-*reht*-erl-ser) *c* notice, information, news

underskatta (*ewn*-derr-skah-tah) *v* underestimate

underskott (*ewn*-derr-skot) *nt* deficit

underström (*ewn*-derr-strurm) *c* (pl ~mar) undercurrent

understöd (*ewn*-derr-stūrd) *nt* subsidy; assistance

understödja (*ewn*-derr-stūrd-ᵞah) *v* support

undersåte (*ewn*-derr-sōa-ter) *c* subject

undersöka (*ewn*-derr-sūr-kah) *v* examine; enquire

undersökning (*ewn*-derr-sūrk-ning) *c* inquiry; enquiry, examination; check-up

underteckna (*ewn*-derr-tayk-*nah*) *v* sign

undertecknad (*ewn*-derr-*tayk*-nahd) *c* the undersigned

undertitel (*ewn*-derr-ti-terl) *c* (pl -tlar) subtitle

undertrycka (*ewn*-derr-*trewk*-ah) *v* suppress

undertröja (*ewn*-derr-*trur*-ᵞah) *c* vest; undershirt

undervattens- (*ewn*-derr-vah-tayns) underwater

undervisa (*ewn*-derr-vee-sah) *v* *****teach

undervisning (*ewn*-derr-veess-ning) *c*

instruction; tuition
*undgå (ewnd-gōa) v avoid; escape
undra (ewnd-rah) v wonder
*undslippa (ewnd-slip-ah) v escape
*undvika (ewnd-veek-ah) v avoid
ung (ewng) adj young
ungdom (ewng-doom) c youth
ungdomlig (ewng-doom-li) adj juvenile
ungdomshärbärge (ewng-dooms-hæær-bær-ᵞer) nt youth hostel
unge (ewng-er) c kid
ungefär (ewn-ᵞay-fæær) adv about; approximately
ungefärlig (ewn-ᵞay-fæær-li) adj approximate
Ungern (ewng-errn) Hungary
ungersk (ewng-ayrsk) adj Hungarian
ungkarl (ewng-kaar) c bachelor
ungmö (ewng-mūr) c spinster
ungrare (ewng-rah-rer) c (pl ~) Hungarian
uniform (ēw-ni-form) c uniform
unik (ēw-neek) adj unique
union (ēw-ni-ōōn) c union
universell (ēw-ni-vær-sayl) adj universal
universitet (ēw-ni-vær-si-tāyt) nt university
universum (ēw-ni-vær-sewm) nt universe
upp (ewp) adv up; upwards; upstairs; ~ och ner upside-down; up and down
uppassa (ewp-pah-sah) v attend on, wait on
uppblomstring (ewp-blomst-ring) c prosperity
uppblåsbar (ewp-blōass-baar) adj inflatable
uppbygga (ewp-bewg-ah) v erect; edify
uppdikta (ewp-dik-tah) v invent
uppdrag (ewp-draag) nt assignment

uppehåll (ew-pay-hol) nt pause; utan ~ without stopping
*uppehålla sig (ew-pay-hol-ah) stay
uppehållstillstånd (ew-pay-hols-til-stond) nt residence permit
uppehälle (ew-per-hehl-er) nt livelihood
uppenbar (ewp-ern-baar) adj apparent
uppenbara (ewp-ern-baar-ah) v reveal
uppenbarelse (ewp-ern-baar-erl-ser) c apparition
uppfatta (ewp-faht-ah) v apprehend, *catch
uppfattning (ewp-faht-ning) c view, opinion; conception
*uppfinna (ewp-fin-ah) v invent
uppfinnare (ewp-fi-nah-rer) c (pl ~) inventor
uppfinning (ewp-fi-ning) c invention
uppfinningsrik (ewp-fi-nings-reek) adj inventive
uppfostra (ewp-foost-rah) v *bring up; rear, educate; raise
uppfostran (ewp-foost-rahn) c education
uppfriskande (ewp-friss-kahn-der) adj refreshing
uppföda (ewp-fūrd-ah) v *breed; raise
uppför (ewp-fūrr) adv uphill
uppföra (ewp-fūrr-ah) v construct; ~ sig behave; act
uppförande (ewp-fūr-rahn-day) nt behaviour; manners pl, conduct; production; construction
*uppge (ewp-ᵞay) v state; declare
uppgift (ewp-ᵞift) c task; information
*uppgå till (ewp-gōa) amount to
uppgörelse (ewp-ᵞūr-rayl-ser) c settlement
upphetsa (ewp-hayt-sah) v excite
upphängningsanordning (ewp-hehng-nings-ahn-ōard-ning) nt suspension
upphäva (ewp-haiv-ah) v nullify; an-

nul
upphöjning (*ewp*-hur‿-ning) *c* rise
upphöra (*ewp*-hūr-rah) *v* cease, stop; quit
uppkalla (*ewp*-kah-lah) *v* name
uppköp (*ewp*-t‿ūrp) *nt* purchase
upplaga (*ewp*-laa-gah) *c* edition; issue
uppleva (*ewp*-lāy-vah) *v* experience
upplevelse (*ewp*-lāy-vayl-say) *c* experience
upplopp (*ewp*-lop) *nt* riot
upplysa (*ewp*-lēwss-ah) *v* inform
upplysning (*ewp*-lēwss-ning) *c* information
upplysningsbyrå (*ewp*-lēwss-nings-bēw-roā) *c* information bureau; inquiry office
upplösa (*ewp*-lūrss-ah) *v* dissolve; ∼ **sig** dissolve
uppmana (*ewp*-maan-ah) *v* exhort, urge
uppmuntra (*ewp*-mewn-trah) *v* encourage
uppmärksam (*ewp*-mærk-sahm) *adj* attentive
uppmärksamhet (*ewp*-mærk-sahm-hāyt) *c* notice, attention
uppmärksamma (*ewp*-mærk-sahm-ah) *v* attend to, notice, *pay attention to
uppnå (*ewp*-noā) *v* achieve; attain
uppnåelig (*ewp*-noā-er-li) *adj* attainable
upprepa (*ewp*-rāy-pah) *v* repeat
upprepning (*ewp*-rāyp-ning) *c* repetition
uppriktig (*ewp*-rik-ti) *adj* sincere; honest
uppror (*ewp*-rōōr) *nt* rebellion; rising; *göra ∼ revolt
upprätt (*ewp*-reht) *adv* upright; *adj* erect, upright
upprätta (*ewp*-reh-tah) *v* found, establish

*upprätthålla** (*ewp*-reht-ho-lah) *v* maintain
upprättstående (*ewp*-reht-stoā-ayn-der) *adj* upright, erect
upprörande (*ewp*-rūr-rahn-der) *adj* shocking, revolting
upprörd (*ewp*-rūrd) *adj* upset
uppsats (*ewp*-sahts) *c* essay, paper
uppseendeväckande (*ewp*-sāy-ern-der-*vehk*-ahn-der) *adj* sensational
uppsikt (*ewp*-sikt) *c* supervision
uppskatta (*ewp*-skah-tah) *v* appreciate; esteem
uppskattning (*ewp*-skaht-ning) *c* appreciation
*uppskjuta** (*ewp*-shēw-tah) *v* *put off, adjourn; delay, postpone
uppskov (*ewp*-skōōv) *nt* delay; respite
uppslagsbok (*ewp*-slaags-bōōk) *c* (pl -böcker) encyclopaedia
uppstigning (*ewp*-steeg-ning) *c* rise, ascent
*uppstå** (*ewp*-stoā) *v* *arise
uppståndelse (*ewp*-stond-ayl-ser) *c* commotion, excitement; resurrection
uppsving (*ewp*-sving) *nt* rise
uppsyningsman (*ewp*-sēw-nings-mahn) *c* (pl -män) supervisor
uppsättning (*ewp*-seht-ning) *c* set
*uppta** (*ewp*-taa) *v* *take up; occupy
upptagen (*ewp*-taa-gern) *adj* engaged; busy
uppträda (*ewp*-trææ-dah) *v* act
upptäcka (*ewp*-teh-kah) *v* discover; detect
upptäckt (*ewp*-tehkt) *c* discovery
uppvisa (*ewp*-vee-sah) *v* exhibit
uppvärma (*ewp*-vær-mah) *v* heat
uppvärmning (*ewp*-værm-ning) *c* heating
uppåt (*ewp*-ot) *adv* up
ur (ēwr) *prep* out of; *nt* clock

urbena (ewr-bāy-nah) v bone
urin (ew-reen) nt urine
urinblåsa (ew-reen-blōa-sah) c bladder
urmakare (ewr-maa-kah-rer) c (pl ~) watch-maker
ursinne (ewr-sin-er) nt rage; fury
ursinnig (ewr-si-ni) adj furious
urskilja (ewr-shil-Yah) v distinguish
urskog (ewr-skōōg) c jungle
ursprung (ewr-sprewng) nt origin
ursprunglig (ewr-sprewng-li) adj original; initial; **ursprungligen** originally
ursäkt (ewr-sehkt) c apology; excuse; ***be om** ~ apologize
ursäkta (ewr-sehk-tah) v excuse; **ursäkta!** sorry!
Uruguay (ew-rew-gew-igh) Uruguay
uruguayare (ew-rew-gew-igh-ah-rer) c (pl ~) Uruguayan
uruguaysk (ew-rew-gew-ighsk) adj Uruguayan
urval (ewr-vaal) nt choice; selection, assortment
usel (ew-serl) adj poor
ut (ewt) adv out; ~ **och in** inside out
utan (ew-tahn) prep without; ***vara** ~ ***be** without, spare
utandas (ewt-ahn-dahss) v expire; exhale
utanför (ew-tahn-fūrr) prep outside; out of
utantill (ew-tahn-til) adv by heart
utarbeta (ewt-ahr-bāyt-ah) v compose, elaborate, prepare
utbetalning (ewt-bay-taal-ning) c payment
utbilda (ewt-bil-dah) v educate
utbildning (ewt-bild-ning) c education, background
utbreda (ewt-brāyd-ah) v *spread; expand
utbrott (ewt-brot) nt outbreak; eruption

utbud (ewt-bewd) nt supply
utbyta (ewt-bewt-ah) v exchange
utbyte (ewt-bew-ter) nt exchange; benefit
utdela (ewt-dāyl-ah) v distribute
*utdra (ewt-draa) v extract
utdrag (ewt-draag) nt excerpt; extract
ute (ew-ter) adv out
utelämna (ew-ter-lehm-nah) v *leave out; omit
*utesluta (ew-ter-slew-tah) v exclude
uteslutande (ew-ter-slew-tahn-der) adv exclusively; solely
utfart (ewt-faart) c exit
utfattig (ewt-fah-ti) adj destitute
utflykt (ewt-flewkt) c excursion; trip
utforska (ewt-fors-kah) v explore
utföra (ewt-fūr-rah) v perform; execute; carry out
utförbar (ewt-fūrr-baar) adj feasible; realizable
utförlig (ewt-fūrr-li) adj detailed
utförsel (ewt-furr-serl) c exportation
*utge (ewt-gāy) v issue; publish
utgift (ewt-Yift) c expense; **utgifter** expenditure
utgivning (ewt-Yeev-ning) c issue, publication
*utgjuta (ewt-Yew-tah) v *shed
utgrävning (ewt-graiv-ning) c excavation
utgång (ewt-gong) c way out, exit; expiration; result
utgångspunkt (ewt-gongs-pewngkt) c starting-point
till uthyrning (til ewt-hewr-ning) for hire
uthållighet (ewt-hol-i-hāyt) c stamina, perseverance
uthärda (ewt-hæær-dah) v *stand, endure
uthärdlig (ewt-hæærd-li) adj tolerable, endurable

utjämna (ēwt-Yehm-nah) v equalize; level

utkant (ēwt-kahnt) c outskirts pl

utkast (ēwt-kahst) nt draft, design

utled (ewt-lāyd) adj fed up

utlämna (ēwt-lehm-nah) v give out; extradite

utländsk (ēwt-lehnsk) adj foreign; alien

utlänning (ēwt-lehn-ing) c foreigner; alien

utlöpa (ēwt-lürp-ah) v expire

utmana (ēwt-maan-ah) v challenge; dare

utmaning (ēwt-maan-ing) c challenge

utmatta (ēwt-maht-ah) v exhaust

utmattad (ēwt-maht-ahd) adj exhausted

utmärka (ēwt-mær-kah) v mark; ~ sig excel

utmärkt (ēwt-mærkt) adj excellent

utnyttja (ēwt-newt-Yah) v exploit; utilize

utnämna (ēwt-nehm-nah) v appoint

utnämning (ēwt-nehm-ning) c appointment; nomination

utom (ēwt-om) prep except; but, besides

utomhus (ēw-tom-hēwss) adv outdoors; outside

utomlands (ēwt-om-lahnds) adv abroad

utomordentlig (ēwt-om-or-daynt-li) adj extraordinary

utpeka (ēwt-pāy-kah) v point out

utplocka (ēwt-plo-kah) v select

utpressa (ēwt-prayss-ah) v extort; ~ pengar blackmail

utpressning c blackmail, extortion

utreda (ēwt-rāy-dah) v investigate

utredning (ēwt-rāyd-ning) c investigation

utrop (ēwt-rōop) nt exclamation

utropa (ēwt-rōo-pah) v exclaim

utrusta (ēwt-rewss-tah) v equip

utrustning (ēwt-rewst-ning) c outfit, equipment; kit, gear

utrymma (ēwt-rew-mah) v vacate

utrymme (ēwt-rew-mer) nt room

utsatt för (ēwt-saht) liable to, subject to

utseende (ēwt-sāy-ayn-der) nt look; semblance, appearance

utsida (ēwt-seed-ah) c outside

utsikt (ēwt-sikt) c view; prospect, outlook

utskott (ēwt-skot) nt committee

*utskära (ēwt-shææ-rah) v carve

utsliten (ēwt-slee-tern) adj worn-out

utsmyckning (ēwt-smewk-ning) c ornament

utspäda (ēwt-spai-dah) v dilute

utsträckt (ēwt-strehkt) adj extended

*utstå (ēwt-stōā) v endure, *bear

utställa (ēwt-steh-lah) v issue; show, exhibit; display

utställning (ēwt-stehl-ning) c exhibition; exposition, display, show

utställningslokal (ēwt-stehl-nings-lo-kaal) c showroom

*utsuga (ēwt-sēw-gah) v exploit

utsåld (ēwt-sold) adj sold out

utsända (ēwt-sehn-dah) v *broadcast

utsändning (ēwt-sehnd-ning) c broadcast

utsökt (ēwt-sürkt) adj exquisite; delicious, superb

uttal (ēwt-taal) nt pronunciation

uttala (ēwt-taa-lah) v pronounce; ~ fel mispronounce

uttorkad (ēwt-tor-kahd) adj dried-up, parched

uttryck (ēwt-trewk) nt expression; *ge ~ åt express

uttrycka (ēwt-trew-kah) v express

uttrycklig (ēwt-trewk-li) adj explicit; express

uttröttad (ēwt-trur-tahd) adj over-

tired
uttänka (ēwt-tehng-kah) v devise
utvald (ēwt-vaald) adj select
utvandra (ēwt-vahnd-rah) v emigrate
utvandrare (ēwt-vahnd-rah-rer) c (pl
~) emigrant
utvandring (ēwt-vahnd-ring) c emigra-
tion
utveckla (ēwt-vayk-lah) v develop
utveckling (ēwt-vayk-ling) c develop-
ment
utvidga (ēwt-vid-gah) v extend; en-
large, expand
utvidgande (ēwt-vid-gahn-der) nt ex-
tension
utvisa (ēwt-vee-sah) v expel
utväg (ēwt-vaig) c way out
***utvälja** (ēwt-vehl-Yah) v select
utvändig (ēwt-vehn-di) adj external
utåt (ēwt-ot) adv outwards
utöva (ēwt-ūrv-ah) v exercise
utöver (ēwt-ūrv-err) prep beyond, be-
sides

V

vaccination (vahk-si-nah-shōōn) c vac-
cination
vaccinera (vahks-i-nāy-rah) v vacci-
nate
vacker (vah-kerr) adj beautiful;
pretty
vackla (vahk-lah) v stagger, waver
vacklande (vahk-lahn-der) adj totter-
ing, failing
vad[1] (vaad) pron what; ~ **som helst**
anything; ~ **som än** whatever
vad[2] (vaad) nt bet; ***slå** ~ *bet
vad[3] (vaad) c calf
vada (vaa-dah) v wade
vadhållningsagent (vaad-hol-nings-ah-
gehnt) c bookmaker

vadställe (vaad-steh-ler) nt ford
vag (vaag) adj faint, vague; dim
vagga (vah-gah) c cradle
vagn (vahngn) c carriage, coach
vakans (vah-kahns) c vacancy
vaken (vaa-kayn) adj awake
vakna (vaak-nah) v *wake up
vaksam (vaak-sahm) adj vigilant
vakt (vahkt) c guard; warden
vaktel (vahk-tayl) c (pl -tlar) quail
vaktmästare (vahkt-mehss-tah-rer) c
(pl ~) waiter
vakuum (vaa-kewm) nt vacuum
val (vaal) nt election, pick, choice; c
whale
valfri (vaal-free) adj optional
valk (vahlk) c callus
valkrets (vaal-krayts) c constituency
vallfartsort (vahl-faarts-oort) c place
of pilgrimage
vallgrav (vahl-graav) c moat
vallmo (vahl-mōō) c poppy
valnöt (vaal-nūrt) c (pl ~ter) walnut
vals (vahls) c waltz
valspråk (vaal-sprōak) nt motto
valuta (vah-lōō-tah) c currency; **ut-
lä ndsk** ~ foreign currency
valutakurs (vah-lēw-tah-kewrs) c rate
of exchange
valv (vahlv) nt vault; arch
valvbåge (vahlv-bōa-ger) c arch
van (vaan) adj accustomed; ***vara** ~
vid *be used to
vana (vaa-nah) c habit; custom
vandra (vahnd-rah) v wander; hike,
tramp
vanilj (vah-nilY) c vanilla
vankelmodig (vahng-kerl-mōō-di) adj
irresolute
vanlig (vaan-li) adj usual; normal, or-
dinary, common, plain; frequent;
vanligen generally, as a rule
vanligtvis (vaan-lit-veess) adv usually
vansinne (vaan-sin-er) nt madness;

lunacy

vansinnig (*vaan*-sin-i) *adj* crazy; luna-tic

vanskapt (*vaan*-skaapt) *adj* deformed

vansklig (*vahnsk*-li) *adj* precarious

vanställd (*vaan*-stehld) *adj* deformed, disfigured

vanvettig (*vaan*-vay-ti) *adj* mad; absurd

vapen (*vaap*-ern) *nt* weapon; arm

var¹ (vaar) *conj* where; *adv* where; ~ **som helst** anywhere

var² (vaar) *pron* each; ~ **för sig** apart; ~ **och en** everybody, everyone

var³ (vaar) *nt* pus

vara (*vaar*-ah) *v* last

*vara (*vaar*-ah) *v* *be

varaktig (*vaar*-ahk-ti) *adj* lasting; permanent

varaktighet (*vaar*-ahk-ti-hāyt) *c* duration

varandra (vaar-*ahnd*-rah) *pron* each other

vardag (*vaar*-daag) *c* weekday

vardagsrum (*vaar*-daags-rewm) *nt* living-room; sitting-room

vare sig ... eller (*vaa*-rer say ... *eh*-lerr) whether ... or

varelse (*vaa*-rayl-ser) *c* being; creature

varför (*vahr*-furr) *adv* why; what for

varg (vahrᵛ) *c* wolf

varhelst (vaar-*hehlst*) *adv* wherever

variation (vah-ri-ah-*shōōn*) *c* variation, variety

variera (vah-ri-*āy*-rah) *v* vary

varierad (vah-ri-*āy*-rahd) *adj* varied

varietéföreställning (vah-ri-ay-*tāy*-fūr-rer-*stehl*-ning) *c* variety show

varietéteater (vah-ri-ay-*tāy*-tay-aa-terr) *c* (pl -trar) variety theatre

varifrån (vaar-i-*frōan*) *adv* from where

varje (*vahr*-ᵛer) *pron* every; anyone,

each

varken ... eller (*vahr*-kern ... *eh*-lerr) neither ... nor

varm (vahrm) *adj* warm; hot

varmvattensflaska (*vahrm*-vah-terns-flahss-kah) *c* hot-water bottle

varna (*vaar*-nah) *v* warn; caution

varning (*vaar*-ning) *c* warning

varor (*vaar*-or) *pl* goods *pl*; wares *pl*

varsam (*vaar*-sahm) *adj* careful; wary

varubil (*vaa*-rēw-beel) *c* delivery van

varuhus (*vaa*-rēw-hēwss) *nt* department store

varumärke (*vaa*-rēw-mær-ker) *nt* trademark

varumässa (*vaa*-rēw-meh-sah) *c* trade fair

varuprov (*vaarēw*-proov) *nt* sample

varv (vahrv) *nt* revolution; shipyard

vas (vaass) *c* vase

vask (vahsk) *c* sink

vass (vahss) *c* reed; *adj* sharp

vatten (*vah*-tern) *nt* water; **rinnande** ~ running water

vattenblåsa (*vaht*-ern-blōa-sah) *c* blister

vattenfall (*vaht*-ern-fahl) *nt* waterfall

vattenfärg (*vaht*-ern-færᵛ) *c* water-colour

vattenkran (*vaht*-ern-kraan) *c* faucet, tap

vattenkrasse (*vaht*-ern-krah-ser) *c* watercress

vattenmelon (*vah*-tern-may-*lōōn*) *c* watermelon

vattenpass (*vaht*-ern-pahss) *nt* level

vattenpump (*vaht*-ern-pewmp) *c* water pump

vattenskida (*vah*-tern-shee-dah) *c* water ski

vattentät (*vah*-tern-tait) *adj* waterproof

vattkoppor (*vaht*-ko-perr) *pl* chickenpox

vax (vahks) *nt* wax

vaxkabinett (*vahks*-kah-bi-*nayt*) *nt* waxworks *pl*

veck (vayk) *nt* fold; crease

vecka (*vay*-kah) *c* week; **vecko-** weekly

veckla upp (*vayk*-lah) unwrap

veckla ut (*vayk*-lah) unfold

veckopeng (*vay*-koo-pehng) *c* weekly allowance

veckoslut (*vay*-koo-slewt) *nt* weekend

veckotidning (*vay*-koo-teed-ning) *c* weekly magazine

vedervärdig (vāy-derr-væær-di) *adj* repulsive

vedträ (vāyd-trai) *nt* log

vegetarian (vay-ger-tahr-i-*aan*) *c* vegetarian

vegetation (vay-ger-tah-shōōn) *c* vegetation

vem (vaym) *pron* who; **till** ~ to whom; ~ **som helst** anybody; ~ **som än** whoever

vemod (vāy-mōōd) *nt* melancholy; sadness

vemodig (vāy-mōōd-i) *adj* melancholy, sad

Venezuela (vay-nay-tsew-āy-lah) Venezuela

venezuelan (vay-nay-tsew-ay-*laan*) *c* Venezuelan

venezuelansk (vay-nay-tsew-ay-*laansk*) *adj* Venezuelan

ventil (vayn-*teel*) *c* valve

ventilation (vayn-ti-lah-shōōn) *c* ventilation

ventilator (vayn-ti-*laa*-tor) *c* ventilator

ventilera (vayn-ti-*lāy*-rah) *v* ventilate

veranda (vay-*rahn*-dah) *c* veranda

verb (værb) *nt* verb

verifiera (vay-ri-fi-*āy*-rah) *v* verify

verka (*vær*-kah) *v* appear, seem

verkan (*vær*-kahn) *c* effect; result; consequence

verklig (*værk*-li) *adj* real; actual, true; very; **verkligen** really; indeed

verklighet (*værk*-li-hāyt) *c* reality

verksam (*værk*-sahm) *adj* active, effective

verkstad (*værk*-staad) *c* (pl -städer) workshop; garage

verkställande (*værk*-stehl-ahn-der) *adj* executive

verktyg (*værk*-tēwg) *nt* tool; utensil

verktygslåda (*værk*-tēwgs-*lōā*-dah) *c* tool box

vers (værs) *c* verse

version (vær-shōōn) *c* version

vespa (*vayss*-pah) *c* scooter

vestibul (vehss-ti-*bewl*) *c* lobby

***veta** (vāy-tah) *v* *know

vete (vāy-tay) *nt* wheat

vetemjöl (vāy-tay-mʸürl) *nt* flour

vetenskap (vāy-tayn-skaap) *c* science

vetenskaplig (vāy-tayn-skaap-li) *adj* scientific

vetenskapsman (vāy-tayn-skaaps-mahn) *c* (pl -män) scientist

veterinär (vay-tay-ri-*næær*) *c* veterinary surgeon

vevaxel (*vāyv*-ahks-ayl) *c* (pl -xlar) crankshaft

vi (vee) *pron* we

via (*vee*-ah) *prep* via

viadukt (vee-ah-*dewkt*) *c* viaduct

vibration (vi-brah-shōōn) *c* vibration

vibrera (vi-*brāy*-rah) *v* vibrate

vid (veed) *prep* on, by; *adj* wide

vidbränna (*veed*-breh-nah) *v* *burn

video(bandspelare) (*vee*-day-o-bahnd-spāy-lay-rer) *c* video recorder

videokamera (*vee*-day-o-*kāā*-mer-rah) *c* video camera

videokassett (*vee*-day-o-kah-sēht) *c* video cassette

vidga (*vid*-gah) *v* widen

***vidhålla** (*veed*-hol-ah) *v* insist

vidrig (*veed*-ri) *adj* disgusting

vidröra (*veed*-rūr-rah) *v* touch

vidskepelse (*veed*-shāy-payl-ser) *c* superstition

vidsträckt (*vid*-strehkt) *adj* broad, vast; extensive

vigselring (*vig*-sehl-ring) *c* wedding-ring

vik (veek) *c* bay; creek

*****vika** (*vee*-kah) *v* fold

vikt (vikt) *c* weight

viktig (*vik*-ti) *adj* important, essential; self-important; *****vara viktigt** matter

vila (*veel*-ah) *v* rest; *c* rest

vild (vild) *adj* wild; fierce, savage

vilja (*vil*-Yah) *c* will; **med ~ on pur-pose**

*****vilja** (*vil*-Yah) *v* want, *****will

viljekraft (*vil*-Yer-krahft) *c* will-power

vilken (*vil*-kayn) *pron* which

villa (*vi*-lah) *c* villa

villebråd (*vi*-ler-brōad) *nt* game

villfarelse (*vil*-faa-rayl-ser) *c* illusion

villig (*vi*-li) *adj* willing

villkor (*vil*-kōar) *nt* condition; term

villkorlig (*vil*-kōar-li) *adj* conditional

villrådig (*vil*-rōa-di) *adj* irresolute

vilohem (*vee*-loo-haym) *nt* rest-home

vilsegången (*vil*-ser-gong-ern) *adj* lost

vilstol (*veel*-stōol) *c* deck chair

vilthandlare (*vilt*-hahnd-lah-rer) *c* (pl ~) poulterer

vin (veen) *nt* wine

*****vina** (*vee*-nah) *v* howl

vinbär (*veen*-bæær) *nt* currant; **svarta ~ black-currant**

vind (vind) *c* wind; attic

vindbrygga (*vind*-brewg-ah) *c* draw-bridge

vindpust (*vind*-pewst) *c* whiff of wind

vindruta (*vind*-rēw-tah) *c* windscreen; windshield *nAm*

vindrutetorkare (*vind*-rēw-ter-tor-kah-rer) *c* (pl ~) windscreen wiper; windshield wiper *Am*

vindruvor (*veen*-drēw-voor) *pl* grapes *pl*

vindsrum (*vinds*-rewm) *nt* attic

vinge (*ving*-er) *c* wing

vingård (*veen*-gōard) *c* vineyard

vinhandlare (*veen*-hahnd-lah-rer) *c* (pl ~) wine-merchant

vink (vingk) *c* wave; hint

vinka (*ving*-kah) *v* wave

vinkel (*ving*-kerl) *c* (pl -klar) angle

vinkypare (*veen*-tYēw-pah-rer) *c* (pl ~) wine-waiter

vinkällare (*veen*-tYeh-lah-rer) *c* (pl ~) wine-cellar

vinlista (*veen*-liss-tah) *c* wine-list

*****vinna** (*vi*-nah) *v* *****win; gain

vinnande (*vi*-nahn-der) *adj* winning

vinranka (*veen*-rahn-kah) *c* vine

vinskörd (*veen*-shūrrd) *c* grape har-vest, vintage

vinst (vinst) *c* benefit, profit; win-nings *pl*

vinstbringande (*vinst*-bring-ahn-der) *adj* profitable

vinter (*vin*-terr) *c* (pl -trar) winter

vintersport (*vin*-terr-sport) *c* winter sports

vinthund (*vint*-hewnd) *c* greyhound

vinäger (*vi*-nai-gerr) *c* vinegar

viol (vi-ōōl) *c* violet

violett (vi-ēw-*layt*) *adj* violet

virka (*veer*-kah) *v* crochet

virrvarr (*veer*-vahr) *nt* muddle

vis (veess) *nt* way, manner; *adj* wise

visa¹ (*veess*-ah) *v* *****show; indicate, point out, display

visa² (*veess*-ah) *c* tune

visdom (*veess*-doom) *c* wisdom

vision (vi-*shōon*) *c* vision

visit (vi-*seet*) *c* visit

visitera (vi-si-*tāyr*-ah) *v* search

visitering (vi-si-*tāy*-ring) *nt* search

visitkort (vi-*seet*-koort) *nt* visitingcard

viska (*viss*-kah) *v* whisper

viskning (*visk*-ning) *c* whisper

vispa (*viss*-pah) *v* whip

viss (viss) *adj* certain

visselpipa (*vi*-serl-pee-pah) *c* whistle

vissla (*viss*-lah) *v* whistle

vistas (*viss*-tahss) *v* stay

vistelse (*viss*-tayl-ser) *c* stay

visum (*vee*-sewm) *nt* (pl visa) visa

vit (veet) *adj* white

vitamin (vi-tah-*meen*) *nt* vitamin

vitling (*vit*-ling) *c* whiting

vitlök (*veet*-lūrk) *c* garlic

vits (vits) *c* joke

vittna (*vit*-nah) *v* testify

vittne (*vit*-ner) *nt* witness

vokal (voo-*kaal*) *c* vowel

vokalist (voo-kah-*list*) *c* vocalist

volt (volt) *c* (pl ~) volt

volym (vo-*lēwm*) *c* volume; bulk

vrak (vraak) *nt* wreck

vred (vrāyd) *adj* angry

vrede (*vrāy*-day) *c* anger

vresig (*vrāyss*-i) *adj* cross

*****vrida** (*vree*-dah) *v* twist, turn; wrench; ~ om turn

vriden (*vreed*-ern) *adj* crooked

vridning (*vreed*-ning) *c* twist

vrål (vrōāl) *nt* roar

vulgär (vewl-*gæær*) *adj* vulgar

vulkan (vewl-*kaan*) *c* volcano

vuxen[1] (*vewk*-sern) *adj* adult; grown-up

vuxen[2] (*vewk*-sern) *c* (pl vuxna) grown-up; adult

vykort (*vēw*-koort) *nt* picture post-card

våffla (*vof*-lah) *c* waffle

våg[1] (vōāg) *c* (pl ~or) wave

våg[2] (vōāg) *c* (pl ~ar) scales *pl;* weighing-machine

våga (*vōā*-gah) *v* dare; venture

vågad (*vōāg*-ahd) *adj* risky

vågig (*vōā*-gi) *adj* wavy; undulating

våglängd (*vōāg*-lehngd) *c* wave-length

våld (vold) *nt* violence; force

våldsam (*vold*-sahm) *adj* violent

våldsdåd (*volds*-dōäd) *nt* act of vio-lence; outrage

*****våldta** (*vold*-taa) *v* rape; assault

vålla (*vol*-ah) *v* cause

våning (*vōān*-ing) *c* floor; storey; apartment *nAm*

vår (vōār) *c* spring; springtime; *pron* our

vård (vōārd) *c* care

vårda (*vōār*-dah) *v* nurse; tend

vårdhem (*vōārd*-haym) *nt* nursing home

vårdslös (*vōārds*-lūrss) *adj* careless

våt (vōāt) *adj* wet

väcka (*veh*-kah) *v* *wake; *awake

väckarklocka (*veh*-kahr-klo-kah) *c* alarm-clock

väder (*vai*-derr) *nt* weather

väderkvarn (*vai*-derr-kvaarn) *c* wind-mill

väderleksrapport (*vai*-derr-lāyks-rah-*port*) *c* weather forecast

vädjan (*vaid*-Yahn) *v* appeal

vädra (*vaid*-rah) *v* ventilate

väg (vaig) *c* road; drive, way; **på** ~ **till** bound for

väga (*vai*-gah) *v* weigh

vägarbete (*vaig*-ahr-bāy-ter) *nt* road up, road work

vägavgift (*vaig*-aav-Yift) *c* toll

vägbank (*vaig*-bahngk) *c* embankment

vägg (vehg) *c* wall

vägglus (*vehg*-lēwss) *c* (pl -löss) bug

vägkant (*vaig*-kahnt) *c* roadside; way-side

vägkarta (*vaig*-kaar-tah) *c* road map

vägkorsning (*vaig*-kors-ning) *c* junc-tion, intersection

vägleda (*vaig*-lāyd-ah) *v* direct; guide

vägmärke (*vaig*-mær-ker) *c* road sign

på ... **vägnar** (pōā vehng-nahr) on behalf of

vägnät (vaig-nait) nt road system

vägra (vaig-rah) v refuse; deny

vägran (vaig-rahn) c refusal

vägräcke (vaig-rehk-er) nt crash barrier

vägskäl (vaig-shail) nt road fork

vägvisare (vaig-vee-sah-rer) c (pl ∼) signpost

välbefinnande (vail-ber-fin-ahn-der) nt well-being; comfort

välbärgad (vail-bær-Yahd) adj well-to-do

väldig (vehl-di) adj enormous; huge, gigantic

välgrundad (vail-grewn-dahd) adj well-founded

välgång (vail-gong) c prosperity

välgörenhet (vail-Yur-rern-hāyt) c charity

*v**välja** (vehl-Yah) v *choose; elect, pick

välkommen (vail-ko-mern) adj welcome

välkomna (vail-kom-nah) v welcome

välkomnande (vail-kom-nahn-der) nt welcome

välkänd (vail-tYehnd) adj well-known; familiar

välsigna (vehl-sing-nah) v bless

välsignelse (vehl-sing-nayl-ser) c blessing

välsmakande (vail-smaak-ahn-der) adj tasty; savoury

välstånd (vail-stond) nt prosperity

välvilja (vail-vil-Yah) c goodwill

välvårdad (vail-vōar-dahd) adj neat

vämjelig (vehm-Yer-li) nauseous

vän (vehn) c (pl ∼ner) friend

vända (vehn-dah) v turn; ∼ **bort** avert; ∼ **på** turn round; ∼ **sig om** turn round; ∼ **sig till** address; ∼ **tillbaka** turn back; ∼ **upp och ner**

turn over

vändning (vehnd-ning) c change, turn

vändpunkt (vehnd-pewngkt) c turning-point

väninna (veh-nin-ah) c friend; girlfriend

*v**vänja** (vehn-Yah) v accustom

vänlig (vehn-li) adj friendly; kind

vänskap (vehn-skaap) c friendship

vänskaplig (vehn-skaap-li) adj friendly

vänster (vehns-terr) adj left; left-hand

vänsterhänt (vehns-terr-hehnt) adj left-handed

vänta (vehn-tah) v wait; ∼ **på** await; ∼ **sig** expect; await

väntad (vehn-tahd) adj due

väntan (vehn-tahn) c waiting

väntelista (vehn-ter-liss-tah) c waiting-list

väntrum (vehnt-rewm) nt waiting-room

värd (væærd) c host

värde (væær-der) nt worth, value; *vara **värd** *be worth

värdefull (væær-der-fewl) adj valuable

värdelös (væær-der-lürss) adj worthless

värdepapper (væær-der-pah-perr) pl stocks and shares

värdera (vær-dāyr-ah) v value; estimate, evaluate

värdering (vær-dāyr-ing) c appraisal

värdesaker (væær-der-saa-kerr) pl valuables pl

*v**värdesätta** (væær-der-seh-tah) v value, appreciate

värdig (væær-di) adj dignified; worthy of

värdinna (vær-di-nah) c hostess

värdshus (væærds-hēwss) nt inn; roadhouse; roadside restaurant

värdshusvärd (væærds-hēwss-væærd)

c inn-keeper
värk (værk) *c* ache; **värkar** labour
pains
värka (vær-kah) *v* ache; *hurt
värld (væærd) *c* world
världsberömd (væærds-ber-rurmd) *adj*
world-famous
världsdel (væærds-dāyl) *c* continent
världshav (væærds-haav) *nt* ocean
världskrig (væærds-kreeg) *nt* world
war
världsomfattande (væærds-om-fah-
tahn-der) *adj* global
världsomspännande (væærds-om-
speh-nahn-der) *adj* world-wide
värma (vær-mah) *v* warm
värme (vær-mer) *c* heat; warmth
värmedyna (vær-mer-dēw-nah) *c* heat-
ing pad
värmeelement (vær-mer-ay-ler-mehnt)
nt radiator
värnpliktig (væærn-plik-tig) *c* (pl ~a)
conscript
värre (væ-rer) *adv* worse; *adj* worse;
värst worst
väsen (vaiss-ern) *nt* essence; noise;
fuss
väsentlig (veh-saynt-li) *adj* essential;
väsentligen essentially
väska (vehss-kah) *c* bag
vässa (veh-sah) *v* sharpen
väst (vehst) *c* waistcoat, vest *nAm;*
west
väster (vehss-terr) *c* west
västlig (vehst-li) *adj* western; wester-
ly
väte (vai-ter) *nt* hydrogen
vätesuperoxid (vai-ter-sēwp-rok-seed)
c peroxide
vätska (veht-skah) *c* fluid
väva (vai-vah) *v* *weave
vävare (vai-vah-rer) *c* (pl ~) weaver
vävnad (vaiv-nahd) *c* tissue
växa (vehks-ah) *v* *grow

växel (vehks-ayl) *c* (pl växlar) gear;
draft
växelkontor (vehks-ayl-kon-tōōr) *nt*
exchange office; money exchange
växelkurs (vehks-ayl-kewrs) *c* ex-
change rate
växellåda (vehks-ayl-lōā-dah) *c* gear-
box
växelpengar (vehks-ayl-peh-ngahr) *pl*
small change
växelspak (vehks-ayl-spaak) *c* gear
lever
växelström (vehks-ayl-strurm) *c* alter-
nating current
växla (vehks-lah) *v* change; switch,
exchange; change gear
växlande (vehks-lahn-der) *adj* variable
växt (vehkst) *c* growth; plant
växthus (vehkst-hēwss) *nt* green-
house
vördnad (vūūrd-nahd) *c* veneration,
respect
vördnadsvärd (vūūrd-nahds-væærd)
adj venerable

W

watt (vaht) *c* (pl ~) watt

Y

ylle- (ew-ler) woollen
ylletröja (ew-ler-trur-Yah) *c* jersey
ympa (ewm-pah) *v* inoculate; graft
ympning (ewmp-ning) *c* grafting
ynkrygg (ewngk-rewg) *c* coward
yr (ēwr) *adj* dizzy; giddy
yrke (rōād-mahn) *nt* profession; trade;
yrkes- professional
yrkesutbildad (ewr-kerss-ēwt-bil-dahd)

adj skilled, trained

yrsel (ewr-serl) *c* dizziness; giddiness

yta (ēw-tah) *c* surface; area

ytlig (ēwt-li) *adj* superficial

ytterlig (ewt-err-li) *adj* extreme

ytterligare (ewt-err-li-gah-rer) *adj* further; additional

ytterlighet (ewt-err-li-hāyt) *c* extreme

ytterlinje (ewt-err-lin-Yer) *c* outline

yttersta (ew-terrs-tah) *adj* utmost; extreme

yttra (ewt-rah) *v* utter

yttrande (ewt-rahn-der) *nt* expression

yttrandefrihet (ewt-rahn-der-fri-hāyt) *c* freedom of speech

yttre (ewt-rer) *nt* exterior; *adj* outer; exterior

yxa (ewks-ah) *c* axe

Z

zenit (sāy-nit) zenith

zigenare (si-Yāy-nah-rer) *c* (pl ~) gipsy

zink (singk) *c* zinc

zon (sōōn) *c* zone

zoo (sōō) *nt* zoo

zoologi (so-o-lo-gee) *c* zoology

zoomlins (sōōm-lins) *c* zoom lens

Å

å (ōā) *c* river, stream

åder (ōā-derr) *c* (pl ådror) vein

åderbrock (ōā-derr-brok) *nt* varicose vein

*ådraga sig (ōā-draa-gah) contract

åhörare (ōā-hūrr-ah-rer) *c* (pl ~) listener, auditor

åka (ōā-kah) *v* *ride, *drive, *go; ~

bort *go away; ~ **fort** *speed; ~ **runt om** by-pass; ~ **tillbaka** *go back

åker (ōāk-err) *c* (pl åkrar) field

ål (ōāl) *c* eel

ålder (ol-derr) *c* (pl åldrar) age

ålderdom (ol-derr-doom) *c* age; old age

åldrig (old-ri) *adj* aged

*ålägga (ōā-lehg-ah) *v* enjoin

ånga (ong-ah) *c* steam; vapour

ångare (ong-ah-rer) *c* (pl ~) steamer

ånger (ong-err) *c* repentance

ångest (ong-erst) *c* anguish; fear

ångra (ong-rah) *v* regret, repent

år (ōār) *nt* year; **per** ~ per annum

åra (ōā-rah) *c* oar

årgång (ōār-gong) *c* vintage

århundrade (ōār-hewnd-rah-der) *nt* century

årlig (ōār-li) *adj* annual; yearly

årsbok (ōārs-bōōk) *c* (pl -böcker) annual

årsdag (ōārs-daag) *c* anniversary

årstid (ōārs-teed) *c* season

åsikt (ōā-sikt) *c* opinion; view

åska (oss-kah) *c* thunder; *v* thunder; **åsk-** thundery

åskväder (osk-vai-derr) *nt* thunderstorm

åskådare (ōā-skōā-dah-rer) *c* (pl ~) spectator

åsna (ōāss-nah) *c* donkey; ass

*åstadkomma (ōā-stah-kom-ah) *v* effect

åsyn (ōā-sēwn) *c* sight

åt (ōāt) *prep* to; towards

åtala (ōā-taa-lah) *v* prosecute

*åta sig (ōā-taa) *take upon oneself

åter (ōāt-err) *adv* again

återbetala (ōāt-err-bay-taal-ah) *v* *repay; reimburse, refund

återbetalning (ōāt-err-bay-taal-ning) *c* repayment; refund

återfå (*ōā*-terr-fōā) *v* *find again, recover

återföra (*ōā*t-err-fūrr-ah) *v* *bring back

återförena (*ōā*t-err-fur-*rāy*-nah) *v* reunite

återkalla (*ōā*t-err-kahl-ah) *v* recall

återkomst (*ōā*t-err-komst) *c* return

återresa (*ōā*t-err-*rāy*-sah) *c* return journey

återstod (*ōā*t-err-stōōd) *c* remainder

***återstå** (*ōā*t-err-stōā) *v* remain

***återuppta** (*ōā*t-err-ewp-tah) *v* resume

återvinna (oat-err-vī-nah) *v* recycle

återvinningsbar (oat-err-vin-nings-bāār) *adj* recyclable

återvända (*ōā*t-err-vehn-dah) *v* return

återvändsgränd (*ōā*t-err-vehnds-grehnd) *c* cul-de-sac

åtfölja (*ōā*t-furl-*Y*ah) *v* accompany

åtgärd (*ōā*t-*Y*ærd) *c* measure

åtkomlig (*ōā*t-kom-li) *adj* attainable

åtminstone (*ōā*t-*mins*-to-ner) *adv* at least

åtrå (*ōā*-trōā) *c* lust

åtråvärd (*ōā*-trōā-væærd) *adj* desirable

åtskild (*ōā*t-shild) *adj* separate

åtskilja (*ōā*t-shil-*Y*ah) *v* divide; disconnect

åtskilliga (*ōā*t-shi-li-gah) *adj* several; various

åtstrama (*ōā*t-straam-ah) *v* tighten

åtta (o-tah) *num* eight

åttio (o-ti) *num* eighty

åttonde (o-ton-der) *num* eighth

åverkan (*ōā*-vehr-kahn) *c* damage, mischief

Ä

äcklig (*ehk*-li) *adj* disgusting; revolting

ädel (*ai*-dayl) *adj* noble

ädelsten (*ai*-dayl-*stāyn*) *c* stone; gem

äga (*ai*-gah) *v* own; possess; ~ **rum** *take place

ägare (*ai*-gah-rer) *c* (pl ~) owner; proprietor

ägg (ehg) *nt* egg

äggkopp (ehg-kop) *c* egg-cup

äggplanta (ehg-plahn-tah) *c* eggplant

äggula (ehg-gēwl-ah) *c* egg-yolk; yolk

ägna (*ehng*-nah) *v* devote; dedicate

ägodelar (*ai*-goo-*dāyl*-ahr) *pl* property; possessions

äkta (*ehk*-tah) *adj* true; authentic, genuine; ~ **man** husband

äktenskap (*ehk*-tayn-skaap) *nt* marriage; matrimony

äktenskaplig (*ehk*-tayn-skaap-li) *adj* matrimonial

äldre (*ehld*-rer) *adj* elder; elderly; **äldst** eldest

älg (ehl*Y*) *c* elk, moose

älska (*ehls*-kah) *v* love

älskad (*ehls*-kahd) *adj* beloved

älskare (*ehls*-kah-rer) *c* (pl ~) lover

älskarinna (ehls-kah-*rin*-ah) *c* mistress

älskling (*ehlsk*-ling) *c* darling; sweetheart; **älsklings-** favourite; pet

älv (ehlv) *c* river

ämbar (*ehm*-baar) *nt* pail

ämbete (*ehm*-*bāyt*-er) *nt* office

ämbetsdräkt (*ehm*-*bāyts*-drehkt) *c* official dress, robe

ämna (*ehm*-nah) *v* intend

ämne (*ehm*-ner) *nt* theme; matter

än (ehn) *conj* than

ända till (*ehn*-dah til) until; as far as

ändamål (*ehn*-dah-*mōāl*) *nt* purpose; object

ändamålsenlig (*ehn*-dah-mōāls-*āyn*-li) *adj* suitable, appropriate

ände (*ehn*-der) *c* end

ändra (*ehnd*-rah) *v* alter; change, vary, modify

ändring (*ehnd*-ring) *c* alteration

 ändstation (*ehnd*-stah-shōōn) *c* terminal

ändtarm (*ehnd*-tahrm) *c* rectum

äng (ehng) *c* meadow

ängel (*ehng*-ayl) *c* (pl änglar) angel

ängslig (*ehngs*-li) *adj* afraid; worried

änka (*ehng*-kah) *c* widow

änkling (*ehngk*-ling) *c* widower

ännu (*ehn*-ew) *adv* still; yet; ~ **en gång** once more

äpple (*ehp*-lay) *nt* apple

ära (*ææ*r-ah) *v* honour; *c* glory

ärelysten (*ææ*r-er-lewss-tern) *adj* ambitious

ärende (*ææ*-rayn-der) *nt* errand

ärftlig (*ærft*-li) *adj* hereditary

ärkebiskop (*ær*-ker-biss-kop) *c* archbishop

ärlig (*ææ*r-li) *adj* honest

ärlighet (*ææ*r-li-hāÿt) *c* honesty

ärm (ærm) *c* sleeve

ärofull (*ææ*-roo-fewl) *adj* honourable

ärr (ær) *nt* scar

ärta (*ær*-tah) *c* pea

ärva (*ær*-vah) *v* inherit

*äta (*ai*-tah) *v* *eat

ätbar (*ait*-baar) *adj* edible

ättling (*eht*-ling) *c* descendant

även (*aiv*-ern) *adv* also; even; likewise; ~ **om** although; though

äventyr (*ai*-vayn-tēwr) *nt* adventure

Ö

ö (ūr) *c* island

öde (*ūrd*-er) *nt* fate; destiny, fortune; *adj* desert; waste

*ödelägga (*ūr*-day-leh-gah) *v* wreck; ruin

ödeläggelse (*ūr*-day-leh-gerl-ser) *c* ruination

ödesdiger (*ūr*-derss-dee-gerr) *adj* fatal

ödmjuk (*ūrd*-mᵛōōk) *adj* humble

öga (*ūr*-gah) *nt* (pl ögon) eye

ögla (*ūrg*-lah) *c* loop

ögonblick (*ūr*-gon-blik) *nt* moment; second, instant

ögonblickligen (*ūr*-gon-*blik*-li-ern) *adv* instantly

ögonblicksbild (*ūr*-gon-bliks-*bild*) *c* snapshot

ögonbryn (*ūr*-gon-brēwn) *nt* eyebrow

ögonbrynspenna (*ūr*-gon-brēwns-peh-nah) *c* eye-pencil

ögonfrans (*ūr*-gon-frahns) *c* eyelash

ögonlock (*ūr*-gon-lok) *nt* eyelid

ögonläkare (*ūr*-gon-lai-kah-rer) *c* (pl ~) eye specialist, oculist

ögonskugga (*ūr*-gon-skew-gah) *c* eyeshadow

ögonvittne (*ūr*-gon-vit-ner) *nt* eye-witness

öka (*ūr*-kah) *v* increase; raise

öken (*ūr*-kern) *c* (pl öknar) desert

ökning (*ūrk*-ning) *c* increase

öl (ūrl) *nt* beer; ale

öm (urm) *adj* tender; sore

ömsesidig (*urm*-say-*seed*-i) *adj* mutual

ömtålig (*urm*-tōa-li) *adj* delicate; perishable

önska (*urns*-kah) *v* wish; desire, want

önskan (*urns*-kahn) *c* (pl -kningar) wish; desire

önskvärd (*urnsk*-væærd) *adj* desirable

öppen (*ur*-payn) *adj* open

öppenhjärtig (*ur*-pern-ᵛær-ti) *adj* open-hearted, frank

öppna (*urp*-nah) *v* open

öppning (*urp*-ning) *c* breach, gap; opening

öra (*ūr*-rah) *nt* (pl öron) ear

örfil (*ūrr*-feel) *c* slap; blow; ***ge en** ~ smack

örhänge (*urr*-hehng-er) *nt* earring

örlogsfartyg (*ūrr*-logs-faar-tēwg) *nt*

man-of-war

örn (urrn) *c* eagle

örngott (ürrn-got) *nt* pillow-case

örsprång (ürr-sprong) *nt* earache

ört (urrt) *c* herb

öst (urst) east

öster (urss-terr) *c* east

österrikare (urss-terr-ree-kah-rer) *c* (pl ~) Austrian

Österrike (urss-terr-ree-ker) Austria

österrikisk (urss-terr-ree-kisk) *adj* Austrian

östra (urst-rah) *adj* eastern

öva (ürv-ah) *v* exercise; ~ **sig** practise

över (ürv-err) *prep* over; across, *adv* over; *gå* ~ cross, pass; **över-** upper, chief

överallt (ür-verr-ahlt) *adv* everywhere; throughout

överanstränga (ür-verr-ahn-strehng-ah) *v* strain; ~ **sig** overstrain, overwork

överdrift (ür-verr-drift) *c* exaggeration

*överdriva** (ür-verr-dree-vah) *v* exaggerate

överdriven (ür-verr-dreev-ern) *adj* excessive; extravagant

överdäck (ür-verr-dehk) *nt* main deck

överenskommelse (ür-verr-ayns-ko-mayl-ser) *c* settlement, agreement

överensstämma (ür-verr-ayns-steh-mah) *v* correspond

överfart (ür-verr-faart) *c* crossing; passage

överflöd (ür-verr-flürd) *nt* abundance; plenty; *finnas i* ~ *be in plenty

överflödig (ür-verr-flürd-i) *adj* superfluous; redundant

överfull (ür-verr-fewl) *adj* overfull, crowded

överföra (ür-verr-für-rah) *v* transfer

*överge** (ür-verr-yay) *v* desert

övergång (ür-verr-gong) *c* crossing,

change over, transition

övergångsställe (ür-verr-gongs-steh-ler) *nt* crossing; crosswalk *nAm*

överlagd (ür-verr-lahgd) *adj* deliberate, premeditated

överleva (ür-verr-läy-vah) *v* survive

överlevnad (ür-verr-läyv-nahd) *c* survival

*överlägga** (ür-verr-lehg-ah) *v* deliberate

överläggning (ür-verr-lehg-ning) *c* discussion, deliberation

överlägsen (ür-verr-laig-sern) *adj* superior

överlämna (ür-verr-lehm-nah) *v* deliver, hand ... over; commit

överlärare (ür-verr-lææ-rah-rer) *c* (pl ~) head teacher

övermodig (ür-verr-mōod-i) *adj* presumptuous, reckless

överraska (ür-verr-rahss-kah) *v* surprise

överraskning (ür-verr-rahsk-ning) *c* surprise

överrock (ür-verr-rok) *c* overcoat; topcoat

överrumpla (ür-verr-rewmp-lah) *v* surprise

översida (ür-verr-see-dah) *c* top side; top

översikt (ür-verr-sikt) *c* survey; summary

överskott (ür-verr-skot) *nt* surplus

*överskrida** (ur-verr-skreed-ah) *v* exceed

överskrift (ür-verr-skrift) *c* heading; headline

överspänd (ür-verr-spehnd) *adj* overstrung

överste (ür-verrs-ter) *c* colonel

översvallande (ür-verr-svahl-ahn-der) *adj* exuberant

översvämning (ür-verr-svehm-ning) *c* flood

översända (ūr-verr-sehn-dah) v *send, remit

***översätta** (ūr-verr-seh-tah) v translate

översättare (ūr-verr-seh-tah-rer) c (pl ~) translator

översättning (ūr-verr-seht-ning) c translation

***överta** (ūr-verr-taa) v *take over

övertala (ūr-verr-taa-lah) v persuade

överträffa (ūr-verr-trehf-ah) v exceed; *outdo

övertyga (ūr-verr-tēw-gah) v convince; persuade

övertygelse (ūr-verr-tew-gayl-ser) c conviction; persuasion

övervaka (ūr-verr-vaak-ah) v supervise; watch

övervikt (ūr-verr-vikt) c overweight

***övervinna** (ūr-verr-vin-ah) v *overcome

överväga (ūr-verr-vaig-ah) v consider; deliberate

övervägande (ūr-verr-vaig-ahn-der) nt consideration

överväldiga (ūr-verr-vehl-di-gah) v overwhelm

övning (ūrv-ning) c exercise

övre (ūrv-rer) adj upper; top

övrig (ūrv-ri) adj remaining; **för övrigt** moreover

Food

abborre perch
aladåb aspic
ananas pineapple
and wild duck
anka duck
ansjovis marinated sprats
apelsin orange
aprikos apricot
aromsmör herb butter
bakad baked
bakelse pastry, fancy cake
banan banana
barnmatsedel children's menu
betjäningsavgift service charge
biff beef steak
~ à la Lindström minced beef
mixed with pickled beetroot,
capers and onions, shaped into
patties and fried
~ Rydberg fried diced beef and
potatoes, served with a light
mustard sauce
bit piece
björnbär blackberry
bladspenat spinach
blandad mixed, assorted
blini buckwheat pancake
blodpudding black pudding
(US blood sausage)
blomkål cauliflower

blåbär bilberry (US blueberry)
bondbönor broad beans
bruna bönor baked brown beans
flavoured with vinegar and
syrup
brylépudding caramel blanc-
mange (US caramel custard)
brynt browned
brysselkål brussels sprout
bräckkorv smoked pork sausage
bräckt sautéed, fried
bräserad braised
bröd bread
~ och smör bread and butter
bröst breast (of fowl)
buljong consommé
bär berry
böckling smoked herring
böna bean
camembert soft, runny cheese
with pungent flavour
champinjon button mushroom
choklad chocolate
citron lemon
dagens rätt dish of the day
dietmat diet food
dill dill
~ kött stewed lamb or veal
served with a sour-sweet dill
sauce

dricks tip
duva pigeon (US squab)
efterrätt dessert
enbär juniper berry
endiv chicory (US endive)
enrisrökt smoked over juniper embers
entrecote sirloin steak, rib-eye steak
falukorv lightly smoked pork sausage
fasan pheasant
fastlagsbulle bun filled with almond paste and cream, eaten during Lent
fattiga riddare French toast; bread dipped in batter and fried, served with sugar and jam
femöring med ägg small steak topped with fried egg and served with onions
filbunke junket
filé fillet (US tenderloin)
~ **Oscar** fillets of veal served with bearnaise sauce (vinegar, egg-yolks, butter, shallots and tarragon), asparagus tips and lobster
filmjölk sour milk, type of thin junket
fisk fish
~ **bullar** codfish-balls
~ **färs** loaf, mousse
~ **gratäng** baked casserole
~ **pinnar** sticks
flamberad flamed (with liquor)
flundra flounder
fläsk pork
~ **med löksås** slices of thick bacon served with onion sauce
~ **filé** fillet (US tenderloin)
~ **karré** loin
~ **korv** boiled sausage

~ **kotlett** chop
~ **lägg** boiled, pickled knuckle
~ **pannkaka** pancake with diced bacon
~ **stek** roast
forell trout
franskbröd white bread
frasvåffla warm (crisp) waffle
frikadell boiled veal meat ball
friterad deep-fried
~ **camembert** deep-fried pieces of *camembert* served with Arctic cloudberry jam
fromage mousse, blancmange
frukost breakfast
~ **flingor** dry breakfast cereal, cornflakes
frukt fruit
frusen grädde frozen whipped cream
fylld stuffed, filled
fyllning stuffing, forcemeat
fågel fowl, game bird
får mutton
~ **i kål** Irish stew; mutton (more usually lamb) and cabbage stew
fänkål fennel
färsk fresh, new
färska räkor unshelled fresh shrimps
färskrökt lax slightly smoked salmon
förrätt starter, first course
gelé jelly, aspic
getost a soft, rather sweet whey cheese made from goat's milk
glace au four sponge cake filled with ice-cream, covered with meringue, quickly browned in oven and served flaming (US baked Alaska)
glass ice-cream
~ **tårta** ice-cream cake

grapefrukt grapefruit
gratinerad oven-browned
gratäng (au) gratin
gravad lax (gravlax) fresh salmon cured with sugar, sea salt, pepper and dill; served with mustard sauce
gravad strömming marinated Baltic herring
grillad grilled, broiled
grillkorv grilled sausage
gris pork
~ **fötter** pigs' trotters (US pigs' feet)
~ **hals** scrag
grodlår frogs' legs
grytstek pot roast
grädde cream
gräddfil sour cream
gräddmjölk light cream (half and half)
gräddtårta sponge layer cake with cream and jam filling
gräslök chive
grönkål kale
grönpeppar green peppercorn
grönsak vegetable
grönsakssoppa vegetable soup
grönsallad lettuce
gröt porridge
gurka cucumber, gherkin
gås goose
~ **lever** 1) goose liver 2) goose-liver pâté
gädda pike
gäddfärsbullar pike dumplings
gös pike-perch (US walleyed pike)
hackad minced, chopped
~ **biff med lök** hamburger steak with fried onions
hallon raspberry
halstrad grilled over open fire

haricots verts French beans (US green beans)
harstek roast hare
hasselbackspotatis sliced potatoes covered with melted butter, then roasted
hasselnöt hazelnut
havregryn oats
havregrynsgröt oatmeal (porridge)
havskräfta seawater crayfish, Dublin Bay prawn
helgeflundra halibut
helstekt roasted whole
hemlagad home-made
herrgårdsost hard cheese with a mild to slightly strong flavour
hjortron Arctic cloudberry
honung honey
hovdessert meringue with whipped cream and chocolate sauce
hummer lobster
husmanskost home cooking, plain food
hälleflundra halibut
hälsokost organic health food
hökarpanna kidney stew with bacon, potatoes and onions, braised in beer
höna boiling fowl
höns med ris och curry boiled chicken, curry sauce and rice
ingefära ginger
inkokt boiled and served cold
inlagd marinated in vinegar, sugar and spices
is ice
~ **glass** water ice (US sherbet)
~ **kyld** iced
islandssill Iceland herring
isterband coarse, very tasty pork sausage
Janssons frestelse layers of sliced

potatoes, onions and marinated sprats, baked with cream

jordgubbe strawberry

jordgubbstårta sponge cake with whipped cream and strawberries

jordnöt peanut

jordärtskocka Jerusalem artichoke

jordärtskockspuré purée of Jerusalem artichoke

julbord buffet of Christmas specialities

julskinka baked ham

jultallrik plate of specialities taken from the *julbord*

jägarschnitzel veal cutlet with mushrooms

järpe hazelhen

kaka cake, biscuit (US cookie)

kalkon turkey

kall cold

kallskuret cold meat (US cold cuts)

kalops beef stew flavoured with bay leaves

kalorifattig low calorie

kalv veal, calf

~ **bräss** sweetbread

~ **filé** fillet (US tenderloin)

~ **frikassé** stew

~ **järpe** meatball made of minced veal

~ **kotlett** chop

~ **lever** liver

~ **njure** kidney

~ **schnitzel** cutlet

~ **stek** roast

~ **sylta** potted veal

~ **tunga** tongue

kanel cinnamon

~ **bulle** cinnamon roll

kanin rabbit

kantarell chanterelle mushroom

kapris caper

karljohanssvamp boletus mushroom

kassler lightly smoked loin of pork

kastanj chestnut

kastanjepuré chestnut purée

katrinplommon prune

kaviar caviar

röd ~ cod's roe (red, salted)

svart ~ black caviar, roe from lumpfish

keso a type of cottage cheese

kex biscuit (US cookie)

knyte filled puff pastry (US turnover)

knäckebröd crisp bread (US hardtack)

kokad boiled, cooked

kokos grated coconut

~ **kaka** coconut macaroon

kokt boiled, cooked

kolasås caramel sauce

kolja haddock

kompott stewed fruit

korv sausage

krabba crab

krasse cress

kronärtskocka artichoke

kronärtskocksbotten artichoke bottom

kroppkakor potato dumplings stuffed with minced bacon and onions, served with melted butter

krusbär gooseberry

krusbärspaj gooseberry tart/pie

krydda spice

kryddnejlika clove

kryddost hard semi-fat cheese with cumin seeds

kryddpeppar allspice

kryddsmör herb butter

kräftor freshwater crayfish boiled with salt and dill, served cold

(Swedish speciality available only during August and September)

kräm 1) cream, custard 2) stewed fruit or syrup thickened with potato flour

kummin cumin

kuvertavgift cover charge

kuvertbröd French roll

kyckling chicken
~**bröst** breast
~**lever** liver
~**lår** leg

kål cabbage
~**dolmar** cabbage leaves stuffed with minced meat and rice
~**pudding** layers of cabbage leaves and minced meat
~**rot** turnip

käx biscuit (US cookie)

körsbär cherry

körvel chervil

kött meat
~**bullar** meat balls

köttfärs minced meat
~**limpa** meat loaf
~**sås** meat sauce for spaghetti

lagerblad bay leaf

lake burbot (freshwater fish)

lamm lamb
~**bog** shoulder
~**bringa** brisket
~**kotlett** chop
~**sadel** saddle
~**stek** roast

landgång a long, open sandwich with different garnishes

lapskojs lobscouse; casserole of potatoes, meat and vegetables

lax salmon
~**pudding** layers of flaked salmon, potatoes, onions and eggs, baked

laxöring salmon trout

legymsallad blanched vegetables, served in a mayonnaise sauce

lever liver
~**korv** sausage
~**pastej** paste

limpa rye bread; loaf

lingon lingonberry, small cranberry
~**sylt** lingonberry jam

lutfisk specially treated, poached stockfish, served with white sauce (Christmas speciality)

låda casserole

lättstekt underdone (US rare)

löjrom vendace roe often served on toast with onions and sour cream

lök onion

lövbiff thinly sliced beef

majonnäs mayonnaise

majs maize (US corn)
~**kolv** corn on the cob

makaroner macaroni

makrill mackerel

mandel almond
~**biskvi** almond biscuit (US cookie)

marinerad marinated

marmelad marmalade

marsipan marzipan, almond paste

maräng meringue

marängsviss meringue with whipped cream and chocolate sauce

matjessill marinated herring fillets, served with sour cream and chives

matsedel bill of fare

mejram marjoram

meny menu, bill of fare

mesost whey cheese

messmör soft whey cheese

middag dinner

mixed grill pieces of meat, onions, tomatoes and green peppers grilled on a skewer

mjukost soft white cheese

morkulla woodcock

morot (pl **morötter**) carrot

mullbär mulberry

munk doughnut

murkelstuvning creamed morel mushrooms

murkelsås morel mushroom sauce

murkla morel mushroom

muskot nutmeg

mussla mussel, clam

märg marrow
~ **ben** marrow bone

njure kidney

nota bill (US check)

nypon rose-hip
~ **soppa** rose-hip soup (dessert)

nässelsoppa nettle soup

oliv olive

olja oil

orre black grouse

ost cheese
~ **bricka** cheese board
~ **gratinerad** oven-browned, with cheese topping
~ **kaka** kind of curd cake served with jam
~ **stänger** cheese straws

ostron oyster

oxbringa brisket of beef

oxfilé fillet of beef (US tenderloin)

oxjärpe meatball of minced beef

oxkött beef

oxrulad beef olive; slice of beef rolled and braised in gravy

oxstek roast beef

oxsvanssoppa oxtail soup

oxtunga beef tongue

paj pie, tart

palsternacka parsnip

panerad breaded

pannbiff hamburger steak with fried onions

pannkaka pancake ·

paprika (grön) (green) pepper

parisare minced beef with capers, beetroot and onions served on toast, topped with a fried egg

pastej pie, patty, pâté

peppar pepper
~ **kaka** ginger biscuit (US ginger snap)
~ **rot** horseradish
~ **rotskött** boiled beef with horseradish sauce

persika peach

persilja parsley

persiljesmör parsley butter

piggvar turbot

pilgrimsmussla scallop, coquille St. Jacques

pirog Russian pasty; stuffed pasty (caviar, cheese, fish or vegetables)

plankstek a thin steak served on a wooden platter (US plank steak)

plommon plum
~ **späckad fläskkarré** roast loin of pork flavoured with prunes

plättar small, thin pancakes

pommes frites chips (US French fries)

potatis potato
färsk ~ new potatoes
~ **mos** mashed potatoes

pressgurka marinated sliced, fresh cucumber

pressylta brawn (US head cheese)

prinsesstårta sponge cake with vanilla custard and whipped cream, covered with green almond paste

prinskorv cocktail sausage, small frankfurter

pudding mould, baked casserole
purjolök leek
pyttipanna kind of bubble and squeak; fried pieces of meat, sausage, onions and potatoes, served with an egg-yolk or a fried egg and pickled beetroot
päron pear
pölsa hash made of boiled pork and barley
rabarber rhubarb
raggmunk med fläsk potato pancake with bacon
rapphöna partridge
ren reindeer
~ **sadel** saddle
~ **skav** in thin slices
~ **stek** roast
revbensspjäll spare-rib
rimmad, rimsaltad slightly salted
ris rice
risgrynsgröt rice pudding served with milk and cinnamon
riven, rivna grated
rom roe
rosmarin rosemary
rostat bröd toast
rostbiff roast beef
rotmos mashed turnips
russin raisin
rysk kaviar caviar
rå raw
~ **biff** steak tartare: finely chopped raw beef with eggyolks, capers, onions, pickled beetroot and seasoning
rådjur venison
rådjurssadel saddle of venison
rådjursstek roast venison
råkost uncooked shredded vegetables
rån small wafer
rårörda lingon lingonberry (small cranberry) jam preserved with-

out cooking
rädisa radish
räka shrimp
räkcocktail shrimp cocktail
rättika black radish
rödbeta beetroot
rödbetssallad beetroot salad
röding char (fish)
rödkål red cabbage
rödspätta plaice
rökt smoked
rönnbär rowanberry (mountain ashberry)
rönnbärsgelé rowanberry jelly
rött (pl **röda**) **vinbär** redcurrant
saffran saffron
saffransbröd sweet saffron loaf or rolls
sallad salad
salta biten salted boiled beef
saltad salted
saltgurka salt-pickled gherkin
sardell anchovy
~ **smör** anchovy butter
sardin sardine
schalottenlök shallot
schweizerost Swiss cheese
schweizerschnitzel cordon bleu; veal scallop stuffed with ham and cheese
selleri celery
~ **rot** celery root
senap mustard
serveringsavgift service charge
sik whitefish
~ **löja** vendace (small whitefish)
~ **rom** whitefish roe
sill herring
~ **bricka** board of assorted herring
~ **bullar** herring dumplings
~ **gratäng** baked casserole of herring, onions and potatoes

~ **sallad** herring salad with pickled beetroot and gherkins, apples, boiled potatoes, onions and whipped cream

~ **tallrik** portion of assorted herring

sirap treacle, molasses

sjömansbiff beef casserole with carrots, onions and potatoes, braised in beer

sjötunga sole

sjötungsfilé fillet of sole

skaldjur shellfish

skarpsås mayonnaise enriched with mustard and herbs

skinka ham

skinklåda ham-and-egg casserole

skinkomelett ham omelet

skiva slice

sky dripping, gravy

sköldpaddssoppa turtle soup

slottsstek pot roast flavoured with brandy, molasses and marinated sprats

slätvar brill

smultron wild strawberry

småfranska French roll

småkaka fancy biscuit (US fancy cookie)

småvarmt small hot dishes (on *smörgåsbord*)

smör butter

smörgås open sandwich

~ **bord** a buffet offering a wide variety of appetizers, hot and cold meats, smoked and pickled fish, cheese, salads, relishes, vegetables and desserts

sniglar snails

snöripa ptarmigan

socker sugar

~ **kaka** sponge cake

~ **ärter** sugar peas

solöga marinated sprats, onions,

capers, pickled beetroot and raw egg-yolk

soppa soup

sotare grilled Baltic herring

sparris asparagus

~ **knopp** asparagus tip

spenat spinach

spettekaka tall, cone-shaped cake made on a spit

spicken sill salted herring

spritärter green peas

spädgris suck(l)ing pig

stekt fried, roasted

~ **(salt) sill** fried (salt) herring

stenbitssoppa lumpfish soup

strömming fresh Baltic herring

strömmingsflundra fried double fillets of Baltic herring stuffed with dill or parsley

strömmingslåda baked casserole of Baltic herring and potatoes

stuvad cooked in white sauce, creamed

~ **spenat** creamed spinach

sufflé soufflé

supé (late) supper

sur sour

~ **kål** sauerkraut

~ **stek** marinated roast beef

~ **strömming** specially processed, cured and fermented Baltic herring

svamp mushroom

~ **stuvning** creamed mushrooms

~ **sås** mushroom sauce

svart (pl **svarta**) **vinbär** blackcurrant

svartsoppa soup made of goose blood

svartvinbärsgelé blackcurrant jelly

sveciaost hard cheese with pungent flavour

sylt jam
syltad 1) preserved (fruit)
   2) pickled (vegetables)
syltlök pickled pearl onion
sås sauce, dressing, gravy
söt sweet
T-benstek T-bone steak
timjan thyme
tjäder wood-grouse, capercaillie
tomat tomato
tonfisk tunny (US tuna)
torkad frukt dried fruit
torr dry
torsk cod
  ~ **rom** cod's roe
tranbär cranberry
tryffel truffle
tunga tongue
tunnbröd unleavened barley
  bread
tårta cake
ugnsbakad baked
ugnspannkaka kind of batter
  pudding
ugnstekt roasted
vaktel quail
valnöt walnut
vanilj vanilla
  ~ **glass** vanilla ice-cream
  ~ **sås** vanilla custard sauce
varm warm
  ~ **rätt** hot dish, main dish
vattenmelon watermelon
vaxbönor butter beans (US wax
  beans)
vilt game
vinbär currant (black, red or
  white)
vindruva grape
vinlista wine list
vintersallad salad of grated carrots,
  apples and cabbage
vinäger vinegar
vinägrettsås vinegar-and-oil

dressing
vispgrädde whipped cream
vitkål cabbage
vitling whiting
vitlök garlic
våffla waffle
välling soup made of cereal,
  gruel
välstekt well-done
västerbottenost pungent, hard
  cheese, strong when mature
västkustsallad seafood salad
Wallenbergare steak made of
  minced veal, egg-yolks and
  cream
wienerbröd Danish pastry
wienerkorv wiener, frankfurter
wienerschnitzel breaded veal
  cutlet
ål eel
  inkokt ~ jellied
ägg egg
  förlorat ~ poached
  hårdkokt ~ hard-boiled
  kokt ~ boiled
  löskokt ~ soft-boiled
  stekt ~ fried
  ~ **röra** scrambled
  ~ **stanning** baked egg custard
äggplanta aubergine (US egg-
  plant)
älg elk
  ~ **filé** fillet (US tenderloin)
  ~ **stek** roast
äppelkaka apple charlotte, apple
  pudding
äppelmos apple sauce
äpple apple
ärter peas
  ~ **och fläsk** yellow pea soup
  with diced pork
ättika white vinegar
ättiksgurka pickled gherkin
  (US pickle)

Drinks

akvavit aquavit, spirits distilled
from potatoes or grain, often
flavoured with aromatic seeds
and spices

alkoholfri(tt) non-alcoholic

apelsinjuice orange juice

apelsinsaft orange squash
(US orange drink)

brännvin aquavit
1) **Absolut rent brännvin
(Renat)** unflavoured
2) **Bäska droppar** bitter and
flavoured with a leaf of worm-
wood
3) **Herrgårds Aquavit** flavoured
with herbs and slightly sweet
4) **O.P. Anderson Aquavit**
flavoured with aniseed,
caraway and fennel seeds
5) **Skåne Akvavit** less spicy
than *O. P. Anderson*
6) **Svart-Vinbärs-Brännvin**
flavoured with blackcurrants

choklad chocolate drink
kall ~ cold
varm ~ hot

exportöl beer with high alcoholic
content

fatöl draught (US draft) beer

folköl light beer

fruktjuice fruit juice

glögg similar to mulled wine,
served with raisins and al-
monds

grädde cream

Grönstedts French cognac bottled
in Sweden

husets vin open wine

härtappning imported wine
bottled in Sweden

julmust a foamy, malted drink
served at Christmas

julöl beer specially brewed at
Christmas

kaffe coffee
~ **med grädde och socker** with
cream and sugar
~ **utan grädde och socker**
black
koffeinfri(tt) ~ caffeine-free

Kaptenlöjtnant liqueur and
brandy

karaffvin wine served in a carafe

Klosterlikör herb liqueur

konjak brandy, cognac

kärnmjölk buttermilk

likör liqueur

lingondricka cranberry drink

läskedryck soft drink, lemonade
~ **med kolsyra** fizzy (US car-
bonated)
~ **utan kolsyra** flat (US non-
carbonated)

lättmjölk skim milk

lättöl beer with low alcoholic
content

mjölk milk
kall ~ cold
varm ~ hot

portvin port (wine)

punsch a yellow liqueur on a base
of arrack (spirit distilled from
rice and sugar) served hot with
pea soup or ice-cold as an
after-dinner drink with coffee

rom rum

saft squash (US fruit drink)

slottstappning produced and
bottled at the château

snaps glass of aquavit

sodavatten soda water
spritdrycker spirits
starksprit spirits
starköl beer with high alcoholic
  content
te tea
  ~ **med citron** with lemon
  ~ **med mjölk** with milk
  ~ **med socker** with sugar
vatten water
  is~ iced
  mineral~ mineral
vin wine

mousserande ~ sparkling
röd~ red
stark~ fortified
sött ~ sweet
torrt ~ dry
vitt ~ white
vindrinkar wine cobblers, long
  drinks on a wine base
äppelmust apple juice
öl beer
  ljust ~ light
  mörkt ~ dark
örtte infusion of herbs

Mini Grammar

Articles

All Swedish nouns are either common or neuter in gender.

1. Indefinite article (a/an)

| common: | **en** man | a man |
| neuter: | **ett** barn | a child |

2. Definite article (the)

Where we, in English, say "the house", the Swedes say the equivalent of "house-the", i.e. they tag the definite article onto the end of the noun. Common nouns take an **-(e)n** ending, neuter nouns an **-(e)t** ending.

| common: | mann**en** | *the* man |
| neuter: | barn**et** | *the* child |

Nouns

1. As already noted, nouns are either common or neuter. There are no easy rules for determining gender. Learn each new word with its accompanying article.

2. The plural is formed according to one of five declensions.

	singular		indefinite plurals	
Declension 1	**flicka**	girl	flick**or**	girls
2	**bil**	car	bil**ar**	cars
3	**dam**	lady	dam**er**	ladies
	sko	shoe	sk**or**	shoes
4	**äpple**	apple	äppl**en**	apples
5	**hus**	house	**hus**	houses
			definite plurals	
			flickor**na**	the girls
			äpple**na**	the apples
			hus**en**	the houses

There are also various irregular plurals.

3. Possession is shown by adding **-s** (singular and plural).
Note: There is no apostrophe.

Göran**s** bror	George's brother
hotellet**s** ägare	the owner of the hotel
veckan**s** första dag	the first day of the week
den resande**s** väska	the traveller's suitcase
barnen**s** rum	the children's room

Adjectives

1. Adjectives agree with the noun in gender and number. For the indefinite form, the neuter is formed by adding **-t**; the plural by adding **-a**.

(en) stor hund	(a) big dog	**stor*a* hundar**	big dogs
(ett) stor*t* hus	(a) big house	**stor*a* hus**	big houses

2. For the definite declension of the adjective, add the ending **-a** (common, neuter and plural). This form is used when the adjective is preceded by **den, det, de** (the definite article used with adjectives) or by a demonstrative or a possessive adjective.

den stor*a* hunden	the big dog
de stor*a* hundarna	the big dogs

det stor*a* huset	the big house
de stor*a* husen	the big houses

3. Demonstrative adjectives:

	common	neuter	plural
this/these	**den här/** **denna**	**det här/** **detta**	**de här/** **dessa**
that/those	**den där/** **den**	**det där/** **det**	**de där/** **de**

4. Possessive adjectives agree in number and gender with the noun they modify, i.e. with the thing possessed and not the possessor.

	common	neuter	plural
my	**min**	**mitt**	**mina**
your	**din**	**ditt**	**dina**
his her its }	**sin**	**sitt**	**sina**
our	**vår**	**vårt**	**våra**
your	**er**	**ert**	**era**
their	**sin**	**sitt**	**sina**

The forms **er, ert, era** correspond to the personal pronoun **ni** and refer to one or several possessors.

The forms **sin, sitt, sina** always refer back to the subject:

Han har sin bok.	He has his (own) book.
De har sina böcker.	They have their (own) books.

The genitive forms of the personal pronouns (see p. 325) are also used to show possession. However, the meaning changes:

Han har hans bok.	He has his (another person's) book.

5. Comparative and superlative:

The comparative and superlative are normally formed either by adding the endings -**(a)re** and -**(a)st**, respectively, to the adjective or by putting **mer** and **mest** (more, most) before the adjective.

Hans arbete är lätt.	His work is easy.
Hans arbete är lätt*are*.	His work is easier.
Hans arbete är lätt*ast*.	His work is easiest.
Er bil är stor.	Your car is big.
Er bil är stör*re*.	Your car is bigger.
Er bil är stör*st*.	Your car is the biggest.
Det är imponerande.	It's impressive.
Det är *mer* imponerande.	It's more impressive.
Det är *mest* imponerande.	It's most impressive.

Adverbs

Adverbs are generally formed by adding -**t** to the corresponding adjective.

Hon går snabb**t**.	She walks quickly.

Personal pronouns

	subject	object	genitive
I	jag	mig	—
you	du/ni	dig/er	—
he	han	honom	hans
she	hon	henne	hennes
it	den/det	den/det	dess
we	vi	oss	—
you	ni	er	—
they	de	dem	deras

Like many other languages, Swedish has two forms for "you". The formal word **ni**, traditionally the correct form of address between all but close friends and children, is now giving way to the informal **du**.

Verbs

Here we are concerned only with the infinitive, imperative, and present tense. The present tense is simple, because it has the same form for all persons. The infinitive of most Swedish verbs ends in -**a** (a few verbs of one syllable end in other vowels). Here are three useful auxiliary verbs:

	to be	to have	to be able to
Infinitive	**(att) vara**	**(att) ha**	**(att) kunna**
Present tense	**är**	**har**	**kan**
(same form			
for all persons)			
Imperative	**var**	**ha**	**–**

The present tense of Swedish verbs ends in **-r**:

	to ask	to buy	to believe	to do/make
Infinitive	**(att) fråga**	**(att) köpa**	**(att) tro**	**(att) göra**
Present tense	**frågar**	**köper**	**tror**	**gör**
(same form				
for all persons)				
Imperative	**fråga**	**köp**	**tro**	**gör**

There is no equivalent to the English present continuous tense. Thus:

Jag reser.   I travel/I am travelling.

Negatives

Negation is expressed by using the adverb **inte** (not). It is usually placed immediately after the verb in a main clause. In compound tenses **inte** comes between the auxiliary and the main verb.

Jag talar svenska.	I speak Swedish.
Jag talar inte svenska.	I do not speak Swedish.
Hon har inte skrivit.	She has not written.

Questions

Questions are formed by reversing the order of the subject and the verb:

Bussen stannar här.	The bus stops here.
Stannar bussen här?	Does the bus stop here?
Jag kommer i kväll.	I am coming tonight.
Kommer ni i kväll?	Are you coming tonight?

Irregular Verbs

The following list contains the most common irregular Swedish verbs. Only one form of the verb is shown below as the form is conjugated the same for all persons within a given tense. There is a large number of prefixes in Swedish, like *an-, av-, be-, efter-, fram-, från-, för-, in-, med-, ned-, ner-, om-, und-, under-, upp-, ut-, vid-, åter-, över-,* etc. A prefixed verb is conjugated in the same way as the stem verb. The supine form is a special form of the past participle; the past participle itself is only used as an adjective. The perfect tense is formed by using the auxiliary *att ha* (to have) together with the supine.

Infinitive	*Present*	*Imperfect*	*Supine*	
be(dja)	ber	bad	bett	*ask, pray*
binda	binder	band	bundit	*bind, tie*
bita	biter	bet	bitit	*bite*
bjuda	bjuder	bjöd	bjudit	*offer; invite; bid*
bli(va)	blir	blev	blivit	*become; remain*
brinna	brinner	brann	brunnit	*burn*
brista	brister	brast	brustit	*burst*
bryta	bryter	bröt	brutit	*break*
bära	bär	bar	burit	*carry*
böra	bör	borde	bort	*ought to*
dra(ga)	drar	drog	dragit	*pull*
dricka	dricker	drack	druckit	*drink*
driva	driver	drev	drivit	*propel, drive*
dyka	dyker	dök/dykte	dykt	*dive*
dö	dör	dog	dött	*die*
dölja	döljer	dolde	dolt	*conceal*
falla	faller	föll	fallit	*fall*
fara	far	for	farit	*go away, leave*
finna	finner	fann	funnit	*find*
flyga	flyger	flög	flugit	*fly*
flyta	flyter	flöt	flutit	*float, flow*
frysa	fryser	frös	frusit	*be cold; freeze*
få	får	fick	fått	*get, may*
förnimma	förnimmer	förnam	förnummit	*perceive*
försvinna	försvinner	försvann	försvunnit	*disappear*
ge (giva)	ger	gav	gett/givit	*give*
gjuta	gjuter	göt	gjutit	*cast (iron)*
glida	glider	gled	glidit	*glide, slide*
glädja	gläder	gladde	glatt	*delight, please*
gnida	gnider	gned	gnidit	*rub*
gripa	griper	grep	gripit	*seize, grasp*
gråta	gråter	grät	gråtit	*weep, cry*
gå	går	gick	gått	*go, walk*
göra	gör	gjorde	gjort	*do, make*
ha	har	hade	haft	*have*
hinna	hinner	hann	hunnit	*have time, catch*
hugga	hugger	högg	huggit	*hew, cut*
hålla	håller	höll	hållit	*hold, keep*
kliva	kliver	klev	klivit	*stride, climb*

klyva	klyver	klöv	kluvit	*split*
knipa	kniper	knep	knipit	*pinch*
knyta	knyter	knöt	knutit	*tie*
komma	kommer	kom	kommit	*come*
krypa	kryper	kröp	krupit	*crawl, creep*
kunna	kan	kunde	kunnat	*can*
le	ler	log	lett	*smile*
lida	lider	led	lidit	*suffer*
ligga	ligger	låg	legat	*lie*
ljuda	ljuder	ljöd	ljudit	*sound*
ljuga	ljuger	ljög	ljugit	*tell a lie*
låta	låter	lät	låtit	*let; sound*
lägga	lägger	lade	lagt	*lay, put*
måste*	måste	—	—	*must*
niga	niger	neg	nigit	*curtsy*
njuta	njuter	njöt	njutit	*enjoy*
nypa	nyper	nöp	nupit	*pinch someone*
nysa	nyser	nös/nyste	nyst/nysit	*sneeze*
pipa	piper	pep	pipit	*chirp*
rida	rider	red	ridit	*ride*
rinna	rinner	rann	runnit	*run, flow*
riva	river	rev	rivit	*tear; demolish*
ryta	ryter	röt	rutit	*roar*
se	ser	såg	sett	*see*
sitta	sitter	satt	suttit	*sit*
sjuda	sjuder	sjöd	sjudit	*seethe*
sjunga	sjunger	sjöng	sjungit	*sing*
sjunka	sjunker	sjönk	sjunkit	*sink*
ska*	ska	skulle	—	*shall*
skina	skiner	sken	skinit	*shine*
skjuta	skjuter	sköt	skjutit	*shoot; push*
skrida	skrider	skred	skridit	*stride, stalk*
skrika	skriker	skrek	skrikit	*shout*
skriva	skriver	skrev	skrivit	*write*
skryta	skryter	skröt	skrutit	*boast*
skära	skär	skar	skurit	*cut*
slippa	slipper	slapp	sluppit	*not need to*
slita	sliter	slet	slitit	*wear out; tear*
sluta	sluter	slöt	slutit	*close*
slå	slår	slog	slagit	*beat; strike*
smita	smiter	smet	smitit	*slip away*
smyga	smyger	smög	smugit	*sneak, snuggle*
smörja	smörjer	smorde	smort	*grease*
snyta (sig)	snyter	snöt	snutit	*blow one's nose*
sova	sover	sov	sovit	*sleep*
spinna	spinner	spann	spunnit	*spin; purr*
spricka	spricker	sprack	spruckit	*burst, crack*
sprida	sprider	spred	spritt	*spread*
springa	springer	sprang	sprungit	*run*

* present tense

sticka	sticker	stack	stuckit	*sting*
stiga	stiger	steg	stigit	*rise*
stinka	stinker	stank	—	*stink*
stjäla	stjäl	stal	stulit	*steal*
strida	strider	stred	stridit	*fight*
stryka	stryker	strök	strukit	*iron*
strypa	stryper	ströp/ strypte	strypt	*strangle*
stå	står	stod	stått	*stand*
suga	suger	sög	sugit	*suck*
supa	super	söp	supit	*booze*
svida	svider	sved	svidit	*smart*
svika	sviker	svek	svikit	*betray, let down*
svälja	säljer	svalde	svalt	*swallow*
svär(j)a	svär	svor	svurit	*swear; curse*
säga	säger	sa(de)	sagt	*say*
sälja	säljer	sålde	sålt	*sell*
sätta	sätter	satte	satt	*place, set*
ta(ga)	tar	tog	tagit	*take*
tiga	tiger	teg	tigit	*be silent*
tjuta	tjuter	tjöt	tjutit	*yell*
tvinga	tvingar	tvingade/ tvang	tvingat/ tvungit	*force*
umgås	umgås	umgicks	umgåtts	*associate with*
vara	är	var	varit	*be*
veta	vet	visste	vetat	*know*
vika	viker	vek	vikit/vikt	*fold*
vilja	vill	ville	velat	*want, will*
vina	viner	ven	vinit	*howl, whine (storm)*
vinna	vinner	vann	vunnit	*win*
vrida	vrider	vred	vridit	*twist, wrench*
välja	väljer	valde	valt	*choose; elect*
vänja	vänjer	vande	vant	*accustom, get used to*
äta	äter	åt	åt	*eat*

Swedish Abbreviations

AB	*aktiebolag*	Ltd., Inc.
ank.	*ankomst, ankommande*	arrival, arriving
anm.	*anmärkning*	remark
avd.	*avdelning*	department
avg.	*avgång, avgående*	departure, departing
avs.	*avseende; avsändare*	respect; sender
bet.	*betydelse; betalt*	meaning; paid
bil.	*bilaga*	enclosure, enclosed
c./ca	*cirka*	approximately
doc.	*docent*	senior lecturer, associate professor
D.S.	*densamme*	the same (as above)
dvs.	*det vill säga*	i.e.
eftr.	*efterträdare*	successor (firm)
e.Kr.	*efter Kristus*	A.D.
el./elektr.	*elektrisk*	electrical
e.m.	*eftermiddag*	(in the) afternoon
f.d.	*före detta*	former, ex-
f.Kr.	*före Kristus*	B.C.
f.m.	*förmiddag*	(in the) morning
f.n.	*för närvarande*	at present
FN	*Förenta Nationerna*	UN
frk.	*fröken*	Miss
fr.o.m.	*från och med*	as of
f.v.b.	*för vidare befordran*	please forward
HKH	*Hans/Hennes Kunglig Höghet*	His/Her Royal Highness
hr	*herr*	Mr.
ind.omr.	*industriområde*	industrial area
inv.	*invånare*	inhabitants, population
JK	*justitiekansler*	Attorney General
JO	*justitieombudsman*	Ombudsman for the Judiciary and Civil Administration
KAK	*Kungliga Automobilklubben*	Royal Automobile Club
KF	*Kooperativa Förbundet*	Consumers' Cooperative Organization
kl.	*klockan; klass*	o'clock; class
K.M:t/ Kungl. Maj:t	*Kunglig Majestät*	His Royal Majesty (= the government)
kr.	*krona (kronor)*	crown(s) (currency)

LO	*Landsorganisationen*	Association of Swedish Trade Unions
moms	*mervärdeskatt*	VAT, value added tax
n.b.	*nedre botten*	ground floor (exit)
o.s.a.	*om svar anhålles*	please reply
osv.	*och så vidare*	etc.
p.g.a.	*på grund av*	because of
RÅ	*riksåklagare*	Director of Public Prosecutions
sa/s:a	*summa*	the sum, total
SAF	*Svenska Arbetsgivar-föreningen*	Swedish Employers' Confederation
sek.	*sekund*	second (clock)
sid.	*sidan*	page
SJ	*Statens Järnvägar*	Swedish National Railways
skr.	*svenska kronor*	Swedish crowns
SR	*Sveriges Radio*	Swedish Broadcasting Corporation
st.	*styck*	piece
STF	*Svenska Turistföreningen*	Swedish Tourist Association
t.h.	*till höger*	to the right
tim.	*timme*	hour
t.o.m.	*till och med*	up to (and including)
tr.	*trappa (trappor)*	stairs; floor
t.v.	*till vänster; tills vidare*	to the left; until further notice
UD	*Utrikesdepartementet*	Swedish Foreign Office
vard.	*vardagar*	working days
VD	*verkställande direktör*	managing director
v.g.	*var god*	please
v.g.v.	*var god vänd*	P.T.O., please turn over
ö.g.	*över gården*	across/in the courtyard
ö.h.	*över havet*	above sea level

Numerals

Cardinal numbers		Ordinal numbers	
0	noll	1:a	första
1	en/ett	2:a	andra
2	två	3:e	tredje
3	tre	4:e	fjärde
4	fyra	5:e	femte
5	fem	6:e	sjätte
6	sex	7:e	sjunde
7	sju	8:e	åttonde
8	åtta	9:e	nionde
9	nio	10:e	tionde
10	tio	11:e	elfte
11	elva	12:e	tolfte
12	tolv	13	trettonde
13	tretton	14	fjortonde
14	fjorton	15	femtonde
15	femton	16	sextonde
16	sexton	17	sjuttonde
17	sjutton	18	artonde
18	arton	19	nittonde
19	nitton	20	tjugonde
20	tjugo	21	tjugoförsta
21	tjugoen/tjugoett	22	tjugoandra
30	trettio	23	tjugotredje
31	trettioen/trettioett	24	tjugofjärde
40	fyrtio	25	tjugofemte
41	fyrtioen/fyrtioett	26	tjugosjätte
50	femtio	27	tjugosjunde
51	femtioen/femtioett	28	tjugoåttonde
60	sextio	29	tjugonionde
61	sextioen/sextioett	30	trettionde
70	sjuttio	31	trettioförsta
80	åttio	40	fyrtionde
90	nittio	50	femtionde
100	hundra	60	sextionde
101	hundraen/hundraett	70	sjuttionde
200	två hundra	80	åttionde
1 000	tusen	90	nittionde
2 000	två tusen	100	hundrade
1 000 000	en miljon	1 000	tusende
2 000 000	två miljoner	10 000	tiotusende

Time

Although official time in Sweden is based on the 24-hour clock, the 12-hour system is used in conversation.

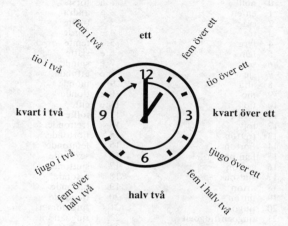

If you have to indicate that it is a.m. or p.m., add *på morgonen, på förmiddagen, på eftermiddagen, på kvällen, på natten.*

Thus:

klockan sju på morgonen	7 a.m.
klockan elva på förmiddagen	11 a.m.
klockan två på eftermiddagen	2 p.m.
klockan sju på kvällen	7 p.m.
klockan två på natten	2 a.m.

Days of the Week

söndag	Sunday	*torsdag*	Thursday
måndag	Monday	*fredag*	Friday
tisdag	Tuesday	*lördag*	Saturday
onsdag	Wednesday		

Notes

Conversion tables/
Omvandlingstabeller

Meter och fot
Siffran i mitten gäller för både meter och fot, dvs. 1 meter = 3,281 fot och 1 fot = 0,30 meter.

Metres and feet
The figure in the middle stands for both metres and feet, e.g. 1 metre = 3.281 ft. and 1 foot = 0.30 m.

Meter/Metres		Fot/Feet
0.30	1	3.281
0.61	2	6.563
0.91	3	9.843
1.22	4	13.124
1.52	5	16.403
1.83	6	19.686
2.13	7	22.967
2.44	8	26.248
2.74	9	29.529
3.05	10	32.810
3.66	12	39.372
4.27	14	45.934
6.10	20	65.620
7.62	25	82.023
15.24	50	164.046
22.86	75	246.069
30.48	100	328.092

Temperatur
För att räkna om Celsius till Fahrenheit multiplicerar man med 1,8 och lägger till 32. För att räkna om Fahrenheit till Celsius, drar man ifrån 32 och dividerar med 1,8.

Temperature
To convert Centigrade to Fahrenheit, multiply by 1.8 and add 32. To convert Fahrenheit to Centigrade, subtract 32 from Fahrenheit and divide by 1.8.